Empirische Fundierung in den Fachdidaktiken

Waxmann Verlag GmbH
Steinfurter Straße 555, 48159 Münster
info@waxmann.com

Fachdidaktische Forschungen

Herausgegeben vom
Vorstand der Gesellschaft für Fachdidaktik (GFD)

Band 1

Fachdidaktik ist die Wissenschaft vom fachspezifischen Lehren und Lernen innerhalb und außerhalb der Schule. In ihren Forschungsarbeiten befasst sie sich mit der Auswahl, Legitimation und didaktischen Rekonstruktion von Lerngegenständen, der Festlegung und Begründung von Zielen des Unterrichts, der methodischen Strukturierung von Lernprozessen sowie der angemessenen Berücksichtigung der psychischen und sozialen Ausgangsbedingungen von Lehrenden und Lernenden. Außerdem widmet sie sich der Entwicklung und Evaluation von Lehr- und Lernmaterialien (Konferenz der Vorsitzenden der Fachdidaktischen Fachgesellschaften, KVFF 1998).

Mit der Gründung der Gesellschaft für Fachdidaktik (GFD) im Jahre 2001 haben die Fachdidaktiken in Deutschland eine organisierte Vertretung und ein effektives Sprachrohr bekommen. Gleichzeitig wurde eine eigene Publikationsreihe (Forschungen zur Fachdidaktik) eingerichtet, die nun als Fachdidaktische Forschungen weitergeführt wird. In dieser Reihe erscheinen Monographien und Sammelbände, die aufgrund ihrer methodischen Anlage oder inhaltlichen Schwerpunkte von allgemeinem fachdidaktischem Forschungsinteresse sind. Dadurch soll die interdisziplinäre Kooperation der Fachdidaktiken auf dem Gebiet der Forschung angeregt und gefördert werden.

Horst Bayrhuber, Ute Harms,
Bernhard Muszynski, Bernd Ralle,
Martin Rothgangel, Lutz-Helmut Schön,
Helmut J. Vollmer, Hans-Georg Weigand
(Hrsg.)

Empirische Fundierung in den Fachdidaktiken

Waxmann 2011
Münster / New York / München / Berlin

Bibliografische Informationen der Deutschen Nationalbibliothek
Die Deutsche Nationalbibliothek verzeichnet diese Publikation in
der Deutschen Nationalbibliografie; detaillierte bibliografische
Daten sind im Internet über http://dnb.d-nb.de abrufbar.

Fachdidaktische Forschungen, Band 1

ISSN 2191-6160
ISBN 978-3-8309-2448-7

© Waxmann Verlag GmbH, 2011
Postfach 8603, 48046 Münster

www.waxmann.com
info@waxmann.com

Umschlaggestaltung: Pleßmann Design, Ascheberg
Umschlagabbildung: © tom – Fotolia.com
Druck: Hubert & Co., Göttingen

Mix
Produktgruppe aus vorbildlich bewirtschafteten
Wäldern und anderen kontrollierten Herkünften
www.fsc.org Zert.-Nr. SGS-COC-005773
© 1996 Forest Stewardship Council

Gedruckt auf alterungsbeständigem Papier,
säurefrei gemäß ISO 9706

Alle Rechte vorbehalten
Printed in Germany

Inhalt

Lutz-Helmut Schön
Vorbemerkungen...7

Sigrid Blömeke, Gabriele Kaiser & Rainer Lehmann
Messung professioneller Kompetenz angehender Lehrkräfte:
„Mathematics Teaching in the 21st Century" und die IEA-Studie TEDS-M.......9

Regina Bruder & Christina Collet
Entwicklung und Erprobung eines Unterrichtskonzepts zum Problemlösenlernen im
Mathematikunterricht – Wirkungsanalysen bei den Lehrenden und Lernenden................27

*Shamsi Dehghani, Roumiana Nikolova, Joanna Scharrel,
Henning Schluß & Thomas Weiß*
Religiöse Kompetenz – Ergebnisse des DFG-Forschungsprojektes KERK 47

Rudolf Englert & Annegret Reese-Schnitker
Varianten korrelativer Didaktik im Religionsunterricht –
Eine Essener Unterrichtsstudie..59

Volker Frederking, Thorsten Roick & Lydia Steinhauer
‚Literarästhetische Urteilskompetenz' – Forschungsansatz und Zwischenergebnisse 75

Kerstin Göbel
Qualitative und quantitative Ansätze zur Analyse von Unterrichtsqualität
im interkulturellen Englischunterricht...95

Jörg Großschedl & Ute Harms
Concept mapping: Förderung der Metakognition oder metakognitiver
Förderungsbedarf?..115

Patricia Grygier
Wissenschaftsverständnis von Grundschülern im Sachunterricht....................131

Bertold Kujath & Andreas Schwill
Hochleister bei der Lösung informatischer Probleme –
Was können Niedrigleister lernen?..147

Andreas Petrik
Politisierungstypen im Lehrstück „Dorfgründung" – Eine Bildungsgangstudie
zur Entwicklung der Urteils- und Konfliktlösungskompetenz im Politikunterricht............159

Henning Rossa
Prozessorientierte Untersuchung der Validität von Testaufgaben
zum fremdsprachlichen Hörverstehen...185

Johanna Schockemöhle
Regionales Lernen – Kompetenzen fördern und Partizipation stärken.
Zur Wirksamkeit des außerschulischen Lernens in der Region........................201

Erich Starauschek
Hat die physikalische Sachstruktur einen Einfluss auf das Lernen von Physik?..............217

Ewald Terhart
Zur Situation der Fachdidaktiken aus der Sicht der Erziehungswissenschaft:
konzeptionelle Probleme, institutionelle Bedingungen, notwendige Perspektiven............241

Rüdiger Tiemann, Jenny Koppelt & Andreas Nehring
Empirische Fundierung chemiedidaktischer Forschung –
ein Beitrag zum kompetenztheoretischen Ansatz der Problemlöseforschung...................257

Verzeichnis der Autorinnen und Autoren..275

Vorbemerkungen

Empirische Fundierung in den Fachdidaktiken
Ergebnisse einer Fachtagung der Gesellschaft für Fachdidaktik

Für die Professionalisierung der Lehrerinnen und Lehrer sind die universitären Fachdidaktiken von zentraler Bedeutung. Wie der internationale Forschungsstand zeigt, ist empirisch gewonnenes Wissen der Lehrkräfte maßgeblich für die Qualität ihres Lehrprozesses verantwortlich. In vielen Bereichen schulischer Bildungsprozesse fehlt es noch an der empirischen Fundierung, andererseits aber erreichen Ergebnisse erfolgreicher fachdidaktischer Forschung die schulische Praxis oft nur in unzureichendem Maße.

Als Dachverband nahezu aller fachdidaktischer Fachverbände versucht die Gesellschaft für Fachdidaktik (GFD), durch Vernetzung und intensiven Austausch über Fachgrenzen hinweg, die Qualität empirischer fachdidaktischer Forschung zu erhöhen und die Implementierung der Ergebnisse solcher Forschung in das Bildungssystem hinein zu befördern. Bereits seit 2003 hat die Gesellschaft für Fachdidaktik Kongresse im Rahmen von Jahrestagungen einzelner Fachverbände in Berlin (2003), Bielefeld (2005) und Essen (2007) veranstaltet, in denen fachübergreifende Themen in Plenar- und Einzelreferaten vorgestellt und diskutiert wurden.

Um die gegenseitige Wahrnehmung fachdidaktischer Forschungsprojekte über Fächergrenzen hinweg breiter gestalten und die Diskussion zwischen den Fachdidaktikern noch mehr zu intensivieren, hat die GFD vom 30. August bis zum 2. September 2009 in Berlin eine erste Fachtagung durchgeführt, auf der in vierzehn Fachvorträgen Forschungsarbeiten aus dem gesamten Spektrum der universitären Fachdidaktik vorgestellt und erörtert wurden. Eröffnet wurde die Tagung durch einen Beitrag von Ewald Terhart, der aus der Perspektive der Erziehungswissenschaft die Entwicklung der Fachdidaktiken und deren Potentiale thematisiert und beurteilt hat.

Die Auswahl der Referenten erfolgte, auf der Grundlage von Vorschlägen aus den Mitgliedsverbänden der GFD, durch den Vorstand der GFD, der dabei nicht nur die wissenschaftliche Qualität der Projekte berücksichtigte, zum anderen aber auch die fachliche Vielfalt des Vortragsangebots für die Tagung im Blick hatte. Die für den vorliegenden Tagungsband eingereichten Beiträge sind durch den Vorstand referiert worden, die Verantwortung für Inhalt und Qualität der Beiträge verbleibt jedoch bei den Autoren.

Dankenswerterweise hat das Bundesministerium für Bildung und Forschung (BMBF) die Tagung und den vorliegenden Tagungsband großzügig unterstützt.

Lutz-Helmut Schön, Vorsitzender der GFD　　　　　　　　　Berlin, Oktober 2010

Sigrid Blömeke *(Humboldt-Universität zu Berlin)*
Gabriele Kaiser *(Universität Hamburg)*
Rainer Lehmann *(Humboldt-Universität zu Berlin)*

Messung professioneller Kompetenz angehender Lehrkräfte: „Mathematics Teaching in the 21st Century" und die IEA-Studie TEDS-M

Dank internationaler Vergleichsstudien wie PIRLS, TIMSS und PISA hat der Erkenntnisstand in der Unterrichtsforschung in Deutschland große Fortschritte gemacht. Die Lehrerausbildung ist in diesem Zusammenhang allerdings lange ein „blinder Fleck" geblieben (Blömeke, 2004). Die von der National Science Foundation (NSF/USA) geförderte Studie „Mathematics Teaching in the 21st Century (MT21)" ist eine der ersten Untersuchungen, die die professionelle Kompetenz angehender Lehrkräfte in Deutschland mittels standardisierter Test anhand einer großen Fallzahl und im internationalen Vergleich erfasst.

Auf MT21 aufbauend wird derzeit die IEA-Studie „Teacher Education and Development Study: Learning to Teach Mathematics (TEDS-M)" in 17 Ländern durchgeführt. Deutschland nimmt an dieser Studie, gefördert von der DFG, mit einer repräsentativen Stichprobe angehender Mathematiklehrkräfte für die Primar- und die Sekundarstufe I teil. Im Folgenden wird zunächst der gemeinsame theoretische Rahmen der beiden Studien vorgestellt und diese werden in den übergreifenden Zusammenhang der empirischen Lehrerforschung eingeordnet. Aus MT21 werden dann Instrumente und Ergebnisse des internationalen Vergleichs zu Mathematiklehrkräften der Sekundarstufe I berichtet.

Theoretischer Rahmen

Den Kern des theoretischen Rahmens der beiden Studien bildet eine Konzeptualisierung der professionellen Kompetenz, mit der Lehrkräfte berufliche Anforderungen erfolgreich bewältigen. Im Anschluss an Weinert (1999) wird diese Kompetenz differenziert in kognitive Fähigkeiten und Fertigkeiten (Professionswissen) sowie die damit verbundenen motivationalen, volitionalen und sozialen Bereitschaften und Fähigkeiten, um kognitiv erarbeitete Problemlösungen in variablen Situationen erfolgreich und verantwortungsvoll nutzen zu können (professionelle Überzeugungen). Die professionelle Kompetenz von Lehrkräften stellt damit ein komplexes multidimensionales Konstrukt dar (vgl. Abb. 1).

In Ergänzung zu diesem kompetenzorientierten Zugang wurde ein analytischer Zugang verfolgt, um die Wissens- und Überzeugungsdimensionen ausdifferenzieren zu können. Diese Ausdifferenzierung stellte eine zentrale Heuristik für die Itementwicklung dar. Im Hinblick auf Professionswissen wird zwischen fachlichem, fachdidaktischem und pädagogischem Wissen unterschieden. Das fachliche Professionswissen wird inhaltsbezogen in Arithmetik, Algebra, Funktionen, Geometrie und Stochastik ausdifferenziert. Das fachdidaktische Wissen wird anforderungsbezogen ausdifferenziert, und zwar in vor Beginn des Unterrichts feststehende curriculare und unterrichtsplanerische sowie während

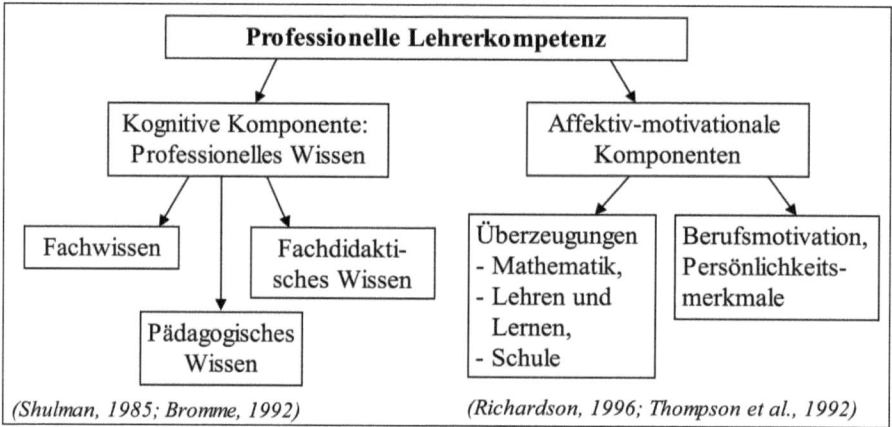

Abb. 1: Modell professioneller Lehrerkompetenzen

des Unterrichts relevant werdende interaktionsbezogene Anforderungen. Darüber hinaus mussten die Items in beiden Dimensionen verschiedene kognitive Anforderungen – Algorithmisieren, Problemlösen und Begründen sowie Modellieren – und Schwierigkeitsgrade – Mathematik der Sekundarstufe I, der Sekundarstufe II, Schulmathematik vom höheren Standpunkt und universitäre Mathematik (Klein, 1933; Kirsch, 1987) – abdecken. Das pädagogische Professionswissen deckt anforderungsbezogen die Aufgaben Strukturierung von Unterricht, Umgang mit Heterogenität, Motivierung, Klassenführung und Leistungsbeurteilung ab.

Mit diesem analytischen Zugang wird einerseits die Struktur der Lehrerausbildung aufgegriffen, die die Komponenten Fachwissenschaft, Fachdidaktik bzw. Fachseminar und Erziehungswissenschaft bzw. Hauptseminar umfasst, sodass Lerngelegenheiten in der Ausbildung differenziert mit Lernergebnissen verknüpft werden können. Andererseits wird die im internationalen Diskurs prominente Ausdifferenzierung des Lehrerwissens in content knowledge, *pedagogical content knowledge* und *general pedagogical knowledge* (Shulman, 1985) berücksichtigt.

Einflussfaktoren auf individueller, institutioneller und systemischer Ebene

Der Erwerb professioneller Kompetenzen in der Mathematiklehrerausbildung wird vermutlich durch Faktoren beeinflusst, die auf verschiedenen Ebenen liegen. Basis von MT21 und TEDS-M ist daher ein Mehrebenenmodell, das zwischen systemischen, institutionellen und individuellen Rahmenbedingungen und individuellen Wirkungen unterscheidet (vgl. Tab. 1). Auf diese Weise kann der Kompetenzerwerb der zukünftigen Mathematiklehrkräfte in Abhängigkeit von ihren individuellen Merkmalen eingeschätzt werden, wobei gleichzeitig Bedingungen auf den Ebenen der Ausbildungsinstitutionen und des sozialen Kontextes in den internationalen Vergleich einbezogen werden können. Zudem wird es möglich, die institutionellen Bedingungen als Effekte systemischer Kontextfaktoren zu analysieren.

Aus der Unterrichtsforschung ist bekannt, dass Schülerleistungen auf der individuellen Ebene von unterschiedlichen Lernvoraussetzungen und unterschiedlicher Nutzung der Lehrangebote beeinflusst sind (Helmke, 2004). Entsprechend kann angenommen werden, dass der Kompetenzerwerb der angehenden Mathematiklehrerinnen und -lehrer von ihren generellen kognitiven Fähigkeiten, ihrem bereichsspezifischen Vorwissen, ihren Überzeugungen, den von ihnen eingesetzten Lernstrategien und der investierten Lernzeit abhängt.

Auf der institutionellen Ebene ist das Curriculum der Lehrerausbildung von hoher Bedeutung, und zwar in der weiten Bedeutung des Begriffs. Diese umfasst neben den Zielen, Inhalten und Methoden auch die Kontrolle und Steuerung, die Formen der Beratung und Unterstützung sowie die Selektivität der Ausbildung. Überträgt man die Erkenntnisse der Unterrichtsforschung über die zentrale Rolle von Lehrerinnen und Lehrern auf die Lehrerausbildung, wird deutlich, dass zudem die Lehrerausbildner ein Element der institutionellen Lerngelegenheiten sind. Auf Grund der weniger detaillierten Vorgaben durch Ausbildungscurricula gilt dies vermutlich noch stärker als für den Unterricht (Zaslavsky & Leikin, 2004).

		Gesellschaftssystem			
Nationale Ebene	Level III	Allgemeiner Entwicklungsstatus	Status des Lehrerberufs	Status von Mathematik	
	Level II	**Bildungssystem**			
		Steuerung und Kontrolle	Ziele der Schule	Arbeitsbedingungen	
	Level I	**Lehrerausbildungssystem**			
		Ziele/ Standards	Ausbildungsstruktur	Kosten pro Absolvent/in	Institutionalisierung	Eingangsselektivität

		Institutionell intendiertes Curriculum			
Institutionelle Ebene	Level II	Ziele und Inhalte	Lehrmethoden	Kontrolle und Steuerung	Beratung und Unterstützung	Selektivität
		Lehrerausbilder/innen		**Implementiertes Curriculum**		
	Level I	Wissen	*Beliefs*	Demographie	Ziele und Inhalte	Lehrmethoden	Selektivität
		Ziele und Inhalte	Lehrmethoden	Steuerung	Beratung	Komposition Studierende

		Lernvoraussetzungen		Nutzung des Lehrangebots	
Individuelle Ebene	Level II	Wissen	*Beliefs*	Inhalte	Lehr-Lernmethoden
		Persönlichkeitsmerkmale	Demographisches	Investierte Lernzeit	Lernstrategien	Affektive Komponenten
	Level I	**Erworbene professionelle Kompetenz**			
		Professionelle Kompetenz	Professionelle *Beliefs*	Persönlichkeitsmerkmale	Demographisches

Tab. 1: Modell der Wirksamkeit von Lehrerausbildung

Analog zum Schulsystem (Gundlach & Wößmann, 2004, S. 17) kann für die Mathematiklehrerausbildung schließlich erwartet werden, dass systemische Merkmale Varianz in der professionellen Kompetenz angehender Lehrerinnen und Lehrer erklären, vermittelt über institutionelle Merkmale des Lehrangebots und seiner individuellen Nutzung. Dabei geht es um mögliche Einflussfaktoren wie die Arbeitsbedingungen von Mathematiklehrerinnen und -lehrern und ihr soziales Ansehen, bildungsökonomische Mechanismen wie die Steuerung und Kontrolle der Mathematiklehrerausbildung, Merkmale des Schulsystems insgesamt oder grundsätzliche sozio-kulturelle Merkmale einer Gesellschaft. Die Wirkungen systemischer Faktoren lassen sich nur international-vergleichend feststellen.

Leitende Fragestellungen

Aus diesem theoretischen Rahmen ergeben sich die zentralen Fragestellungen für die Messung der professionellen Kompetenz von Mathematiklehrkräften in MT21 und TEDS-M. Auf der individuellen Ebene stellt sich die Frage, über welche professionelle Kompetenz angehende Lehrkräfte verfügen, und zwar zum einen in Bezug auf die einzelnen Subdimensionen und zum anderen in Bezug auf deren Zusammenspiel. Darüber hinaus ist von Bedeutung, von welchen individuellen Voraussetzungen die in der Ausbildung erworbene Kompetenz abhängt und welche Unterschiede sich im internationalen Vergleich zeigen.

Auf der institutionellen Ebene stellt sich die Frage, wie die Mathematiklehrerausbildung im internationalen Vergleich aussieht. Auch hier geht der Blick wieder zum einen auf die verschiedenen Subdimensionen für sich und zum anderen auf ihr Zusammenspiel. Darüber hinaus ist aber von Bedeutung, welche Ausbildungsmerkmale mit welcher professionellen Kompetenz verbunden sind.

Auf der systemischen Ebene geht es schließlich darum, wie sich die nationalen Kontexte der Lehrerausbildung darstellen und welcher Kontext mit welchen Ausbildungsmerkmalen sowie welcher Kompetenz verbunden ist.

MT21 und TEDS-M im mathematikdidaktischen Forschungszusammenhang

Ähnliche Konzeptualisierungen der professionellen Kompetenz von Mathematiklehrkräften wie in MT21 und TEDS-M werden auch in anderen Studien verwandt. So unterscheidet die COACTIV-Studie von Baumert, Blum und Neubrand, die sich mit Fragen der Konzeptualisierung und Messung des fachspezifischen Professionswissens von Mathematiklehrkräften und möglicher Bezüge zur Leistungsentwicklung von Schülerinnen und Schülern befasst, ebenfalls zwischen fachdidaktischem Wissen und mathematischem Fachwissen (siehe u. a. Krauss et al., 2004, Bruner et al., 2006, Baumert et al., 2009). Dabei umfasst fachdidaktisches Wissen in der COACTIV-Studie die Wissensfacetten „Verständlichmachen von mathematischen Inhalten", „mathematikbezogene Schülerkognitionen" und „kognitives Potential von Mathematikaufgaben", was eine starke Nähe zu den in MT21 vorgenommenen Konzeptualisierungen aufweist.

Die Unterscheidung zwischen fachdidaktischem Wissen (pedagogical content knowledge) und Fachwissen (content knowledge) wird in der Mathematikdidaktik seit Jahren intensiv diskutiert, insbesondere unter dem Aspekt, ob eine Separierung überhaupt möglich ist und wenn ja, wie diese zu konzeptualisieren sei. In ihrer grundlegenden Auseinandersetzung mit dem Ansatz von Shulman zeigen Graeber und Tirosh (2008) auf, dass viele Konzeptionen in einem gewissen Maße immer noch schwer fassbar sind und häufig eher mit Listen von Beispielen als theoretischen Überlegungen arbeiten.

Einen Ansatz zur Weiterentwicklung der Konzeption von Shulman hat in den USA die Gruppe um Ball und Bass (2000) entwickelt, die eine sehr differenzierte Klassifikation von Lehrerprofessionswissen vorschlagen und dabei als Wissensdomäne das mathematische Wissen für den Unterricht (mathematical knowledge for teaching) als zentral ansehen. Als Aufgabe von Lehrpersonen sehen sie die Entfaltung („unpack") von komprimierten abstrakten mathematischen Ideen im Lehrprozess an (Hill, Ball & Schilling, 2008). Sie unterscheiden weitere Wissensdomänen wie alltägliches Mathematikwissen (common content knowledge) und spezialisiertes Mathematikwissen (specialised content knowledge), Wissen über Inhalte und Lernende (knowledge of content and students) sowie Wissen über Inhalte und Lehren (knowledge of content and teaching).

Krauss, Baumert und Blum (2008) stellen daher in ihrer zusammenfassenden Gegenüberstellung der in MT21, COACTIV und der Gruppe um Ball und Bass entwickelten theoretischen Ansätze zum Lehrerprofessionswissen fest, dass alle drei Studien fachdidaktischem Wissen eine hohe Bedeutung zuweisen, dass die fachwissenschaftliche Komponente von der US-Gruppe jedoch anders konzeptualisiert wird als von den Studien COACTIV und MT21. Es kann jedoch als Konsens innerhalb der internationalen mathematikdidaktischen Diskussion angesehen werden, dass die drei Wissensdomänen Fachwissen, fachdidaktisches Wissen und pädagogisches Wissen im Laufe der Ausbildung und späteren Berufspraxis quasi in Form eines Geflechts immer stärker miteinander integriert werden (Liljedahl et al., 2009).

Folgestudien im weiteren Zusammenhang der Lehrerforschung

Im Anschluss an MT21 und TEDS-M erfolgt in der Studie TEDS-LT eine Übertragung des theoretischen Rahmens auf die Lehrerausbildung in den Unterrichtsfächern Deutsch und Englisch (Blömeke et al., 2008). Gefördert vom BMBF und in Zusammenarbeit mit Fachdidaktikerinnen und Fachdidaktikern aus den beiden Fächern werden das fachliche, fachdidaktische und pädagogische Wissen angehender Deutsch- und Englischlehrkräfte jeweils zweifach ausdifferenziert sowie die curricularen Lehrangebote empirisch erhoben. Im Unterschied zu MT21 und TEDS-M, die grundständige Lehramtsstudiengänge in den Blick nehmen, liegt der Fokus in TEDS-LT auf den neuen Bachelor- und Masterstudiengängen.

In weiteren Anschlussstudien erfolgt eine Modellierung der Entwicklung professioneller Lehrerkompetenzen im Längsschnitt. Im Rahmen der von der DFG geförderten Studie TEDS-LEK werden Studierende während ihrer universitären Ausbildung begleitet und kontinuierlich auf ihr Wissen hin getestet sowie zu ihren Überzeugungen befragt. Im Rahmen der Studie TEDS-FU wird die TEDS-M-Kohorte der angehenden Lehrkräfte im letzten Jahr ihrer Ausbildung bis in den Beruf hinein untersucht. In der von der Deutschen Telekom Stiftung geförderten Studie TEDS-Telekom werden gezielt innovative Modelle der Mathematiklehrerausbildung in den Blick genommen und auf ihre Wirksamkeit hin untersucht.

Untersuchungsdesign von MT21

Im zweiten Teil dieses Beitrags werden Ergebnisse aus MT21 dargelegt. Daher folgen nun detaillierte Informationen zum Untersuchungsdesign und zu den Instrumenten, die in dieser Studie eingesetzt wurden.

MT21 wurde in Bulgarien, Deutschland, Mexiko, Südkorea, Taiwan und USA durchgeführt. Die Zielpopulation war wie folgt definiert: „Angehende Lehrkräfte, die sich im Erhebungszeitraum in einem Ausbildungsgang befinden, mit dem sie eine Lehrbefähigung für das Unterrichtsfach Mathematik in der Sekundarstufe I erwerben". Aufgrund regionaler Unterschiede verbergen sich hinter dieser Definition in allen Teilnahmeländern unterschiedliche Ausbildungsgänge. Zur Sicherstellung einer angemessenen Stichprobenqualität wurde eine kriteriengeleitete Stichprobenziehung durchgeführt, in der die regionale Verteilung, die Selektivität, die Größe und die Reputation der Ausbildungsinstitutionen Berücksichtigung fanden.

Insgesamt nahmen 2.628 angehende Lehrkräfte an der Studie teil, die sich auf drei Kohorten verteilen (siehe Tab. 2): Studienanfänger/innen, Studierende am Ende eines ersten Ausbildungsabschnittes und angehende Lehrkräfte am Ende der Ausbildung. Die variierenden Ausschöpfungsquoten in der Zusammensetzung der Kohorten – im Mittel betrug diese in Deutschland in Bezug auf die wichtigste Kohorte am Ende der Ausbildung 80% – wurden nach dem Modell prinzipiell gleicher Ziehungswahrscheinlichkeiten (response homogeneity group-Modell; Särndal, Swensson & Wretman, 1997) von Individuen pro Institution und von Institutionen pro Region durch geeignete Gewichtungsverfahren schrittweise innerhalb der Ausbildungsgänge ausgeglichen. Die MT21-Stichproben sind damit für die gezogenen Institutionen und Regionen repräsentativ, aber nicht für die ganzen Länder. Daher wird im Folgenden von Teilnahmeregionen gesprochen.

	BG	GER	MX	KOR	TW	USA
Befragte	161	849	358	210	668	382
# Institute	3	4 Univ., 22 Seminare	5	4	5	12
Kohorten (1 = Anfänger, 2 = Mitte, 3 = Ende)	1,3	1, 2, 3	1,3	1,3	1, 2, 3	1, 2, 3
Ausbildungsgänge	LSII/I	LP/LSI; LSII/I	LSI	LSII/I	LSII/I	LP/LSI, LSI, LSII/I
Länge	4	3,5+1,5 4,5+2,0	4	4	5	4 (5)

Tab. 2: Zusammensetzung der MT21-Stichprobe

J74. Die folgende Aufgabe wurde Schüler(innen) der Sekundarstufe gegeben.

Eine Fabel

Ein Hase und ein Igel beschlossen, einen Marathon (26 Meilen) zu laufen. Der Hase rannte zuversichtlich los, fühlte sich ob seiner hohen Geschwindigkeit überlegen.
Er lief 6 Meilen/Stunde während 2 Stunden und entschied sich dann, ein Nickerchen von 3 Stunden einzulegen. Er wollte dieses Muster beibehalten, 2 Stunden laufen, 3 Stunden Pause, bis zum Ende des Rennens. Der Igel behielt bis zum Ende des Rennens das gleichmäßige Tempo von 3 Meilen/Stunde bei und blieb nicht stehen.
Ein Schüler zeichnete zwei Graphen in das untenstehende Koordinatensystem, die mit der Geschwindigkeit der beiden korrespondieren.

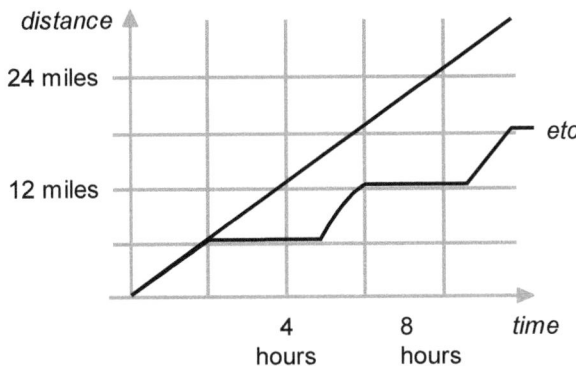

Der Schüler zieht folgende Schlussfolgerung: Der Igel gewinnt das Rennen, weil der Hase zu lange pausiert. Der Igel gewinnt, weil der Igel ein gleichmäßiges Tempo während des ganzen Rennens läuft. (Er läuft langsamer, aber macht keine Pausen.) Welche der folgenden Aussagen sind für die Antwort des Schülers richtig?

Kreuzen Sie **ein** Kästchen in jeder **Zeile** an.

	Ja	Nein	Bin nicht sicher
1. Die Geschwindigkeit des Igels kann korrekt aus dem Graphen entnommen werden.			
2. Die Längen der Pausen des Hasen sind korrekt.			
3. Die Geschwindigkeit des Hasen kann korrekt aus dem Graphen entnommen werden.			
4. Die Strecke des Igels ist korrekt gezeichnet.			
5. Die Laufintervalle des Hasen sind korrekt gezeichnet.			
6. Die Schlussfolgerung des Schülers folgt aus dem gezeichneten Graphen			

Abb. 2: Mathematikdidaktische Beispielaufgabe in MT21

Für den fachbezogenen Leistungstest wurde ein rotiertes Testdesign mit zwei Testheften verwendet, um angesichts der beschränkten Erhebungszeit von 90 Minuten eine hinreichend große Zahl an Items einsetzen zu können. Die Items wurden theoriegeleitet von den nationalen Projektteams sowie unter Einbeziehung von Expertinnen und Experten aus Mathematik, Mathematikdidaktik und Erziehungswissenschaft unterschiedlicher Länder entwickelt. Der Itempool wurde mehreren Reviews und einer Itempilotierung unterzogen, auf deren Basis die Zusammenstellung des Leistungstests für die Hauptstudie geschah. Item- und Personenparameter wurden basierend auf der Item-Response-Theorie über Maximum-Likelihood-Verfahren geschätzt. Über Anker-Items, die in beiden Testheften vertreten waren, gelang auf dieser Basis eine gemeinsame Skalierung aller Personen und Aufgaben.

Die Fabel vom Wettrennen zwischen Hase und Igel ist ein typisches Beispiel für mathematikdidaktische Aufgaben aus dem Inhaltsgebiet Funktionen (vgl. Abb. 2). Bei den Teilaufgaben 1 und 2 ist „ja" die korrekte Lösung, bei den Teilaufgaben 3 bis 6 „nein". Die Einschätzung von Aussage 4 erfordert dabei präzise Analysen, da der in der Abbildung dargestellte Graph und damit die vom Igel zurückgelegte Wegstrecke über das Ziel hinausgeht. Die Einschätzung von Aussage 6 ist als schwer anzusehen, weil die Schlussfolgerung des Schülers neben falschen auch korrekte Elemente enthält.

Die Überzeugungen der angehenden Mathematiklehrkräfte wurden mit etablierten Instrumenten und eigens entwickelten Skalen erfasst. Der Artikel fokussiert auf das Verhältnis von fachbezogenem Wissen zu vergleichsweise handlungsfernen epistemologischen Überzeugungen zur Natur der Mathematik sowie zu handlungsnahen Überzeugungen zum Lehren und Lernen von Mathematik. Erstere wurden mit einer gekürzten Version des Instruments von Grigutsch, Raatz und Törner (1998) erfasst, das zwischen einer schematisch-algorithmischen, formalen, anwendungsorientierten und kreativen Sichtweise auf Mathematik unterscheidet.

Ein Beispielitem für eine formale Sicht auf Mathematik ist „Grundlegend für die Mathematik sind logische Strenge und Eindeutigkeit." Die Skalenreliabilität lag mit Cronbachs $\alpha = .82$ im guten Bereich. Eine schematisch-algorithmische Überzeugung wurde beispielsweise mit folgendem Statement erfasst: „Mathematik ist eine Sammlung von Regeln und Verfahren, die beschreiben, wie eine Aufgabe zu lösen ist." ($\alpha = .78$) Eine formale und eine schematisch-algorithmische Sicht auf Mathematik betonen deren statische Natur. Kreativität wurde beispielhaft mit folgendem Item erfasst: „In der Mathematik kann man viele Dinge selber entdecken und ausprobieren." ($\alpha = .85$) Ein Beispielitem für eine Sicht auf Mathematik als anwendungsorientierte und nützliche Wissenschaft ist „Die Mathematik hilft, Probleme und Aufgaben im täglichen Leben zu lösen." ($\alpha = .83$) Eine Sicht auf Mathematik als kreativ und nützlich betont deren dynamische Natur.

Zur Erfassung der Überzeugungen zum Lehren und Lernen von Mathematik wurden adaptierte Skalen aus früheren Studien der Michigan State University verwendet, die zwischen einer traditionell-direktiven Instruktionsorientierung, die man auch als Transmissionsorientierung bezeichnen kann, und einer Orientierung an Prinzipien eigenaktiven Lernens für den Mathematikunterricht unterscheiden, die man auch als Konstruktionsorientierung bezeichnen kann. Jeweils zwei Skalen wurden innerhalb dieser grundsätzlichen Ausrichtungen eingesetzt. Ein Beispielitem für eine algorithmisch-routineorientierte Sicht auf das Lehren und Lernen von Mathematik als Bestandteil einer Transmissionsorientierung ist: „Um in Mathematik gut zu sein, muss man sich einfach nur alle Formeln merken." ($\alpha = .73$) Typisch in dieser Sichtweise ich auch eine Fokussierung auf das Produkt mathematischer Prozesse: „Man muss ein mathematisches Problem nicht verstanden haben, Hauptsache man kommt auf die richtige Lösung." ($\alpha = .81$) Im Unterschied dazu wird in einer Konstruktionsorientierung die Fokussierung auf Verständnis betont: „Die Zeit, die man verwendet, um herauszufinden, warum ein Lösungsweg einer mathematischen Aufgabe funktioniert hat, ist sinnvoll genutzte Zeit." ($\alpha = .77$) Unterschiedliche Lösungswege sind in einer solchen Orientierung nicht nur zugelassen, sondern ausdrücklich erwünscht: „Lehrpersonen sollten Schüler(inne)n die Möglichkeit geben, ihre eigenen Wege zu finden, um eine Aufgabe zu lösen." ($\alpha = .85$)

Angesichts der bekannten kulturellen Sensitivität von Überzeugungen wurde die Messinvarianz der Skalen mit Hilfe von Strukturgleichungsmodellen geprüft, indem Modelle mit frei geschätzten und über die MT21-Teilnahmeregionen fixierten Faktorladungen, (Fehler-)Varianzen und Interkorrelationen in Bezug auf ihre Anpassung verglichen wurden.

Hypothesen

Folgende Hypothesen leiteten die Studie:

1) Messinvarianz in Form gleicher Faktorladungen und (Fehler-)Varianzen ist über die sechs MT21-Teilnahmeregionen hinweg gegeben. Die Skalen messen jeweils dieselben Konstrukte, womit Vergleiche über die Gruppen hinweg zulässig werden.

2) Angesichts der konzeptionellen Überlappung von mathematischem und mathematikdidaktischem Wissen, von schematischen und formalen, von anwendungs- und prozessorientierten, von routine- und produktorientierten sowie von verständnis- und vielfaltorientierten Überzeugungen erwarten wir in allen sechs MT21-Teilnahmeregionen zwischen diesen Subdimensionen professioneller Kompetenz signifikante positive Interkorrelationen.

3) Für das Verhältnis von Wissen und Überzeugungen erwarten wir, dass höheres mathematisches Wissen in allen sechs Teilnahmeregionen signifikant positiv mit einer stärkeren formalen und prozessorientierten Sichtweise auf Mathematik einhergeht, während höheres mathematikdidaktisches Wissen signifikant mit einer stärker prozessorientierten Sichtweise auf Mathematik sowie in den drei westlichen MT21-Teilnahmeregionen zudem mit einer Konstruktionsorientierung einhergeht.

Deskriptive Ergebnisse

Bevor auf die Ergebnisse der psychometrischen Analysen sowie die Zusammenhangsanalysen eingegangen wird, erfolgt eine Dokumentation der deskriptiven Ergebnisse, um einen Eindruck von den Unterschieden im Wissen und in den Überzeugungen im internationalen Vergleich zu geben.

Am Ende der Lehrerausbildung weisen die Stichproben aus Südkorea und Taiwan im Mittel ein signifikant höheres Mathematikwissen auf als jene aus den untersuchten deutschen Regionen. Diese wiederum weisen ein signifikant höheres Fachwissen auf als die Stichproben aus den USA und Bulgarien. Die schwächsten Leistungen werden von den angehenden Lehrkräften aus den mexikanischen Regionen erreicht. Relative Stärken haben die untersuchten deutschen Referendare in den Inhaltsgebieten Arithmetik und Stochastik, wo der Abstand zu Südkorea und Taiwan nur von eher geringer Bedeutsamkeit ist. Besonders schwach schneiden sie dagegen im Mittel in Algebra und Funktionen ab.

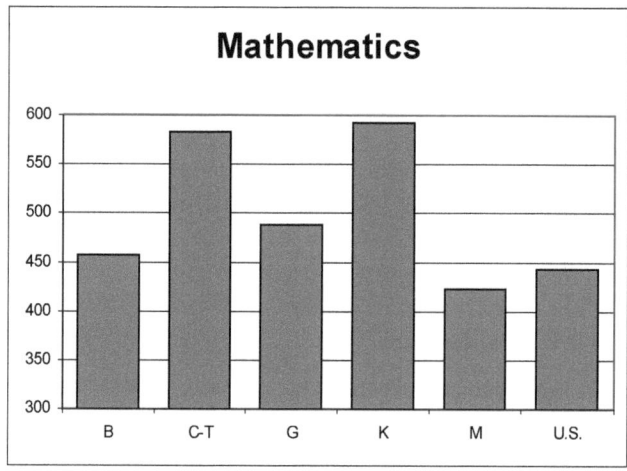

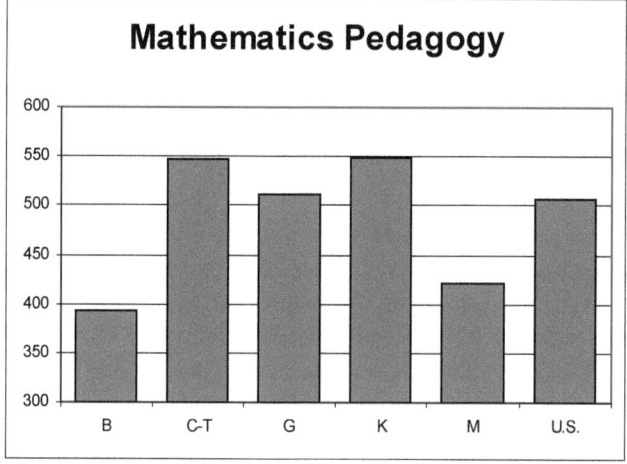

Abb. 3: *Mittleres mathematisches und mathematikdidaktisches Wissen in den sechs MT21-Teilnahmeregionen (B: bulgarische, C-T: taiwanesische, G: deutsche, K: südkoreanische, M: mexikanische, US: amerikanische Teilnahmeregion)*

In Mathematikdidaktik liegen die Leistungen der deutschen und amerikanischen Stichproben deutlich näher an jenen aus Südkorea und Taiwan. Zwar ist der Unterschied noch immer statistisch signifikant, doch ist der Abstand weniger bedeutsam. Die Lehrkräfte aus den untersuchten bulgarischen und mexikanischen Regionen bleiben dahinter weit zurück. Das relativ hohe mathematikdidaktische Leistungsniveau der Referendarinnen und Referendare aus den untersuchten deutschen Regionen gilt vor allem für Items, die sich auf curriculare und planungsbezogene Anforderungen beziehen, weniger für Items, die die Diagnose von Schülerfehlern zum Gegenstand haben.

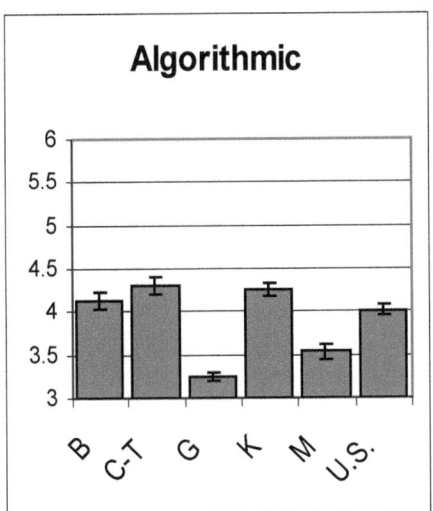
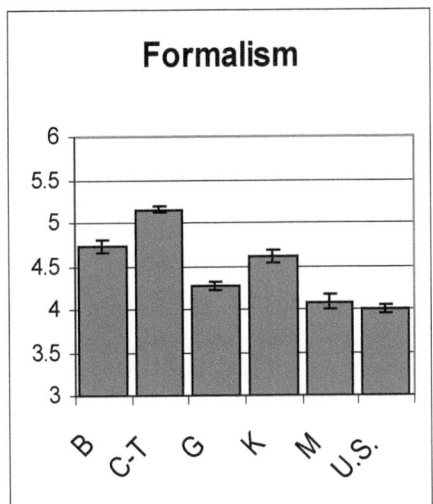
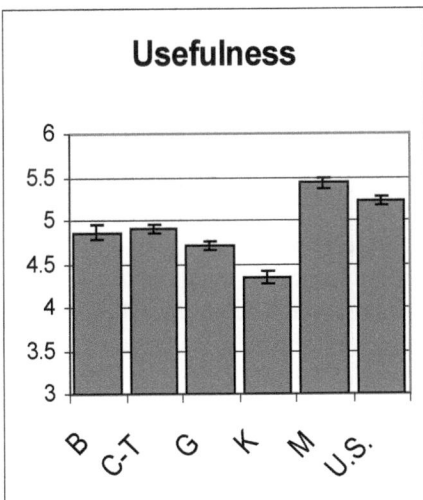
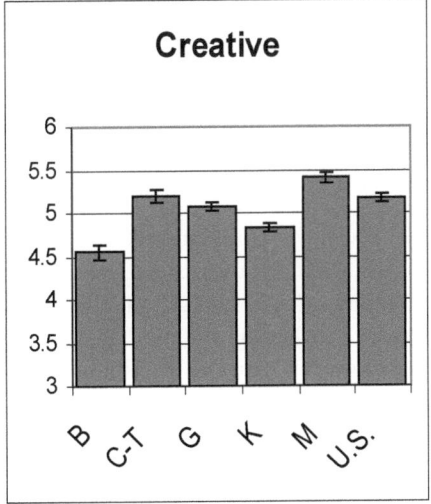

Abb. 4: Mittlere Überzeugungen zur Natur der Mathematik in den sechs MT21-Teilnahmeregionen

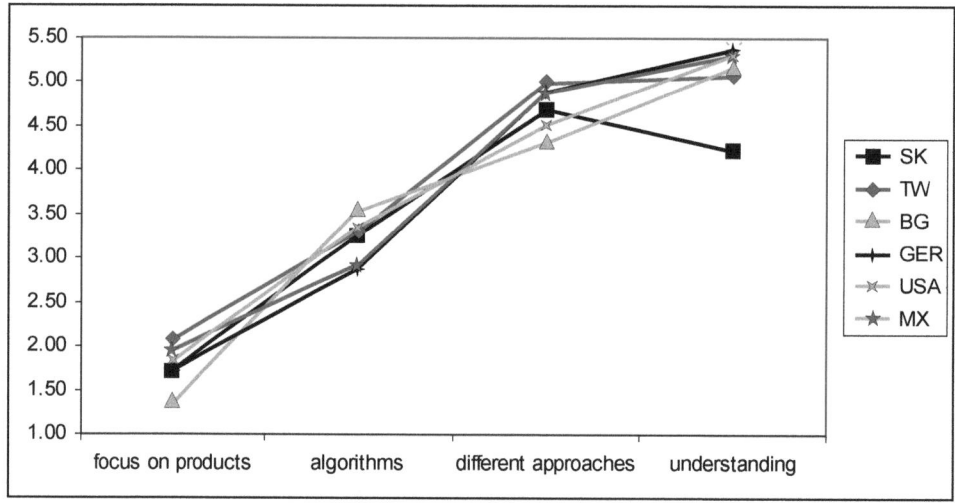

Abb. 5: Mittlere Überzeugungen zum Lehren und Lernen von Mathematik in den sechs MT21-Teilnahmeregionen

Die Überzeugungen der angehenden Lehrkräfte zur Natur der Mathematik liegen auf den beiden dynamischen Subdimensionen in allen MT21-Teilnahmeregionen deutlich im Zustimmungsbereich (siehe Abb. 4: „Usefulness" und „Creative"). Die Zustimmung ist besonders ausgeprägt in den mexikanischen Teilnahmeregionen, während sie in den bulgarischen und südkoreanischen etwas zurückhaltender ausfällt. In Bezug auf die beiden statischen Subdimensionen („Algorithmic" und „Formalism" in Abb. 4) zeichnen sich zwei Gruppen ab. Auf der einen Seite finden sich die Stichproben aus Bulgarien, Taiwan und Südkorea. Deren Lehrkräfte betrachten Mathematik deutlich als formale Wissenschaft und sie stimmen auch noch leicht einer Bewertung als schematische Wissenschaft zu. Auf der anderen Seite finden sich die Stichproben aus Deutschland, Mexiko und USA. Deren Lehrkräfte vertreten eine geringe Zustimmung zur Mathematik als formaler Wissenschaft. Schematisch-algorithmischen Überzeugungen stehen sie dagegen neutral bis leicht ablehnend gegenüber. Über alle vier Subdimensionen hinweg gesehen wird also eine unterschiedliche kulturelle Prägung eher westlich und eher östlich geprägter Länder deutlich.

In allen sechs Stichproben liegt die Zustimmung zu konstruktionsorientierten Überzeugungen zum Lehren und Lernen von Mathematik deutlich höher als jene zu transmissionsorientierten (vgl. Abb. 5). Nur in der südkoreanischen Stichprobe fallen die Zustimmungswerte in Bezug auf die Verständnisorientierung etwas geringer aus („understanding" in Abb. 5). Von den transmissionsorientierten Überzeugungen wird eine rein produktorientierte Sichtweise („focus on products" in Abb. 5) überall im Mittel stark abgelehnt. Die angehenden Lehrkräfte aus den deutschen und mexikanischen Teilnahmeregionen lehnen auch eine algorithmisch-routineorientierte Sichtweise auf das Lehren und Lernen von Mathematik ab, der die übrigen Gruppen neutral gegenüberstehen. In Bezug auf diese Überzeugungen lässt sich eine kulturelle Prägung also deutlich weniger gut erkennen als zuvor.

Ergebnisse der Hypothesenprüfungen

Die erste Hypothese bezog sich auf die Messinvarianz der Instrumente. Um überhaupt aussagekräftige internationale Vergleiche zu erhalten, muss jedes Instrument in allen MT21-Teilnahmeregionen dasselbe Konstrukt messen. Unter empirischen Gesichtspunkten ist dies die Frage nach den Faktorladungen und (Fehler-)Varianzen. In LISREL wurde dafür ein Strukturgleichungsmodell mit Multiple-Group-Option und über die Gruppen fixierten Parametern aufgestellt. Dieses zeigt auf allen Indizes eine gute Passung an die Daten: $\chi^2/df = 2.0$, RMSEA = .07, CFI = .92. Die gute Anpassung stützt die Annahme von Messinvarianz der Instrumente nachdrücklich. Allerdings ist diese – wie Hypothese 3) mit ihrer Annahme von Länderunterschieden im Verhältnis von Wissen und Überzeugungen bereits nahe legt – auf das Messmodell beschränkt. In Bezug auf das Strukturmodell zeigen sich Unterschiede in den dimensionalen Zusammenhängen zwischen den Teilnahmeländern (siehe unten).

In theoretischer Hinsicht stellt sich in diesem Zusammenhang im Übrigen die Frage nach der Konstruktvalidität. Diese wurde durch eine intensive Kommunikation der Ländervertreter untereinander im Zuge der Instrumentenwicklung und mehrfache Expertenreviews gesichert. Zudem wurden Parallel- und Rückübersetzungen sowie erneute Reviews der übersetzten Instrumente vorgenommen, um sicherzustellen, dass diese das Erwünschte widerspiegeln.

Die zweite Hypothese bezog sich auf die Zusammenhänge der sich konzeptionell überlappenden Subdimensionen. Hier zeigen sich die erwarteten starken positiven Interkorrelationen, und zwar mit einer Ausahme in allen sechs MT21-Teilnahmeregionen (vgl. Abb. 6). Die eine Abweichung stellen die angehenden Lehrkräfte aus Südkorea dar, für die sich unerwartet keine systematischen Zusammenhänge zwischen den beiden statischen und den beiden dynamischen Subdimensionen der Überzeugungen zur Natur der Mathematik nachweisen lassen.

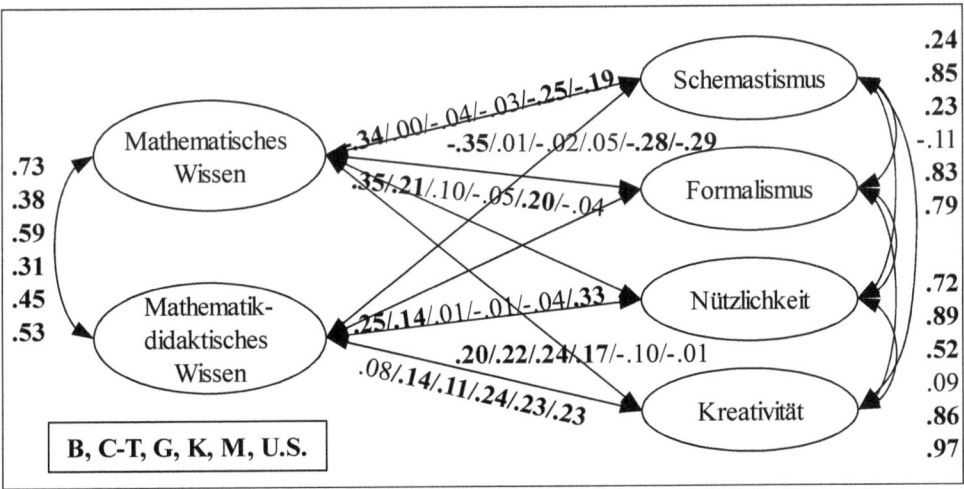

Abb. 6: Zusammenhänge zwischen mathematischen und mathematikdidaktischem Wissen sowie Überzeugungen zur Natur der Mathematik in den sechs MT21-Teilnahmeregionen

In Bezug auf das Verhältnis von Wissen und Überzeugungen zeigen sich die erwarteten Unterschiede zwischen den Ländern:

Für schematische Überzeugungen zur Natur der Mathematik waren signifikant negative Zusammenhänge mit mathematischem und mathematikdidaktischem Wissen erwartet worden. Diese zeigen sich auch für die bulgarischen, mexikanischen und amerikanischen Teilnahmeregionen, nicht aber für jene aus Taiwan, Südkorea und Deutschland. Da die Stichproben aus Bulgarien, Mexiko und USA jene sind, die im Mittel das geringste Wissen aufweisen, lässt dieses Ergebnis einen Schwelleneffekt vermuten. Bis zu einer gewissen Schwelle an mathematischem und mathematikdidaktischem Wissen gehen schematische Überzeugungen zurück. Ist diese Schwelle überschritten, verringern sich die Überzeugungen nicht weiter, weil der Mathematik ein gewisser schematischer Charakter nun einmal nicht abzusprechen ist.

Einen ähnlichen Schwelleneffekt kann man für die Zusammenhänge von kreativen Überzeugungen und Wissen vermuten. In den vier bzw. fünf Teilnahmeregionen mit den jeweils höchsten mathematischen bzw. mathematikdidaktischen Leistungen zeigen sich die erwarteten signifikant positiven Zusammenhänge. Dies gilt nicht für Mexiko und USA in Bezug auf das mathematische Wissen bzw. für Bulgarien in Bezug auf das mathematikdidaktische Wissen – jeweils genau den Stichproben mit dem geringsten Wissen.

Was die Zusammenhänge von formalen Überzeugungen und mathematischem Wissen angeht, können die erwartet signifikant positiven Zusammenhänge für die bulgarischen, mexikanischen und taiwanesischen MT21-Teilnahmeregionen festgestellt werden. In Bezug auf jene aus Deutschland und USA finden sich diese auf der Ebene der Gesamtstichprobe nicht. Diese werden durch differenzielle Ausbildungseffekte verwischt. In beiden Ländern finden sich unterschiedliche Sekundarstufen-I-Ausbildungsgänge, in denen die angehenden Lehrkräfte entweder für die Primar- und die Sekundarstufe I oder für die Sekundarstufen I und II ausgebildet werden. Blickt man auf dieser Ebene auf die Zusammenhänge, stützen die Daten die Hypothese für die Teilgruppe der angehenden Sekundarstufen-I- und -II-Lehrkräfte.

Auch in Bezug auf die Zusammenhänge der sich konzeptionell überlappenden Subdimensionen zeigen sich die erwarteten starken positiven Interkorrelationen, und zwar in diesem Fall ohne Ausnahme. In den taiwanesischen, südkoreanischen und amerikanischen MT21-Teilnahmeregionen erweisen sich Verständnisorientierung und das Fördern unterschiedlicher Lösungswege empirisch sogar nicht als trennbar. Dies deutet daraufhin, dass die Lehrkräfte diese beiden Prinzipien als aufeinander bezogen betrachten.

Die erwartet signifikant positiven Zusammenhänge zwischen mathematischem Wissen und Verständnisorientierung einerseits sowie dem mathematikdidaktischen Wissen und der Förderung unterschiedlicher Lösungswege andererseits zeigen sich in jeweils drei Ländern. Für die übrigen Länder kann man jeweils davon ausgehen, dass Deckeneffekte vorherrschen: Hier ist die mittlere Zustimmung zu den beiden konstruktionsorientierten Überzeugungsdimensionen bereits so hoch und die Varianz so gering, dass sich kaum systematische Zusammenhänge zu anderen Faktoren zeigen können.

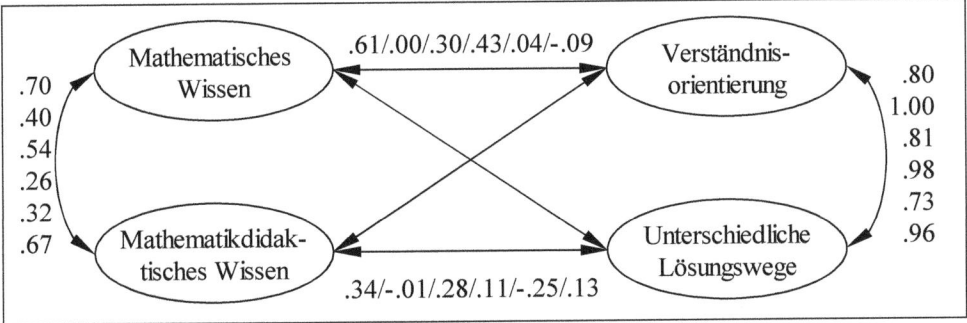

Abb. 7: Zusammenhänge zwischen mathematischem und mathematikdidaktischem Wissen sowie Überzeugungen zum Lehren und Lernen von Mathematik (Bulgarien, Taiwan, Deutschland, Südkorea, Mexiko und USA)

Insgesamt wird für die Zusammenhänge von Wissen und Überzeugungen deutlich, dass strukturelle Generalisierungen über Länder hinweg ohne Berücksichtigung ihrer Eigenheiten nur bedingt möglich sind.

Zusammenfassung

Es ist in MT21 gelungen, Instrumente zu entwickeln, denen nicht nur konzeptionell aufgrund von Expertenreviews Konstruktvalidität zugesprochen werden kann, sondern die auch empirisch Messinvarianz aufweisen. Damit kann angenommen werden, dass die Instrumente in unterschiedlichen Ländern dasselbe Konstrukt messen und dass dieses auch inhaltlich dieselbe Bedeutung aufweist.

Unter deskriptiven Gesichtspunkten zeigt sich, dass die Stichproben aus Südkorea und Taiwan hohes mathematisches und mathematikdidaktisches Wissen aufweisen. In Bezug auf Letzteres ist der Rückstand der deutschen und amerikanischen Stichproben allerdings deutlich geringer. Für alle MT21-Teilnahmeregionen zeigt sich eine Bevorzugung dynamischer Überzeugungen zur Natur der Mathematik und einer Konstruktionsorientierung in Bezug auf das Lehren und Lernen von Mathematik. Insgesamt fällt die Zustimmung zu einer statischen Perspektive bzw. transmissionsorientierten Überzeugungen der Lehrkräfte aus Bulgarien, Südkorea und Taiwan etwas höher aus. Eine besonders geringe Unterstützung einer statischen Perspektive auf Mathematik zeigt die deutsche Gruppe.

Wie erwartet zeigen sich starke positive Interkorrelationen der beiden Wissensdimensionen, der beiden Subdimensionen statischer bzw. dynamischer Überzeugungen zur Natur der Mathematik sowie der beiden Subdimensionen von Transmissions- bzw. Konstruktionsorientierung. Unterschiede für die sechs Teilnahmeregionen zeigen sich hingegen wie erwartet in Bezug auf die Zusammenhänge zwischen Wissen und Überzeugungen. Höheres Wissen geht insgesamt eher mit weniger statischen und stärker dynamischen Überzeugungen sowie mit einer stärkeren Konstruktionsorientierung einher. Allerdings sind vermutlich zum einen Schwellen- und Deckeneffekte – so muss möglicherweise beispielsweise erst ein bestimmtes Wissensniveau erreicht werden, bevor bestimmte Eigenschaften der Mathematik erkannt werden – und zum anderen Programmeffekte zu beachten, die Ländereffekte einebnen.

In TEDS-M wird es möglich sein, die Tragfähigkeit der hier dokumentierten Schlussfolgerungen anhand von repräsentativen Stichproben angehender Lehrkräfte für die Primarstufe und die Sekundarstufe I aus 17 Ländern zu überprüfen, da überwiegend dieselben Skalen eingesetzt werden. Allerdings ist festzuhalten, dass auch dann das Henne-Ei-Kausalitätsdilemma im Verhältnis von Wissen und Überzeugungen nicht gelöst werden kann. Auf der Basis von Querschnittstudien besteht keine Möglichkeit, Ursache und Wirkung zu definieren. Führt zunehmendes Wissen im Laufe der Lehrerausbildung eine Veränderung von Überzeugungen mit sich oder unterstützt das Vorhandensein bestimmter Überzeugungen zu Beginn der Ausbildung – vermittelt über unterschiedliche Lernstrategien – den Erwerb höheren Wissens? Genauso gut ist im Übrigen denkbar, dass es sich um einen komplexen Wechselwirkungsprozess handelt. Um diese Fragen untersuchen zu können, wird eine echte Längsschnittstudie benötigt.

Literatur

Ball, D. L. & Bass, H. (2000): Interweaving content and pedagogy in teaching and learning to teach: Knowing and using mathematics. In: J. Boaler (Hrsg.): Multiple perspectives on the teaching and learning of mathematics. Westport, CT: Ablex, S. 83–104.

Baumert, J.; Kunter, M.; Blum, W.; Brunner, M.; Voss, Th.; Jordan, A.; Klusmann, U.; Krauss, St.; Neubrand, M. & Tsai, Y.-M. (2009): Teachers' Mathematical Knowledge, Cognitive Activation in the Classroom, and Student Progress. American Research Journal.

Blömeke, S.; Bremerich-Vos, A.; Kaiser, G.; Lehmann, R.; Nold, G.; Schwippert, K. & Willenberg, H. (2008): Teacher Education and Development Study. Learning to Teach (TEDS-L). Antrag an das BMBF im Rahmen des Förderprogramms zur empirischen Bildungsforschung.

Blömeke, S. (2004): Empirische Befunde zur Wirksamkeit der Lehrerbildung. In: S. Blömeke, P. Reinhold, G. Tulodziecki & J. Wildt (Hrsg.): Handbuch Lehrerbildung. Bad Heilbrunn/Braunschweig: Klinkhardt/Westermann, S. 59–91.

Brunner, M.; Kunter, M.; Krauss, S.; Klussmann, U.; Baumert, J.; Blum, W. et al. (2006): Die professionelle Kompetenz von Mathematiklehrkräften. Konzeptualisierung, Erfassung und Bedeutung für den Unterricht. Eine Zwischenbilanz des COACTIV-Projekts. In: M. Prenzel & L. Allolio-Näcke (Hrsg.): Untersuchungen zur Bildungsqualität von Schule. Abschlussbericht des DFG-Schwerpunktprogramms. Münster u. a.: Waxmann, S. 54–82.

Graeber, A. & Tirosh, D. (2008): Pedagogical Content Knowledge. Useful Concept or Elusive Notion. In: P. Sullivan & T. Woods (Hrsg.): Knowledge and Beliefs in Mathematics Teaching and Teaching Development. The International Handbook of Mathematics Teacher Education (Vol. 1). Rotterdam: Sense Publisher, S. 117–132.

Grigutsch, S.; Raatz, U. & Törner, G. (1998): Einstellungen gegenüber Mathematik bei Mathematiklehrern. In: Journal für Mathematik-Didaktik (19), S. 3–45.

Gundlach, E. & Wößmann, L. (2004): Bildungsressourcen, Bildungsinstitutionen und Bildungsqualität: Makroökonomische Relevanz und mikroökonomische Evidenz. In: U. Backes-Gellner & P. Moog (Hrsg.): Ökonomie der Evaluation von Schulen und Hochschulen (= Schriften des Vereins für Socialpolitik; 302). Berlin: Duncker & Humblot.

Helmke, A. (2004): Unterrichtsqualität. Erfassen, Bewerten, Verbessern (3. Aufl.). Seelze: Kallmeyersche Verlagsbuchhandlung.

Hill, H. C.; Ball, D. & Schilling, S. G. (2008): Unpacking Pedagogical Content Knowledge. Conceptualising and Measuring Teachers' Topic-specific Knowledge of Students. In: Journal for Research in Mathematics Education, 39(4), S. 372–400.

Kirsch, A. (1987): Mathematik wirklich verstehen. Köln, Aulis Verlag Deubner.

Klein, F. (1933): Elementarmathematik vom höheren Standpunkte aus (4. Aufl.). Erster Band. Berlin: Springer.

Krauss, S.; Kunter, M.; Brunner, M.; Baumert, J.; Blum, W.; Neubrand, M. et al. (2004): COACTIV. Professionswissen von Lehrkräften, kognitiv-aktivierender Mathematikunterricht und die Entwicklung von mathematischer Kompetenz. In: J. Doll & M. Prenzel (Hrsg.): Bildungsqualität von Schule. Lehrerprofessionalisierung, Unterrichtsentwicklung und Schülerförderung als Strategien der Qualitätsverbesserung. Münster u. a.: Waxmann, S. 31–53.

Krauss, S.; Baumert, J. & Blum, W. (2008): Secondary mathematics teachers' pedagogical content knowledge and content knowledge. validation of the COACTIV constructs. In: ZDM – The International Journal on Mathematics Education, 40(5), S. 873–892.

Liljedahl, P.; Durand-Guerrier, V.; Winslow, C.; Bloch, I.; Huckstep, P.; Rowland, T. et al. (2009): Components of mathematics teacher training. In: R. Even & D. Loewenberg Ball (Hrsg.): The professional education and development of teachers of mathematics. In: The 15th ICMI Study. New York: Springer, S. 25–34.

Särndal, C.-E.; Swensson, B.; Wretman, J. (1997): Model assisted survey sampling. New York: Springer.

Shulman, L. S. (1985): Paradigms and research programs in the study of teaching: a contemporary perspective. In: M. C. Wittrock (Hrsg.): Handbook of Research on Teaching (3. Aufl.). New York: Macmillan, S. 3–36.

Weinert, F. E. (1999): Konzepte der Kompetenz. Gutachten zum OECD-Projekt „Definition and Selection of Competencies: Theoretical and Conceptual Foundations (DeSeCo)". Neuchatel, Schweiz: Bundesamt für Statistik.

Zaslavsky, O. & Leikin, R. (2004): Professional development of mathematics teacher educators. Growth through practice. In: Journal of Mathematics Teacher Education, 7, S. 5–23.

Regina Bruder *(TU Darmstadt)*
Christina Collet *(TU Darmstadt)*

Entwicklung und Erprobung eines Unterrichtskonzepts zum Problemlösenlernen im Mathematikunterricht – Wirkungsanalysen bei den Lehrenden und Lernenden

Mathematische Probleme im Unterricht zu lösen fällt Schülern häufig schwer. Nach den nicht zufriedenstellenden Ergebnissen der internationalen Vergleichsstudien TIMSS und PISA besteht für die mathematikdidaktische Forschung die Herausforderung, Ursachen hierfür zu identifizieren und unter Berücksichtigung der Lehr- und Lernforschung Unterrichtskonzepte zum Fördern mathematischer Basiskompetenzen und darüber hinausgehender Kompetenzen zu entwickeln, diese im regulären Mathematikunterricht zu implementieren und empirisch zu evaluieren.

Einer Förderung von Problemlösekompetenzen im Mathematikunterricht wird national und international besondere Aufmerksamkeit gewidmet. Etwa seit den 1980er Jahren gibt es in der Mathematikdidaktik ein breites Spektrum an Ideen zum Fördern von Problemlösefähigkeiten (vgl. Törner, Schoenfeld & Reiss, 2007). Viele dieser Überlegungen basieren auf Pólyas vierstufigem Phasenmodell als Anleitung zum Lösen von Problemen. Die zum Problemlösen durchgeführten Studien bestätigen, dass Problemlösen durch Trainingsprogramme außerhalb des Unterrichts gefördert werden kann. Forschungsdesiderate zeigen sich in folgender Hinsicht:

- Es fehlt an größeren Schülerstichproben empirisch erprobter Förderkonzepte zum Problemlösen für den regulären Mathematikunterricht (vgl. Heinze, 2007).
- Dem Lehren von Problemlösen durch Lehrkräfte im Mathematikunterricht wurde in der fachdidaktischen Forschung bisher wenig Beachtung gewidmet (Lester & Charles, 1992).
- Studien, die sowohl Effekte entsprechender Interventionen bei den beteiligten Lehrkräften als auch bei den Schülern untersuchen, gibt es kaum (vgl. Fishman et al., 2003; Lipowsky, 2004).

Diese Forschungsdesiderate haben wir in unsere Forschungsprojekt[1] aufgegriffen. Ziel des sechsjährigen Projektes war eine breite Implementation und Evaluation eines materialgestützten Unterrichtskonzeptes zum Erwerb von Problemlösefähigkeiten in Verbindung mit selbstreguliertem Lernen. Die Verbindung zwischen Problemlösen lernen und Selbstregulation wurde schwerpunktmäßig über ein materialgestütztes Hausaufgabenkonzept realisiert. Im Vorfeld der hier vorgestellten Untersuchung wurden das entwickelte Unterrichtskonzept und das Hausaufgabenkonzept zur Förderung von Problemlösen in Verbindung mit Selbstregulation (kurz: Unterrichtskonzept) in der ersten Phase der Leh-

---

1 Dieses Forschungsprojekt war Bestandteil des von der DFG geförderten Schwerpunktprogramms „Bildungsqualität von Schule: Fachliches und fächerübergreifendes Lernen im mathematisch-naturwissenschaftlichen Unterricht in Abhängigkeit von schulischen und außerschulischen Kontexten" (kurz: BIQUA, Darmstadt II, BR 2066/2-2).

rerausbildung an der Technischen Universität Darmstadt und im Referendariat erprobt und erfolgreich evaluiert (vgl. Komorek et al., 2004). In diesem Beitrag geht es um die abschließende Feldstudie mit 48 zu dem Unterrichtskonzept fortgebildeten Lehrkräften und deren 7. und 8. Projektklassen aus den Bundesländern Hessen, Thüringen, Niedersachsen und Bremen. Die zentrale Forschungsfrage dieser Feldstudie war:

Welche Effekte der Lehrerfortbildungen zu dem entwickelten Unterrichtskonzept sind im regulären Mathematikunterricht der Sekundarstufe I sowohl auf der Ebene der Lehrkräfte als auch auf der Ebene der Schüler feststellbar?

1 Theoretischer Hintergrund zum Problemlösen und zu selbstreguliertem Verhalten

Probleme erfolgreich zu lösen erfordert, dass Schüler Hürden in verschiedenen Phasen des Problemlösens überwinden, z. B. beim Mathematisieren einer Situation oder beim Arbeiten innerhalb des mathematischen Modells. Hier sind unmittelbar Parallelen erkennbar zwischen den Etappen beim Problemlösen im Sinne von Pólya (1949) und Aspekten, die beim selbstregulierten Lernen von Bedeutung sind (vgl. z. B. Schmitz, 2001). Beim Problemlösen in und außerhalb der Schule, z. B. auch beim Bearbeiten von langfristigen Hausaufgaben, stehen Schüler immer wieder vor individuell schwierigen Aufgabenstellungen, in denen ihnen das eigenständige Setzen und Verfolgen von Lernzielen sowie eine strukturierte Arbeitsweise zugute kommen kann. Diese Erfahrungen sprechen dafür, dass Problemlösen und selbstreguliertes Verhalten einander bedingen. Studien, die solche vermuteten Zusammenhänge auf der Basis eines Unterrichtskonzepts zum Fördern von Problemlösefähigkeiten in Verbindung mit einem ganzheitlichen Ansatz zum selbstregulierten Lernen (vgl. Schmitz, 2001) untersuchen, gibt es hingegen selten.

1.1 Studien zum Problemlösen in Verbindung mit Selbstregulation

Zu solchen Studien, die eine Förderung von Problemlösefähigkeiten im regulären Mathematikunterricht der Sekundarstufe I mit Aspekten selbstregulierten Verhaltens beim Problemlösen verbinden, zählen beispielsweise die Studie von Lester, Garofalo und Kroll (1989) und die Studien zur Unterrichtsmethode IMPROVE (vgl. z. B. Mevarech & Kramarski, 1997; Mevarech, Tabuk & Sinai, 2006).

Lester, Garofalo und Kroll (1989) verfolgen eine Förderung kognitiver Selbstregulation beim Problemlösen und stützen sich auf Schoenfelds Ansatz (vgl. Schoenfeld, 1985). Sie entwickelten ein umfangreiches Handlungskonzept für Lehrkräfte zum Fördern selbstregulierten Verhaltens beim Problemlösen. Teil dieses Handlungskonzepts sind Lehrtätigkeiten für eine Problembearbeitung im Unterricht, die Schüler in den Phasen einer Problembearbeitung unterstützen sollen. Eine empirische Erprobung des theoretischen, materialgestützten Ansatzes über 12 Wochen mit zwei siebten Schulklassen, die parallel zum regulären Unterricht von dem Problemlösetrainer Frank Lester unterrichtet wurden, zeigen positive Effekte des Trainings auf die Problemlösefähigkeiten der Schüler. Die Ergebnisse der Studie deuten zudem darauf hin, dass kognitive Selbstregulation erfolgreiches Problemlösen unterstützt. Keine Effekte zeigten sich allerdings in den Fähigkeiten zur Selbstregulation. Lester, Garofalo und Kroll (1989) vermuten, dass für größere Effekte eine länger andauernde Intervention auch in Verbindung mit dem regulären Mathematikunterricht nötig ist.

Die Unterrichtsmethode IMPROVE strebt ebenfalls an, Problemlösefähigkeiten von Lernenden in Verbindung mit metakognitiven Fragestellungen zu verbessern und basiert auf drei Elementen (vgl. Mevarech & Kramarski, 1997):

- Unterstützung in der Aneignung von Strategien und bei metakognitiven Prozessen
- Lernen in heterogenen Kleingruppen
- Leistungsrückmeldungen und weiterführende differenzierte Aufgabenstellungen.

Die metakognitiven Fragestellungen korrespondieren mit Modellen zu Problemlöseprozessen und Ideen zum Fördern von Problemlösefähigkeiten (vgl. Pólya, 1973; Schoenfeld, 1985; Lester et al., 1989) und umfassen:

- Verstehensorientierte Fragen
- Fragen zu Zusammenhängen zwischen Problemtypen
- Strategische Fragen
- Reflexionsfragen.

Die Unterrichtsmethode IMPROVE wurde im regulären Mathematikunterricht mit 7. und 8. Klassen in Israel implementiert. Die in Workshops fortgebildeten Lehrkräfte sollten diese Methode in ihrem Unterricht umsetzen. Die Studien zu dieser Methode sprechen insofern für den Erfolg der Unterrichtsmethode, da die Experimentalgruppen höhere Problemlösefähigkeiten und höhere Werte in ihren Selbsteinschätzungen zu metakognitiven Fragestellungen beim Problemlösen zeigten, als die Kontrollgruppen. Die Aussagekraft der Studien zur IMPROVE-Methode ist allerdings eingeschränkt, da lediglich Schülerdaten erhoben wurden und keine Daten zur Umsetzung der Methode durch die beteiligten Lehrkräfte.

1.2 Unterrichtskonzept zum Fördern von Problemlösen in Verbindung mit Selbstregulation nach Bruder

Das hier vorgestellte und im regulären Mathematikunterricht mit Siebt- und Achtklässlern über die Dauer eines Schuljahres erprobte Unterrichtskonzept unterscheidet sich insofern von den beiden angeführten Ansätzen zum Fördern von Problemlösefähigkeiten in Verbindung mit Selbstregulation, als dass ein ganzheitlicher Ansatz selbstregulierten Verhaltens (vgl. Schmitz, 2001) beim Problemlösen zugrunde gelegt wurde und sowohl Daten auf Schüler- als auch auf Lehrerseite zur umfangreichen Wirkungsanalyse erhoben und evaluiert wurden.

Zentrale Lernziele für Schüler, die mit der Entwicklung des Unterrichtskonzepts und einer Förderung von Problemlöse- und Selbstregulationsfähigkeiten im regulären Mathematikunterricht verbunden waren, sind (vgl. Bruder, 2003, S. 8):

Die Schülerinnen und Schüler

- erkennen mathematische Fragestellungen auch in Alltagssituationen und können solche Fragestellungen formulieren,
- kennen mathematische Modelle (Mathematisierungsmuster) und geeignete Vorgehensweisen (Heurismen) zur Bearbeitung mathematischer Fragestellungen und können diese situationsgerecht anwenden,
- entwickeln Anstrengungsbereitschaft und Reflexionsfähigkeit für ihr eigenes Handeln.

Dem Unterrichtskonzept liegen verschiedene Theorien zugrunde. Den Kernbaustein bilden Theorien sowie Methoden und Techniken zum Fördern von Problemlösefähigkeiten, die dem Bereich der Begabungsförderung entstammen (vgl. z. B. Engel, 1995; Sewerin, 1979) und für den regulären Mathematikunterricht weiterentwickelt wurden (vgl. z. B. Bruder, 2003). Mit der heuristischen Bildung wird zudem das Ziel verfolgt, dass die Schüler heuristische Vorgehensweisen kennen und anwenden lernen. Eine für Schüler verständliche Gliederung heuristischer Vorgehensweisen unterteilt schulrelevante Heurismen in Anlehnung an Analysen mathematischer Wettbewerbsaufgaben (vgl. Sewerin, 1979) in heuristische Hilfsmittel, Strategien und Prinzipien (vgl. Bruder, 2003). Die Kernidee dieses Unterrichtskonzepts lautet (vgl. Bruder, 2000):

Mathematische Problemlösekompetenzen werden erworben durch eine Förderung von Erscheinungsformen geistiger Beweglichkeit (Reduktion, Reversibilität, Aspektbeachtung und Aspektwechsel) über das Ausbilden von Teilhandlungen des Problemlösens in Verbindung mit einer zeitweilig bewussten und zunehmend unterbewussten Anwendung von Heurismen.

Mit diesem Hintergrund kann Problemlösenlernen als ein langfristiger Lehr- und Lernprozess angelegt werden, der i. w. vier Phasen umfasst (vgl. Bruder, 1992, 2003):

Phase 1 – Reflexion: Intuitives Gewöhnen an heuristische Methoden und Techniken
Phase 2 – Strategiegewinnung: Bewusstmachen spezieller Heurismen anhand eines markanten Beispiels
Phase 3 – Bewusste Übungsphase: Beispiele unterschiedlicher Schwierigkeit zur selbstständigen Bearbeitung
Phase 4 – Kontexterweiterung der Strategieanwendung: Beispiele aus anderen mathematischen Gebieten und der Lebenswelt bearbeiten bzw. suchen, bei denen die neuen Heurismen auch Anwendung finden können.

In der ersten Phase werden die Lernenden durch gezielte Hilfeimpulse und Fragestellungen (Was hat uns geholfen diese Aufgabe zu lösen?) mit Heurismen intuitiv vertraut, die in der darauf folgenden Phase anhand von Musteraufgaben konkretisiert und bewusst gemacht werden. Hier wird den Heurismen auch ein Name gegeben. Die dritte Phase dient dem Vertrautwerden mit den neuen Heurismen durch anforderungsgestuftes individualisiertes Üben z. B. auch in längerfristigen Hausaufgaben. In der letzten Phase wird eine Flexibilisierung und zunehmend intuitive Anwendung der neuen Heurismen angestrebt, so dass die Lernenden ihr eigenes Problemlösemodell schrittweise anreichern. Die zweite und dritte Phase bauen zeitlich eng aufeinander auf, während die erste und vierte Phase nur eine lose Verbindung mit Phase zwei und drei haben. Das entwickelte Hausaufgabenkonzept zur Unterstützung selbstregulierten Lernens wird in Phase drei und vier integriert.

Die Theorie von Bruder (1992, 2003) zum Fördern von Problemlösefähigkeiten fußt auf lern- und entwicklungspsychologischen Grundlagen osteuropäischer Vertreter der pädagogischen Psychologie wie Galperin, Lompscher, Haßdorf, Köster und Kossakowski, die einen ganzheitlichen, tätigkeitsorientierten Ansatz verfolgen. Nach diesem konstruktivistischen Tätigkeitskonzept werden Lernhandlungen von Lernzielen und Lernmotiven bestimmt und bringen sichtbare Produkte sowie Ergebnisse als psychische Veränderungen des Lernens hervor (vgl. Lompscher, 1984). Lompscher misst dem Prozess der Handlungsausführung eine zentrale Bedeutung im Lernprozess zu und beschreibt die Qualität derselben durch den Begriff der „Verlaufsqualität". Ein zentraler Aspekt der Verlaufsqualität ist die geistige Beweglichkeit eines Lerners, die sich nach Lompscher (1972), Hasdorf (1976) und Bruder (2000) in den Erscheinungsformen: Reduktion, Reversibilität, Aspektbeachtung und Aspektwechsel äußert und nach Bruder (2000) mit heuristischen Vorgehensweisen beim Problemlösen korrespondiert.

Den theoretischen Hintergrund zum Fördern selbstregulierten Verhaltens beim Problemlösen bildet das Prozessmodell selbstregulierten Lernens nach Schmitz (2001). Zur Beschreibung eines selbstregulierten Lernprozesses und zum Fördern selbstregulierten Lernens unterteilt Schmitz (2001) den Lernprozess in die drei Phasen: präaktionale, aktionale und postaktionale Phase. Diesen Phasen können empirisch bestätigte Faktoren für erfolgreiches selbstreguliertes Lernen zugeordnet werden (vgl. Perels, Löb, Schmitz & Haberstroh, 2006).

Eine Verbindung der Theorien zum Problemlösen und zum selbstregulierten Lernen wurden in der Konzeption der Schülertrainings (vgl. Gürtler, Perels, Schmitz & Bruder, 2002) und im dem von Komorek (2006) entwickelten materialgestützten Hausaufgabenkonzept geleistet sowie empirisch evaluiert (vgl. Collet, 2009).

Im Folgenden wird das Untersuchungsdesign der Implementationsstudie beschrieben und es werden ausgewählte Ergebnisse der Evaluation vorgestellt.

2   Ziele der Untersuchung und Methode

Mit der Untersuchung wurden eine Implementation und eine empirische Evaluation der Umsetzung des Unterrichtskonzeptes im regulären Mathematikunterricht der Sekundarstufe I (7./8. Klasse) über die Dauer eines Schuljahres angestrebt.

Hierbei waren folgende Forschungsfragen von besonderem Interesse:

- Welche Elemente des Unterrichtskonzepts stoßen bei den Lehrkräften auf Akzeptanz und sind im Unterrichtsalltag leistbar?
- Stößt die theoretisch zu präferierende Kombination von Problemlösen und Selbstregulation auch im regulären Mathematikunterricht bei den Lehrkräften auf Akzeptanz und werden damit auch bessere Ergebnisse bei den Schülern erzielt?
- Welche Art von Begleitung der Lehrkräfte erzielt während der Konzeptimplementation höhere Effekte hinsichtlich einer Umsetzung von Konzeptinhalten?
- Welche Merkmale des Mathematikunterrichts sind relevant für die Entwicklung und Förderung von Problemlöse- und Selbstregulationsfähigkeiten?

Zur Untersuchung dieser Forschungsfragen wurde ein komplexes Fortbildungsdesign mit den Faktoren Fortbildungsinhalt und Fortbildungsmethode entwickelt und im Rahmen einer Feldstudie über die Dauer eines Schuljahres implementiert. Hierbei wurden folgende Fortbildungsmodule entwickelt und evaluiert:

- Fördern von Problemlösekompetenzen (PL)
- Fördern von selbstreguliertem Lernen mit Hausaufgaben (SR)
- Fördern von Problemlösekompetenzen in Verbindung mit Selbstregulation (PS)
- Fördern mathematischer Basiskompetenzen (KG).

Zur Kontrolle von interventionsgebundenen Wirkungen von Trainings empfehlen Hasselhorn und Hager (2001), den Experimentalgruppen eine Kontrollgruppe gegenüberzustellen, die ebenfalls fortgebildet wird, jedoch zu einem anderen Thema. Um die Kontrollgruppe (KG) während des Projektjahres nicht zu benachteiligen und gleichzeitig für die Teilnahme an dem Projekt zu motivieren, wurde diese daher zum Fördern mathematischer Basiskompetenzen fortgebildet. Es wurde hierbei davon ausgegangen, dass mathematische Basiskompetenzen eine notwendige, jedoch nicht hinreichende Bedingung für erfolgreiches Problemlösen sind.

Die an dem Projekt teilnehmenden 48 Lehrkräfte wurden zu Beginn des Schuljahres 2004/2005 fortgebildet und sollten die ihnen vorgestellten Aspekte des Unterrichtskonzepts in ihrem regulären Mathematikunterricht in der 7. bzw. 8. Klasse umsetzen. Während des Schuljahres wurden die teilnehmenden Lehrkräfte unterschiedlich betreut. Ein Teil der Lehrkräfte wurde unterrichtsbegleitend betreut (UB). Diese Lehrkräfte wurden an zwei weiteren Veranstaltungen während des Schuljahres weiter fortgebildet. Ein weiterer Teil der Lehrkräfte wurde webbasiert über unsere Lernplattform (www.prolehre.de) weiter betreut (WB). Auf dieser Lernplattform wurden regelmäßig Module freigeschaltet, denen die Lehrkräfte weitere Aspekte des Unterrichtskonzeptes entnehmen konnten.

Eine Gruppe von Lehrkräften wurde nach einer Präsenzveranstaltung zu Beginn des Schuljahres nicht weiter betreut (NO).

Gruppe	Fortbildungsinhalt		Fortbildungsmethode		N
	PL	SR	UB	WB	
PL	+	−	+	−	0
PL	+	−	−	+	11
PS	+	+	+	−	4
PS	+	+	−	+	8
PS	+	+	−	−	6
SR	−	+	+	−	8
SR	−	+	−	+	4
KG	−	−	−	−	8

Tab. 1: Design und Teilnehmer der Begleitstudie nach Fortbildungsinhalt und -methode (+: ja; −: nein)

Angestrebt wurde eine Gruppengröße von mindestens 8 Lehrkräften. Unter den schwierig zu kontrollierenden Rahmenbedingungen von Untersuchungen im Feld und trotz akzeptablen Stichprobenumfangs, ließen sich jedoch nicht alle Zellen des intendierten Untersuchungsdesigns gleichmäßig besetzen. Das lag zum einen daran, dass Lehrkräfte einer Schule nicht mit unterschiedlichen Fortbildungsinhalten und -methoden fortgebildet werden konnten und zum anderen, dass die 9 teilnehmenden Schulen nicht einem gemeinsamen Bundesland entstammen, was die Betreuung der Lehrkräfte erschwerte. Tabelle 1 zeigt das Design der Untersuchung mit den Faktoren Fortbildungsinhalt und Fortbildungsmethode sowie den erzielten Stichprobenumfang.

2.1 Ziele und Gestaltung der Lehrerfortbildungen

Mit den Lehrerfortbildungen wurden die Ziele verfolgt, dass die Lehrkräfte intelligentes Wissens zu den Fortbildungsinhalten sowie Handlungs- und Metakompetenzen (Weinert, 1999) entwickeln, die sie befähigen sollten, Problemlösen bzw. Selbstregulation im Mathematikunterricht, insbesondere auch durch binnendifferenzierte Lernangebote, zu fördern. Eine Umsetzung der Fortbildungsinhalte sollte dazu beitragen, dass Schüler heuristische Vorgehensweisen bewusst kennen und anwenden lernen sowie Anstrengungsbereitschaft und Reflexionsfähigkeit beim Lösen von individuell schwierigen Aufgaben entwickeln. Zur Gestaltung der Lehrerfortbildung wurden drei Aspekte berücksichtigt, die nach einer Studie von Garet et al. (2001) zentrale, empirisch bestätigte Faktoren für effektive Lehrerfortbildungen sind:

- Kohärenz: Orientierung der Fortbildung an curricularen Vorgaben
- Fachspezifische Aspekte: Bezug zum eigenen Unterrichtsfach
- Aktivität der Lehrkräfte: Einbindung der Lehrkräfte zur aktiven Mitarbeit.

Daher wurden rezeptive Vorträge zu den jeweiligen Fortbildungsinhalten verbunden mit unterschiedlichen Arbeitsaufträgen. In diesen Arbeitsaufträgen hatten die Lehrkräfte Gelegenheit, Aspekte des Unterrichtskonzepts zu vertiefen, z. B. den Nutzen heuristischer Vorgehensweisen für sich selbst zu erkennen.

Zudem wurden den Lehrkräften diverse Beispielaufgaben zum Erwerb einer Musterorientierung (vgl. Galperin, 1974) zur Verfügung gestellt. Arbeitsaufträge während des Schuljahres und Gelegenheiten zur Reflexion der Umsetzung von Elementen des Unterrichtskonzepts (vgl. Abschnitt 2.2) sollten die Konzeptimplementation in den regulären Mathematikunterricht fördern.

Insgesamt wurde mit den Lehrerfortbildungen, dem Materialangebot und den begleitenden Unterstützungsinstrumenten das Ziel verfolgt, dass die Lehrkräfte mindestens eine Musterorientierung[2] zur Umsetzung von Aspekten des Unterrichtskonzepts erwerben. Langfristig sollte sich bei den beteiligen Lehrkräften eine Feldorientierung einstellen.

---
2 Zur Beurteilung der Verarbeitungstiefe wurden die drei Typen von Orientierungsgrundlagen der Handlung nach Galperin (1974) herangezogen und wie folgt interpretiert:
Probierorientierung: Unvollständige Orientierungsgrundlage im Sinne von Versuch-Irrtum.
Musterorientierung: Vollständige Orientierungsgrundlage für einen bestimmten Bereich auf der Basis von vorliegenden Mustern zur Konzeptumsetzung.
Feldorientierung: Vollständige allgemeine Orientierungsgrundlage für ein bestimmtes Themengebiet, sodass Muster der Fortbildungsinhalte übertragen werden können und so neue Muster generiert werden.

2.2 Untersuchungsinstrumente

Um die Wirkungen der Lehrerfortbildungen auf der Seite der Lehrkräfte und auf der Seite der Lernenden zu studieren, wurden verschiedene Instrumente eingesetzt. Zur Untersuchung von Veränderungen in den Einstellungen der Lehrkräfte und im Wissen über Aspekte des Unterrichtskonzeptes wurden in einem Prä- und Post-Vergleich eine Lehrerbefragung sowie eine Repertory-Grid-Befragung verwendet. Im Unterschied zur COACTIV-Studie (vgl. Krauss et al., 2008) wurde mithilfe der auf Mathematikaufgaben angewandten Repertory-Grid-Befragung das aufgabenbezogene diagnostische Wissen der Lehrkräfte durch einen Vergleich von Aufgabenpaaren erfasst (vgl. Bruder, Lengnink & Prediger, 2003). Durch das implizite Erfassen des fachdidaktischen Wissens werden Lehrkräfte nicht in eine Testsituation versetzt. Diese Technik ermöglicht es Lehrkräften, ihre individuelle Sicht auf Mathematikaufgaben zu äußern und drückt den Stand der Auseinandersetzung mit mathematischen Aufgaben aus.

Zudem sollten die Lehrkräfte ein Lehr- und Lernmaterial, das die Umsetzung von Aspekten des Unterrichtskonzepts in ihrer Projektklasse dokumentiert, konzipieren, im eigenen Unterricht erproben und der Projektleitung einreichen. Die von den Lehrkräften eingereichten Materialien wurden mithilfe eines eigens dafür entwickelten Kriterienkatalogs begutachtet (vgl. Collet, Bruder & Ströbele, 2008). Die Ergebnisse dieser Momentaufnahme zur Umsetzung von Aspekten des Unterrichtskonzepts wurden den Lehrkräften individuell rückgemeldet. Zur Förderung der Implementation wurde außerdem ein Self-Monitoring-Instrument, der Stundenbericht, entwickelt (vgl. Collet, Bruder & Komorek, 2007). Diesen standardisierten Stundenbericht von einer DIN-A4-Seite führten die Lehrkräfte über einen Zeitraum von 10 Wochen. Mit dem Stundenbericht konnten wesentliche Aspekte des Unterrichtskonzepts und strukturierende Elemente eines „guten" Mathematikunterrichts, die zu Skalen zusammengefasst werden konnten, abgebildet werden (vgl. Abschnitt 3).

Auf der Seite der Lernenden diente eine Befragung zu Beginn und am Ende des Projektjahres einer Erfassung von Einstellungen zur Mathematik und zum Problemlösen, von Selbsteinschätzungen zu Aspekten selbstregulierten Lernens und der wahrgenommenen Konzeptumsetzung durch die Lehrkräfte. Die Entwicklung der Problemlösefähigkeiten der Schüler wurde mithilfe von konzipierten Leistungstests für die 7. und 8. Klasse in einem Prä- und Post-Vergleich gemessen. Durch eine Analyse der von den Lernenden gewählten Lösungswege sollte die Anwendung schulrelevanter heuristischer Vorgehensweisen studiert werden. Ein Jahr nach Ende des Projektjahres wurde eine Follow-up-Untersuchung zur Stabilität der Problemlösefähigkeiten der ehemaligen Siebtklässler mit dem Leistungstest für die 8. Klasse durchgeführt. Die Stabilität der Problemlösefähigkeiten wurde anhand der Ankeritems der Tests für die 7. und 8. Klasse untersucht.

3 Ergebnisse

In diesem Abschnitt werden ausgewählte Ergebnisse der Feldstudie mit dem Unterrichtskonzept zu den vier Ebenen (vgl. Lipowsky, 2004) – Lehrereinstellungen, Lehrerwissen, Lehrerhandeln und Schülerfähigkeiten – berichtet. Eine ausführliche Darstellung dieser und weiterer Ergebnisse kann Collet (2009) entnommen werden.

3.1 Effekte in den Lehrereinschätzungen und -einstellungen

Auf dieser ersten Ebene wurden in einem Prä- und Post-Vergleich der Lehrereinschätzungen und -einstellungen (N = 31), die mit der Befragung erfasst wurden, signifikante positive Veränderungen hinsichtlich der selbsteingeschätzten Binnendifferenzierung im Mathematikunterricht[3] (*** mit d = 0,45) und den kognitiven Anforderungen an Hausaufgaben[4] (*** mit d = 0,44) festgestellt. Zusätzlich wurden die Lehrkräfte mit einer offenen Frage nach den Veränderungen durch die Projektmitarbeit befragt. Hierbei gab ein Großteil der Lehrkräfte (18 Lehrkräfte) an, dass sich insbesondere der Umgang mit Aufgaben im Mathematikunterricht und in den Hausaufgaben verändert habe (Integration von Zusatzaufgaben, Wahlaufgaben, offene Aufgaben, langfristige Hausaufgaben etc). Zudem äußerten die Lehrkräfte, vermehrt heuristische Vorgehensweisen zu betonen (8), Vorgehensweisen durch die Schüler reflektieren zu lassen (4), ihren Unterricht verstärkt zu reflektieren (4) und mehr Gruppenarbeit (4) im Unterricht zu integrieren.

3.2 Effekte auf der Ebene des Lehrerwissens

Die zweite Ebene der Evaluation bezieht sich auf das Wissen der Lehrkräfte über Aufgaben im Mathematikunterricht und Inhalte des Unterrichtskonzepts.

Aspekte	Kategorien	Beispiel
Äußere Aspekte	Äußere Merkmale von Aufgaben	Klassische Textaufgabe
	Expliziter mathematischer Gehalt von Aufgaben	Konkrete Zahlen/Berechnung
Innere Aspekte	Aufgabenstruktur in Bezug auf das Handlungsziel	Eindeutiger Weg
	Schwierigkeitsgrad	Verständnisfrage
	Schülertätigkeit – algorithmisch	Anwenden von Rechenverfahren
	Schülertätigkeit – über algorithmische Tätigkeit hinausgehend	Knobeln
Übergeordnete Aspekte	Didaktische Funktion im Lernprozess	Reines Rechentraining
	Lösungsstrategien	Verschiedene Lösungswege

Tab. 2: Kategorien der Merkmalsnennungen

---

3   12 Items, α = .85 (Prä) / .86 (Post). Beispielitem: „Ich habe klare Vorstellungen darüber, wie ich eine anspruchsvolle Lernumgebung zu einem Thema entwickeln kann, von der möglichst alle Schüler profitieren können."
4   11 Items, α = .80 (Prä) / .81 (Post). Beispielitem: „Folgende Tätigkeiten werden in meinen HA von den Schülern regelmäßig verlangt: Problemlösen und mathematisches Modellieren."

Das aufgabenbezogene fachdidaktische Wissen wurde mit der Repertory-Grid-Befragung erfasst. Hierbei wurden die von den Lehrkräften bei einem Aufgabenvergleich genannten Merkmale Aspekten zugeordnet, welche die in Tabelle 2 stehenden Kategorien umfassen. Äußere Aspekte kennzeichnen äußere Merkmale von Aufgaben und den expliziten mathematischen Gehalt. Innere Aspekte betreffen die Aufgabenstruktur, Schwierigkeitsaspekte und Schülertätigkeiten. Angaben zur didaktischen Funktion der Aufgabe im Lernprozess und Lösungsstrategien wurden unter übergeordneten Aspekten von Aufgaben zusammengefasst.

Die Ergebnisse der Repertory-Grid-Befragung von 16 an der Vor- und Nachbefragung teilnehmenden Lehrkräfte zeigen signifikante Zuwächse hinsichtlich der Merkmale, die inneren und übergeordneten Aspekten von Aufgaben zugeordnet wurden (vgl. Abb. 1). Zudem wurde eine signifikante Zunahme in der Anzahl der von den Lehrkräften genannten Merkmale festgestellt, die dem Fortbildungsvokabular zugeordnet wurden. Diese Ergebnisse deuten insgesamt darauf hin, dass die Lehrkräfte durch die Teilnahme an dem Projekt ein tieferes diagnostisches Wissen über Aufgaben und deren Funktion erworben haben.

Auf Individualebene der analysierten Grids konnten zwei bemerkenswerte Entwicklungen festgestellt werden (vgl. Collet, 2009):

- Eine *Zunahme bei denjenigen Merkmalen, die äußeren sowie inneren oder übergeordneten Aspekten von Aufgaben zugeordnet wurden*.
- Eine *Verschiebung innerhalb der einzelnen Aspekte* – von äußeren Aspekten hin zu einer tieferen Analyse von Aufgaben.

Diese Entwicklungen deuten darauf hin, dass sich aufgabenbezogenes fachdidaktisches Wissen über äußere Merkmale hin zu einem tieferen diagnostischen Wissen über Aufgaben entwickelt. Außerdem wurde mit wissensbezogenen Items der Lehrerbefragung das Wissen der Lehrkräfte über zentrale Aspekte des Unterrichtskonzepts erfasst:

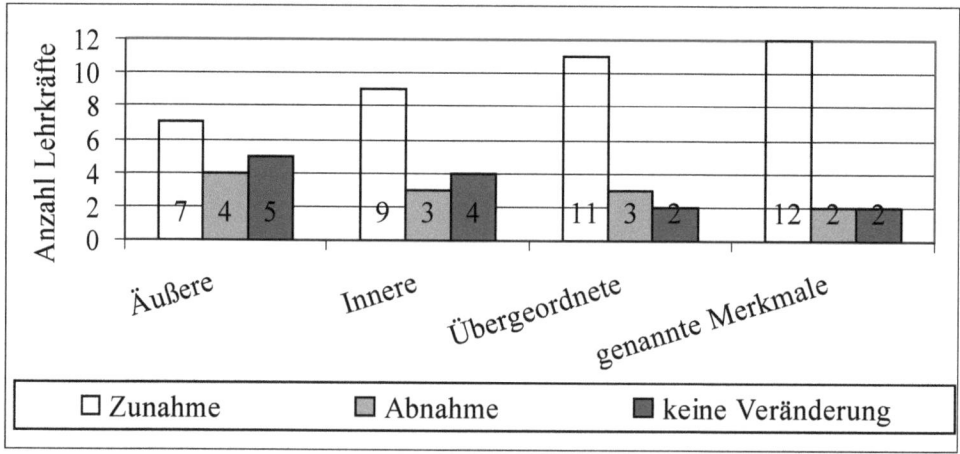

Abb. 1: Ergebnisse der Repertory-Grid-Befragung

Diesbezüglich wurde festgestellt, dass die Lehrkräfte durch die Fortbildungen Wissen über heuristische Vorgehensweisen und über Elemente zum Fördern selbstregulierten Lernens erworben haben. Heuristische Vorgehensweisen, die bei einem Großteil der Lehrkräfte auf Akzeptanz stoßen, sind die heuristischen Hilfsmittel, heuristische Strategien und auch allgemeine Prinzipen, wie z. B. das Rückführungsprinzip. Die Selbstkontrolle, -beobachtung, -einschätzung und das Zeitmanagement sind von den Lehrkräften häufig genannte Elemente selbstregulierten Lernens.

3.3 Effekte im Lehrerhandeln

Die dritte Ebene widmet sich dem Lehrerhandeln im regulären Mathematikunterricht, das mithilfe standardisierter Stundenberichte und einzureichender Lehr- und Lernmaterialien erfasst wurde.

Mit dem entwickelten standardisierten Stundenbericht konnten Einblicke in die Umsetzung des Unterrichtskonzepts durch die Lehrkräfte gewonnen werden. Die Items des Stundenberichts ließen sich zu Skalen zusammenfassen. Hierbei konnte u. a. die Oberskala „Problemlösen und Selbstregulation" ($\alpha = .94$; 14 Items) gebildet werden, die Aspekte des Unterrichtskonzept abbildet und die folgenden Skalen umfasst:

- *Inner- und außermathematisches Problemlösen* ($\alpha = .89$; 6 Items)
- *Strategieeinsatz- und Vorgehensreflexion* ($\alpha = .86$; 4 Items)
- *Binnendifferenzierung – individuelles Lernen* ($\alpha = .80$; 4 Items)

Die Befunde der von 38 Lehrkräften geführten 1 296 Stundenberichte zeigen diesbezüglich eine Umsetzung von Konzeptinhalten im Mathematikunterricht. Auf der Basis der 1 296 Stundenberichte wurden heuristische Vorgehensweisen häufiger von Lehrkräften

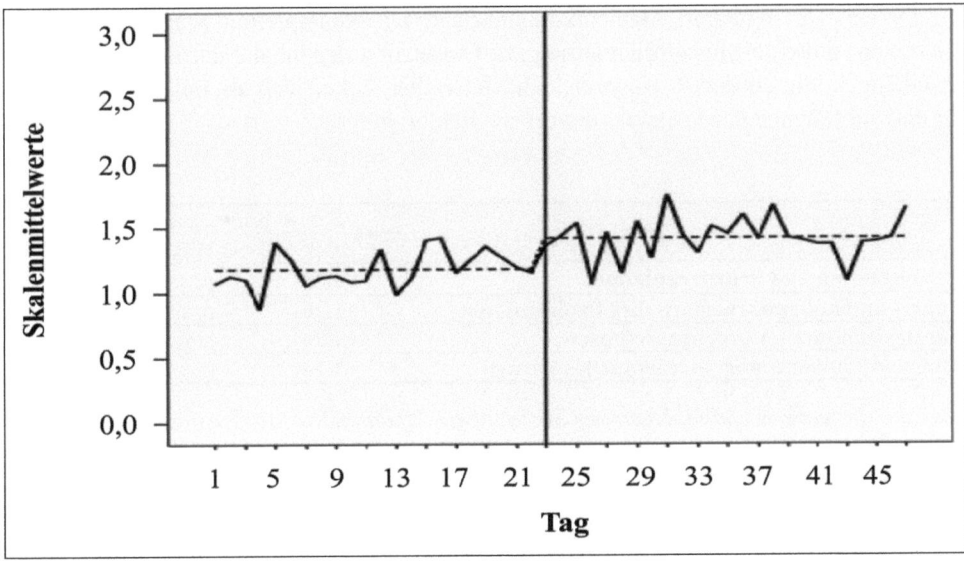

Abb. 2: Interventionsanalyse zur Skala „Problemlösen und Selbstregulation"

der Problemlösegruppen im Unterricht vermittelt. Elemente selbstregulierten Lernens fanden im Unterricht der Kombinationsgruppe stärker Beachtung als in den anderen Gruppen.

In den von den Lehrkräften über einen Zeitraum von ca. 10 Wochen zu dokumentierenden Unterrichtsstunden konnte ferner ein signifikanter Effekt einer weiteren Fortbildungsveranstaltung während des Schuljahres auf die selbstwahrgenommene Umsetzung von Problemlösen und Selbstregulation im Mathematikunterricht nachgewiesen werden (vgl. Abb. 2). Hierzu wurde eine Interventionsanalyse durchgeführt und der Berichtszeitraum in zwei Phasen unterteilt: Nach der ersten Fortbildungsveranstaltung zu Beginn des Schuljahres und nach dem ersten unterrichtsbegleitenden Coaching. Thema des ersten unterrichtsbegleitenden Coachings waren Hausaufgaben und wie man mit Hausaufgaben selbstreguliertes Lernen auch in Verbindung mit Problemlösefähigkeiten fördern kann.

Um mögliche Unterschiede zwischen den Fortbildungsmethoden in Abhängigkeit von der Zeit zu studieren, wurden zudem lineare Trendanalysen bezogen auf die Fortbildungsmethode durchgeführt. Die Ergebnisse lassen erkennen, dass die Gruppe, die während des Schuljahres unterrichtsbegleitend betreut wurde, signifikante positive lineare Trends hinsichtlich einer Konzeptumsetzung von Problemlösenlernen und Selbstregulation im Unterricht aufweist. Die Gruppe, die webbased weiter betreut wurde, zeigt eine kontinuierliche Konzeptintegration. Ein Input in Form einer einmaligen Kompaktveranstaltung erzielte nach einem gewissen Anfangslevel im Kontext der Förderung von Basiskompetenzen und einer entsprechenden Vorbildung der Lehrkräfte bezüglich Problemlösenlernen dagegen einen negativen Trend (vgl. Tab. 3).

Darüber hinaus dokumentieren die von 16 Lehrkräften eingereichten 38 Lehr- und Lernmaterialien eine Umsetzung des Unterrichtskonzepts mit Elementen binnendifferenzierten Lernens im regulären Mathematikunterricht. Die konzipierten Materialien deuten mindestens auf eine Musterorientierung zur Umsetzung der Inhalte der Fortbildungsveranstaltungen hin. 20 der 38 eingereichten Materialien ließen sich als Beispielmaterialien für eine im Rahmen des Projektes erworbene Feldorientierung werten.

Abhängige Variable	Fortbildungsmethode		
	UB	WB	NO
Problemlösen und Selbstregulation	***+ (.38)[5]	n. s.	**− (.15)
Inner- und außermathematisches Problemlösen	** + (.20)	n. s.	**− (.25)
Strategieeinsatz – Vorgehensreflexion	***+ (.23)	n. s.	**− (.20)
Binnendifferenzierung – individuelles Lernen	** + (.18)	n. s.	n. s.

Tab. 3: *Lineare Trendanalysen der Stundenberichtsdaten*

3.4 Effekte auf die Problemlösefähigkeiten der Lernenden

Auf der vierten Ebene wurden die Wirkungen der Lehrerfortbildungen bezogen auf die Entwicklungen der Schülerinnen und Schüler studiert. Die Problemlösefähigkeiten wurden

---

5 Der R^2-Wert in Klammern gibt den Anteil erklärter Varianz für die berechneten linearen Trends an.

mit Testitems erfasst, die heuristische Vorgehensweisen zum erfolgreichen Lösen erfordern. Exemplarisch zeigt Abbildung 3 ein Testitem zur testbasierten Diagnose von Problemlösefähigkeiten und Schülerlösungen. Die Schülerlösungen zeigen vier verschiedene Lösungswege (Tabelle in Verbindung mit systematischem Probieren, informative Figur, Extremalprinzip und Invarianzprinzip), die Probanden in der Klassenstufe 7 (ohne Kenntnisse über das Lösen linearer Gleichungssysteme) in unserem Projekt zum Fördern von Problemlösefähigkeiten nach diesem Unterrichtskonzept im Post-Test angewandt haben.

In Abbildung 4 sind die Leistungsentwicklungen der gymnasialen Siebt- (N = 370) und Achtklässler (N = 283) zu den Problemlöseitems der Tests dargestellt. Alle Fortbildungsgruppen (PL, PS, SR) verzeichneten Zuwächse. Die Schüler konnten ca. ein bis zwei Problemlöseitems im Nachtest mehr erfolgreich lösen als im Vortest ($d_{Klasse\ 7} = 0{,}71$ und $d_{Klasse\ 8} = 0{,}84$). Insgesamt verbesserten ca. 75% der gymnasialen Schüler ihre Leistungen in den Problemlöseitems.

Deutliche Leistungsverbesserungen erzielten auch 4 von 8 Klassen der Kontrollgruppe. Diese Leistungsverbesserungen stehen u. a. damit in Zusammenhang, dass zusätzlich zu einer Förderung mathematischer Basiskompetenzen vier Lehrkräfte heuristische Vorgehensweisen in ihrem Unterricht thematisierten, was aus den Stundendokumentationen hervor geht.

Darüber hinaus wurden die Anzahl und die Art der von den Lernenden im Test eingesetzten heuristischen Vorgehensweisen in 12 Testitems analysiert. Für jede in den Schülerlösungen dokumentierte heuristische Vorgehensweise wurde ein Codepunkt vergeben. Zur Analyse von möglichen Gruppenunterschieden bezüglich der eingesetzten Heurismen wurden für die 7. und 8. Projektklassen Kovarianzanalysen gerechnet.

Aufgabe „Reifenwechsel":

In einer Werkstatt werden Reifen bei Autos (ohne Ersatzrad) und Motorrädern gewechselt. An einem Tag wurde an 20 Fahrzeugen ein Reifenwechsel vorgenommen. Dabei wurden 70 Reifen montiert. Wie viele Motorräder waren es? (Ergebnis und Lösungsweg waren zu notieren)

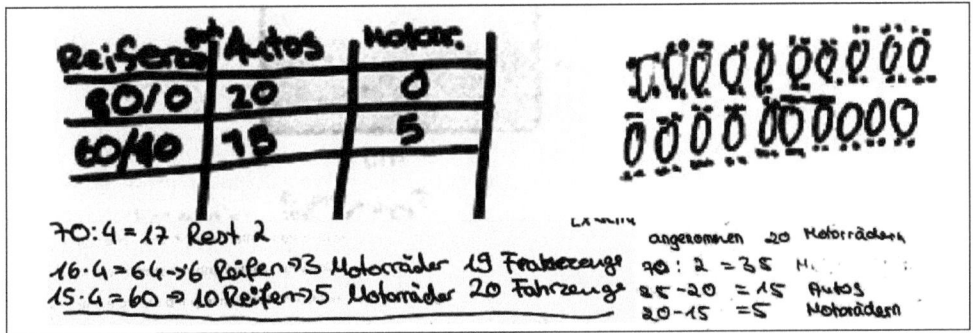

Abb. 3: *Verschiedene heuristische Vorgehensweisen von Schülern*

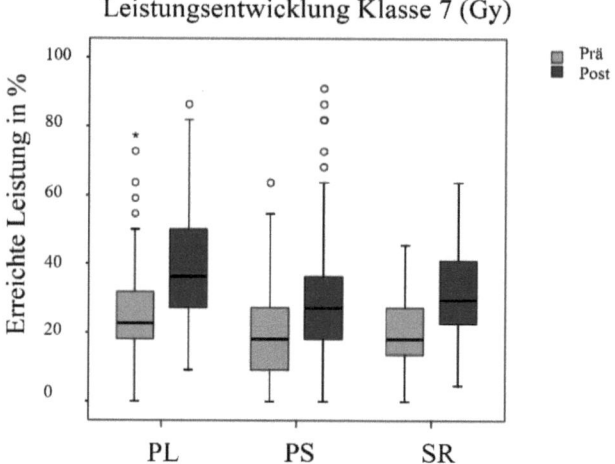

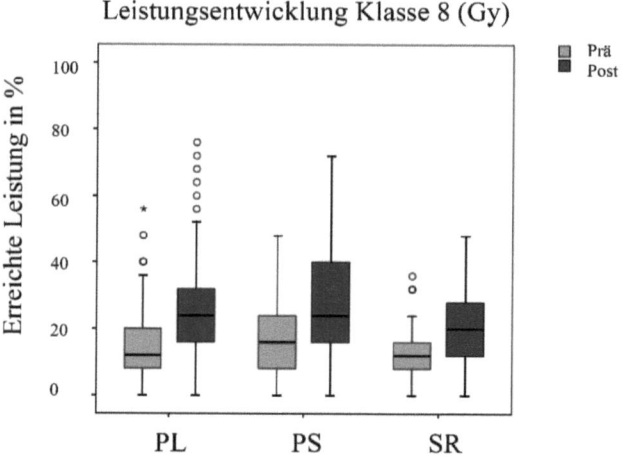

Abb. 4: Leistungsentwicklung bzgl. Problemlöseitems

Eine Kovarianzanalyse mit den Faktoren Gruppe (GY7PL, GY7PS, GY7SR) und Geschlecht zeigt für die gymnasialen 7. Projektklassen ($R^2 = .22$) signifikante Effekte bezüglich des Faktors Gruppe (F(2;363) = 13,45***; $\eta^2 = .07$) zwischen den Gruppen GY7PL und GY7PS ($d_{PL-PS} = 0,41$) sowie zwischen den Gruppen GY7PL und GY7SR ($d_{PL-SR} = 0,32$) zugunsten der Problemlösegruppen. Eine Kovarianzanalyse für die 8. Projektklassen ($R^2 = .29$) zeigt ebenfalls signifikante Gruppenunterschiede (F(2;276) = 12,16***; $\eta^2 = .08$) zwischen der Problemlösegruppe GY8PL und den Gruppen GY8PS ($d_{PL-PS} = 0,39$) und GY8SR ($d_{PL-SR} = 0,21$), wobei die Problemlösegruppe höhere Zuwächse erzielte.

Unterrichtskonzept zum Problemlösenlernen im Mathematikunterricht

Es wurde vermutet, dass sich eine Umsetzung von Aspekten des Unterrichtskonzepts bezogen auf Problemlösen und heuristische Vorgehensweisen (inner- und außermathematisches Problemlösen; Strategieeinsatz- und Vorgehensreflexion und Vermittlung von Heurismen) durch die Lehrkräfte auf die Problemlösefähigkeiten der Schüler auswirkt. Daher wurden statistisch bedeutsame Zusammenhänge zwischen den Variablen des Stundenberichts, welche die Kernelemente des Unterrichtskonzepts erfassen, und den Problemlösefähigkeiten der Schüler studiert.

Die Ergebnisse dieser Analysen zeigen signifikante Korrelationen auf Klassenebene (N = 38 Lehrkräfte mit durchschnittlich 21 Schülern (SD = 5,8)) zwischen Aspekten des Unterrichtskonzepts und den in den Schülerlösungen analysierten heuristischen Vorgehensweisen im Post-Test am Ende des Projektjahres.

Korrelationen (Pearson)	inner- und außermathematisches Problemlösen	Strategieeinsatz – Vorgehensreflexion	Vermittlung von Heurismen
Anzahl Heurismen (Post-Test)	.32*	.40**	.56***

Tab. 4: Korrelationen zwischen Heurismen (Test) und Aspekten des Unterrichtskonzepts

Aufbauend auf diesen Analysen wurde eine multiple lineare Regressionsanalyse durchgeführt mit der Anzahl der verwendeten Heurismen im Post-Test als Kriterium und der Anzahl der Heurismen im Prä-Test sowie den Variablen der Tabelle 4 als Prädiktoren. Dieses Modell zeigt einen signifikanten, bedeutsamen Einfluss der Intensität einer Vermittlung heuristischer Vorgehensweisen, die mit den Stundenberichten erfasst wurde, auf die von den Schülern im Test eingesetzten heuristischen Vorgehensweisen, die als Indiz für eine gewisse kontextbezogene geistige Beweglichkeit aufgefasst wird. Mit dem entwickelten Modell können insgesamt 54% der Varianz in der Anzahl der von den Schülern im Post-Test eingesetzten Heurismen erklärt werden. Die durchgeführten Analysen zeigen zudem, dass ein Großteil der Lehrkräfte, die im Stundenbericht angaben, heuristische Vorgehensweisen intensiv bis ab und zu thematisiert zu haben, zum Fördern von Problemlösen (PL, PS) fortgebildet wurden.

Über diese Analysen hinaus wurde eine Mehrebenenanalyse durchgeführt, die die hierarchische Struktur der Daten berücksichtigen. Um der Forschungsfrage nachzugehen, inwiefern eine bewusste Vermittlung heuristischer Vorgehensweisen im Mathematikunterricht empirisch relevant für die Entwicklung und Förderung von Problemlösefähigkeiten ist, wurden aufbauend auf der Regressionsanalyse die Anzahl der heuristischen Vorgehensweisen im Test auf Schülerebene (N = 790) vorhergesagt durch die Intensität einer Vermittlung von heuristischen Vorgehensweisen auf Klassenebene (N = 37) unter Kontrolle des Klassenleistungsniveaus. Die Ergebnisse der Mehrebenenanalyse zur Vermittlung heuristischer Vorgehensweisen im Unterricht zeigen, dass in denjenigen Klassen, in deren Mathematikunterricht heuristische Vorgehensweisen häufig bzw. gelegentlich Gegenstand waren, die Schüler mehr Heurismen im Nachtest einsetzen als in Klassen, in denen kaum heuristische Vorgehensweisen vermittelt wurden. Zudem haben die Lernvoraussetzungen der Schüler keinen Einfluss auf die Förderung von Problemlösefähigkeiten im Unterricht (vgl. Tab. 5).

Koeffizient des Modells		Wert	Standard-fehler	t	df	Signi-fikanz
Gesamtmittelwert Heurismeneinsatz (Post)	γ_{00}	5,34	0,25	21,27	35	***
Mittlere Beziehung zwischen Vermittlung von Heurismen und Heurismeneinsatz (Post)	γ_{01}	1,69	0,41	4,11	35	***
Mittlere Beziehung zwischen Heurismeneinsatz (Prä und Post)	γ_{10}	0,57	0,06	10,24	35	***
Einfluss des Klassenleistungsniveaus auf die Beziehung zwischen Heurismeneinsatz (Prä und Post)	γ_{11}	0,00	0,01	0,16	35	n. s.

Tab. 5: *Mehrebenenanalyse zur Entwicklung von Problemlösefähigkeiten*

4 Diskussion und Ausblick

Abschließend werden die mit dem Unterrichtskonzept und der Begleitstudie erzielten Effekte mit Bezug auf die eingangs erwähnten Forschungsfragen diskutiert.

Die Studie zeigt insgesamt umfangreiche Effekte auf Schüler- und Lehrerseite und bringt damit für die mathematikdidaktische Forschung neue Erkenntnisse über eine erfolgreiche Förderung von Problemlösefähigkeiten auf der Basis eines an einer größeren Lehrer- und Schülerstichprobe positiv evaluierten Unterrichtskonzeptes. Die Ergebnisse der Befragung der Lehrkräfte zeigen, dass Elemente des Unterrichtskonzeptes, wie z. B. heuristische Vorgehensweisen, Aspekte selbstregulierten Lernens, Binnendifferenzierung, auf grundsätzliche Akzeptanz stoßen, auch von den Lehrkräften umgesetzt wurden und somit im regulären Mathematikunterricht machbar sind. Eine durchgeführte Nachbefragung der Lehrkräfte ca. 2 Jahre nach Projektende lässt die Nachhaltigkeit der Lehrerfortbildung insofern vermuten, als dass die Lehrkräfte über Wissenselemente zu dem Unterrichtskonzept verfügen. Offen bleibt, inwiefern diese im regulären Mathematikunterricht auch ohne wissenschaftliche Begleitung explizit oder implizit umgesetzt werden.

Die Evaluationen der Testdaten sowie der Stundenberichtsdaten deuten darauf hin, dass langfristig mit einer Kombination aus Problemlösen und Selbstregulation deutliche Effekte in den Lernleistungen der Schüler erzielt werden können (vgl. Collet, 2009). Dafür sprechen auch die analysierten Zusammenhänge zwischen Aspekten des Problemlösens und selbstregulierten Lernens, die in einem Prozessmodell selbstregulierten Problemlösens beschrieben wurden (vgl. Collet, 2009). Mithilfe der Stundendokumentationen konnte zudem analysiert werden, dass sich die geistige Beweglichkeit der Schüler fördern lässt durch eine Vermittlung heuristischer Vorgehensweisen im Mathematikunterricht, womit das Wirkprinzip heuristischer Bildung nach Bruder (2003) erstmals empirisch belegt wurde. In diesem Zusammenhang stellt sich vor dem Hintergrund der Einführung der Bildungsstandards die Herausforderung Konzepte zum langfristigen Kompetenzaufbau über mehrere Schuljahre (auch für Modellieren und Argumentieren) zu entwickeln und Lehrkräfte in der Umsetzung derselben zu unterstützen, insbesondere durch materialbasierte Lehrerfortbildungen. Die im Projekt bereit gestellten und schrittweise auch für alle anderen Klassenstufen der Sekundarstufe I entwickelten Aufgabenmaterialien stehen in der Aufgabendatenbank www.madaba.de zur Verfügung. Methodische Elemente des Unterrichtskonzeptes zum Problemlösenlernen in Verbindung mit Selbstregulation mit entsprechenden Erfahrungsberichten sind zugänglich unter www.problemloesenlernen.de. Nach den Ergebnissen der vorgestellten Studie werden langfristig angelegten Lehrerfortbildungen über die Dauer eines Schuljahres mit einer Kombination aus einer webbasierten Betreuung mit ein bis zwei Präsenzveranstaltungen während des Schuljahres als zusätzliche Interventionen besondere Bedeutung zugeschrieben für die Umsetzung anspruchsvoller, komplexer Fortbildungsinhalte im Unterricht.

Literatur

Bruder, R. (1992): Problemlösen – aber wie? In: mathematiklehren, Heft 52/1992, S. 6–12.

Bruder, R. (2000): Problemlösen im Mathematikunterricht – ein Lernangebot für alle? In: Mathematische Unterrichtspraxis, Heft1/2000, S. 2–11.

Bruder, R. (2003): Methoden und Techniken des Problemlösenlernens. Material im Rahmen des BLK-Programms „Sinus". Kiel: IPN.

Bruder, R.; Lengnink, K. & Prediger, S. (2003): Wie denken Lehramtsstudierende über Mathematikaufgaben? Ein methodischer Ansatz zur Erfassung subjektiver Theorien mittels Repertory-Grid-Technik. In: Mathematica Didactica, 26(1), S. 63–85.

Collet, C. (2009): Förderung von Problemlösekompetenzen in Verbindung mit Selbstregulation. Wirkungsanalysen von Lehrerfortbildungen. Münster u. a.: Waxmann.

Collet, C.; Bruder, R. & Komorek, E. (2007): Self-Monitoring durch Stundenberichte zur Unterstützung der Implementation eines Unterrichtskonzepts. In: Greefrath, G. & Stein, M. (Hrsg.): Problemlöse- und Modellbildungsprozesse bei Schülerinnen und Schülern. Münster: WTM-Verlag, S. 1–17.

Collet, C.; Bruder, R. & Ströbele, M. (2008): Intelligent und reflektiert Mathematik üben. Zur didaktischen Qualität von Lehr- und Lernmaterialien. In: mathematik lehren, 147, S. 60–63.

Engel, A. (1995): Problemlösestrategien. In: Didaktik der Mathematik, 4, S. 265–275.

Fishman, B. J.; Marx, R. W.; Best, S. & Tal, R. T. (2003): Linking teacher and student learning to improve professional development in systemic reform. In: Teaching and Teacher Education, 19, S. 643–658.

Galperin, P. J. (1974): Die geistige Handlung als Grundlage für die Bildung von Gedanken und Vorstellungen. In: Galperin, P. J. & Leontjew, A. N. (Hrsg.): Probleme der Lerntheorie, S. 33–49.

Garet, M. S.; Porter, A. C.; Desimone, L.; Birman; B. F. & Yoon, K. S. (2001): What makes professional development effective? Results from a national sample of teachers. In: American Educational Research Journal, 38, S. 915–945.

Gürtler, T.; Perels, F.; Schmitz, B. & Bruder, R. (2002): Training zur Förderung selbstregulativer Fähigkeiten in Kombination mit Problemlösen in Mathematik. In: Zeitschrift für Pädagogik, 45. Beiheft, S. 222–239.

Hasdorf, W. (1976): Erscheinungsbild und Entwicklung der Beweglichkeit des Denkens bei älteren Vorschulkindern. In: Lompscher, J. (Hrsg.): Verlaufsqualitäten der geistigen Tätigkeit. Berlin: Volk und Wissen, S. 13–75.

Hasselhorn, M. & Hager, W. (2001): Kognitives Training. In: Rost, D. H. (Hrsg.): Handbuch Pädagogische Psychologie. Weinheim: Psychologie Verlags Union, S. 343–351.

Heinze, A. (2007): Problemlösen im mathematischen und außermathematischen Kontext. Modelle und Unterrichtskonzepte aus kognitionstheoretischer Perspektive. In: Journal für Didaktik Mathematik (JDM), 28, Heft 1, S. 3–30.

Komorek, E. (2006): Mit Hausaufgaben Problemlösen und eigenverantwortliches Lernen in der Sekundarstufe I fördern. Entwicklung und Evaluation eines Ausbildungsprogramms für Mathematiklehrkräfte. Dissertation. Berlin: Logos.

Komorek, E.; Bruder, R.; Collet, C. & Schmitz, B. (2006): Inhalte und Ergebnisse einer Intervention im Mathematikunterricht der Sekundarstufe I mit einem Unterrichtskonzept zur Förderung mathematischen Problemlösens und von Selbstregulationskompetenzen. In: Prenzel, M. & Allolio-Näcke, L. (Hrsg.): Untersuchungen zur Bildungsqualität von Schule. Abschlussbericht des DFG-Schwerpunktprogramms. Münster u. a.: Waxmann, S. 240–267.

Komorek, E.; Bruder, R. & Schmitz, B. (2004): Integration evaluierter Trainingskonzepte für Problemlösen und Selbstregulation in den Mathematikunterricht. In: Doll, J. & Prenzel, M. (Hrsg.): Bildungsqualität von Schule: Lehrerprofessionalisierung, Unterrichtsentwicklung und Schülerförderung als Strategien der Qualitätsverbesserung. Münster u. a.: Waxmann, S. 54–76.

Krauss, S.; Neubrand, M.; Blum, W.; Baumert, J.; Brunner, M.; Kunter, M. & Jordan, A. (2008): Die Untersuchung des professionellen Wissens deutscher Mathematik-Lehrerinnen und -Lehrer im Rahmen der COACTIV-Studie. In: Journal für Mathematikdidaktik, 29(3/4), S. 223–257.

Lester, F. K. & Charles, R. I. (1992): A Framework for Research on Problem-Solving Instruction. In: Ponte, J. P.; Matos, J. F.; Matos, J. M. & Fernandes, D. (Hrsg.): Mathematical Problem Solving and New Information Technologies. Berlin/Heidelberg: Springer, S. 1–15.

Lester, F.; Garofalo, J. & Kroll, D. (1989): The role of metacognition in mathematical problem solving: A study of two grade seven classes. (Final report to the National Science Foundation, NSF Project No. MDR 85-50346). Bloomington: Indiana University, Mathematics Education Development Center.

Lipowsky, F. (2004): Was macht Fortbildungen für Lehrkräfte erfolgreich? In: Die deutsche Schule, 96(4), S. 462–479.

Lompscher, J. (1984): Die Lerntätigkeit als dominierende Tätigkeit des jüngeren Schulkindes. In: Irrlitz, L.; Jantos, W.; Köster, E.; Kühn, H.; Lompscher, J.; Matthes, G. & Witzlack, G. (Hrsg.): Persönlichkeitsentwicklung in der Lerntätigkeit. Berlin: Volk und Wissen, S. 23–52.

Lompscher, J. (1972): Wesen und Struktur allgemeiner geistiger Fähigkeiten. In: Lompscher, J. (Hrsg.): Theoretische und experimentelle Untersuchungen zur Entwicklung geistiger Fähigkeiten. Berlin: Volk und Wissen, S. 17–72.

Mevarech, Z. R. & Kramarski, B. (1997): IMPROVE: a multidimensional method for teaching mathematics in heterogeneous classrooms. In: American Educational Research Journal, 34(2), S. 365–394.

Mevarech, Z. R.; Tabuk, A. & Sinai, O. (2006): Meta-cognitive instruction in mathematics classrooms: effects on the solution of different kinds of problems. In: Desoete, A. & Veenman, M. (Hrsg.): Metacognition in Mathematics Education, New York: Nova Science Publishers, S. 73–81.

Perels, F.; Löb, M.; Schmitz, B. & Haberstroh, J. (2006): Hausaufgabenverhalten aus der Perspektive der Selbstregulation. In: Zeitschrift für Entwicklungspsychologie und Pädagogische Psychologie, 38(4), S. 175–185.

Pólya, G. (1949): Schule des Denkens. Vom Lösen mathematischer Probleme. Tübingen und Basel: Francke.

Pólya, G. (1973): How to solve it. Princeton, NJ: Princeton University Press.

Sewerin, H. (1979): Mathematische Schülerwettbewerbe: Beschreibungen, Analysen, Aufgaben, Trainingsmethoden mit Ergebnissen. Umfrage zum Bundeswettbewerb Mathematik. München: Manz.

Schmitz, B. (2001): Self-Monitoring zur Unterstützung des Transfers einer Schulung in Selbstregulation für Studierende. In: Zeitschrift für Pädagogische Psychologie, 15, S. 181–196.

Schoenfeld, A. H. (1985): Mathematical problem solving. Orlando, Florida: Academic Press, Inc.

Törner, G.; Schoenfeld, A. & Reiss, K. (Hrsg.) (2007): Problem solving around the world: summing up the state of the art. In: ZDM, 39(5/6).

Weinert, F. E. (1999): Die fünf Irrtümer der Schulreformer. Welche Lehrer, welchen Unterricht braucht das Land? In: Psychologie heute, 26(7), S. 28–34.

Shamsi Dehghani *(Humboldt-Universität Berlin)*
Roumiana Nikolova *(Humboldt-Universität Berlin)*
Joanna Scharrel *(Humboldt-Universität Berlin)*
Henning Schluß *(Humboldt-Universität Berlin)*
Thomas Weiß *(Humboldt-Universität Berlin)*

Religiöse Kompetenz –
Ergebnisse des DFG-Forschungsprojektes KERK

Eine interdisziplinär arbeitende Forschergruppe bestehend aus Erziehungswissenschaftlern, Religionspädagogen und einer empirischen Bildungsforscherin[1] verfolgt seit Februar 2006 in den von der DFG geförderten Projekten RU-Bi-Qua[2] und KERK[3] das Ziel, ein domänenspezifisches Modell Religiöse Kompetenz nicht nur normativ zu setzen bzw. theoretisch zu entwerfen, sondern dieses theoretische Modell auch empirisch zu überprüfen. Als Ergebnis der Forschungsarbeit kann ein konstruktvalides Testinstrument vorgelegt werden, welches in der Lage ist, reflexive Fähigkeiten von Zehntklässlern in Bezug auf den Religionsunterricht[4] zu erheben. Durch diesen für ein so genanntes weiches Fach erstmaligen Versuch ist es möglich geworden, nach Auswertung der gewonnenen Daten empirisch abgesicherte Schwierigkeitsniveaustufen zu formulieren.

Im Folgenden werden Einblicke in die Projektarbeit zwischen 2006 und 2009 gegeben sowie Ergebnisse der im Schuljahr 2008/2009 durchgeführten Konstruktvalidierungsstudie vorgestellt.

Das Modell Religiöse Kompetenz

Bei der Konzeptualisierung eines Modells *Religiöse Kompetenz* wurde zwischen bildungstheoretischen, theologischen und bereichsdidaktischen Modellierungen unterschieden. Damit konnten verschiedene Erfahrungs- und Wissensformen, unterschiedliche Weltzugänge sowie daraus resultierende unterschiedliche (durchaus miteinander konkurrierende) Handlungslogiken so miteinander verknüpft werden, dass von einem Bewerten, Beurteilen und in Beziehung setzen ausgegangen werden konnte.[5] Ziel des Modells ist es, dass

---

1   Von den Erziehungswissenschaften: Prof. Dr. Dietrich Benner, PD Dr. Henning Schluß; aus der Religionspädagogik: Prof. Dr. Rolf Schieder, Dr. Thomas Weiß, Dr. Dr. Joachim Willems; aus der empirischen Bildungsforschung: Roumiana Nikolova, M. A., sowie die studentischen Hilfskräfte Shamsi Dehghani und Joanna Scharrel.
2   „Qualitätssicherung und Bildungsstandards für den Religionsunterricht an öffentlichen Schulen, am Beispiel des Evangelischen Religionsunterrichts" (DFG-Projekt 02/2006-07/2007).
3   „Konstruktion und Erhebung Religiöser Kompetenz am Beispiel des Evangelischen Religionsunterrichtes" (DFG-Projekt 08/2007-07/2009).
4   Es wurden die Kompetenzen von Schülerinnen und Schülern im evangelischen Religionsunterricht in Berlin und Brandenburg untersucht.
5   Zu den bildungstheoretischen, theologischen und bereichsdidaktischen Modellierungen vgl. Benner/Nikolova: Theoretische Modellierung und empirische Erfassung religiöser Kompetenzen in den DFG-Projekten RUBiQua und KERK. Ein Beitrag zum DFG-Workshop „Forschung und Methodologie in der Praktischen Theologie" an der Universität Tübingen (20.–21.06.2008).

1. sich die Fachspezifik des Religionsunterrichts darin abbildet, zugleich aber die Anschlussfähigkeit an Kompetenzmodelle anderer Fächer gegeben ist,
2. das Modell im Blick auf die empirische Testung religiöser Kompetenz operationalisierbar ist und
3. sich im Rahmen des Modells Kompetenz*niveaus* auf der Grundlage empirischer Ergebnisse unterscheiden lassen.

In vier Punkten lässt sich dieses Modell *Religiöse Kompetenz* von anderen Modellen[6] abgrenzen:

1. Nur Weniges lässt sich im Bereich der Religion als Unterrichtsfach messen.
2. In das Konzept *Religiöser Kompetenz* geht daher nur ein, was unterrichtlich vermittelt und mit dem unten beschriebenen Instrumentarium empirisch erhoben werden kann. D. h. es ist nicht alles messbar, was im Fach Religion vermittelt wird.
3. Religiöse Kompetenz wird zentral als eine reflexive Kompetenz (als eine kognitive Leistung) verstanden. Eine solche reflexive Kompetenz muss mehr sein als die bloße Wiedergabe von gelerntem Wissen – also eine Anwendung von Wissen in den verschiedenen Kontexten.
4. Ein solches Können kann sich nur in Kategorien von ‚richtig' und ‚falsch', bezogen auf die jeweilige Aufgabenstellung beschreiben lassen, d. h. es geht darum, in einem Spektrum von möglichen Antworten richtige von falschen begründet unterscheiden zu können.

Bei der Definition von Kompetenz orientieren sich beide Projekte an dem Vorschlag Weinerts: Kompetenzen sind „bei Individuen verfügbare oder durch sie erlernbare, kognitive Fähigkeiten und Fertigkeiten, um bestimmte Probleme zu lösen, sowie die damit verbundenen motivationalen, volitionalen und sozialen Bereitschaften und Fähigkeiten, um die Problemlösungen in variablen Situationen erfolgreich und verantwortungsvoll nutzen zu können" (Weinert, 2001, S. 27). Mit der Konzentration auf die kognitiven und nicht auf die motivationalen und volitionalen Fähigkeiten wird dem Umstand Rechnung getragen, dass diese Fähigkeiten nicht Gegenstand einer Bewertung und Standardisierung sein dürfen, zumal sie im sensiblen Bereich des Religionsunterrichts liegen. Nach Klieme sollen Kompetenzen so konkret beschrieben werden, „dass sie in Aufgabenstellungen umgesetzt und prinzipiell mit Hilfe von Testverfahren erfasst werden können" (Klieme et al., 2003, S. 19). Fachspezifische Kompetenz lässt sich nach Klieme u. a. durch Fachlichkeit, Fokussierung auf den Kernbereich des Faches, Kumulativität, Verbindlichkeit für alle, Differenzierung in Niveaustufen, Verständlichkeit und Realisierbarkeit kennzeichnen (vgl. Klieme et al., 2003, S. 24). Wie in jedem anderen Fachunterricht geschieht auch im Religionsunterricht mehr als das, was sich empirisch erfassen lässt. Dennoch wird ein kognitionsbezogener Kern des Faches durch Kompetenzen beschreibbar.

In Anlehnung an die Kennzeichnung von Klieme wird Religiöse Kompetenz differenziert in drei Teilkompetenzen: *Religiöse Deutungskompetenz, Religiöse Partizipationskompetenz* sowie *Religiöse Grundkenntnisse* (vgl. Abb. 1).

---

6 Andere Modelle sind der Lehrplan aus Baden-Württemberg aus dem Jahr 2004, das viel diskutierte Modell des Comenius-Institutes (Münster) aus dem Jahr 2006 und die EPA für den Evangelischen Religionsunterricht.

Während mit der *Deutungskompetenz* das Verstehen und das der Sache angemessene Interpretieren von Texten, Bildern u. ä. aus einer religiösen Perspektive gemeint ist, also *hermeneutische Fähigkeiten*, handelt es sich bei der *Partizipationskompetenz* um begründete und kreative Problemlösungen und Bewältigungen von Situationen, in denen Religion eine Rolle spielt, also um *Reflexion und Stellungnahme zu religiösen Partizipationsmöglichkeiten*. Gemeinsam befähigen beide Teilkompetenzen die Schüler/innen, begründete Urteile zu fällen. Beiden Teilkompetenzen werden *religionskundliche Kenntnisse* zugeordnet, weil ohne sie weder eine religiöse Deutung noch die Fähigkeit zu einer religiösen Partizipation möglich ist (vgl. Abb. 2).

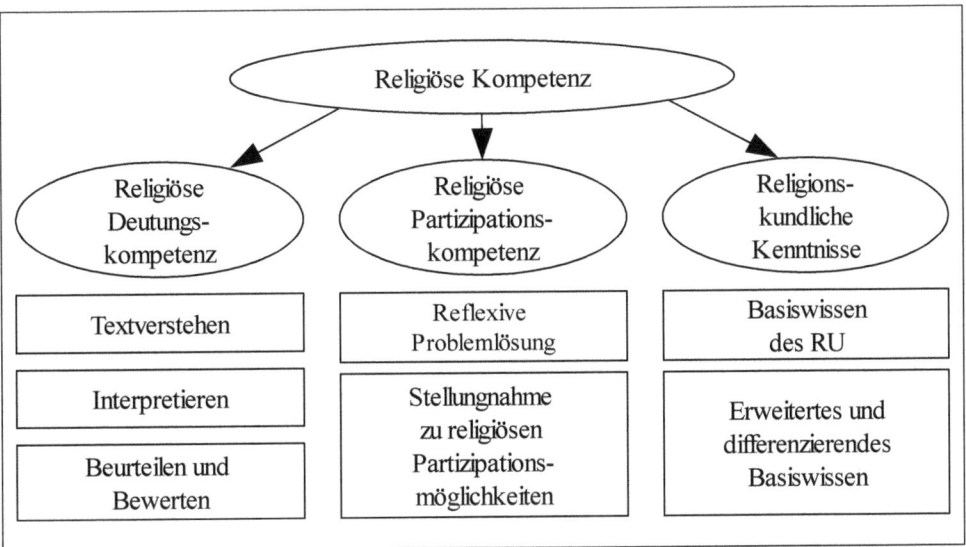

Abb. 1

Religiöse Kompetenz	
Religiöse Deutungskompetenz	**Religiöse Partizipationskompetenz**
Hermeneutische Fähigkeit	*Reflexion und Stellungnahme zu religiösen Partizipationsmöglichkeiten*
Religionskundliche Kenntnisse	

Abb. 2

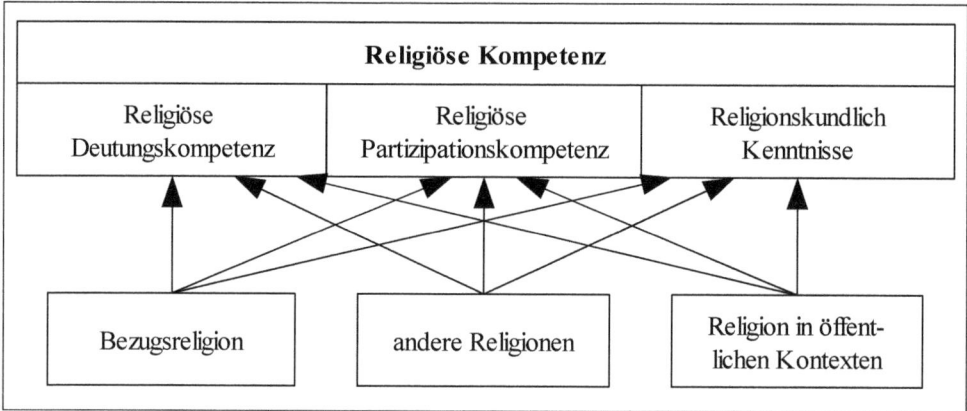

Abb. 3

Bezogen werden diese drei Teilkompetenzen auf drei Gegenstandsbereiche, die wechselseitig korrespondieren sowie sich gegenseitig ergänzen und erweitern. Der erste Gegenstandsbereich *Bezugsreligion* zeigt an, dass sich das hier vorgestellte Konzept auf eine konkrete Religion bezieht – in diesem Fall auf die christliche in der evangelischen Ausprägung. Mit dem Gegenstandsbereich *andere Religionen* sollen interreligiöse und interkulturelle Phänomene erfasst werden. Weil religiöse Phänomene auch außerhalb von konkreten Religionsgemeinschaften beobachtbar sind, bezieht sich der dritte Gegenstandsbereich *Religion in öffentlichen Kontexten* auf den öffentlichen Raum oder auf Phänomene, die ursprünglich religiös konnotiert waren. Die Komplexität einer Religiösen Kompetenz und die in den DFG-Projekten Ru-Bi-Qua und KERK vorgenommen Differenzierungen dieser sollen durch die Abbildung 2 veranschaulicht werden.

Theoretisch lässt sich *Religiöse Kompetenz* als domänenspezifische Kompetenz beschreiben und mit den vorgenommenen Differenzierungen in die benannten Teilkompetenzen, Unterdimensionen und Gegenstandbereiche als ein Kompetenzmodell darstellen.

Zur Konstruktion testfähiger Aufgaben

Um *Religiöse Kompetenz* nicht nur theoretisch zu beschreiben, sondern auch empirisch zu überprüfen, sind entsprechende theologisch abgesicherte, bildungstheoretisch anspruchsvolle und fachdidaktisch gerechtfertigte Testaufgaben entwickelt worden. Testaufgaben sind Aufgaben, die in einer vorgegebenen Zeit erworbene Fähigkeiten von Schüler/innen erfassen können. Sie allein zeigen allerdings nicht an, ob die jeweiligen Fähigkeiten im oder außerhalb des Unterrichtes erworben worden sind. Im Gegensatz dazu stehen didaktische Aufgaben, die Lehr-Lern-Prozesse initiieren, strukturieren sowie kultivieren und zur Reflexion und Erweiterung der jeweiligen Erfahrungen der Schüler/innen führen, indem sie irritieren, zum Experimentieren anregen oder Alltagswissen und -handeln hinterfragen.

Testfähige Deutungs- und Partizipationsaufgaben haben bei ihrer Entwicklung gemeinsame Kriterien erkennen lassen. Diese sind z. B.:

- Wahrung der Eindeutigkeit in den Aufgabenstellungen und den Antwortvorgaben bei geschlossenen Aufgabenformaten,
- keine Verwendung von außerhalb des Schülerhorizontes stehenden fachspezifischen Termini.

Vermittelte bzw. vermutete Unterrichtsinhalte konnten so in Aufgabenformate gebracht werden, die eine empirische Messung erlauben.

Bei der Entwicklung von testfähigen Deutungsaufgaben ist u. a. zusätzlich zu berücksichtigen, dass die Schüler/innen einen Sachverhalt verstehen und deuten können müssen, um so zu einem eigenen Urteil zu gelangen. Testfähige Partizipationsaufgaben verlangen andere Formulierungen, weil sie eine andere Fähigkeit von Schüler/inne/n erfassen wollen. Sie können beispielsweise eine Kommunikations- oder Interaktionssituation kennzeichnen, die eine begründete Entscheidung für oder gegen ein bestimmtes Verhalten erfordert. Testfähige Deutungsaufgaben lassen Formulierung zu wie:

- Was sagt der Text aus über ...?
- Welche Konsequenz ergibt sich aus dem Verhältnis von ...?
- Welche der folgenden Beschreibungen treffen auf ... zu?

Partizipationsaufgaben lassen Formulierungen zu wie:

- Stell dir vor ...
- Du machst einen Vorschlag ..., um zu erreichen ...
- Plane deine Schritte bis zur Ausführung von ...

Innerhalb der bisherigen Projektlaufzeiten ist ein Pool von ca. 180 Testitems für die drei benannten Gegenstandsbereiche erarbeitet worden, die alle der internen und mehreren externen Validierungen unterzogen werden konnten. Aus diesem Aufgabenpool ist ein einsetzbares Testinstrumentarium mit ca. 100 Testitems entstanden und in Form von vier Testheften zusammengestellt worden.

Beispielitems

Die folgenden ausgewählten Itembeispiele, die jetzt vorgestellt werden, sollen einen inhaltlichen Einblick in die Testaufgabenkonstruktion ermöglichen. Zugleich wird zu jedem Item der inhaltlich-thematische Erwartungshorizont skizziert.

Beispiel 1:
Welche sind die fünf Säulen des Islams?

A) Glaubensbekenntnis, Gebet, Armensteuer, Fasten, Wallfahrt
B) Armensteuer, Fasten, Heiligenverehrung, Wallfahrt, Gebet
C) Wallfahrt, Fasten, Armensteuer, Glaubensbekenntnis, Bilderverbot
D) Glaubensbekenntnis, Armensteuer, Gebet, Wallfahrt, Psalmen

Dieses Beispiel ist eindeutig dem Bereich *religionskundliche Kenntnisse* zuzuordnen. Schüler/innen, die diese Aufgabe lösen können (richtig: A), verfügen über ein Grundwissen zur konkreten Religionsform, dem Islam. Es kann davon ausgegangen werden, dass dieses Wissen vorzugsweise im RU erworben wird, weil es Voraussetzung dafür ist, den Islam als Religion in seinen Ritualen zu verstehen und zu behandeln. Diese Vermutung kann auch dadurch erhärtet werden, dass der Islam zwar häufig und ausführlich in den öffentlichen Medien (Nachrichten, Zeitungen) behandelt wird, allerdings verkürzt und unter Stichworten wie „Terrorismus", „Heiliger Krieg" oder „islamische Staaten" und weniger im Sinne religiöser Lehre, Systematik oder Kenntnisvermittlung.

Beispiel 2:
Welches österliche Symbol hat einen Bezug zum Neuen Testament?

- A) Osterei
- B) Osterlamm
- C) Osterhase
- D) Osterwasser
- E) Osterfeuer

Diese Aufgabe bewegt sich im mittleren Schwierigkeitsniveau. Schüler/innen, die diese Aufgabe lösen können, sind in der Lage, zwischen alltagssprachlichen Begriffen zum Osterfest und Begriffen des Neuen Testamentes zu unterscheiden. Dabei müssen sie, um zur Lösung (B) zu kommen, von Volksbräuchen absehen können; sie müssen wissen, dass das Lamm ein Opfertier im Judentum ist, dass diese Opferpraxis auf Jesus übertragen worden ist, dass der Begriff *Lamm* ein symbolischer Begriff für diesen Jesus ist, und dass dieser symbolische Begriff im Laufe der Geschichte Eingang in die kirchliche Ritualisierung des Osterfestes (Osterlamm) fand. D. h. Schüler/innen wenden hier ein Wissen an. Sie deuten ein Symbol auf einen vorhandenen Textkanon (Neues Testament), ohne einen konkreten Text vorliegen zu haben. Deshalb erfasst diese Aufgabe ein Wissen mit einer Tendenz zur Deutung, also ein angewendetes Wissen, ein Können. Inwieweit dieses Wissen mit der Komponente der Deutung aus dem Unterricht resultiert, wird erst eine tiefere Analyse der Daten zeigen können.

Beispiel 3:
Kann man heute noch im Sinne von Jesus helfen?

- A) Nein, denn heute können solche Wunder nicht mehr vollbracht werden.
- B) Nein, die Naturwissenschaften haben gezeigt: es gibt keine Wunder.
- C) Solange nicht, wie so wenig über den historischen Jesus bekannt ist.
- D) Man kann sich heute wie damals für andere einsetzen.

Bei diesem Beispiel handelt es sich um eine Deutungsaufgabe, um ein *Bewerten*. Der Text des Gleichnisses von der Heilung des Bartimäus (Mk. 10, S. 46–52) ist vorgegeben. Die Schüler/innen müssen, um zur richtigen Antwort D zu gelangen, vom wörtlichen Text soweit absehen können, dass sie das Tertium Comparationis des Gleichnisses erfassen als „Einsatz für den anderen, Umkehr des eigenen Lebens und einer daraus möglichen Nachfolge". Das Verständnis der Geschichte von der Blindenheilung verlangt die hermeneutische Fähigkeit „sehend werden" in „Erkenntnis erlangen" zu übersetzen Der Dreischritt der Beurteilung des vorgegebenen Textes, den Schüler/innen hier vollziehen müssen, lautet: 1) Den Text wörtlich verstehen; 2) die Heilung nicht im medizinisch-naturwissenschaftlichen sondern im übertragenen Sinne ‚lesen'; 3) die beschriebene Zuwendung Jesu zu Bartimäus als Zuwendung eines Menschen zu einem anderen Menschen begreifen und diese Möglichkeit auf alltägliche Situationen abzubilden. Diese Aufgabe weist auf ein reflexives Können hin. Allerdings stellt sich die Frage, ob dieses reflexive Können auf den Religionsunterricht zurückgeführt werden kann oder ob Schüler/innen ein solches Können in möglichen außerschulischen Bezügen zur Religion erworben haben. Vermutet wird an dieser Stelle, dass das Schulfach „Evangelische Religion" den Erwerb eines solchen Könnens zumindest entscheidend fördert.

Beispiel 4:
Nun verfasst Ihr gemeinsam eine Einladung an muslimische und jüdische Schüler/innen. Dazu hast Du die folgenden Sätze zur Auswahl. Welche Sätze sind für Eure Einladung passend? Kreuze die <u>richtigen</u> Antworten an!

- A) Wir hoffen, dass ein gemeinsames Gespräch uns allen etwas bringt.
- B) Wir wollen gemeinsam sehen, ob Eure religiöse Überzeugung stimmt.
- C) Wir wollen Euch Fragen über Eure Religion stellen, da es bei uns noch Unklarheiten gibt.
- D) Da Ihr einer religiösen Minderheit angehört, sollt Ihr auch einmal die Gelegenheit haben, mit uns zu sprechen.
- E) Wir sollten in eine gemeinsame Zukunft blicken und die Vergangenheit ignorieren.
- F) Wir möchten von Euch erfahren, was Euch an unserer Religion irritiert.

Das letzte, hier vorgestellte Beispielitem, verlangt die Anwendung des *Beurteilens und Bewertens, um eine begründete Entscheidung treffen zu können*; es handelt sich also um eine Aufgabe mit einer partizipatorischen Komponente. Alle Sachverhalte waren den Schüler/innen vorgegeben. Der Kontext bezieht sich auf eine von Schüler/inne/n selbst zu organisierende Podiumsdiskussion mit jugendlichen Vertretern der jüdischen und der islamischen Religion. Die fiktive Handlung (Schreiben einer Einladung) erfordert ein Anwenden von Wissen, welches beurteilende aber auch empathische Komponenten in sich tragen muss. Von den Schüler/inne/n, die diese Aufgabe lösen können, wird erwartet, dass sie sich angemessen den anderen Menschen als in der Religionszugehörigkeit anderer Mensch vorstellen können, dass sie das vorgegebene Ziel (Kommunikation mit anderen und Planung einer Veranstaltung) verfolgen können sowie mit den vorgegebenen Sätzen so umgehen können müssen, dass sich die anderen angesprochen fühlen. Die von Schüler/inne/n verlangten Fähigkeiten liegen durchaus in der motivationalen und sozialen Bereitschaft, die allerdings nicht erfragt wird. Viel eher kann gesagt werden, dass Schüler/innen zwischen den richtigen Antworten (A, C, F) und den falschen Antworten (B, D, E) nur dann unterscheiden und damit diese Aufgabe lösen können, wenn sie die Fähigkeit besitzen, die Reflexion über den anderen in die Vorstellung vom anderen zu übertragen. Auch hier lässt sich vermuten, dass diese Fähigkeit im Unterricht gefördert wird, als Unterrichtsbeispiel sei an dieser Stelle auf die Methode des Schreibens von fiktiven Briefen im Fach Deutsch, Geschichte oder eben Religion verwiesen.

Die Hauptuntersuchung

Nachdem im Mai 2007 die Pilotierungsstudie abgeschlossen und der gesamte Aufgabenpool überarbeitet war, wurde eine breit angelegte Konstruktvalidierungsstudie in Berlin und Brandenburg vorbereitet. Auf Grund der besonderen Stellung des Religionsunterrichtes in Berlin und Brandenburg nahm die Organisation der Hauptuntersuchung eine Zeitspanne von sechs Monaten in Anspruch. Die zuständigen Behörden und Institutionen wurden in Kenntnis gesetzt und verschiedene Genehmigungen mussten eingeholt werden.

Zwischen Oktober und Dezember 2008 fand die sechswöchige Hauptuntersuchung an 62 Berliner und Brandenburger Schulen statt. Getestet werden konnten 1 603 Schüler/innen, die die zehnte Klasse und den evangelischen Religionsunterricht besuchen. Der Test dauerte insgesamt neunzig Minuten. Jedes Testheft bestand aus drei Teilen. Im fünfundvierzig Minuten dauernden ersten Teil wurden die Kern- oder Ankeraufgaben eingesetzt. Der zweite Teil mit einem zeitlichen Umfang von vierzig Minuten bestand aus Aufgaben, die rotierend in den verschiedenen Testheftversionen eingesetzt wurden. Ein fünf Minuten dauernder Schülerfragebogen, der zur Erfassung von bisher mit Religion gemachten Erfahrungen sowie von ausgewählten soziodemographischen Merkmalen eingesetzt wurde, schloss den Test ab. Da Erfahrungen nicht zu bewerten sind, ergänzt dieser Schülerfragebogen das beschriebene Modell *Religiöse Kompetenz* und gibt wichtige Hintergrundinformationen zur Bewertung der Testergebnisse. So ist z. B. die Angabe von Schüler/inne/n, außerhalb des Religionsunterrichtes Erfahrungen mit Religion oder keine Erfahrungen mit Religion zu machen, eine sehr wichtige Hintergrundinformation. Daraus kann man schlussfolgern, wie hoch der Grad eines Kompetenzerwerbs einschließlich dessen Abstufungen im Religionsunterricht *wahrscheinlich* ist, ohne einen deterministischen Zusammenhang annehmen zu müssen.

Das Testheft wurde in vier Versionen (A, B, C, D) eingesetzt, wobei die Testhefte A und B in Gymnasien, die Testhefte C und D in Real- und Hauptschulen und die Testheftkombination A, B, C, D in Gesamtschulen eingesetzt worden ist. Nach Eingabe und Cleaning aller erhobenen Daten werden die Ergebnisse dieser Konstruktvalidierungsstudie z. Z. interpretiert und können in Kürze der fachwissenschaftlichen Diskussion vorgelegt werden.

Die empirische Methode

Die Projekte RU-Bi-Qua und KERK orientieren sich bei der Messung bzw. Erhebung *Religiöser Kompetenz* und der anschließenden empirisch gesicherten Formulierung von Niveaustufen nicht an der klassischen Testtheorie (KTT), sondern an der probabilistischen Testtheorie oder auch Item-Response-Theory (IRT) (vgl. Nikolova, Schluß, Weiß & Willems, 2007, S. 75–77). Die KTT geht von der Idee aus, dass der Wert, den eine Person in einem Test hat, ihrer wahren Kompetenz entspricht plus einem Messfehler, der durch Mängel des Tests, der Testsituation oder ähnliches zustande kommt. Die IRT hingegen geht von der Annahme aus, dass die Fähigkeit einer Person nicht direkt beobachtet werden kann, d. h. ein latentes Konstrukt darstellt, der aber im Zusammenhang mit dem beobachtbaren Verhalten in spezifischen Testsituationen, z. B. einem Test zur *Religiösen*

Kompetenz steht. Im Rahmen der IRT werden also Beziehungen zwischen den Merkmalen der Personen und den beobachtbaren Antworten in einzelnen Testitems in latenten Variablen formuliert. Für diese latente Variable (nicht direkt beobachtbare Fähigkeit) postuliert die IRT einen probabilistischen Zusammenhang mit dem erhobenen Testergebnis. Die Lösungswahrscheinlichkeit beim eindimensionalen Rasch-Modell hängt dabei von zwei Größen ab: der Fähigkeit der Person und der Schwierigkeit des Items oder auch der Personenfähigkeit und den Anforderungen des Items. Je fähiger eine Person ist, desto größer ist die Wahrscheinlichkeit, Items verschiedener Schwierigkeit zu lösen. Die Rasch-Skalierung bildet die Zusammenhänge zwischen einer Beantwortung des Tests (Testverhalten) und den (latenten) Fähigkeiten der Schüler ab. Wenn das Fähigkeitsniveau einer Person über dem Schwierigkeitsniveau eines Items liegt, so wird diese Person jenes Item umso eher lösen, je größer die Differenz zwischen Fähigkeits- und Schwierigkeitsparameter ist. Ein Schüler, der auf einem hohen Kompetenzniveau liegt, wird eine bestimmte Aufgabe also mit einer hohen Wahrscheinlichkeit ($p > .50$) lösen können.

Ergebnisse der Dimensionalitätsanalyse

Das zentrale Anliegen des Projekts KERK ist es, auf der Grundlage des in RU-Bi-Qua entwickelten kompetenztheoretischen Modells ein valides Testinstrument für die Erfassung und Messung religiöser Deutungs- und Partizipationskompetenz für die Sekundarstufe I zu erstellen und das theoretische Kompetenzmodell einer empirischen Überprüfung zu unterziehen. Die Ergebnisse der Dimensionalitätsanalyse sollen empirische Hinweise auf die theoretisch postulierte Struktur von Dimensionen und Kompetenzniveaus im Bereich des Unterrichtsfaches *Religion* liefern.

Für die adäquate empirische Überprüfung der Dimensionalitätsannahmen im theoretischen Kompetenzmodell wurden dabei drei-, zwei- und eindimensionale Messmodelle spezifiziert und miteinander verglichen. Mit dem Softwareprogramm ConQuest (Wu, Adams, Wilson & Haldane, 2007) wurde die Abweichung (*deviance*) der drei konkurrierenden psychometrischen Modelle von der empirischen Datenmatrix ermittelt und anhand statistischer Modell-Fit-Kontrolle miteinander verglichen. Dabei spielte das Kriterium der Sparsamkeit psychometrischer Messmodelle eine vordergründige Rolle. Gesucht wurde das Modell, das mit möglichst wenig Parametern die geringste deviance, d. h. die beste Anpassung aufweist. Im Ergebnis zeigte sich, dass das zweidimensionale Modell signifikant bessere (Chi^2 = 213,9, df = 2, p < .001) Anpassungsgüte hat als das eindimensionale Modell und keinen signifikanten Unterschied im Vergleich zu der dreidimensionalen Lösung aufweist. Die Annahme einer dreidimensionalen Struktur des Kompetenzmodells konnte auf Grund der vorliegenden Daten zunächst nicht bestätigt werden. Vor dem Hintergrund der psychometrischen Kriterien und unter Berücksichtigung der kleinen Anzahl von brauchbaren Partizipationsitems weist das zweidimensionale Modell die beste Anpassung an die empirischen Daten auf.[7] Die Modell-Fit-Analyse führte dann zu dem Ergebnis, dass die angenommene zweidimensionale Lösung die Struktur der empirischen Daten am sinnvollsten beschreibt. Die so gebildeten zwei Rasch-Skalen erfassen religiöse

---

7 Vgl. die grafische Darstellung im Anhang 1.

Grundkenntnisse (RGK) und religiöse Deutungskompetenz (RDK), wobei diese Skala auch 7 Testitems umfasst, die reflexive Partizipationsfähigkeiten abbilden lassen. Es ist deshalb sinnvoll, diese Skala religiöse Urteilskompetenz (RUK) zu nennen. Insgesamt lassen sich die zwei Dimensionen mit einer latenten[8] Korrelation von 0,84 empirisch gut trennen.

Als Gesamtergebnis der Dimensionalitätsprüfung ist festzustellen, dass sich die dreidimensionale Lösung, die bildungstheoretisch neben Kenntnissen und Deutungskompetenz auch Partizipationskompetenz unterscheidet, psychometrisch nicht als die signifikant bessere Lösung erwiesen hat. Das zweidimensionale Modell vermag die Daten ebenfalls sehr gut wiederzugeben. Gleichwohl kann aufgrund dieses Ergebnisses die theoretisch postulierte dreidimensionale Kompetenzstruktur nicht vollständig ausgeschlossen werden. Unter fachdidaktischer und bildungstheoretischer Perspektive kann man sich je nach Fragestellung aus inhaltlichen Gründen entweder für eine zwei- oder dreidimensionale Modellierung entscheiden. Berücksichtigt man jedoch die geringe Anzahl von Partizipationsitems (N = 7), die zu diesem Zeitpunkt im Aufgabenpool liegen, ist eine dreidimensionale Lösung wenig sinnvoll bzw. methodisch nicht reliabel genug. Ein besonderes Anliegen der KERK-Forschergruppe ist es deshalb, eine Erweiterung des Aufgabenpools mit Partizipationsaufgaben unterschiedlicher Schwierigkeiten zu erreichen.

Inzwischen sind die Niveaustufenskalierungen auch inhaltlich beschrieben und plausibilisiert. Die rekonstruktiv ermittelten Niveaustufen werden im Abschlussbericht des Projekts und den folgenden Veröffentlichungen gesondert vorgestellt.

Zusammenfassung

1. *Religiöse Kompetenz* lässt sich theoretisch als domänenspezifische Kompetenz beschreiben und mit den vorgenommenen Differenzierungen in Teilkompetenzen, Unterdimensionen und Gegenstandsbereiche als ein Kompetenzmodell darstellen.

2. Es ist ein Pool von testfähigen Aufgaben für alle drei Gegenstandsbereiche erarbeitet worden, die sich in der Phase der Konstruktion und Pretestung auf die Dimensionen/Felder religionskundliche Kenntnisse, hermeneutische Fähigkeiten, reflexive Stellungnahme zu religiösen Partizipationsmöglichkeiten konzentrierten.

3. Die Hauptuntersuchung und die bisherigen Auswertungen haben ergeben, dass sich reflexive Fähigkeiten von Schüler/inne/n im Zusammenhang mit Themenstellungen aus dem Evangelischen Religionsunterricht durch zwei trennscharfe Skalen darstellen lassen.

4. Während eine Skala eindeutig dem Theorem *religionskundliche Kenntnisse* (Wissen) zugeordnet werden kann, deutet die andere Skala die *Fähigkeit Bewerten und Beurteilen* an – mit einer eher *hermeneutischen* oder einer eher *partizipatorischen* Komponente.

---

8 Die Korrelation zwischen latenten Variablen reduziert den Einfluss des Messfehlers auf die Korrelation zwischen den modellierten Dimensionen (Konstrukten).

5. Die weiteren Auswertungen der Daten müssen sich u. a. auf den Versuch konzentrieren, z. B. bei der Formulierung von empirisch erhärteten Schwierigkeitsniveaus die theoretisch vorgenommene Unterscheidung in *Deutung* und *Partizipation* an den einzelnen Items aufzuweisen.
6. Das Projektteam strebt eine Fortsetzung der begonnenen Arbeit und eine Ausweitung auf den Bereich Sekundarstufe II an unter Berücksichtigung der komplexeren und fachübergreifenden Wissens- und Könnens-Zusammenhänge, die von Schüler/innen der Klassenstufe 11–13 zu erwarten sind.

Anhang

Modell	Dimensionen	Testdesign	Rel. Grundkenntnisse	Rel. Urteilskompetenz	Rel. Partizipationskompetenz	NItems	deviance	df	$\chi^2_{kr\ (\alpha=0,05)}$	Sig.
3	3	between-item	37	43	7	87	141364.0	3	7,81	ns
2	2	between-item	37	50		87	**141371.8**	2	5,99	.000
1	1	-	87			87	141585.7	-	-	

Literatur

Benner, D. & Nikolova, R. (2008): Theoretische Modellierung und empirische Erfassung religiöser Kompetenzen in den DFG-Projekten RU-Bi-Qua und KERK. Ein Beitrag zum DFG-Workshop „Forschung und Methodologie in der Praktischen Theologie" an der Universität Tübingen (20.–21.06. 2008).

Klieme, E. et al. (2003): Zur Entwicklung nationaler Bildungsstandards. Eine Expertise. Hrsg. vom Bundesministerium für Bildung und Forschung. Berlin.

Krause, S.; Nikolova, R.; Schluß, H.; Weiß, Th. & Willems, J. (2008): Kompetenzerwerb im evangelischen Religionsunterricht – Ergebnisse der Konstruktvalidierungsstudie der DFG-Projekte RU-Bi-Qua/KERK. In: Zeitschrift für Pädagogik H. 2, S. 174–188.

Matthes, J. (1992): Auf der Suche nach dem „Religiösen". Reflexionen zur Theorie und Empirie religionssoziologischer Forschung. In: Sociologica Internationalis 30, S. 129–142.

Nikolova, R.; Schluß, H.; Weiß, Th. & Willems, J. (2007): Das Berliner Modell religiöser Kompetenz. Fachspezifisch – Testbar – Anschlussfähig. In: Theo-Web. Zeitschrift für Religionspädagogik 6, H. 2, S. 67–87.

Schluß, H. (2008): Religiöse Kompetenz in der religionslosen Welt? – Eine neue Zielbeschreibung des Religionsunterrichts vs. Bonhoeffers Analyse der mündig gewordenen Welt. In: Zeitschrift für Pädagogik und Theologie (ZPT) 2/2008, S. 134–146.

Weinert, F. E. (2001): Vergleichende Leistungsmessung in Schulen. Eine umstrittene Selbstverständlichkeit. In: F. E. Weinert (Hrsg.): Leistungsmessung in Schulen. Weinheim/Basel, S. 17–31.

Willems, J. (2007): Indoktrination aus evangelisch-religionspädagogischer Sicht. In: Schluß & Henning (Hrsg.): Indoktrination und Erziehung – Aspekte der Rückseite der Pädagogik. Wiesbaden, S. 79–92.

Wu, M. L.; Adams, R. J.; Wilson, M. R. & Haldane, S. (2007): ConQuest – Generalized Item Response Modeling, Software Version 2.0.

Rudolf Englert *(Universität Duisburg-Essen)*
Annegret Reese-Schnitker *(Universität Kassel)*

Varianten korrelativer Didaktik im Religionsunterricht – Eine Essener Unterrichtsstudie

Worum geht es heute im Religionsunterricht?

Zentrale Aufgabe des Religionsunterrichts ist es, Schülerinnen und Schülern bei der Entwicklung religiöser Orientierungsfähigkeit zu unterstützen. Diese Aufgabe ist zu leisten in einer Gesellschaft, die historisch christlich geprägt ist, in der allerdings zunehmend auch andere Religionen und nicht-religiöse Weltanschauungen an Bedeutung gewinnen. Der Aufbau religiöser Orientierungsfähigkeit gelingt unserer Überzeugung nach auch unter den Bedingungen religiöser Pluralität dort am besten, wo Schülerinnen und Schüler sich mit einer konkreten religiösen Tradition einigermaßen gründlich auseinandersetzen (vgl. Englert, 2007, S. 88f., S. 258ff.). In unserem mitteleuropäischen Kulturkreis ist dabei zunächst einmal an das Christentum zu denken (es könnte in einem jüdischen oder islamischen Religionsunterricht aber genauso gut auch das Judentum oder der Islam sein). Wobei auch eine solche Auseinandersetzung mit einer bestimmten religiösen Tradition heute nicht mehr exklusiv, sondern nur unter vielfältiger Bezugnahme auf andere für die Schüler/innen lebensweltlich relevante Religionen geschehen kann.

Religiöse Orientierungsfähigkeit zu erwerben, wird in einer religiös pluralen und globalen Gesellschaft immer anspruchsvoller. Wie nun können heutige Kinder und Jugendliche lernen, über religiöse und existentielle Fragen miteinander ins Gespräch zu kommen, in religiösen und ethischen Konflikten eine mündige Position zu vertreten, sich mit religiös Andersdenkenden kompetent und achtungsvoll auseinanderzusetzen? Um Missverständnissen vorzubeugen, möchten wir von Anfang an sehr deutlich sagen, dass es im katholischen Religionsunterricht unseres Erachtens nicht darum geht, „Schülerinnen und Schüler zum Glauben zu erziehen, sondern sie zum Verstehen von Religion zu befähigen." (Mette, 2006, S. 16.) Verstehen ist die Grundlage, um eine eigene Position auszubilden, von der aus dann eine religiös mündige Entscheidung getroffen und der eigene Lebensentwurf gestaltet werden kann. Zugespitzt formuliert: Im Religionsunterricht der öffentlichen Schule geht es darum, über die Auseinandersetzung mit Religion die Welt (das „Ganze") zu verstehen.

Im Kontext der Entwicklung religionsunterrichtlicher Bildungsstandards wurden in der Religionspädagogik verschiedene Kompetenzmodelle erarbeitet. Ein von uns selbst vorgeschlagenes Modell der Dimensionierung religiöser Kompetenz soll hier kurz vorgestellt werden (vgl. Englert, 2004, S. 29). Demnach bedarf es für die Ausbildung religiöser Orientierungsfähigkeit (Kernkompetenz) eines Religionsunterrichts, der

(1.) religiöses Orientierungswissen verfügbar macht,
(2.) theologische Frage-, Argumentations- und Dialogfähigkeit entwickelt,
(3.) spirituelles Wahrnehmungs- und Ausdrucksvermögen fördert,
(4.) ethische Begründungs- und Handlungsfähigkeit ausbildet,
(5.) lebensweltliche Aneignungsfähigkeit unterstützt.

Dieses Kompetenzmodell verdeutlicht: Religiöse Orientierungsfähigkeit fußt auf einer „Art Grundwissensstoff" (Mette 2006, S. 16), darf allerdings nicht auf rein kognitiven Erkenntniszugewinn reduziert werden. Wer religiös kompetent ist, sollte eben auch sensibel sein für eine spirituelle Wahrnehmung des Alltagslebens und bereit, in ethischen Konfliktsituationen seiner Einsicht entsprechend zu handeln.

Über den Sinn und die Gestalt von Kompetenzmodellen gibt es in der katholischen Religionspädagogik durchaus verschiedene Auffassungen; hinsichtlich des didaktischen Konzepts jedoch, dem der Religionsunterricht folgen sollte, herrscht hohe Übereinstimmung. Bundesweit ist in den Lehrplänen die sogenannte „Korrelationsdidaktik" als Leitkonzept implementiert. Dieses Konzept findet, so zeigen Fragebogenuntersuchungen zu den konzeptionellen Präferenzen der gegenwärtigen Religionslehrerschaft, fast durchgängige Zustimmung (vgl. Englert & Güth, 1999; Bucher, 2000; Feige, Dressler, Lukatis & Schöll, 2000; Lück, 2003; Feige & Tzscheetzsch, 2005). Erstaunlich ist, dass diese hohe Meinungshomogenität weitgehend unabhängig davon ist, welcher Altersgruppe die Lehrer/innen angehören und in welcher Region und an welcher Schulart sie tätig sind.

Was genau nun versteht die katholische Religionspädagogik unter dem Konzept der Korrelationsdidaktik? Die Hauptaufgabe des Religionsunterrichts ist es demnach, einen kritisch-produktiven Verständigungsprozess zwischen religiösen Traditionen (biblischen Texten, kirchengeschichtlichen Entwicklungen, christlicher Glaubenslehre u. a.) und lebensweltlichen Erfahrungen der Schülerinnen und Schüler zu initiieren und zu begleiten. Die Lehr-Kunst im Sinne der Korrelationsdidaktik besteht darin, diese beiden Größen: also die religiöse Tradition einerseits und die lebensweltlichen Erfahrungen der Schüler/innen andererseits, miteinander in ein gleichberechtigtes Gespräch zu bringen, das heißt in eine bereichernde, wechselseitig kritische Auseinandersetzung.

Es gibt allerdings Grund zu der Annahme, dass die allgemeine Zustimmung zu diesem religionsdidaktischen Grundkonzept überdeckt, dass dieses für die Korrelationsdidaktik konstitutive Gespräch zwischen Tradition und Lebenswelt in der unterrichtlichen Praxis auf sehr unterschiedliche Art und Weise initiiert und gestaltet wird. Genau hier ist der Ansatzpunkt der religionspädagogischen Forschungsgruppe Essen. Es geht ihr darum, die konkreten unterrichtlichen Strategien zu identifizieren, mittels derer Lehrerinnen und Lehrer den Dialog zwischen religiöser Tradition und Schüler-Lebenswelt produktiv zu machen versuchen. Anhand von videographierten Unterrichtsstunden sollen die faktisch anzutreffenden korrelativen Varianten unterschieden und auf ihre jeweilige Leistungsfähigkeit im Blick auf unterschiedliche Kompetenzbereiche religiösen Lernens hin kritisch befragt werden.

Ein Überblick über empirische Unterrichtsforschung in der Religionspädagogik

Wie kann die folgende Studie in den gegenwärtigen Stand empirischer Unterrichtsforschung in der Religionspädagogik eingeordnet werden? Der evangelische Religionspädagoge Friedrich Schweitzer unterscheidet vier verschiedene Formen empirisch religionsdidaktischer Forschung (2008, S. 59–73):

(1) Untersuchungen zu *Voraussetzungen und Resonanzen* des Religionsunterrichts. Dazu gibt es vielfältige quantitative und qualitative Untersuchungen, beispielsweise zur Bewertung des Religionsunterrichts aus Schülerperspektive (Bucher, 2000), zum Selbstverständnis der Religionslehrerschaft (Englert & Güth, 1999; Feige, 2000; Lück, 2003 u. a.) oder etwa auch zum Einfluss des Religionsunterrichts auf das Gottesbild von Kindern (Szagun, 2006).

(2) Studien, die ihren Fokus auf die Erforschung der *Prozessqualität* von Religionsunterricht legen. Dies ist das bisher (wohl) noch am wenigsten bearbeitete Forschungsfeld. Als einschlägig dürfen gelten die Hamburger Studie „Religionsunterricht aus Schülerperspektive" (Knauth u. a., 2000) und die Tübinger Studie zu „Religionsunterricht und Entwicklungspsychologie" (Schweitzer u. a., 1997). Darüberhinaus sind die bereits in den 1970er Jahren durchgeführten Mainzer Unterrichtsbeobachtungen anzuführen (Stachel, 1976).

(3) Als dritte Gruppe sind *Effektivitätsstudien* zu nennen, die die Wirksamkeit und Nachhaltigkeit konkreter Konzepte, Ansätze oder Interventionen ergründen. Auch hier kann die Religionspädagogik bislang nur vereinzelte Studien vorweisen, etwa zur Stimulierung des religiösen Urteils von Oser (1998, S. 69ff.) oder zur Förderung des Gleichnisverständnis von Hermans (1990) u. a.

(4) Schließlich werden Evaluationsstudien unterschieden, die etwa im Zusammenhang mit der Orientierung an Bildungsstandards die zu erwartenden Kompetenzen, also die *Produktqualität* von Unterrichtsprozessen, erheben. Hier ist das auf dem GFD-Kongress 2009 präsentierte Berliner Projekt KERK zur Konstruktion und Erhebung von Religiösen Kompetenzniveaus im evangelischen Religionsunterricht einzuordnen (siehe den Beitrag in diesem Tagungsband), ebenso eine Studie von Renate Hofmann zur Evaluation religionspädagogischer Kompetenz von Religionslehrer/inne/n (Hofmann, 2008). Diesem Bereich kann auch die Essener Referendariatsstudie (Englert, Porzelt, Reese & Stams, 2006) zugerechnet werden, die den Erwerb religionspädagogischer Handlungskompetenz im Referendariat angehender Grundschullehrer/innen untersuchte.

Die im Folgenden vorgestellte Essener Untersuchung ist fokussiert auf die faktischen Lehr-Lernprozesse im Religionsunterricht und kann damit der zweiten Gruppe, der Erforschung der Prozessqualität von Unterricht, zugeordnet werden. Die Wahrnehmung und Analyse der im Religionsunterricht tatsächlich anzutreffenden Inszenierungsmuster ist ein noch kaum beachtetes Forschungsgebiet in der Religionspädagogik. Am ehesten noch angeknüpft werden kann an eine vergleichende Einzelfallstudie von Dietlind Fischer zu "didaktischen Gestaltungsmustern des Religionsunterrichts" (Fischer, 2006), wobei hier allerdings der Unterricht von nur drei Grundschullehrerinnen untersucht wurde.

Empirische Unterrichtsforschung ist in der Religionspädagogik also noch deutlich im Aufbau begriffen. Obwohl es hier stets eine intensive Auseinandersetzung über konzeptionelle Fragen des Religionsunterrichts gegeben hat (vgl. Schweitzer, 2008), weiß man bislang noch viel zu wenig über die in der religionsunterrichtlichen Praxis tatsächlich gebräuchlichen Lehr-Lern-Strategien und ihre jeweiligen didaktischen Potentiale.

Die Ausgangshypothese der Essener Unterrichtstudie

Allein über quantitative Befragungen von Lehrerinnen und Lehrern (wie sie in den letzten Jahren immer wieder angestellt wurden) erhält man über die faktischen Unterrichtskonzepte des Religionsunterrichts keinen hinlänglichen Aufschluss. Nach den einschlägigen Lehrerbefragungen (s. o.) unterrichtet die gegenwärtige Religionslehrerschaft mehr oder weniger durchgängig "korrelativ" bzw. "korrelationsdidaktisch". Dieser Befund erlaubt unserer Ansicht nach allerdings keine präzisen Rückschlüsse auf die unterrichtliche Realität.

Wir gehen vielmehr davon aus: Der Begriff der "Korrelation" bzw. der "Korrelationsdidaktik" hat sich im Laufe der Zeit zu einer konsensrhetorischen Floskel entwickelt, mit der die Vielfalt faktisch eingesetzter Unterrichtsstrategien verdeckt wird. Es gibt jedenfalls deutliche Anzeichen dafür, dass unter dem Etikett der "Korrelationsdidaktik" höchst unterschiedliche unterrichtspraktische Strategien subsumiert werden. Die eigentliche Frage ist daher nicht, Korrelationsdidaktik – ja oder nein, sondern: *Auf welche Weise* initiiert und gestaltet der Religionsunterricht das Gespräch zwischen Tradition und Lebenswelt? *Wie* wird Korrelation in der Praxis vollzogen? Wir möchten in einem ersten Schritt Aufschluss gewinnen über die in der unterrichtlichen Praxis vorfindliche Vielfalt korrelationsdidaktischer Strategien, um daran anzuknüpfend dann, zweitens, Erkenntnisse über das didaktische Potential der unterschiedlichen korrelativen Varianten zu erhalten.

Zur Anlage der Essener Untersuchung

Auf welche Weise werden korrelative Bezüge im Religionsunterricht tatsächlich gestaltet? Um das herauszufinden, wird zunächst Normal-Unterricht videographisch aufgezeichnet. In drei verschiedenen Erhebungsphasen werden je zwei Unterrichtsreihen aus vierten und zehnten Klassen aufgenommen. Das Sample umfasst damit insgesamt zwölf Unterrichtsreihen bzw. ungefähr 120 Unterrichtsstunden (1). Dabei werden die unterrichtlichen Strategien mittels eines dreistufigen Rating-Verfahrens zunächst präzise beschrieben (2); auf dieser Grundlage wird dann eine Typologie korrelativer Varianten und der für sie jeweils charakteristischen Merkmale erarbeitet (3); und schließlich soll versucht werden, durch exemplarische Untersuchungen einzelner für bestimmte Korrelations-Typen besonders charakteristischer Unterrichtsstunden, Aufschlüsse über das spezifische didaktische Potential der verschiedenen Typen zu gewinnen (4). Abschließend soll eine Expertise zum jeweiligen didaktischen Potential der verschiedenen Typen erfolgen,

Varianten korrelativer Didaktik im Religionsunterricht

bezogen auf unterschiedliche Altersgruppen von Schüler/inne/n, auf unterschiedliche Schulformen, auf unterschiedliche Inhaltsbereiche usw. (5).

Im Folgenden wird das mehrstufige Auswertungsinstrumentarium vorgestellt (vgl. vor allem zu den niedrig und mittel inferenten Ratings: Hugener, Pauli & Reusser, 2006, S. 45–54).

Dreistufiges Ratingverfahren zur Einschätzung korrelativer Varianten

Bei der Beschreibung der korrelativen Varianten wird ein dreistufiges Ratingverfahren verwendet (vgl. Abb. 1).

Zur formalen Erfassung des unterrichtlichen Verlaufs werden niedrig-inferente Ratings von zuvor geschulten Teams vorgenommen, die die „Sozialformen" und die „inhaltlichen Aktivitäten" auf der Grundlage genau vordefinierter Items zu bestimmen versuchen. Auf der nächsten Stufe dann geht es bei den mittel-inferenten Ratings um zwei zentrale Unterrichtsfunktionen, die für die konzeptionelle Anlage eines Traditions-Lebenswelt-Gespräches grundlegend sind: zum einen die „kognitive Aktivierung" und zum anderen die „individuelle Adaption". Diese beiden Unterrichtsmerkmale werden in verschiedene Dimensionen ausdifferenziert und nach ihren jeweiligen Ausprägungen eingeschätzt. Die Reliabilität der Ratings wurde durch ein ausführliches Manual und durch regelmäßige Treffen zur Klärung von möglichen Interrater-Disagreements gestützt.

Beim ersten Beispiel (vgl. Tab. 1) handelt es sich um die Dimension „Herstellung von übergreifenden thematischen Zusammenhängen" (Unterrichtsfunktion: kognitive Aktivierung), beim zweiten (vgl. Tab. 2) um die Dimension „Aneignungsspielräume" (Unter-

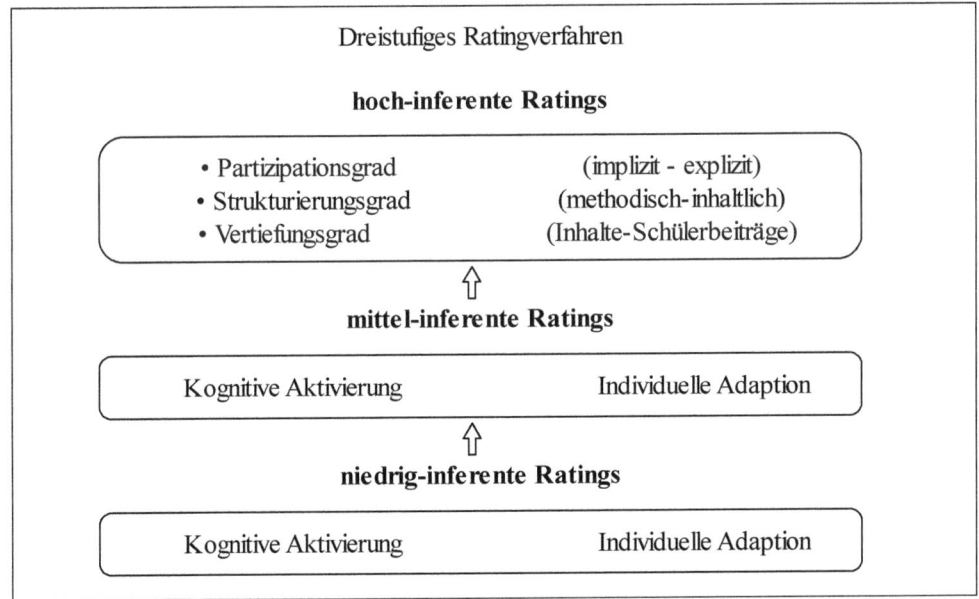

Abb.1

richtsfunktion: Individuelle Adaption). Die Einschätzungen auf der vorgegebenen vierstufigen Skala erfordern die Übereinstimmung von mindestens zwei Ratern. Durch Interraterreliabilitäts-Tests wird der Grad der Übereinstimmung verschiedener Ratergruppen regelmäßig überprüft. Ein im Laufe der Zeit immer weiter ausdifferenziertes Manual gibt Auskunft darüber, wie in strittigen Fällen zu verfahren ist.

Auf der dritten Stufe schließlich wird ein hoch-inferentes Rating vorgenommen, bei dem es darum geht, die Dynamik des Unterrichtsverlaufs zu erfassen. Der Unterrichtsprozess wird, soweit möglich, in verschiedene Phasen ausdifferenziert, die dann jeweils hinsichtlich dreier für unser Erkenntnisinteresse besonders aufschlussreicher Merkmale eingeschätzt werden: des (quantitativen und qualitativen) Partizipationsgrads der Schüler/innen, des (methodischen und inhaltlichen) Strukturierungsgrads des Unterrichts sowie des Vertiefungsgrads (sowohl was die Lerngegenstände als auch was die Schülerbeiträge anbelangt).

Korrelationsexpertise als Brückeninstrument

Im zeitlichen und inhaltlichen Anschluss an das Rating-Verfahren wird dann zu jeder Unterrichtsreihe eine sogenannte „Korrelationsexpertise" durchgeführt. Dicht am Material wird die korrelative Dramaturgie des Gesprächs zwischen religiöser Tradition und Lebenswelt nachgezeichnet. Auf dieser Grundlage wird versucht, die für diese Dramaturgie bestimmenden Muster zu identifizieren und zu beschreiben. Dabei kann es sich um Muster handeln, deren Konstruktionsbögen sich über die gesamte Unterrichtsreihe spannen als auch um solche, die nur in einzelnen Stunden oder einzelnen Sequenzen erkennbar werden. Erst in einem letzten Schritt fließen in die Beschreibung der ausfindig gemachten Praxis-Muster auch Kategorien mit ein, die aus der theoretischen Diskussion um die Korrelationsdidaktik gewonnen wurden. Es handelt sich um die Kategorien „Ausdrücklichkeit", „Dominanz", „Polyvalenz", „Funktion" und „Komplexität":

Die Dimension der „*Ausdrücklichkeit*"; sie erfasst das Spektrum zwischen einer „impliziten" und einer „expliziten" Korrelation. Im ersten Fall scheinen Bezugsmöglichkeiten zwischen religiöser Tradition und Lebenswelt lediglich auf; im zweiten Fall werden diese Bezüge verbindlich auf den Punkt gebracht.

Die Dimension der „*Dominanz*"; das Gespräch zwischen religiöser Tradition und Lebenswelt kann im einen Extremfall ganz durch überlieferte Glaubenspositionen („Die Bibel hat immer recht"), im anderen ganz durch lebensweltliche Plausibilitäten („richtig ist, was im eigenen Umfeld für richtig gehalten wird") dominiert werden. Zwischen diesen Extremen gibt es ein weites Spektrum an Gewichtsverteilungen.

Die Dimension der „*Polyvalenz*"; sie umfasst das Spektrum zwischen monoperspektivischen und polyperspektivischen Korrelationsstrategien; im ersten Fall ist die korrelative Dynamik durch Linearität und Gleichsinnigkeit gekennzeichnet, im zweiten eher durch eine Art „umkreisenden Verstehens" und eine Pluralität von Perspektiven.

Einschätzung korrelativer Varianten durch Ratings

mittel-inferente-Perspektive I: Kognitive Aktivierung

1.6 Herstellung von übergreifenden thematischen Zusammenhängen

Level 0	Es werden keine Zusammenhänge zwischen aktuellem Unterrichtsgegenstand und früheren bzw. bevorstehenden Lernprozessen erkennbar.	☐
Level 1	Bezüge zu vorausgehenden bzw. bevorstehenden Lernprozessen werden genannt.	☐
Level 2	Thematische Bezüge zu vorausgehenden bzw. bevorstehenden Lernprozessen werden deutlich angesprochen.	☐
Level 3	Thematische Bezüge zu vorausgehenden bzw. bevorstehenden Lernprozessen werden zur Vertiefung des aktuellen Lernprozesses gezielt genutzt.	☐

Tab. 1

Einschätzung korrelativer Varianten durch Ratings

mittel-inferente-Perspektive II: Individuelle Adaption

2.2 Den Schüler/inne/n eröffnete Aneignungsspielräume

Level 0	Die Schüler/innen haben keine Gelegenheit, sich mit eingebrachten thematischen Elementen eigenständig auseinanderzusetzen.	☐
Level 1	Die Schüler/innen haben Gelegenheit, sich mit eingebrachten thematischen Elementen eigenständig auseinanderzusetzen.	☐
Level 2	Die Schüler/innen erhalten ausdrücklich die Möglichkeit eingebrachte thematische Elemente mit ihrem individuellen Erfahrungs- und Deutungsvorrat in Beziehung zu setzen.	☐
Level 3	Die Schüler/innen erhalten ausdrücklich die Möglichkeit, ihren individuellen Reaktionen auf eingebrachte thematische Elemente Form zu verleihen und in dieser Gestalt in den weiteren Lernprozess einzubringen.	☐

Tab. 2

Die Dimension der „*Funktion*"; sie erfasst das Spektrum zwischen affirmativen und kontrastiven Bezügen zwischen Tradition und Lebenswelt; im ersten Fall kommt die religiöse Tradition eher als Verstärker lebensweltlicher Erfahrungen ins Spiel (analoge Korrelation), im zweiten Fall eher als Kontrastfolie bzw. als Gegen-Welt (konfrontative Korrelation).

Die Dimension der „*Komplexität*"; sie umschließt das Spektrum zwischen niedrigkomplexen und hochkomplexen Formen des Zueinanders von Tradition und Lebenswelt. Im ersten Fall werden die Inhalte, Medien und Zeugnisse, die zur Anregung des Gesprächs zwischen Tradition und Lebenswelt in den Unterricht eingespeist werden, eher „flächig" verstanden: auf die Analyse ihrer tieferen Bedeutungsstrukturen wird kein Wert gelegt; im zweiten Fall geschieht genau dies: der Versuch, die Oberflächenstruktur von Inhalten, Medien und Zeugnissen aufzubrechen.

Abschließend soll die Korrelationsexpertise auch deutlich machen, wie das didaktische Potential bestimmter korrelativer Muster einzuschätzen ist: Wo liegen die Stärken und wo die Schwächen der jeweiligen Vorgehensweise? An welcher Stelle wäre ein anderer Fortgang der Unterrichtsreihe möglich bzw. sinnvoll gewesen?

Die am unterrichtlichen Prozess orientierte Korrelationsexpertise ist ein Verbindungsglied zwischen dem Auswertungsinstrument der Ratings (mit vordefinierten Bewertungskategorien: subsumtiv/deduktiv) und dem im Folgenden noch zu erläuternden Instrument der Fallanalyse (mit dem Versuch der sequentiellen Rekonstruktion einzelner Unterrichtsstunden: induktiv).

Die Fallanalyse

Eine zweite, dem dreistufigen Rating-Verfahren in seiner Bedeutung gleichgestellte Auswertungsmethode ist die Fallanalyse. Dafür werden Unterrichtsstunden ausgewählt, die für bestimmte korrelative Inszenierungsmuster als besonders typisch gelten können. Diese Stunden werden mittels einer auf unser Datenmaterial hin adaptierten und pragmatisch weiterentwickelten Form der Objektiven Hermeneutik (vgl. z. B. Jensen, 2005) sequentiell untersucht. Dieses Verfahren erscheint uns deshalb besonders geeignet, weil es die Möglichkeit eröffnet, über die Rekonstruktion von Einzelfällen Strukturprinzipien zu entdecken (vgl. Reichertz, 2000, S. 518). Der unterrichtliche Verlauf wird komplett transkribiert und anhand der Videoaufzeichnungen und des Transkripts durch eine Auswertungsgruppe Schritt für Schritt zu rekonstruieren und in seiner inneren Dynamik zu verstehen versucht. In der von uns verwendeten pragmatischen Variante der Objektiven Hermeneutik geht es nicht darum, das komplette Spektrum denkbarer Lesarten unterrichtlicher Interakte auszuschöpfen und beispielsweise schon die Begrüßung des Lehrers nach allen möglichen Richtungen hin zu interpretieren, sondern auf der Grundlage begründeter Normalitätsvermutungen das Verstehensbemühen vor allem auf jene Aspekte zu richten, die im

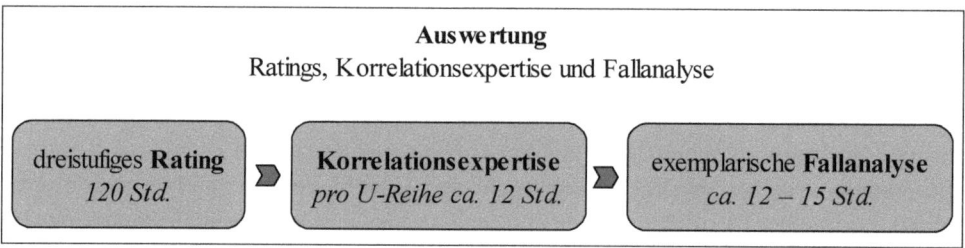

Abb. 2

Zentrum unseres Erkenntnisinteresses liegen: die Frage, in welchen spezifischen Form des Zusammenspiels von kognitiver Aktivierung und individueller Adaption der Dialog zwischen Tradition und Lebenswelt jeweils Gestalt gewinnt. Die Auswertungsgespräche werden auf Tonband aufgenommen und schließlich zu einer Fallanalyse weiterverarbeitet.

Schritte im Auswertungsprozess

Die Studie versucht somit bei der Auswertung eine Verbindung zwischen einem dreistufigen Rating-Verfahren, in dem alle ca. 120 Stunden analysiert werden, und einer Sequenzanalyse exemplarischer und für das Untersuchungsinteresse besonders aufschlussreicher Einzelstunden (ca. 12–15 Fallanalysen). Als Verbindungsstück zwischen beiden Auswertungsverfahren fungieren die Korrelationsexpertisen, in denen es darum geht, die korrelativen Muster innerhalb einer Unterrichtsreihe herauszuarbeiten.

Die Pfeile in der Abbildung 2 verdeutlichen den chronologischen Verlauf der Auswertung: Zuerst werden die Unterrichtsstunden einer Reihe geratet, danach erfolgt die Korrelationsexpertise – und basierend auf deren Ergebnissen werden dann einzelne Stunden für die aufwändige und gründliche Fallanalyse ausgewählt.

Eine Korrelationsexpertise – Präsentation eines vorläufigen Ergebnisses

Die Essener Studie befindet sich derzeit (10/2009) in der dritten Erhebungsphase und damit noch mitten in der Auswertung der Befunde. Erste Ergebnisse können zwar vorgestellt werden, haben aber noch sehr deutlich den Status vorläufiger Hypothesen. Aus der Vielfalt der bereits erhobenen Daten und Zwischenergebnisse wird im Folgenden die Korrelationsexpertise zu einer Unterrichtsreihe über den „Glauben der Weltreligionen" herausgegriffen. Die Unterrichtsreihe fand in der 10. Klasse einer Hauptschule des Ruhrgebiets statt. Die Expertise ist das Ergebnis eines sorgfältigen Gruppenauswertungsprozesses, in dem die Unterrichtsstunden mehrfach gemeinsam angesehen, geratet und analysiert wurden.

Die Korrelationsexpertise wird von einem Mitglied jenes Ratingteams erstellt, das die zur entsprechenden Unterrichtsreihe gehörenden Stunden ausgewertet hat. Diese Person besitzt somit eine hohe Vertrautheit mit dem auszuwertenden Material. Auf induktivem Weg erfolgt zuerst eine dichte Deskription der Unterrichtsreihe, danach werden korrelative Muster identifiziert und nach ihrem jeweiligen didaktischen Potential kritisch bewertet. Dabei hilft eine Reihe von Deskriptionskategorien (etwa zu Faktoren wie Inhalt, Intention, Normativität oder Komplexität), die korrelative Qualität und die Dramaturgie der jeweiligen Unterrichtsreihe und ihrer Einzelstunden zu beschreiben.

Die hier vorgestellte Analyse beschränkt sich auf die ersten sieben Stunden der Unterrichtsreihe, die für sich genommen eine kleine Unterrichtsreihe innerhalb des gesamten, 19 Stunden umfassenden Projekts zum „Glauben der Weltreligionen" darstellt. Die Tabelle 3 zeigt eine kurze Übersicht über diese sieben Stunden.

Woran glaubst du eigentlich?
10. Klasse (Hauptschule), 2. Erhebung (12/2008)

1. Std.	Was ist mir heilig? => Von SuS mitgebrachte Heiligtümer werden vor der Klasse präsentiert: Austausch und offene Nachfragen im Unterrichtsgespräch
2. Std.	Woran Christen glauben => anhand der von den SuS erstellten Briefe an Aishe und Achmed werden in Gruppenarbeit die zehn „Basics des Christentums" aufgestellt, und anschließend vor der Klasse präsentiert: Austausch und Vertiefung.
3. Std.	Was glauben die Juden? => Im Klassenplenum wird ein Mindmap mit offenen Fragen als Vorbereitung auf eine sich anschließende Exkursion erstellt.
4. Std.	Exkursion zur Synagoge => Führung und Gespräch
5. Std./ 6. Std.	Das Judentum => Durch die Arbeit mit einem Materialkoffer werden in Expertengruppen spezielle Fragen, die bei der Exkursion entstanden sind, nachbearbeitet; anschließend wird das erarbeitete religionskundliche Sachwissen im Klassenplenum vorgestellt.
7. Std.	Die „Top Ten" des Judentums => Zusammenfassung der erworbenen Kenntnisse im Klassenplenum

Tab. 3

Erster Schritt: Deskription der Unterrichtkomposition

In der *ersten Unterrichtsstunde* werden von den Schülerinnen und Schülern mitgebrachte materielle oder ideelle „Heiligtümer" vorgestellt: etwas, was einzelnen Schülern sehr wichtig bzw. „heilig" ist (etwa eine Kette, eine Musik-CD). Dabei kommt es zu einigen sehr persönlichen Beiträgen (u. a. berichtet ein Schüler über eine Marienerscheinung, die er einige Jahre zuvor erlebte). Nach mehreren Präsentationen und einem konzentrierten Gesprächsverlauf fragt der Lehrer nach, wie sich die einzelnen Schüler/innen (auch diejenigen, die ihr „Heiligtum" nicht vorgestellt haben) fühlen würden, wenn sich ein Anderer über das lustig machte, was ihnen heilig ist. Darauf entsteht eine kurze Diskussion über die Marienerscheinung. Diese Reflexionsphase macht den Schüler/inne/n deutlich, dass es verletzend ist, wenn man die Heiligtümer Anderer nicht ernst nimmt.

Die Schülerinnen und Schüler hatten bereits vor Beginn der Unterrichtsreihe einen fiktiven „Brief an Aishe und Ahmed" geschrieben, in welchem sie die Grundlagen des Christentums benennen sollten. In der *zweiten Unterrichtsstunde* nimmt der Lehrer darauf Bezug und lässt die Jugendlichen eine „Top Ten"-Liste des Christentums erstellen (genannt werden etwa die „Zehn Gebote", das „Vater Unser", „Ostern", „Jesus" usw.). Wobei es hier nicht darum geht, danach zu fragen, was diese Tops für das eigene Leben bedeuten. Die Nachfragen des Lehrers richten sich vor allem darauf, ob die Zehntklässler etwa wissen, was Christen an Ostern feiern bzw. wer die Zehn Gebote kennt. Überprüft bzw. vertieft wird also das religiöse Sachwissen der Schülerinnen über das Christentum.

In der *dritten Unterrichtsstunde* werden die Schülerinnen und Schüler an das Thema „Judentum" herangeführt. Sie erstellen im Klassenplenum eine Mindmap zu Aspekten des Judentums, die sie bereits kennengelernt haben oder über die sie noch mehr wissen möchten. Die daraus entstehenden Oberthemen (z. B. Feiertage, Speiseregeln, Verfolgung, Thorarolle) sollen die Schüler als Leitfaden bei der geplanten Exkursion zu einer nahegelegenen Synagoge (*vierte Unterrichtsstunde*) dienen. (Die *Exkursion*, die nicht videografiert, aber durch Beobachter/innen aus der Forschungsgruppe begleitet wurde, wird von den Jugendlichen mit Interesse und Neugier angenommen. Sie können dabei eine für sie weitgehend fremde Religion in persönlicher Begegnung und mit allen Sinnen erfahren und eigene, meist sachkundliche Fragen stellen.)

In der Woche nach der Exkursion bekommen die Schülerinnen und Schüler in einer Doppelstunde (*fünfte und sechste Unterrichtsstunde*) Gelegenheit, sich mit einem Materialkoffer zum Judentum auseinanderzusetzen. Zu einzelnen Unterthemen (z. B. der Thora) werden verschiedene Gruppen gebildet, die anschließend dem Plenum ihre Ergebnisse präsentieren. So erklärt eine Gruppe z. B. die Bedeutung verschiedener Feste im Jahreslauf (u. a. Jom Kippur, Sukkot, Pessach).

Als Abschluss der Unterrichtseinheit zum Thema Judentum werden in der *siebten Unterrichtsstunde* die erworbenen Kenntnisse an der Tafel zusammengetragen und, unterstützt durch starke Strukturierungshilfen des Lehrers, zu einer „Top Ten"-Liste des Judentums geformt.

Zweiter Schritt: Aufschlüsse über die korrelative Anlage dieser Unterrichtsreihe

Die *erste Stunde* nimmt eine gesonderte Stellung in dieser Unterrichtsreihe ein. Ausgehend von ganz persönlichen Erfahrungen tragen die Schülerinnen vor, was ihnen persönlich heilig ist. Es wird darüber reflektiert, wie man sich gegenüber den „Heiligtümern" anderer Menschen angemessen verhält. Diese Stunde steht, mit ihrer fast ausschließlich lebensweltlichen Thematik, in einem deutlichen Kontrast zu den anschließenden Stunden. Die *zweite Stunde* dient der Vergegenwärtigung christlicher Essentials: Es geht jetzt nicht mehr darum, was Einzelnen heilig, sondern was im Christentum wesentlich ist. Eine „Top Ten"-Liste des Christentums wird erstellt. Bezüge zu der vorausgehenden Stunde finden nicht statt. Nach dieser Stunde weitet sich der Blick erneut, und zwar auf die besonderen Wesenszüge nicht-christlicher Religionen. Dabei geht es zunächst um die Religion, die dem Christentum am nächsten steht: das Judentum. In den weiteren Unterrichtsstunden wird der Islam, darauf folgend der Buddhismus und der Hinduismus behandelt. Man könnte somit sagen, dass der Fokus vom Bekannten zum Unbekannten „wandert".

Das Hauptziel der vorliegenden Unterrichtssequenz ist es, mit der jüdischen Religion vertraut zu werden: durch das systematische Zusammentragen von bereits Gewusstem, der Klärung offener Fragen, der Bearbeitung möglicher Vorurteile und der Erschließung von sachkundlichem Detailwissen. Das Kennenlernen einer größtenteils fremden Religion erfolgt dabei auf eine sehr anschauliche Weise – etwa in der Exkursion und mit dem Materialkoffer. Alle Stunden zum Judentum beschränken sich allerdings auf die Vermittlung der jüdischen Traditionen (eine Begegnung mit dem aktuellen Judentum findet nicht statt). Die lebensweltliche Thematik der ersten Stunde steht somit additiv und unverbunden neben den sich anschließenden religionskundlichen Stunden zur christlichen und jüdischen Tradition.

Dritter Schritt: Analyse des didaktischen Potentials

Folgende Stärken der Unterrichtsreihe können herausgestellt werden:

- In einer sehr offenen und vertrauensvollen Atmosphäre können einzelne Schülerinnen und Schüler ihre individuellen Heiligtümer vorstellen, lernen die der Anderen kennen und bekommen so ein Gespür für den verständnisvollen Umgang mit den religiösen Einstellungen Anderer.
- Viele Phasen des offenen Austauschs in Kleingruppen fördern das interreligiöse Verstehen und das soziale Miteinander (die hier erfolgten Gespräche, Klärungen und Lernprozesse konnten durch die Videographie allerdings nur sehr auswahlweise erfasst werden). In den Plenumsgesprächen werden Missverständnisse und Vorurteile einer Klärung zugeführt.
- Sinnliche Aneignung erfolgt in der Exkursion und durch die Arbeit mit einem Materialkoffer; ebenso lässt sich eine gute Strukturierung, Sicherung und Vertiefung der wesentlichen Essentials des Christentum und des Judentums konstatieren. Das wiederkehrende Muster der Erstellung von „Top Ten"-Listen stellt den Schüler/innen religionskundliche Basisinformationen in einem Format bereit, das sie leicht „abspeichern" können.

Die Analyse lässt allerdings auch unausgeschöpfte Potentiale erkennen:

- Ein Vergleich zwischen den Heiligtümern der Jugendlichen und den Heiligtümern bzw. den Essentials der Religionen wird nicht angestellt.
- Auch werden die Religionen (etwa die zu ihnen erstellten „Top Ten"-Listen) nicht miteinander verglichen. (Wäre nicht, falls der Lehrer einen solchen interreligiösen Vergleich als theologisch problematisch empfunden hat, der Ausdruck dieses Empfindens eine interessante Lerngelegenheit gewesen?) So bleiben die über die verschiedenen Religionen zusammengetragenen Informationen nebeneinander stehen. Eine kritische Auseinandersetzung damit findet nicht statt.
- Ebenso bleibt eine kritische Befragung der Religionen aus, ob und inwieweit sie für das eigene Leben und den eigenen Glauben hilfreich und relevant sein könnten.

Fazit: Es findet kein wirklicher Dialog zwischen den Traditionen der Weltreligionen und den lebensweltlichen Erfahrungen der Schüler/innen statt; inwieweit die zentralen Anliegen der Religionen für die Menschen heute und insbesondere für die Schüler/innen von Bedeutung sind, bleibt unklar. Insofern kann in dieser Unterrichtsreihe von einem wirklichen Dialog zwischen Tradition und Lebenswelt nicht die Rede sein. Der Religionsunterricht geschieht hier im Wesentlichen im Modus sachkundlicher Information.

Vierter Schritt: Zusammenfassung

In der ausgewerteten Unterrichtsreihe erwerben die Schülerinnen und Schüler religiöses Basiswissen, mit dem allerdings didaktisch nicht so umgegangen wird, dass es sich zu religiösem Orientierungswissen weiter entfalten könnte. Das reine sachliche Kennenlernen von Religion stellt noch kein qualifiziertes religiöses Lernen dar. Dieses ist immer selbstimplikativ, d. h. es mündet in eine Selbstbefragung. „Zukunftsfähig sind nur solche Formen religiösen Lernens, die nicht nur ein religionskundliches Panorama möglicher Optionen anbieten, sondern mit der herausfordernden Kraft einer konkreten und möglichst authentisch repräsentierten Religion konfrontieren, um so Schülerinnen und Schüler selbst vor religiöse Entscheidungen zu stellen und zu eigener Positionierung zu veranlassen." (Englert, 2007, S. 252)

Neben der Vermittlung sachkundlicher Informationen über Religionen sind Räume und Möglichkeiten erforderlich, diesen – auch im Falle des Christentums – für viele Schüler/inne/n fremden Glaubensformen wirklich zu begegnen (dies findet durch die Exkursion zur Synagoge teilweise statt) und in einen wechselseitig kritischen Dialog mit ihnen einzutreten. Die neuen Informationen und Erfahrungen müssen verarbeitet werden und als Herausforderung und Chance für die eigene Lebensorientierung und die eigene religiöse Urteilsbildung begriffen werden. Dies hätte in der analysierten Reihe etwa durch die Frage geschehen können, inwieweit das, was man über die verschiedenen Religionen erfahren hat, von irgendeinem persönlichen Belang ist (bzw. inwieweit es vielleicht sogar die Chance hätte, auch im eigenen Leben als „heilig" zu gelten). Hier zeigt sich der wesentliche Unterschied zwischen einem konfessionellen, aber interreligiös offenen Modell von Religionsunterricht und einem rein religionskundlichen Format. Im ersten Modell geht es immer auch um die Entwicklung eines eigenen Standpunkts. Dies ist weit mehr als nur die Aneignung religiösen Basiswissens.

Ausblick

Die Ausgangs-Hypothese dieser Studie ist: Religiöses Lernen im Sinne einer qualifizierten Auseinandersetzung mit der Gegenwartsbedeutung religiöser Traditionen kann von heutigen Schülerinnen und Schülern nur da noch als sinnvoll erlebt werden, wo Lernprozesse korrelativ angelegt sind, das heißt, wo es gelingt, einen produktiven Dialog zu initiieren zwischen den durch die Tradition repräsentierten und gegenwärtig antreffbaren Deutungsmustern von Leben und Welt.

Die bisherige Auswertung der Unterrichtreihen aus vierten und zehnten Klassen zeigt allerdings: Religiöses Lernen im beschriebenen Sinne ist im faktisch stattfindenden Religionsunterricht offenbar eher die Ausnahme als die Regel. Von daher ist die eben dargestellte Unterrichtsreihe ein keineswegs beliebiges Beispiel. Es finden sich vermehrt Unterrichtsansätze, die entweder, wie die Reihe zu den Weltreligionen, dezidiert religionskundliche Themen behandeln, oder aber ausschließlich lebensweltliche Themen in den Vordergrund rücken (z. B. die Problematik des Suizids). Auch Ansätze, die religiöse Traditionselemente aus ihrem Kontext heraussprengen, von ihrem besonderen Geltungsanspruch weitgehend absehen und diese Elemente (z. B. Psalmworte, Elemente prophetischer Rede usw.) dann den Schüler/inne/n sozusagen als „Spielmaterial" in bestimmten thematischen Zusammenhängen zur Verfügung stellen, können nicht im oben qualifizierten Sinne „korrelativ" genannt werden. Ob dies im Ergebnis, was sich von der Ausgangshypothese her nahelegte, heißt, dass der gegenwärtige Religionsunterricht die ihm gestellte Aufgabe verfehlt (und also keinen kritisch-produktiven Dialog mit der religiösen Tradition initiiert), wird jedoch noch einmal eigens und eingehend zu prüfen sein.

Literatur

Bucher, Anton (2000): Religionsunterricht zwischen Lernfach und Lebenshilfe. Eine empirische Untersuchung zum katholischen Religionsunterricht in der Bundesrepublik Deutschland, Stuttgart: Kohlhammer.

Englert, Rudolf (1996): Korrelation(sdidaktik). Bilanz und Perspektiven. In: Religionspädagogische Beiträge 38, S. 3–18.

Englert, Rudolf (2002): Korrelation – Ja? Nein? Wie? Didaktische Gestaltungsmöglichkeiten des Gesprächs mit der Tradition. In: Christlich-pädagogische Blätter 115, S. 234–239.

Englert, Rudolf (2004): Bildungsstandards für „Religion". Was eigentlich alles wissen sollte, wer solche formulieren wollte. In: Religionspädagogische Beiträge 53, S. 21–32.

Englert, Rudolf (2006): Die Diskussion über Unterrichtsqualität – und was die Religionsdidaktik daraus lernen könnte. In: Jahrbuch der Religionspädagogik, Bd. 22. Neukirchen-Vluyn: Neukirchener Verlagsgesellschaft, S. 52–64.

Englert, Rudolf (2007): Religionspädagogische Grundfragen. Anstöße zur Urteilsbildung. Stuttgart: Kohlhammer.

Englert, Rudolf & Güth, Ralf (Hrsg.) (1999): „Kinder zum Nachdenken bringen". Eine empirische Untersuchung zu Situation und Profil katholischen Religionsunterrichts an Grundschulen, Stuttgart: Kohlhammer.

Englert, Rudolf; Porzelt, Burkard; Reese, Annegret & Stams, Elisa (2006): Innenansichten des Referendariats. Wie erleben angehende Religionslehrer/innen an Grundschulen ihren Vorbereitungsdienst? Eine empirische Untersuchung zur Entwicklung (religions)pädagogischer Handlungskompetenz. Münster u. a.: LIT.

Feige, Andreas & Tzscheetzsch, Werner (2005): Christlicher Religionsunterricht im religionsneutralen Staat? Stuttgart: Schwabenverlag.

Feige, Andreas; Dressler, Bernhard; Lukatis, Wolfgang & Schöll, Albrecht (2000): ‚Religion' bei ReligionslehrerInnen. Religionspädagogische Zielvorstellungen und religiöses Selbstverständnis in empirisch-soziologischen Zugängen. Münster u. a.: LIT.

Fischer, Dietlind (2006): Didaktische Gestaltungsmuster des Religionsunterrichts. Vergleichende Fallstudie mit Video-Aufzeichnungen. In: Rahm, S.; Mammes, I. & Schratz, M.: Schulpädagogische Forschung 1. Unterrichtsforschung – Perspektiven innovativer Ansätze. Innsbruck: Studien Verlag, S. 27–39.

Hermans, Chris (1990): Wie werdet Ihr die Gleichnisse verstehen? Empirisch-theologische Forschung zur Gleichnisdidaktik. Kampen/Weinheim: Studien Verlag.

Hofmann, Renate (2008): Religionspädagogische Kompetenz. Eine empirische-explorative Studie zur Evaluation religionspädagogischer Kompetenz von ReligionslehrerInnen. Hamburg: Dr. Kovač.

Hugener, Isabelle; Pauli, Christine & Reusser, Kurt (2006): Dokumentation der Erhebungs- und Auswertungsinstrumente zur schweizerisch-deutschen Videostudie, Teil 3: Videoanalysen. In: Materialien zur Bildungsforschung, Bd. 15. Frankfurt am Main: GFPF.

Jensen, Olaf (2005): Induktive Kategorienbildung als Basis Qualitativer Inhaltsanalyse. In: Mayring Ph. & Gläser-Zikuda M. (Hrsg.): Die Praxis der Qualitativen Inhaltsanalyse. Weinheim: Beltz, S. 255–275.

Knauth, Th.; Leutner-Ramme, S. & Weiße, W. (2000): Religionsunterricht aus Schülerperspektive. Münster u. a.: Waxmann.

Lück, Christian (2003): Beruf Religionslehrer. Selbstverständnis – Kirchenbindung – Zielorientierung. Leipzig: Evangelische Verlagsanstalt.

Mette, Norbert (2006): Guter Religionsunterricht – ein zentrales religionspädagogisches Anliegen. In: Bizer, Chr. u. a. (Hrsg.): Was ist guter Religionsunterricht? Jahrbuch der Religionspädagogik 22, Neukirchen-Vluyn: Neukirchener Verlagsgesellschaft, S. 11–19.

Oser, Fritz (1998): Wieviel Religion braucht der Mensch? Erziehung und Entwicklung zur religiösen Autonomie. Gütersloh: Gütersloher Verlagshaus.

Reichertz, Joachim (2000): Objektive Hermeneutik und hermeneutische Wissenssoziologie. In: Flick U.; Kardorf von E. & Steinke, I. (Hrsg.): Qualitative Forschung. Ein Handbuch. Reinbek: Rowohlt, S. 514–524.

Schweitzer, Friedrich (2008): Religionsunterricht erforschen: Aufgaben und Möglichkeiten empirisch-religionsdidaktischer Forschung. In: Zeitschrift für Pädagogik und Theologie 1, S. 59–73.

Schweitzer, Friedrich et al. (1997): Religionsunterricht und Entwicklungspsychologie. Elementarisierung in der Praxis, Gütersloh: Gütersloher Verlagshaus.

Stachel, Günter (1976): Die Religionsstunde – beobachtet und analysiert. Eine Untersuchung zur Praxis des Religionsunterrichts. Zürich:Benziger.

Szagun, Anna-Katharina (2006): Dem Sprachlosen Sprach verleihen. Rostocker Langzeitstudie zu Gottesverständnis und Gottesbeziehung von Kindern, die in mehrheitlich konfessionslosem Kontext aufwachsen. Jena: Garamond.

Volker Frederking *(Universität Erlangen-Nürnberg)*
Thorsten Roick *(Freie Universität Berlin)*
Lydia Steinhauer *(Universität Erlangen-Nürnberg)*

‚Literarästhetische Urteilskompetenz' – Forschungsansatz und Zwischenergebnisse

Um mit einer (selbst)kritischen Bestandsaufnahme zu beginnen: Anders als in den naturwissenschaftlichen Fachdidaktiken oder in der Mathematikdidaktik steht die empirische Erforschung bzw. Fundierung zentraler Wissensbereiche in der Deutschdidaktik noch in den Anfängen. Allenfalls in der Sprachdidaktik kann von einer gewissen Tradition empirischer Forschung gesprochen werden, mit der „an die Stelle der theoretischen Deduktion aufgrund von Erfahrungen" zunehmend „die empirische Rekonstruktion authentischer Wirklichkeitsbeobachtung" (Becker-Mrotzek, 1997, S. 21) getreten ist. Tatsächlich ist es der empirischen Sprachdidaktik gelungen, mit quantitativen und qualitativen Methoden gesichertere Wissensbestände zu generieren (vgl. z. B. Messelken, 1971; Becker-Mrotzek, Vogt, 2001; Steinig et al., 2009). In der Literaturdidaktik gibt es eine solche Tradition nur in Ansätzen. Als Pioniere sind hier zu nennen: Jutta Wermke (1989) mit ihrer grundlegenden Arbeit zur Kreativitätsförderung im Literaturunterricht, Norbert Groeben und Bettina Hurrelmann mit dem DFG-Schwerpunktprogramm ‚Lesesozialisation in der Mediengesellschaft' (2002a; 2002b; 2004; 2006) und Heiner Willenberg mit den von ihm betreuten literarischen Teilen der DESI-Studie (2007a; 2007b; 2007c).

Wie schwer sich die Literaturdidaktik mit der empirischen Erforschung ihrer fachlichen Gegenstände tut, lässt sich aber nicht nur an der geringen Zahl nennenswerter empirischer Forschungsprojekte ablesen. Ein weiterer Indikator ist die geringe Aufmerksamkeit, die empirischen Arbeiten in unserer Disziplin lange Zeit entgegengebracht worden ist. So ist Wermkes zweibändige Studie zur Bedeutung der Kreativität im Literaturunterricht und zur Möglichkeit ihrer Förderung innerhalb der Literaturdidaktik kaum zur Kenntnis genommen worden. Mittlerweile hat sich das Interesse an literaturdidaktischer empirischer Forschung immerhin erhöht. Seit der Jahrtausendwende lässt sich von einer empirischen Wende sprechen, die auch die Literaturdidaktik erfasst hat. Besonders die Lesedidaktik ist hier zu nennen (Bertschi-Kaufmann, Kassis & Sieber, 2004; Garbe, 2004; Pieper et al., 2004; Bertschi-Kaufmann & Rosebrock, 2009). Nimmt man die Lesekompetenzforschung in PISA (Artelt et al., 2001; Schaffner et al., 2004; Schiefele et al., 2004; Drechsel & Artelt, 2007), IGLU (Bos et al., 2003; 2005; 2007) und in einigen psychologischen Studien zum Leseverstehen hinzu, wird verständlich, warum die Lesekompetenz als eine sehr gut erforschte Domäne verstanden wird (vgl. Klieme & Leutner, 2006). Andere Felder der Literaturdidaktik sind hingegen noch kaum bzw. gar nicht empirisch erforscht worden. Dies betrifft vor allem einen genuinen Kernbereich – das literarische Verstehen und darauf bezogene Kompetenzen. Hier muss von einem eklatanten Desiderat gesprochen werden. In dem im Schnittbereich zwischen Literaturdidaktik, Literaturwissenschaft, Psychologie und empirischer Bildungsforschung angesiedelten und von der DFG geförderten Forschungsprojekt ‚Literarästhetische Urteilskompetenz (LUK)', das Teil des DFG-Schwerpunktprogramms 1293 „Kompetenzmodelle zur Erfassung individueller Lernergebnisse und zur Bilanzierung von Bildungsprozessen" ist, wird der Versuch unternommen, dieses Desiderat in einem zentralen Bereich zu beseitigen.

1 Die theoretischen Grundlagen des Forschungsprojekts

Um die theoretischen Grundlagen des Forschungsprojekts zu verstehen, ist zunächst ein kurzer Blick auf den Forschungsstand sinnvoll. Vor diesem Hintergrund lassen sich die Spezifika des Forschungsprojektes präzisieren und die damit verbundenen Forschungshypothesen erläutern.

1.1 Literaturdidaktische Verortung

Die theoretische Modellierung und empirische Erhebung „literarischer" bzw. „(literar-)ästhetischer" Kompetenz ist eine grundlegende Herausforderung für die Literaturdidaktik als Disziplin. Diese Einschätzung erklärt sich in einem ersten Zugriff vor dem Hintergrund eines Befundes, den eine im Rahmen der GFD entstandene Arbeitsgruppe formuliert hat:

„Das, was sich nicht als Kompetenz beschreiben, in Bildungsstandards formulieren und in Testaufgaben erfassen lässt, droht zumindest mittelfristig aus dem Fokus der Lehrenden und Lernenden zu verschwinden und aus dem Zentrum des Unterrichts an dessen Rand gedrängt zu werden" (Frederking, 2008a, S. 7).

Fragen literarischer bzw. (literar)ästhetischer Bildung sind in dieser Hinsicht der vielleicht bedeutendste Problembereich innerhalb der Literaturdidaktik. Die disziplinäre Grundsatzfrage lautet: Lässt sich der Bereich des literarischen bzw. des literarästhetischen Verstehens kompetenztheoretisch modellieren, in Testaufgaben erfassen und empirisch erheben? Eine positive Beantwortung dieser Frage steht bislang noch aus.

Dieser Sachverhalt erklärt sich zum einen aus dem zu untersuchenden Gegenstand. Denn aufgrund der „Ambiguität der künstlerischen Botschaft" (Eco, 1962, S. 11) und der Mehrdeutigkeit des „ästhetischen Reizes" (Eco, 1962, S. 77ff.) ist es bei literarästhetischen Texten schwieriger als bei Sachtexten, distinkte Kategorien und Niveaustufen für einen gelingenden (bzw. misslingenden) Umgang zu bestimmen und empirisch zu erheben.

Dass literarästhetisches Verstehen bislang weder empirisch erhoben noch in den Bildungsstandards in hinreichender Weise berücksichtigt wurde, ist aber nicht nur mit der besonderen Beschaffenheit der Literatur zu erklären. Auch zwei Forschungsprämissen, die die Literaturdidaktik in zwei einflussreichen Diskurslinien bestimmen, spielen eine entscheidende Rolle. Zum einen ist hier die Lesekompetenzforschung zu nennen, wie sie im Rahmen von DESI und in den Forschungen von Norbert Groeben und Bettina Hurrelmann wegweisende empirische Ausprägungen gefunden hat. Diese Forschungsansätze werden in Übereinstimmung zu PISA und IGLU von der Prämisse geleitet, dass literarische Texte und literarische Verstehensprozesse mit den Erhebungsinstrumenten der Lesekompetenzforschung zu erfassen sind. Entsprechend wird literarische Verstehenskompetenz hier als Teil von Lesekompetenz verstanden. Bei PISA etwa wird Lesekompetenz im Sinne eines pragmatischen Grundverständnisses als Fähigkeit definiert, „geschriebene Texte zu verstehen, zu nutzen und über sie zu reflektieren, um eigene Ziele zu erreichen, das eigene Wissen und Potenzial weiterzuentwickeln und am gesellschaftlichen Leben teilzunehmen" (Artelt et al., 2001, S. 80). Für Norbert Groeben steht außer Frage, dass es nicht sinnvoll ist, „prinzipiell zwischen dem Lesen literarischer und nicht-literarischer Texte zu unterscheiden. [...] Vielmehr geht es beim Konzept der Lesekompetenz um das Lesen generell, also aller möglichen Lektürestoffe" (Groeben & Hurrelmann, 2002a, S. 12).

Doch nicht nur diese empirisch weitgehend ungeprüften Forschungsprämissen erklären, warum es bislang noch keine eigene empirische Forschung im Bereich des literarischen Verstehens gibt. Ein zweiter gewichtiger Grund sind Widerstände und Bedenken, wie sie eine andere einflussreiche Richtung innerhalb der Literaturdidaktik bestimmen. Fundamentalopposition beispielsweise spricht aus den Einschätzungen von Matthis Kepser. Dieser versteht literaturdidaktische Forschung im Bereich der Kompetenzorientierung als Versuch, „eilfertig [...] am neuen Diskurs Anschluss zu finden" und „an den Fleischtöpfen der Deutschen Forschungsgemeinschaft und anderer Drittmittelgebern [sic] zu partizipieren" (Kepser, 2009). Ulf Abraham bezweifelt, ob die Untersuchung ‚testbarer Einzelkomponenten' „der Komplexität sprachlich-literarischen Lernens" gerecht werden kann (2007, S. 13). Für Clemens Kammler wiederum scheint empirische literaturdidaktische Forschung prinzipiell in eine Aporie zu münden. Für ihn steht fest, dass es keine (fachdidaktisch) anerkannte Literaturtheorie gibt, mit der Literatur „objektiv zu erfassen" (2006, S. 5) ist.

Vor dem Hintergrund dieser beiden skizzierten Diskurslinien auf der einen und des eingangs benannten literaturtheoretischen Grundproblems auf der anderen Seite wird im Grundansatz verständlich, warum die empirische Erforschung genuin literarischer Verstehensprozesse in der Literaturdidaktik bislang noch kaum erfolgt ist. Gleichzeitig lässt sich vor diesem Hintergrund der spezifische theoretische Ansatzpunkt veranschaulichen, der für das Forschungsprojekt ‚Literarästhetische Urteilskompetenz' kennzeichnend ist. Tatsächlich liegen diesem nämlich zwei Forschungshypothesen zugrunde, die vom bisherigen argumentativen und theoretischen *Mainstream* in der Literaturdidaktik abweichen, wie nachfolgend erläutert werden soll.

Während im Rahmen von PISA, IGLU, DESI und in dem von Norbert Groeben und Bettina Hurrelmann geleiteten Forschungsprojekt literarästhetisches Verstehen unter allgemeiner Lesekompetenz subsumiert ist, wird im Rahmen des LUK-Projekts davon ausgegangen, dass das Verstehen literarästhetischer Texte spezifische Kompetenzen voraussetzt, die sich auch gesondert empirisch erfassen bzw. nachweisen lassen. Entsprechend lautet

Forschungshypothese 1
Literarästhetische Urteilskompetenz ist nicht mit allgemeiner Lesekompetenz identisch.

Diese Hypothese wird gestützt durch Befunde, die Cordula Artelt und Matthias Schlagmüller (2004, S. 179) auf der Grundlage vertiefter Analysen zu PISA 2000 vorgelegt haben.

„Der Zusammenhang zwischen den Subskalen ‚literarische Texte' und ‚nichtkontinuierliche Texte' liegt numerisch – wenn auch nicht in jedem Fall signifikant – niedriger als die Interkorrelationen zwischen den drei in PISA untersuchten Kompetenzbereichen (Mathematik, Naturwissenschaften und Lesen). [...]. Gerade der Vergleich [...] macht deutlich, dass der kompetente Umgang mit literarischen Texten als ein separater Teilaspekt der Lesekompetenz verstanden werden sollte ..."

Vor diesem Hintergrund gelangen Artelt & Schlagmüller (2004, S. 189) zu dem Ergebnis:

„Weitere Forschung ist notwendig, um zu einem differenzierteren Verständnis dieser Teilkompetenz [Lesekompetenz im Zusammenhang mit literarischen Texten] zu gelangen und das Wissen über die spezifischen Verstehensanforderungen für die Förderung dieser Kompetenz nutzbar zu machen."

Damit ist ein Forschungsdesiderat benannt, zu dessen Beseitigung im LUK-Projekt ein Beitrag geleistet werden soll.

Im Gegensatz zu der in der Literaturdidaktik verschiedentlich geäußerten Auffassung, dass eine empirische Untersuchung literarischen Verstehens weder literaturtheoretisch noch methodisch möglich ist, wird im LUK-Projekt der Nachweis angestrebt, dass es geeignete literaturwissenschaftliche Bezugstheorien und empirische Erhebungsinstrumente gibt, um das literaturdidaktische Kernproblem zu lösen: Wie sind angesichts der Mehrdeutigkeit eines literarischen Textes eindeutige Aussagen – und nur diese sind empirisch brauchbar – möglich?

Die Beantwortung dieser Frage und die Lösung der damit verbundenen Grundproblematik sind an spezifische Bedingungen gebunden. Zunächst ist der Betrachtungsrahmen der theoretischen Modellierung innerhalb des LUK-Projekts erweitert, insofern die Frage nach dem literarischen Verstehen in die ästhetische Tradition eingebettet wird. Diese Verortung erfolgt nicht nur in Übereinstimmung zu vielen literaturwissenschaftlichen Theorien, sondern in gewisser Hinsicht auch zu dem kognitionspsychologischen Textverstehensmodell von Walter Kintsch, dessen Weiterentwicklungen bei PISA, IGLU und DESI Anwendung gefunden haben. Denn auch Kintsch sieht das Ästhetische als Kern des Literarischen, wenn er feststellt: „Zur literarischen Produktion gehört ein kreativer Aspekt, zum literarischen Verstehen ein ästhetischer" (Kintsch, 1994, S. 44f.). Gleichwohl scheiden die kognitionspsychologischen Theorien Kintschs und anderer als Ausgangs- und Bezugspunkt einer kompetenztheoretischen Modellierung und empirischen Erhebung literarischen Verstehens aus, weil sie, wie Kintsch offen eingesteht, zu deren Erfassung nur sehr eingeschränkt „etwas beizutragen" (Kintsch, 1994, S. 45) haben.

Die primäre literaturtheoretische Grundlage ist im LUK-Projekt deshalb mit der ästhetischen Semiotik Umberto Ecos (1962; 1972; 1990; 1992) bewusst literaturwissenschaftlich gewählt und bleibt damit – trotz empirischer Ausrichtung – im geisteswissenschaftlichen Traditionszusammenhang verortet. Literarästhetisches Verstehen wird als Teil ästhetischer Bildung verstanden. Ästhetische Bildung ist durch eine affektive und eine kognitive Dimension gekennzeichnet. Sie umfasst Genießen und Verstehen gleichermaßen. Beide sind nach Hans Robert Jauß komplementär aufeinander bezogen. In diesem Sinne ist die „Einheit von verstehendem Genießen und genießendem Verstehen" (Jauß, 1982, S. 85) ein Grundcharakteristikum ästhetischer Erfahrung. Besonders zutreffend hat den komplementären Charakter literarästhetischer Verstehensprozesse Johann Wolfgang von Goethe in Worte gefasst:

> *„Es gibt dreierlei Arten Leser: Eine, die ohne Urteil genießt, eine dritte, die ohne zu genießen urteilt, die mittlere, die genießend urteilt und urteilend genießt; diese reproduziert eigentlich ein Kunstwerk aufs neue"* (Goethe 1819, Bd. 21, S. 337).

Empirisch erhoben sind allerdings bislang weder die Erlebnis- noch die Urteilsdimension ästhetischer Bildung respektive die damit verbundenen Kompetenzen. In seiner ersten Forschungsphase (2007–2009) hat das LUK-Projekt die kompetenztheoretische Beschreibung und empirische Überprüfung literarästhetischer Verstehensprozesse und damit des kognitiven Bereichs ästhetischer Bildung zum Gegenstand. Affektiv-empathische Aspekte sind in kompetenztheoretischer Hinsicht nur im Ansatz mit einbezogen worden. Eine differenzierte Erforschung muss Folgestudien vorbehalten bleiben.

1.2 Drei Dimensionen literarästhetischer Urteilskompetenz

Grundlage ist ein vor allem in Auseinandersetzung mit Umberto Ecos ästhetischer Semiotik (1972; 1970; 1990; 1992) entwickeltes mehrdimensionales Modell literarästhetischer Urteils-, Interpretations bzw. Verstehenskompetenz, das heuristische Qualität besitzt. Entsprechend lautet

Forschungshypothese 2:
Literarästhetische Urteilskompetenz lässt sich auf der Grundlage eines Mehr-Dimensionen-Modells kompetenztheoretisch erfassen und empirisch erheben.

Literaturtheoretisch können idealtypisch drei Ebenen bzw. Dimensionen literarästhetischen Urteilens abgeleitet werden:

1. Semantisches literarästhetisches Urteilen
   (d. h. das Erschließen zentraler Textinhalte)
2. Idiolektales literarästhetisches Urteilen
   (d. h. die Analyse der formalen Spezifika eines Textes)
3. Kontextuelles literarästhetisches Urteilen
   (d. h. das Erfassen von historischen, motiv- bzw. mentalitätsgeschichtlichen, epochespezifischen und gattungsgeschichtlichen Implikationen)

Begründungszusammenhänge für alle drei Teildimensionen seien nachfolgend jeweils im Grundansatz erläutert (eine ausführlichere Darstellung findet sich in Frederking, Meier, Stanat & Dickhäuser, 2008).

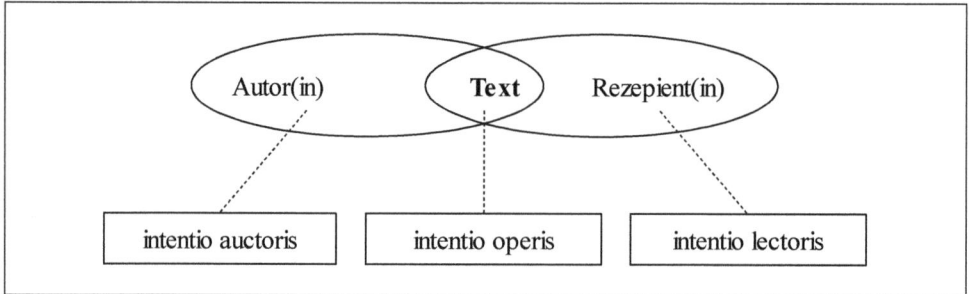

Abb. 1: Drei-Intentionen-Modell von Eco

Ad 1) Die Ebene des *semantischen literarästhetischen Urteilens* ist die erste Teildimension literarästhetischer Urteilskompetenz. Sie bezeichnet die Fähigkeit zum Erschließen zentraler Textinhalte und zum Herstellen eines kohärenten Textsinnes. In literaturtheoretisch fundierter Form entspricht sie dem, was in den Bildungsstandards unter der Formel „wesentliche Elemente eines Textes erfassen" und „zentrale Inhalte erschließen" (vgl. KMK, 2003, S. 14) subsumiert wird.

Um diese Teilkompetenz empirisch untersuchen zu können, ist eine konsequente Textorientierung bei der Aufgabenkonstruktion notwendig. Was dies bedeutet, lässt sich an Ecos Drei-Intentionen-Modell veranschaulichen (vgl. Abb. 1). In diesem wird die Ebene der *intentio operis*, der Textintention, von den auf den Autor bzw. den Rezipienten bezogenen Intentionstypen *intentio auctoris* bzw. *intentio lectoris* unterschieden (vgl. Eco, 1990, S. 35ff.).

Im Rahmen der LUK-Erhebungen steht der Bereich der ‚*intentio operis*' im Zentrum der Aufmerksamkeit.[1] Denn auf dieser Grundlage lässt sich das Grundproblem einer empirischen Erhebung literarästhetischen Verstehens lösen: Wie ist trotz der Mehrdeutigkeit eines literarischen Textes die Bestimmung eindeutig richtiger bzw. falscher Aussagen und damit die Konstruktion von Testaufgaben möglich? Eco weist innerhalb seiner ästhetischen Semiotik nach, dass es trotz der prinzipiellen Offenheit des Kunstwerks (Eco, 1962; 1990; 1992) und der damit verbundenen ‚semantischen Pluralität' (Eco, 1962, S. 87) einen „kohärenten Textsinn" gibt, der sich relativ präzise bestimmen lässt. Dieser kohärente Textsinn steht nicht im Belieben des Lesers, der *intentio lectoris*, und ist nicht durch den Rückbezug auf die Autorintention, die *intentio auctoris* zu ermitteln, sondern nur durch die Extrapolation der impliziten Textintention, der *intentio operis* (Eco, 1990, S. 35ff.). Mit dieser Kategorie geht es Eco – gegen Konstruktivismus, Dekonstruktivismus usw. – um eine „Verteidigung des wörtlichen Sinnes" (Eco, 1990, S. 40). Zwar lässt sich nach Eco nicht bestimmen, welche Interpretation die beste ist, wohl aber, welche Interpretation als inadäquat gewertet werden muss:

---

1 Das bedeutet keine Geringschätzung der anderen beiden Kategorien. Beide werden in unterschiedlichen Graden einbezogen, die Kategorie der *intentio auctoris* bei gewissen Teilen der Aufgabenkonstruktion zum Bereich des kontextuellen literarästhetischen Urteilens, die *intentio lectoris* im Rahmen einer projektbegleitenden Dissertation, die den emotional-affektiven Bereich in ersten Ansätzen untersucht (Steinhauer, 2010).

"Zwischen der unergründlichen Intention des Autors und der anfechtbaren Intention des Lesers liegt die transparente Textintention, an der unhaltbare Interpretationen scheitern" (Eco, 1992, S. 87).

Die Unhaltbarkeit, d. h. die fehlende Verifizierbarkeit einer Deutung am Text, ist denn auch der entscheidende Ansatzpunkt für die Operationalisierung semantischer literarästhetischer Urteile. *Semantisches literaturästhetisches Urteilen* kann in diesem Sinne als Fähigkeit verstanden werden, aus einem literarästhetischen Text einen kohärenten Textsinn zu bestimmen, die damit verbundenen Deutungshypothesen am Text zu belegen respektive unzutreffende Interpretationsansätze zu identifizieren.

Ad 2) Die zweite Teildimension literarästhetischer Urteilskompetenz ist das *idiolektale literarästhetische Urteilen*. Im Zentrum steht hier die Analyse der formalen Spezifika eines literarischen Textes und ihrer Funktion. In den Bildungsstandards taucht sie implizit auf in Parametern wie „wesentliche Fachbegriffe zur Erschließung von Literatur kennen und anwenden" und „sprachliche Gestaltungsmittel in ihren Wirkungszusammenhängen und in ihrer historischen Bedingtheit erkennen" (KMK, 2003, S. 14).

Auch für di\ese zweite Teildimension fungiert Ecos semiotische Ästhetik als Fundament. Im Kontext seiner Theorie der ‚ästhetischen Botschaft' hat Eco die Bezeichnung ‚ästhetischer Idiolekt' eingeführt (Eco, 1972, S. 151). Darunter versteht er das „strukturale Schema", das in allen Teilen einer einfachen wie einer komplexen ästhetischen Botschaft wie einem literarischen Werk herrscht (Eco, 1972, S. 152). In diesem Sinne erfasst die Dimension idiolektalen literarästhetischen Urteilens, „aufgrund welcher Strukturmerkmale der Text diese (oder andere) semantische Interpretationen hervorbringen kann" (Eco, 1990, S. 43).

Grundlegend ist in diesem Zusammenhang die ästhetische Funktion, die Sprache haben kann. Eine ästhetische Funktion liegt dann vor, wenn eine sprachliche Botschaft zwei- oder mehrdeutig strukturiert und autoreflexiv ist (vgl. Eco, 1972, S. 145f.), d. h. wenn der Versuch des Verstehens zwangsläufig zum Hinterfragen der sprachlichen Form führt.

Ad 3) Die dritte Teildimension literarästhetischer Urteilskompetenz ist das *kontextuelle literarästhetische Urteilen*. Bezeichnet wird damit die Fähigkeit zum Erfassen von historischen, motiv- bzw. mentalitätsgeschichtlichen, epochespezifischen und gattungsgeschichtlichen Implikationen eines literarischen Textes. Dabei befindet sich diese Teilkompetenz in Übereinstimmung mit Forderungen in den Bildungsstandards, beispielsweise wenn es dort heißt, Schüler(innen) sollten „epische, lyrische, dramatische Texte unterscheiden" und „Zusammenhänge zwischen Text, Entstehungszeit und Leben des Autors/der Autorin bei der Arbeit an Texten aus Gegenwart und Vergangenheit herstellen" (KMK, 2003, S. 14) können.

Die literaturtheoretische Basis zur Modellierung dieser Teilkompetenz ist mehrgestaltig. Bezugspunkte bzw. Theoriebausteine ergeben sich z. B. mit Gérard Genettes Theorie des „Paratextes" (1987), Umberto Ecos und Fotis Jannidis' Theorien des „Autors" (Eco, 1992; Jannidis et al., 1999), Gregory Curries Theorie der „Fiktion" (Currie, 1990), Julia Kristevas und Karlheinz Stierles Theorien der „Intertextualität" (Kristeva, 1972; Stierle,

1984), Wilhelm Voßkamps Überlegungen zur Gattungsfrage (Voßkamp, 1992) und Rainer Rosenbergs Reflexion der Epochenfrage (Rosenberg, 1992).

Alle sechs angeführten literaturtheoretischen Komplexe machen plausibel, dass kontextuelle Urteile, d. h. die Verbindung textinterner und textexterner Aspekte im literarästhetischen Verstehensprozess, tatsächlich eine eigene Teilkompetenz darstellen, die andere Fähigkeiten voraussetzt als semantisches oder idiolektales literarästhetisches Urteilen. Plausibel ist aber auch, dass es sich bei kontextuellen Urteilen lediglich um komplexere Ausprägungen der beiden anderen Teildimensionen handelt, weil alle Kontextinformationen entweder auf der semantischen oder auf der idiolektalen Ebene angesiedelt sind.

Damit lässt sich literaturtheoretisch sowohl ein zweidimensionales Modell literarästhetischer Urteilskompetenz begründen, das nur aus semantischer und idiolektaler Teildimension besteht, als auch ein dreidimensionales, das zusätzlich noch die Fähigkeit zu kontextuellen literarästhetischen Urteilen umfasst. Aufschluss kann und muss in dieser Frage die empirische Untersuchung bringen.

2 Das empirische Vorgehen

Zur Prüfung beider Forschungshypothesen wurden Testaufgaben entwickelt und ein mehrstufiges Erhebungsverfahren gewählt. Die Untersuchungsschritte sollen nachfolgend ebenso in Grundzügen erläutert werden wie Prinzipien der Aufgabenkonstruktion. Anschließend werden die Ergebnisse der Prüfung der Forschungshypothesen referiert und erläutert.

2.1 Untersuchungsschritte

Nachdem das theoretische Konstrukt entwickelt und ausdifferenziert worden war, wurden zunächst zu den drei theoretisch postulierten Dimensionen Items zu insgesamt 21 literarischen Stammtexten konstruiert. Zu beachten war dabei einerseits, dass jedes Item tatsächlich in distinkter Weise einer Kompetenzdimension zuzuordnen sein sollte. Andererseits war bei der Itemkonstruktion der Gedanke leitend, dass zu jedem Text und jeder Dimension jeweils leichte, mittlere und schwierige Aufgaben konstruiert werden sollten. Die Items wurden entsprechend ihrer Zugehörigkeit zum literarischen Stammtext zu so genannten Aufgaben-Units gebündelt.

Um sicherzustellen, dass die entwickelten Aufgaben-Units für die Zielgruppe von Neuntklässlern in Hauptschulen, Realschulen und Gymnasien verständlich sind, wurden die Units in einem ersten empirischen Testlauf im Rahmen einer Cognitive-Lab-Prozedur (vgl. hierzu Alavi, 2005) im Frühjahr 2008 erprobt. Beteiligt waren N = 12 Schüler/innen aus Hauptschulen und Gymnasien, die die Units bearbeitet und anschließend ihr Lösungsverhalten in einem Lautdenken-Verfahren kommentiert haben. Auf der Grundlage der Ergebnisse des Cognitive Lab wurden die Aufgaben überarbeitet, verbessert, erweitert und zum Teil auch verworfen. Im Mittelpunkt standen dabei die Ersetzung von Fachtermini durch alternative Begrifflichkeiten oder leichter verständliche Umschreibungen, eine Reduktion des Abstraktionsgrads von Aufgabenstellungen, Konkretisierungen und Präzisierungen zu weit gefasster Fragestellungen, die Tilgung innerer Abhängigkeiten bei aufeinander bezogenen Fragenteilen sowie die Vereinfachung der Kodierung.

‚Literarästhetische Urteilskompetenz' – Forschungsansatz und Zwischenergebnisse

Auf Basis der Erkenntnisse und Ergebnisse des Cognitive Labs folgte im Juni und Juli 2008 an einer größeren Schülerstichprobe von N = 280 die empirische Pilotierung von 16 Aufgaben-Units mit insgesamt 178 Items. Nach deren Auswertung wurden die Aufgaben nochmals anhand von Item- und Testgütekriterien (z. B. Lienert & Raatz, 1998) revidiert und optimiert (vgl. Frederking et al., 2009). Für die Hauptuntersuchung konnten auf dieser Basis 9 Aufgaben-Units mit 62 Items ausgewählt und im Rahmen eines Multi-Matrix-Erhebungsdesigns in 9 Booklets zu je 4 Units organisiert werden. Diese wurden in der im Herbst 2008 durchgeführten Hauptuntersuchung von N = 1083 Schüler/inne/n aus den genannten drei Schularten bearbeitet. Auf dieser Grundlage sollten Aussagen über die Dimensionalität literarästhetischer Urteilskompetenz getroffen und Niveaus der Teilkompetenzen konturiert werden. In einer zweiten Sitzung bearbeiteten dieselben Schüler/innen (N = 996) einen Teil eines Lesekompetenztests vom Institut für Qualitätsentwicklung in Hessen (2007), der Aufschluss über die Abgrenzung literarästhetischer Urteilskompetenz von allgemeiner Lesekompetenz geben sollte. Dieser Test ist nach dem PISA-Lesekompetenzmodell entwickelt worden und differenziert die Kompetenzdimensionen „Informationen ermitteln", „textbezogenes Interpretieren" und „Reflektieren und Bewerten". Einbezogen wurden vier Aufgabeneinheiten mit kontinuierlichen Sachtexten. Zudem wurden weitere Validierungskriterien erhoben, z. B. die Zensuren der Schüler/innen in den Fächern Deutsch, Englisch, Mathematik und Kunst.

Auf dieser Basis erfolgten die Analysen zur Dimensionalität und Validität des LUK-Konstrukts, deren Ergebnisse im Abschnitt 3 vorgestellt werden sollen.

2.2 Prinzipien der Item- und Unitkonstruktion

Welche Prinzipien bei der Operationalisierung der drei Dimensionen literarästhetischen Urteilens leitend waren und welche Probleme sich dabei partiell aus der Sache heraus ergeben haben, soll anhand einer Beispielaufgabe veranschaulicht werden. Der literarische Stammtext dieser Unit, die aufgrund zu großer Text- und Itemschwierigkeiten nicht in den Haupttest aufgenommen wurde, ist das Gedicht „Wörter" von Lotte Paepcke (1980):

Wörter
1 Als die Gefahr vorüber war
und das Gas verströmt,
als es keine Brücken mehr gab
und die Häuser waren auf,
als die Stadt ihren Namen vergessen hatt
5 und die Kirchen ihre Lieder suchten,
als die Plätze zerplatzt waren
und die Straßen gerissen,
als es in Öfen kein Feuer gab
10 und in Kleidern nicht Wärme:
da suchte ich die Wörter einzusammeln
verloren gegangen

im Land. Wenige fand ich
und brachte sie heim.
15 Viele waren in fremde Münder gefallen,
viele verendet in feindlichen Stunden.
Manche fielen
nach ihrer Rückkehr
den Füßen zum Opfer
20 die geschritten kamen
ihrer viele
von überallher
und neuen Tritt faßten
überallhin.

Zur Erfassung der ersten Teildimension unseres Kompetenzkonstrukts, des semantischen literarästhetischen Urteilens, wurde ein Item im geschlossenen Multiple-Choice-Format entwickelt, das auf das Integrieren wichtiger Textinformationen zielte:

> Was bedeutet in dem Gedicht der Ausdruck, dass die „Straßen gerissen" sind (V.8)? Kreuze bitte an:
>
> a) Die Straßen sind durch den vielen LKW-Verkehr stark beschädigt.
> b) Die Straßen sind durch Bomben beschädigt worden.
> c) Der Asphalt der Straßen ist in einem sehr kalten Winter aufgerissen.
> d) Der Straßenbelag ist durch sein hohes Alter brüchig geworden.

Erkennbar ist, dass in dem Item der Bezug zu dem aus dem Text erschließbaren Kriegshintergrund hergestellt werden sollte. Alle Distraktoren wurden so gewählt, dass sie als eindeutig falsch identifiziert werden konnten. Als einzige richtige Antwortmöglichkeit war b) „Die Straßen sind durch Bomben beschädigt worden" anzukreuzen. Allerdings wurde das Item letztendlich verworfen, weil die notwendige Eindeutigkeit nicht aus dem Text herzustellen war. Der Grad an Mehrdeutigkeit war offenbar zu groß, um hier distinkte Aussagen treffen zu können. Denn obschon der Kriegskontext des Gedichtes mehr als wahrscheinlich ist angesichts von Wendungen wie „Plätze zerplatzt" oder „Straßen gerissen" und Attributen wie „feindlich" oder „fremd", eindeutig ist er nicht wirklich. So kann beispielsweise auch eine Deutung, die von einer Naturkatastrophe als Ursache der in den ersten Versen geschilderten Zerstörungen ausgeht, ein gewisses Maß an Plausibilität für sich in Anspruch nehmen. Erklärungsbedürftig wären in diesem Deutungshorizont zwar die Verse

> Viele waren in fremde Münder gefallen,
> viele verendet in feindlichen Stunden.

Allerdings könnte zur Stützung der Deutung die Annahme, hier würde die Natur in ihrer bedrohlichen („feindlichen") und verschlingenden („fremde Münder") Qualität beschrieben, herangezogen werden. Nur wer weiß, dass Lotte Paepcke, 1910 in Freiburg geboren und 2000 in Karlsruhe gestorben, eine im Dritten Reich in Deutschland lebende Jüdin war, die in ihrer Lyrik vor allem Judenverfolgung und Kriegswirren thematisiert hat, wird diesen Deutungsansatz als weniger wahrscheinlich zurückweisen können. Das Mehrdeutigkeitsproblem ließe sich hier nur auf andere Weise beseitigen – z. B. durch eine entsprechende Kontextaufgabe, etwa die Bereitstellung entsprechender biografischer oder zeitgeschichtlicher Zusatzinformationen, oder durch eine offenere Itemkonstruktion, die beide genannten Deutungsalternativen benennt und zu einer Entscheidung auffordert, die argumentativ gestützt werden muss. Denkbar wäre in diesem Sinne beispielsweise:

> Karin ist der Auffassung, in dem Gedicht ‚Wörter' werden die Auswirkungen einer Naturkatastrophe beschrieben, Jan meint hingegen, es ginge um die Folgen eines Krieges. Wer hat Deiner Meinung nach Recht? Belege Deine Einschätzung am Text.

Eindeutiger, aber zuweilen nicht unbedingt leichter zu konstruieren sind Items zur zweiten Teilkompetenz, der Fähigkeit zu idiolektalen literarästhetischen Urteilen. Bei der

Itemkonstruktion zum Plosiv „Plätze zerplatzt" beispielsweise kann nicht auf die entsprechenden Fachausdrücke ‚Plosiv' oder ‚assonieren' zurückgegriffen werden, um z. B. Hauptschüler/innen nicht zu benachteiligen oder Schüler/innen, die derartige Fachbegriffe in ihrem Literaturunterricht nicht behandelt haben. Wie aber ist dann auf die sprachliche Besonderheit aufmerksam zu machen, um auf dieser Basis alle Schüler/innen mit vergleichbaren Chancen nach ihrer Funktion fragen zu können? Gelöst wurde das Problem über ein offenes Antwortformat, das eine freie Antwort der Schüler/innen erforderte:

> In V. 7 heißt es: „als die **Pl**ätze zer**pl**a**tzt** waren"
> Versuche zu erklären, warum die **fett** markierten Laute (**pl**, **tzt**) gut zum Inhalt dieser Stelle passen.

Für die Bewertung der Antworten waren im Vorfeld genaue Kodieranweisungen erstellt worden, die zu einer möglichst objektiven Beurteilung der Antworten beitragen sollten:

Code 2: vollständig gelöst
- „Plätze" und „zerplatzt" passen lautlich zueinander (assonieren); und
- Funktion: Lautmalerisches Nachvollziehen des Vorgangs des Platzens durch viele Plosive (t / p) passt inhaltlich zum Zerstören von Plätzen durch Bomben (Fachtermini sind nicht Gegenstand der Bewertung)

Code 1: teilweise richtig
- es wird nur auf den lautlichen Aspekt hingewiesen, keine Parallele zum Inhalt aufgezeigt; oder
- es wird nur auf die Ähnlichkeit im Wortstamm hingewiesen, ohne dass auf den Klangaspekt und dessen Bezug zum Inhalt hingewiesen wird

Für die Operationalisierung der dritten Kompetenzdimension, der kontextuellen literarästhetischen Urteilskompetenz, wurden jeweils Zusatztexte verwendet, die entweder einen Motivvergleich ermöglichten (z. B. durch einen weiteren literarischem Primärtext) oder zusätzliche Informationen zum Stammtext lieferten (zumeist durch einen Sekundärtext).

Im vorliegenden Zusammenhang wurde zum Vergleich mit Paepckes Gedicht „Wörter" das Gedicht „Mutterland" von Rose Ausländer (1978) gewählt:

> Mutterland
>
> Mein Vaterland ist tot
> Sie haben es begraben
> im Feuer
>
> Ich lebe
> in meinem Mutterland
> Wort

Ein Item, das einen inhaltlichen Textvergleich mit Paepckes Gedicht erforderte, sah folgendermaßen aus:

Kreuze bitte an, welche der Aussagen auf beide Gedichte zutreffen und welche nicht.

		trifft zu	trifft nicht zu
a)	Beide Gedichte beziehen sich auf die Situation nach einem Krieg.	☐	☐
b)	Beide Gedichte haben den Verlust von Sprache zum Thema.	☐	☐
c)	Der Begriff „Feuer" wird in beiden Gedichten im selben Zusammenhang verwendet.	☐	☐
d)	In beiden Gedichten geht es um den Verlust des Vaterlands.	☐	☐

Das Item ist zugleich ein Beispiel für ein weiteres Antwortformat, das multiple Forced-choice-Format bzw. „trifft zu vs. trifft nicht zu"-Format, das von den Schülerinnen und Schülern nicht fordert, eine richtige Lösung zu wählen, sondern zu jeder einzelnen Aussage Stellung zu beziehen. Obwohl ein geschlossenes Format vorliegt, wird mit dem Item also gleichwohl versucht, die Mehrdeutigkeit des literarischen Textes ernst zu nehmen, insofern mehrere plausible neben anderen, vom Textsinn her weniger plausiblen Interpretationen präsentiert werden. Dabei hat sich gezeigt, dass dieses Format sogar oft als schwieriger empfunden wird als ein offenes Aufgabenformat, das die Entwicklung einer eigenen Interpretation erfordert. Denn zur Lösung des Items ist es erforderlich, sich auf Interpretationsansätze einzulassen, die nicht die eigenen sind, und deren Plausibilität am Text – bzw. in diesem Fall an den beiden Texten – zu überprüfen.

Dabei bezieht sich das oben angeführte Item auf einen inhaltlichen Textvergleich. Es handelt sich mit anderen Worten also um ein kontextuelles Item mit semantischer Prägung. Weitere Items dieser Kategorie erfordern beispielsweise das Erfassen der Bedeutung einer Autorenbiographie für den Stammtext oder die Auswertung von Zusatzinformationen zum historischen Hintergrund. Idiolektal geprägte Kontextfragen thematisierten hingegen einen Vergleich der Ironie oder der Erzählperspektiven in zwei Texten, oder einen Abgleich der Gattungsdefinition mit Zusatztext oder auch eine Erläuterung von Regieanweisungen, die ein wichtiges Gattungsmerkmal in Dramen sind.

2.3 Deskriptive Statistik

Weitere Aspekte, die im Rahmen der Aufgabenkonstruktion zu beachten waren, sollen anhand von Deskriptiva der Hauptuntersuchung verdeutlicht werden. Von den ursprünglich entwickelten 21 Aufgaben-Units wurden 9 für die Hauptuntersuchung ausgewählt. In der Tabelle 1 finden sich Angaben zur Gattung, zur Bekanntheit und subjektiv wahrgenommenen Schwierigkeit der literarischen Stammtexte sowie Angaben zur Stichprobengröße und Zahl der Items.

Erkennbar ist, dass in dem Test der Hauptuntersuchung alle drei Großgattungen Epik, Dramatik und Lyrik zu gleichen Teilen enthalten waren. Bewusst wurden nur Stammtexte ausgewählt, die jenseits des üblichen Schulkanons liegen, um zu verhindern, dass einzelne Klassen einen Vorteil in der Bearbeitung haben, da der Text bereits im Unterricht besprochen wurde. Dementsprechend gering sind die Prozentzahlen derjenigen Schüler/innen, die angeben, den Text bereits gekannt zu haben. Die Einschätzung der

'Literarästhetische Urteilskompetenz' – *Forschungsansatz und Zwischenergebnisse*

Unit	Gattung	Bekanntheit des Stammtextes	subjektive Schwierigkeit	Stichprobengröße	Anzahl Items	semantische Items	idiolektale Items	kontextuelle Items
05	Lyrik	1.7%	3.78 (1.02)	494	7	2 [3]	3 [4]	2 [3]
08	Dramatik	1.3%	2.91 (1.08)	472	7	2 [4]	3 [4]	2 [3]
10	Epik	0.8%	3.32 (1.07)	490	7	2 [3]	3 [4]	2 [4]
12	Epik	2.8%	2.91 (1.05)	474	7	2 [3]	3 [4]	2 [4]
15	Dramatik	1.0%	3.35 (1.09)	493	8	4 [6]	2 [4]	2 [4]
16	Epik	1.1%	3.27 (1.02)	487	6	2 [4]	2 [3]	2 [4]
17	Dramatik	1.3%	3.19 (1.05)	471	8	2 [2]	4 [6]	2 [2]
20	Lyrik	3.7%	4.15 (0.89)	477	6	2 [3]	2 [3]	2 [2]
21	Lyrik	2.4%	4.05 (0.99)	474	6	2 [3]	2 [2]	2 [3]

Anmerkungen: Angaben zur Schwierigkeit als Mittelwert der Unit, Streuung in Klammern; Angaben in Eckklammern entsprechen der Itemzahl unter Berücksichtigung der mehrstufigen Kodierung.

Tab. 1: Aufgaben-Units der LUK-Hauptuntersuchung

subjektiv wahrgenommenen Schwierigkeit des Stammtextes wurde auf einer fünfstufigen Likert-Skala abgegeben, die von 1 = sehr schwierig bis 5 = sehr leicht ging. Demzufolge empfanden die Schüler/innen die Texte eher als mittelschwierig bis leicht. Die Anzahl der Schüler/innen, die die jeweilige Unit bearbeitet haben, variiert, da in der Hauptuntersuchung mit einem Multi-Matrix-Erhebungsdesign gearbeitet wurde, bei dem die 9 Units auf 9 Booklets unter Berücksichtigung von Textlänge, Gattungszugehörigkeit, Position im Booklet und Verschränkbarkeit der Booklets untereinander verteilt wurden. Jede Unit kam somit in insgesamt 4 Booklets vor und wurde infolgedessen von knapp 45% der Stichprobe bearbeitet. Die Itemzahl pro Unit schwankte dabei zwischen 6 und 8 Items, so dass jede Schülerin/jeder Schüler 26 bis 29 Items im Rahmen von zwei Schulstunden zu bearbeiten hatte. Jede Aufgaben-Unit umfasste dabei Items zu allen drei LUK-Dimensionen, wobei die kontextuellen Items entsprechend ihrer semantischen oder idiolektalen Prägung den beiden anderen Teildimensionen zuzuordnen waren.

3 Prüfung der Forschungshypothesen

Aus theoretischer Perspektive ist es sinnvoll, die Abgrenzung zwischen LUK und Lesekompetenz, also die kriteriale Validität des LUK-Konstrukts, als Forschungshypothese 1 zu formulieren. Aus empirischer Sicht muss allerdings erst die strukturelle Validität des LUK-Konstrukts (Forschungshypothese 2) sichergestellt werden, bevor eine sinnvolle Prüfung der kriterialen Validität möglich ist.

3.1 Prüfung der strukturellen Validität

Wie im vorherigen Abschnitt dargestellt, bearbeitete jede Schülerin/jeder Schüler nur eine Teilmenge der insgesamt 62 Testitems. Um die Leistungen aller Schüler/innen vergleichbar machen zu können, müssen die so administrierten Teilmengen von Testitems gemeinsam skaliert werden. Hierzu eignen sich probabilistische Testmodelle, die auch

Modell	Deviance	Parameter	Chi² Differenz-Wert
1-dimensionales LUK-Modell	39050.51	90	--
2-dimensionales LUK-Modell	39008.65	92	41.87*
3-dimensionales LUK-Modell	39028.14	95	22.38*

* $p<.01$

Tab. 2: Prüfung der strukturellen Validität

die theoretisch postulierte Mehrdimensionalität des LUK-Konstrukts berücksichtigen können (z. B. Adams, Wilson & Wang, 1997). Entsprechend des theoretischen Hintergrundes werden dabei Modelle miteinander verglichen, die die empirischen Zusammenhänge zwischen den Testitems auf zwei oder drei latente Faktoren (d. h. auf ein zwei- vs. dreidimensionales LUK-Modell) zurückzuführen versuchen. Diese komplexen LUK-Modelle werden mit einem einfachen eindimensionalen Modell verglichen, welches postuliert, dass nur ein latenter LUK-Faktor die Zusammenhänge zwischen den Items erklären kann. Auf dieser Ebene sind Modellprüfungen immer relativ, denn es wird weniger nach einem am besten passenden Modell gesucht, als vielmehr zwischen theoretisch begründeten alternativen Modellen hinsichtlich einer besseren Anpassung an die Daten verglichen.

Die Tabelle 2 zeigt die Ergebnisse der Modellprüfung für den Vergleich zwischen dem ein- und dreidimensionalen LUK Modell, welches die drei Teildimensionen semantische, idiolektale und kontextuelle LUK berücksichtigt, sowie zwischen dem ein- und zweidimensionalen LUK-Modell, welches auf der Ebene der Teildimensionen nur semantische und idiolektale LUK differenziert, wobei die kontextuellen LUK-Items a priori den beiden anderen Teildimensionen zugewiesen wurden. Die Analysen wurden mit der Software ConQuest (Wu et al., 2007) vorgenommen, welche ein Maß der Anpassungsgüte des Modells an die empirischen Daten liefert (Deviance), deren relativer Zugewinn über einen Chi²-Differenzentest hinsichtlich ihrer teststatistischen Signifikanz beurteilt werden kann.

Die Ergebnisse bezüglich der strukturellen Validität des LUK-Konstrukts weisen darauf hin, dass das dreidimensionale LUK-Modell eine signifikant bessere Anpassung an die Daten aufweist als ein einfaches eindimensionales LUK-Modell. Eine Prüfung des zweidimensionalen LUK-Modells zeigt aber, dass sich das zweidimensionale LUK-Modell nicht nur besser an die Daten anpassen lässt als ein eindimensionales LUK-Modell, sondern auch dem dreidimensionalen LUK-Modell überlegen ist, da es insgesamt eine geringere Deviance resp. bessere Anpassung an die Daten aufweist. In Bezug auf die theoretisch aufgeworfene Frage, ob LUK sich eher zwei- oder dreidimensional konzeptualisieren lässt, sprechen die Ergebnisse eher für ein Modell, welches nur die beiden Teildimensionen semantische und idiolektale LUK differenziert. Zwischen diesen beiden Teildimensionen finden sich moderate bis hohe Korrelationswerte auf manifester ($r = .68$) sowie auf latenter Ebene ($r = .92$), die es nahe legen, neben dimensionsspezifischen Testwerten auch einen Gesamtwert für LUK zu betrachten.

3.2 Prüfung der kriterialen Validität

Die Prüfung der kriterialen Validität im Sinne konvergenter und diskriminanter Zusammenhänge zwischen LUK und weiteren Leistungen erfolgt zum einen konfirmatorisch, zum anderen auf der Basis einfacher Zusammenhangsanalysen.

Im Rahmen einer konfirmatorischen Faktorenanalyse wird der latente Zusammenhang zwischen LUK und allgemeiner Lesekompetenz geprüft (vgl. Abb. 2). Zur latenten Schätzung der LUK werden die beiden Teildimensionen semantische und idiolektale LUK herangezogen, während die allgemeine Lesekompetenz über die vier genutzten Aufgabeneinheiten des Leseverständnistests (Institut für Qualitätsentwicklung, 2007) modelliert wird. Ein solches Modell zeigt zum einen eine sehr gute Anpassung an die empirischen Daten, wie die Maße der Modellgüte (vgl. hierzu Schermelleh-Engel, Mossbrugger & Müller, 2003) belegen. Zum anderen ist ein solches zweifaktorielles Modell auch einem einfaktoriellen Modell (Chi² = 137.30, df = 9, p<.01) in der Anpassungsgüte deutlich überlegen.

Auf latenter Ebene korrelieren LUK und allgemeine Lesekompetenz (bezüglich kontinuierlicher Texte) zu $r = .78$. Der gefundene Zusammenhang zwischen LUK und allgemeiner Lesekompetenz ist somit vergleichbar mit den Befunden von Artelt und Schlagmüller (2004, S. 178f.).

Im Rahmen korrelativer Analysen werden zudem die Zusammenhänge zwischen den über Schulnoten erfassten Leistungen in den Fächern Deutsch, Englisch, Mathematik und Kunst sowie LUK bzw. der allgemeinen Lesekompetenz bestimmt. Zusätzlich werden Partialkorrelationen berechnet, bei denen der Zusammenhang zwischen zwei Variablen vom Einfluss aller anderen betrachteten Variablen bereinigt wird.

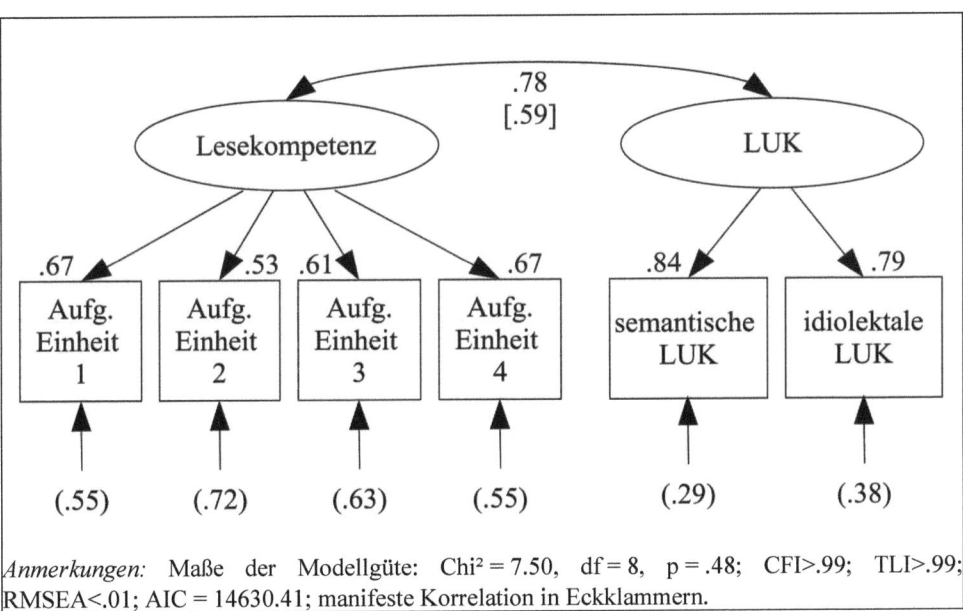

Anmerkungen: Maße der Modellgüte: Chi² = 7.50, df = 8, p = .48; CFI>.99; TLI>.99; RMSEA<.01; AIC = 14630.41; manifeste Korrelation in Eckklammern.

Abb. 2: Konfirmatorische Faktorenanalyse mit Lesekompetenz und LUK

	Allgemeine Lesekompetenz		Gesamtwert LUK		semantische LUK		idiolektale LUK	
	r	r_{par}	r	r_{par}	r	r_{par}	r	r_{par}
Allg. Lesekompetenz	--	--	.60*	.57*	.57*	.54*	.54*	.50*
Deutschnote	-.24*	-.04	-.36*	-.17*	-.34*	-.18*	-.30*	-.09
Englischnote	-.16*	.01	-.27*	-.07	-.23*	-.02	-.28*	-.12*
Mathematiknote	-.10*	.05	-.22*	-.09	-.20*	-.08	-.20*	-.07
Kunstnote	-.15*	-.06	-.17*	-.02	-.16*	-.01	-.15*	-.02

Anmerkungen. * $p<.01$; $N = 744$; r_{par}: Partialkorrelation zwischen zwei Variablen unter Kontrolle aller anderen Variablen; das negative Vorzeichen der Korrelationen ist auf die Notenskala zurückzuführen, die besseren Leistungen niedrigere Werte zuweist.

Tab. 3: Korrelationen und Partialkorrelationen zwischen LUK, Lesekompetenz und Schulnoten

Wie die Ergebnisse in Tabelle 3 zeigen, liegen zwischen der allgemeinen Lesekompetenz und LUK substanzielle Korrelationen in mittlerer Höhe vor. Sowohl die hier erfasste Lesekompetenz als auch LUK korrelieren in erwarteter Höhe mit den von den Schülerinnen und Schülern berichteten Zeugnisnoten, die höchsten Korrelationen finden sich dabei zur Deutschnote. Für alle Zeugnisnoten gilt, dass der Zusammenhang mit LUK höher ausfällt als der Zusammenhang mit der allgemeinen Lesekompetenz (alle Korrelationsdifferenzen sind statistisch bedeutsam mit $p<.01$). Die Partialkorrelationen schließlich zeigen, dass substanzielle Zusammenhänge zwischen LUK und Deutschnote selbst unter Kontrolle der allgemeinen Lesekompetenz sowie der anderen Notenwerte erhalten bleiben, dies gilt jedoch nicht umgekehrt. Das wiederum lässt den Schluss zu, dass zwischen LUK und der Deutschnote gemeinsame Varianz zu beobachten ist, die nicht durch Unterschiede in der Lesekompetenz der Schüler/innen oder deren sonstiges schulisches Leistungsniveau erklärt werden kann.

Ein analoges Bild zeigt sich für die beiden LUK-Teildimensionen. Allerdings finden sich auf der Ebene der Partialkorrelationen statistisch signifikant unterschiedliche Zusammenhänge zwischen den Zeugnisnoten in den Fächern Deutsch bzw. Englisch und den beiden LUK-Teildimensionen. Hier zeigt sich, dass der Zusammenhang zwischen semantischer LUK und Deutschnote enger ausfällt als der zwischen idiolektaler LUK und Deutschnote (t = 2.53, df = 741, $p = .01$), während die idiolektale LUK relativ betrachtet höhere Zusammenhänge mit der Englischnote aufweist (t = 2.72, df = 741, $p = .01$).

4 Zusammenfassung und Ausblick

In Bezug auf die Prüfung der beiden Forschungshypothesen weisen die Ergebnisse darauf hin, dass sich literarästhetische Urteilskompetenz von einer auf informatorisches Lesen ausgerichteten allgemeinen Lesekompetenz abgrenzen lässt. Beide Konstrukte sind nur getrennt sinnvoll modellierbar, zeigen aber substanzielle Zusammenhänge. Der gefundene korrelative Zusammenhang zwischen beiden Konstrukten liegt in einer Größenordnung, wie sie bereits von Artelt und Schlagmüller (2004) im Rahmen der Re-Analyse der PISA 2000 Lesekompetenzdaten berichtet wurde. Darüber hinaus weist LUK Zusammenhänge zu Schulleistungen auf, die über die allgemeine Lesekompetenz hinausgehen. Im Fach Deutsch, aber auch in anderen Fächern finden sich signifikant höhere Korrelationen zwischen den Zeugnisnoten und der LUK als zwischen den Noten und der allgemeinen Lesekompetenz. Die Partialkorrelationen zeigen schließlich, dass substanzielle Zusammenhänge zwischen LUK und Zeugnisnoten selbst unter Kontrolle der allgemeinen Lesekompetenz erhalten bleiben, nicht jedoch umgekehrt. In weiteren Analysen ist zu prüfen, wie die Abgrenzung gelingt, wenn zur Erfassung der allgemeinen Lesekompetenz neben kontinuierlichen Sachtexten auch literarische Texte einbezogen werden.

In Bezug auf die zweite Forschungshypothese lässt sich festhalten, dass das dreidimensionale Modell aus semantischer, idiolektaler und kontextueller LUK empirisch besser mit den Daten vereinbar ist als ein eindimensionales LUK-Modell. Eine noch bessere Anpassung an die Daten zeigt jedoch das zweidimensionale Modell, welches nur zwischen einer semantischen und einer idiolektalen Teildimension differenziert. Eine Erklärung hierfür könnte sein, dass sich die Aufgaben der kontextuellen Teildimension immer entweder auf Inhalts- oder aber auf Formaspekte beziehen. Sie lassen sich also als semantische und idiolektale LUK-Aufgaben verstehen, die um zusätzliche Informationen angereichert werden. Die semantischen und idiolektalen Prägungen wiegen dabei offenbar stärker als die Tatsache, dass zusätzliche textexterne Informationen auf einen Text bezogen werden müssen. In weiteren Analysen ist zu prüfen, inwieweit sich dieses zweidimensionale LUK-Modell auch gegenüber anderen, inhaltlich sinnvollen Modellen bewährt.

Einen ersten Hinweis auf die differenzielle Relevanz der LUK-Teildimensionen bieten die differenziellen Korrelationen zu den Schulnoten im Fach Deutsch und Englisch, auch wenn die gefundenen empirischen Effekte als gering einzustufen sind. Denkbar ist es, dass die idiolektale LUK als Fähigkeit zum Verständnis der formalen Spezifika eines Textes vermittelt über grammatische Kompetenz mit der Fremdsprachen-Kompetenz korreliert. Ein vertieftes Verständnis für syntaktische Strukturen ist sowohl für das Erfassen formaler Besonderheiten in muttersprachlichen literarischen Texten als auch für die gute Beherrschung einer von der Muttersprache divergierenden fremdsprachlichen Syntax nötig. Dies könnte eine Erklärung dafür bieten, dass idiolektale LUK enger mit der Leistung im Fach Englisch in Beziehung steht als die semantische LUK, denn semantische LUK geht weit über die primär lexikalische Verstehensebene hinaus, auf der sich der Englischunterricht von Neuntklässlern normalerweise bewegt. Auch hier sind weitere Analysen notwendig, die z. B. prüfen, inwieweit sich die differenziellen Zusammenhänge auch bei nach Schulform differenzierter Betrachtung finden lassen.

Insgesamt weisen die dargestellten Befunde zur Prüfung der strukturellen und kriterialen Validität darauf hin, dass eine modelltheoretische und empirische Fundierung der literarästhetischen Urteilskompetenz gelungen ist.

Literatur

Abraham, Ulf (2007): Kompetenzmodelle – überfällige Professionalisierung des Faches oder Familienaufstellung in der Deutschdidaktik? Didaktik Deutsch 22 (2007), S. 10–13.

Adams, Raymond J.; Wilson, Mark & Wang, Wen-Chung (1997): The multidimensional random coefficients multinomial logit model. In: Applied Psychological Measurement, 21(1), S. 1–23.

Alavi, Sayyed M. (2005): On the adequacy of verbal protocols in examining an underlying construct of a test. Studies in Educational Evaluation, 31(1), S. 1–26.

Artelt, Cordula; Stanat, Petra; Schneider, Wolfgang & Schiefele, Ulrich (2001): Lesekompetenz: Testkonzeption und Ergebnisse. In: Deutsches PISA-Konsortium (Hrsg.): PISA 2000. Basiskompetenzen von Schülerinnen und Schülern im internationalen Vergleich. Opladen: Leske + Budrich, S. 69–137.

Artelt, Cordula & Schlagmüller, Matthias (2004): Der Umgang mit literarischen Texten als Teilkompetenz im Lesen? Dimensionsanalysen und Ländervergleiche. In: Schiefele, Ulrich; Artelt, Cordula; Schneider, Wolfgang & Stanat, Petra (Hrsg.): Struktur, Entwicklung und Förderung von Lesekompetenz. Vertiefende Analysen im Rahmen von PISA 2000. Wiesbaden: VS, S. 169–196.

Ausländer, Rose (1978): Mutterland. In: Ausländer, Rose (1990): Gesammelte Werke. Bd. 8. Frankfurt am Main: Fischer, S. 94.

Becker-Mrotzek, Michael (1997): Zum Verhältnis von Sprachwissenschaft und Sprachdidaktik. Didaktik Deutsch 3, S. 16–32.

Becker-Mrotzek, Michael & Vogt, Rüdiger (2001): Unterrichtskommunikation. Linguistische Analysemethoden und Forschungsergebnisse. Tübingen: Niemeyer.

Bertschi-Kaufmann, Andrea; Kassis, Wassilis & Sieber, Peter (2004): Mediennutzung und Schriftlernen. Analysen und Ergebnisse zur literalen und medialen Sozialisation. Weinheim/München: Juventa.

Bertschi-Kaufmann, Andrea & Rosebrock, Cornelia (2009): Literalität: Bildungsaufgabe und Forschungsfeld. Weinheim/München: Juventa.

Bos, Wilfried; Lankes, Eva-Maria; Schwippert, Knut; Valtin, Renate; Voss, Andreas; Badel, Isolde & Plaßmeier, Nike (2003): Lesekompetenzen deutscher Grundschülerinnen und Grundschüler am Ende der vierten Jahrgangsstufe im internationalen Vergleich. In: Bos, Wilfried; Lankes, Eva-Maria; Prenzel, Manfred; Schwippert, Knut; Walther, Gerd & Valtin, Renate (Hrsg.): Erste Ergebnisse aus IGLU. Schülerleistungen am Ende der vierten Jahrgangsstufe im internationalen Vergleich. Münster/New York/München/Berlin: Waxmann, S. 69–142.

Bos, Wilfried; Lankes, Eva-Maria; Prenzel, Manfred; Schwippert, Knut; Valtin, Renate & Walther, Gerd (Hrsg.) (2005): IGLU. Vertiefende Analysen zu Leseverständnis, Rahmenbedingungen und Zusatzstudien. Münster/New York/München/Berlin: Waxmann.

Bos, Wilfried; Hornberg, Sabine; Arnold, Karl-Heinz; Faust, Gabriele; Fried, Lilian; Lankes, Eva-Maria; Schwippert, Knut & Valtin, Renate (Hrsg.) (2007): IGLU 2006. Lesekompetenzen von Grundschulkindern in Deutschland im internationalen Vergleich. Münster/New York/München/Berlin: Waxmann.

Currie, Gregory (1990): The nature of fiction. New York/Port/Chester/Melbourne/Sydney: Cambridge University Press.

Drechsel, Barbara & Artelt, Cordula (2007): Lesekompetenz. In: PISA Konsortium Deutschland (Hrsg.): PISA 06. Die Ergebnisse der dritten internationalen Vergleichsstudie. Münster/New York: Waxmann, S. 225–247.

Eco, Umberto (1962): Das offene Kunstwerk. Frankfurt am Main: Suhrkamp.

Eco, Umberto (1972): Einführung in die Semiotik. München/Berlin: Fink.

Eco, Umberto (1990): Die Grenzen der Interpretation. München: Deutscher Taschenbuch Verlag.

Eco, Umberto (1992): Zwischen Autor und Text. Interpretation und Überinterpretation. München: Deutscher Taschenbuch Verlag.

Frederking, Volker; Krommer, Axel & Meier, Christel (2007): Ein Modell ‚Literarästhetischer Urteilskompetenz'. URL: http://www.deutschdidaktik.ewf.uni-erlangen.de

Frederking, Volker (2008a): Schwer messbare Kompetenzen – Herausforderung an die empirische Fachdidaktik. In: Frederking, Volker (Hrsg.): Schwer messbare Kompetenzen. Baltmannsweiler: Schneider, S. 5–10.

Frederking, Volker (2008b): Literarische bzw. (literar)ästhetische Kompetenz. In: Frederking, Volker (Hrsg.) (2008): Schwer messbare Kompetenzen. Baltmannsweiler: Schneider, S. 36–64.

Frederking, Volker; Meier, Christel; Stanat, Petra & Dickhäuser, Oliver (2008): Ein Modell literarästhetischer Urteilskompetenz. Didaktik Deutsch 25, S. 11–30.

Frederking, Volker; Meier, Christel; Roick, Thorsten; Steinhauer, Lydia; Stanat, Petra & Dickhäuser, Oliver (2009): Literarästhetische Urteilskompetenz erfassen. In: Andrea Bertschi-Kaufmann & Cornelia Rosebrock (Hrsg.): Literalität: Bildungsaufgabe und Forschungsfeld. Weinheim/München: Juventa, S. 165–180.

Garbe, C. (2004): Zur biographischen Genese subjektiver Geschlechts- und Medienidentitäten in (familien-)systemischer Perspektive. Fallstudien zu zwei jugendlichen Brüderpaaren. In: Norbert Groeben & Bettina Hurrelmann (Hrsg.): Geschlecht und Lesen/Mediennutzung. SPIEL 23, H. 1, S. 38–62.

Genette, Gérard (1982): Palimpseste. Die Literatur auf zweiter Stufe. Frankfurt am Main: Suhrkamp.

Genette, Gérard (1987): Paratexte. Das Buch vom Beiwerk des Buches. Frankfurt am Main: Suhrkamp.

Groeben, Norbert (2002): Zur konzeptionellen Struktur des Konstrukts „Lesekompetenz". In: Groeben, Norbert & Hurrelmann Bettina (Hrsg.): Lesekompetenz. Bedingungen, Dimensionen, Funktionen. Weinheim/München: Juventa, S. 11–20.

Groeben, Norbert & Hurrelmann Bettina (Hrsg.) (2002a): Lesekompetenz. Bedingungen, Dimensionen, Funktionen. Weinheim/München: Juventa.

Groeben, Norbert & Hurrelmann, Bettina (Hrsg.) (2002b): Medienkompetenz. Voraussetzungen, Dimensionen, Funktionen. Weinheim/München: Juventa.

Groeben, Norbert & Hurrelmann, Bettina (Hrsg.) (2004): Lesesozialisation in der Mediengesellschaft. Weinheim/München: Juventa.

Groeben, Norbert & Hurrelmann, Bettina (Hrsg.) (2006): Empirische Unterrichtsforschung in der Literatur- und Lesedidaktik. Ein Weiterbildungsprogramm. Weinheim/München: Juventa.

Institut für Qualitätsentwicklung (2007): Lese(verständnis)test 7 – Hessen. Wiesbaden: Institut für Qualitätsentwicklung.

Jannidis, Fotis; Lauer, Gerhard; Martinez, Matias & Winko, Simone (1999): Rückkehr des Autors. Tübingen: Niemeyer.

Jauß, Hans Robert (1982): Ästhetische Erfahrung und literarische Hermeneutik. Frankfurt am Main: Suhrkamp.

Kammler, Clemens (2006): Vorwort des Herausgebers. In: Clemens Kammler (Hrsg.): Literarische Kompetenzen – Standards im Literaturunterricht. Modelle für die Primar- und Sekundarstufe. Seelze: Kallmeyer/Klett, S. 5–6.

Kepser, Matthis (2009): Probleme einer kompetenzorientierten Literaturdidaktik. Exposé für die Tagung der AG Literatur im ‚Symposion Deutschdidaktik'. Frankfurt am Main.

Kintsch, Walter (1994): Kognitionspsychologische Modelle des Textverstehens: Literarische Texte. In: Kurt Reusser & Marianne Reusser-Weyeneth (Hrsg.): Verstehen. Psychologischer Prozeß und didaktische Aufgabe. Bern/Göttingen/Toronto/Seattle: Hans Huber, S. 39–54.

Klieme, Eckhart & Leutner, Detlev (2006): Kompetenzmodelle zur Erfassung individueller Lernergebnisse und zur Bilanzierung von Bildungsprozessen. In: Zeitschrift für Pädagogik 52, S. 876–903.

KMK (Kultusministerkonferenz) (2003): Beschlüsse der Kultusministerkonferenz. Bildungsstandards im Fach Deutsch für den Mittleren Schulabschluss. Beschluss vom 4.12.2003. München: Luchterhand.

Kristeva, Julia (1972): Bachtin, das Wort, der Dialog und der Roman. In: Ihwe, Jens (Hrsg.): Literaturwissenschaft und Linguistik. Ergebnisse und Perspektiven. Bd. 3: Zur linguistischen Basis der Literaturwissenschaft II. Frankfurt am Main: Athenäum S. 345–375.

Krommer, Axel (2003): Das Verstehen literarischen Verstehens als interdisziplinäres Projekt. Anmerkungen zur Kognitionspsychologie Walter Kintschs aus deutschdidaktischer Sicht. In: Abraham, Ulf; Bremerich-Vos, Albert; Frederking, Volker & Wieler Petra (Hrsg.): Deutschdidaktik und Deutschunterricht nach PISA. Freiburg im Breisgau: Fillibach, S. 165–187.

Lienert, Gustav A. & Raatz, Uwe (1998): Testaufbau und Testanalyse. 6. Aufl. Weinheim: Beltz.

Messelken, Hans (1971): Empirische Sprachdidaktik. Heidelberg: Quelle und Meyer.

Paepcke, Lotte (1980): Wörter. In: Hans Bender (Hrsg.) (1990): Was sind das für Zeiten? Deutschsprachige Gedichte der achtziger Jahre. Frankfurt am Main: Fischer, S. 34f.

Pieper, I.; Rosebrock, C.; Wirthwein, H. & Volz, S. (2004): Lesesozialisation in schriftfernen Lebenswelten. Lektüre und Mediengebrauch von Hauptschülern. Weinheim, München: Juventa.

Rosenberg, Rainer (1992): Epochen. In: Brackert, Helmut & Stückrath, Jörn (Hrsg.) (1994): Literaturwissenschaft. Ein Grundkurs. Reinbek: Rowohlt, S. 269–280.

Schaffner, Ellen; Schiefele, Ulrich; Drechsel, Barbara & Artelt, Cordula (2004): Lesekompetenz. In: PISA-Konsortium Deutschland (Hrsg.): PISA 2003. Der Bildungsstandard der Jugendlichen in Deutschland – Ergebnisse des zweiten internationalen Vergleichs. Münster/New York/München/Berlin: Waxmann, S. 93–110.

Schermelleh-Engel, Karin; Moosbrugger, Helfried & Müller, Hans (2003): Evaluating the fit of structural equation models: Tests of significance and descriptive goodness-of-fit measures. Methods of Psychological Research Online, 8 (2), S. 23–74.

Schiefele, Ulrich; Artelt, Cordula; Schneider, Wolfgang & Stanat, Petra (Hrsg.) (2004): Struktur, Entwicklung und Förderung von Lesekompetenz. Vertiefende Analysen im Rahmen von PISA 2000. Wiesbaden: VS.

Steinhauer, Lydia (2010): Involviertes Lesen und literarästhetische Urteilskompetenz. Dissertationsmanuskript.

Steinig, Wolfgang; Betzel, Dirk; Geider, Franz Josef & Herbold, Andreas (2009): Schreiben von Kindern im diachronen Vergleich. Texte von Viertklässlern aus den Jahren 1972 und 2002. Münster u. a.: Waxmann.

Stierle, Karlheinz (1984): Werk und Intertextualität. In: Stierle, Karlheinz & Warning Rainer (Hrsg.): Das Gespräch (Poetik und Hermeneutik XI), München: Fink, S. 139–150.

Voßkamp, Wilhelm (1992): Gattungen. In: Brackert, Helmut & Stückrath, Jörn (Hrsg.) (1994): Literaturwissenschaft. Ein Grundkurs. Reinbek: Rowohlt, S. 253–269.

Wermke, Jutta (1989): „Hab a Talent, sei a Genie!". Kreativität als paradoxe Aufgabe. Band 1: Entwicklung eines Konzepts der Kreativität und ihrer Förderung durch Literatur. Band 2: Empirische Überprüfung literaturdidaktischer Möglichkeiten der Kreativitätsförderung. Weinheim: Beltz.

Willenberg, Heiner (2007a): Lesen. In: Bärbel Beck & Eckhard Klieme (Hrsg.): Sprachliche Kompetenzen. Konzepte und Messung. DESI-Studie. Deutsch-Englisch-Schülerleistungen-International. Weinheim: Beltz, S. 107–117.

Willenberg, Heiner (Hrsg.) (2007b): Kompetenzhandbuch für den Deutschunterricht. Baltmannsweiler: Schneider.

Willenberg, Heiner (2007c): Lesestufen – Die Leseprozesstheorie. In: Willenberg, Heiner: Kompetenzhandbuch für den Deutschunterricht. Baltmannsweiler: Schneider, S. 11–23.

Wu, Margaret L.; Adams, Raymond J.; Wilson, Mark R. & Haldane, Samuel A. (2007): Acer ConQuest version 2.0: Generalised item response modelling software. Camberwell, Victoria: ACER Press.

Kerstin Göbel *(Bergische Universität Wuppertal)*

Qualitative und quantitative Ansätze zur Analyse von Unterrichtsqualität im interkulturellen Englischunterricht

Einleitung

Die Befähigung zum interkulturellen Handeln stellt eine der wichtigsten aktuellen und zukünftigen Aufgaben von Bildungsprozessen dar, die Entwicklung interkultureller Handlungsfähigkeit zählt inzwischen zu einer der Querschnittsaufgaben der Schule (KMK, 1996). Alle Lernbereiche und Fächer müssen zur Erfüllung dieser Aufgabe ihren Beitrag leisten, so beispielsweise durch die explizite Behandlung interkultureller Themen oder durch implizite Förderung relevanter Teilkompetenzen. Der vorliegende Beitrag stellt die Analyse von Unterrichtsqualität im interkulturellen Englischunterricht unter Nutzung verschiedener methodischer Zugänge dar. Die Datenbasis der Analysen bildet die DESI-Studie (Deutsch-Englisch-Schülerleistungen International). Der Beitrag beschreibt die Realisierung interkulturellen Englischunterrichts und analysiert die Voraussetzungen auf Lehrer- und Schülerseite sowie relevante Unterrichtsdimensionen. Die Ergebnisse der Analysen machen deutlich, dass die Erfahrungsbasiertheit des Unterrichtsgesprächs ein wichtiges Qualitätsmerkmal interkulturellen Englischunterrichts darstellt. Die Ergebnisse zeigen, dass Lehrpersonen, die über vielfältige interkulturelle Erfahrung verfügen, dieses Qualitätsmerkmal besser realisieren können. Neben der interkulturellen Erfahrung der Lehrkraft sind auch allgemeine didaktische Merkmale des Unterrichts, wie eine positive Fehlerkultur und ein gutes Classroom-Management relevante Erfolgsfaktoren. Grundsätzlich scheint die Realisierung interkultureller Lerninhalte für die Lehrpersonen eine besondere Herausforderung darzustellen. Den Analysen zufolge werden Unterrichtsaufnahmen von Lehrpersonen, die spezifische Vorgaben erhalten haben, im Hinblick auf die Einbeziehung von Schülererfahrungen besser beurteilt, als solche, die nur sehr allgemeine Vorgaben erhalten haben. Dieses Ergebnis verweist auf die Notwendigkeit der Unterstützung von Lehrkräften im Hinblick auf ihre Wahl interkultureller Themen.

Die Förderung interkultureller Kompetenz im Fremdsprachenunterricht

Das Unterrichtsfach, in dem die Analysen des vorliegenden Beitrags durchgeführt werden, ist Englisch, da dem Englischunterricht eine besonders wichtige Rolle dabei zugeschrieben wird, Lernmöglichkeiten zur Entwicklung interkultureller Kompetenz bereit zu stellen und weil er dies im Medium einer neuen, fremden Sprache tut. Trotz der Schwierigkeiten, die damit im Unterrichtsalltag verbunden sind, birgt diese doppelte interkulturelle Perspektivierung außergewöhnliche Chancen, denn „die Begegnung mit den Sichtweisen anderer Kulturen [wird] über sprachliche Ausdrucksformen vermittelt und ermöglicht so auch den Zugang zu einer Außenperspektive auf das vertraute und für selbstverständlich gehaltene Eigene" (KMK, 1996; Erll & Gymnich, 2007). „Da Englisch für die Mehrzahl der Schülerinnen und Schüler außerdem die erste schulische Fremdsprache ist, hat das Fach zusätzlich einen hohen Multiplikationseffekt, denn die Lernenden erwerben prototypische Konzepte von Andersartigkeit, transferfähiges exemplarisches Wissen aus einem anderen Kulturraum sowie übertragbare Fertigkeiten für die Kommunikation mit Sprechern anderer Fremdsprachen" (Diehr, 2008). Aufgrund dieser Rahmenbedingungen bietet der Englischunterricht einen idealen Ort für die empirische Untersuchung interkultureller Lernangebote und Lernprozesse. Für den interkulturellen Fremdsprachenunterricht werden Lernziele formuliert (wie z. B. in Lehrplänen, Bildungsstandards, GER, KMK), die zusammenfassend mit den folgenden Dimensionen charakterisiert werden können: Bewusstheit über kulturelle Unterschiede, kulturelle Selbstwahrnehmung, Interesse an anderen Kulturen, Interesse an interkulturellen Themen, Akzeptanz kultureller Unterschiede, die Fähigkeit, sich in anderskulturelle Personen hineinzuversetzen, sowie die Fähigkeit zu interkulturell erfolgreichem Handeln. Innerhalb der Englischcurricula der Bundesländer werden die oben aufgeführten Lernziele zwar benannt, aber weder in systematischer Weise zu den Zielkulturen des Englischunterrichts in Beziehung gesetzt noch angemessen operationalisiert (Göbel & Hesse, 2004). Es kann als übergeordnetes Lernziel angesehen werden, ethnorelative interkulturelle Einstellungen im Fremdsprachenunterricht zu vermitteln (Bredella, 1999; Bennett, Bennett & Allen, 2003).

Vor dem Hintergrund der Literaturlage ist jedoch im Verständnis der Lehrpersonen darüber, was interkulturelle Themen sind, eine große Varianz zu erwarten. Dennoch nehmen Englischlehrkräfte interkulturelle Themen als bedeutsame Unterrichtsinhalte wahr und räumen ihnen, nach eigenen Angaben, einen großen Anteil in ihrer Unterrichtszeit ein (bis zu 80 %) (Göbel & Hesse, 2008). Richtungweisende Impulse hat die anglistische Fachdidaktik aus der Arbeit der Fremdsprachendidaktiker Bredella und Christ sowie des von ihnen 1991 gegründeten Graduierten-Kollegs „Didaktik des Fremdverstehens" erhalten (Bredella & Christ, 1995; Bredella & Delanoy, 1999; Bredella & Christ, 2007). Die einschlägigen Publikationen zum interkulturellen Lernen konzentrieren sich auf die Theoriebildung und auf programmatische Abhandlungen. Bei den wenigen empirisch angelegten Projekten dominieren hermeneutische und qualitative Vorgehensweisen, vor allem dort, wo interkulturelles Lernen in Verbindung mit literarischen Texten thematisiert wird (Bredella et al., 2000). Bei den Tagungen und Kongressen, die mit dem Graduierten-Kolleg in enger Verbindung standen, fanden Byrams und Kramschs Arbeiten zum interkulturellen Lernen große Beachtung. Kramsch weist immer wieder auf die enge Verflechtung von Sprache und Kultur hin (Kramsch, 1998) und belegt ihre Hypothesen zur kulturellen Prägung, die sich in spezifischen Diskursmerkmalen manifestiert, mit vergleichenden Studien z. B. zum stilistischen Ausdrucksvermögen von amerikanischen, französischen und deutschen Schülerinnen und Schülern (Kramsch, 1996). Das Byram-Modell (Byram, 1997) umschreibt die Zielstellungen interkultureller kommunikativer Kompetenz mit 5 Dimensionen: 1. savoir: Wissen über die andere Kultur, 2. savoir apprendre/

savoir comprendre: sich in die andere Kultur hineinversetzen und zusätzliche Kenntnisse erwerben, 3. savoir faire: Handlungskompetenz in der anderen Kultur, 4. savoir s'engager: kritisches Engagement für die andere Kultur, 5. savoir être: ethnozentrische Einstellungen ablegen und eine gute Beziehung zu der anderen Kultur herstellen. Byram zufolge kann interkulturelle Kompetenz nicht allein darin bestehen möglichst angepasst in einer anderen Kultur zu handeln, sondern es wird eine Position und Lernhaltung entwickelt, die Ausgangskultur und Zielkultur zu einer neuen Einheit verbindet, und die die Schülerinnen und Schüler darüber hinaus befähigt sich Wissen über andere Kulturen selbstständig anzueignen. Auch in der angloamerikanischen Literatur sind die Vorstellungen über Ziele und Art der Vermittlung interkultureller Inhalte heterogen (Paige et al., 2003; Smith, Paige & Steglitz, 2003; Bennett, Bennett & Allen, 2003). Zusammenfassend kann gesagt werden, dass es vor dem Hintergrund der Literaturlage zum interkulturellen Fremdsprachenunterricht auch im angloamerikanischen Raum darum gehen soll, dass sich die Lernenden mit ihrer eigenen Kultur, kulturellen Unterschieden sowie damit verbundenen Vorurteilen und Stereotypen auseinandersetzen und eine positive Einstellung gegenüber der anderen Kultur und ein Interesse an interkulturellen Themen insgesamt entwickeln sollen. Darüber hinaus sollen Handlungskompetenzen in interkulturellen Situationen erarbeitet werden. Allerdings gibt es innerhalb der fachdidaktischen Forschung nur wenig Wissen darüber, wie im Fremdsprachenunterricht ein interkulturelles Unterrichtsangebot mit hoher Qualität aussehen kann und wie es von den Lernenden wahrgenommen werden muss, damit interkulturelle Kompetenz gefördert wird.

Modelle interkultureller Kompetenz

Das Ziel interkulturellen Fremdsprachenunterrichts ist die Entwicklung interkultureller Kompetenz. Versucht man sich nun einen Überblick über die Modelle interkultureller Kompetenz zu verschaffen, so zeigt sich eine Fülle von Vorstellungen, was dies sein soll, jedoch wenig evidenzbasiertes Wissen darüber, wie man diese interkulturelle Kompetenz fördern kann. Bereits in den 1990er Jahren kommen Dinges und Baldwin (1996) in einem Übersichtsartikel aus pädagogisch-psychologischer Sicht zu einer negativen Einschätzung der wissenschaftlichen Qualität bis dahin vorgelegter Modelle interkultureller Kompetenz. Ein Kritikpunkt, der bis heute nicht ganz auszuräumen ist: Was erfolgreiche individuelle interkulturelle Kompetenz ausmacht, wird meist aus normativen, allgemeingültigen Idealvorstellungen abgeleitet. Die vorliegenden praxisorientierten Trainingskonzepte beziehen sich zwar auf die kommunikativen verhaltensbezogenen Aspekte des interkulturellen Kontakts, bleiben konzeptuell aber unscharf. Die innerhalb der Literatur zum interkulturellen Training vorfindbaren Definitionen versuchen zumeist besondere Persönlichkeitsmerkmale von interkulturell erfolgreichen Personen zu identifizieren, die vornehmlich aus Untersuchungen zu Arbeitsaufenthalten im Ausland gewonnen wurden, ohne das Konstrukt der interkulturellen Kompetenz selbst eindeutig operational zu definieren (Stahl, 1995; Thomas, Kinast & Schroll-Machl, 2000). Diese Konzeptionen sind für pädagogische Zusammenhänge schwer nutzbar, da die beschriebenen Merkmale den Charakter von Persönlichkeitseigenschaften haben und entsprechend nicht vermittelt werden können.

Auch innerhalb der interkulturellen Pädagogik ringt man um Konkretisierung. Auernheimer (2001) verweist auf zwei Grundprinzipien einer interkulturell kompetenten Haltung, nämlich auf den Grundsatz der Gleichheit und auf den Grundsatz der Anerkennung anderer Identitätsentwürfe und kultureller Andersartigkeit. Lernziele der interkulturellen Pädagogik sind demnach die kritische Reflexion von Fremdbildern und eigenen kulturellen Selbstverständlichkeiten, der Fähigkeit zur Empathie oder Perspektivenübernahme und der Konfliktfähigkeit.

Eine zusätzlich funktionale Definition interkultureller Kompetenz findet sich bei Thomas: „Interkulturelle Handlungskompetenz zeigt sich in der Fähigkeit, kulturelle Bedingungen und Einflussfaktoren im Wahrnehmen, Denken, Urteilen, Empfinden und Handeln, einmal bei sich selbst und zum anderen bei kulturell fremden Personen zu erfassen, zu würdigen, zu respektieren und produktiv zu nutzen. Diese produktive Nutzung zeigt sich in einem wechselseitigen interkulturellen Verstehen und einer daran anschließenden Anpassung an die jeweiligen kulturellen Gewohnheiten und Selbstverständlichkeiten des Partners, und zwar so, dass die Zusammenarbeit für beide Seiten erträglich wird und dass die Ergebnisse dieser Zusammenarbeit für beide Seiten nützlich und produktiv sind. Ein weiteres Ergebnis interkultureller Zusammenarbeit zeigt sich in der Entwicklung eines hohen Maßes an Toleranz gegenüber Inkompatibilitäten sowie der Entwicklung synergetischer Formen des Zusammenlebens und der gemeinsamen Wert-, Norm- und Weltorientierung" (Thomas, Kinast & Schroll-Machl, 2000, S. 103).

Die allgemein gehaltene begriffliche Fassung ist pragmatisch, insofern sie sich auf erfolgreiches und angemessenes Verhalten in unterschiedlichen kulturellen Kontexten bezieht. Sie nennt grundlegende persönliche Merkmale als Voraussetzungen für solche Verhaltensweisen und verweist auf didaktische Kategorien zum Erwerb von interkultureller Kompetenz.

Eine Facette des didaktischen Modells von Byram (1997), nämlich das Ablegen ethnozentrischer Einstellungen, wird auch im Modell von Bennett abgebildet, auf das sich die vorliegende Studie vor allem bezieht. Die interkulturellen Kompetenzen der Lernenden und der Lehrpersonen werden mit Hilfe eines Modells zur Entwicklung interkultureller Sensibilität modelliert. Auf der Grundlage von systematischen Verhaltensbeobachtungen entwickelte Bennett das „Developmental Model of Intercultural Sensitivity" (DMIS) (Bennett, 1993; Bennett, Bennett & Allen, 2003), das die subjektive Konstruktion kultureller Verschiedenheit abbildet und dabei ethnozentrische von ethnorelativen Phasen unterscheidet. Empirische Untersuchungen zur subjektiven Interpretation von Ereignissen im Zusammenhang mit interkulturellen Begegnungen zeigen, dass Deutungen, die von Personen vorgenommen werden, nicht beliebig sind, sondern konsistenten psychologischen Mustern folgen. Um Muster der interkulturellen Wahrnehmung abzubilden, wählt Bennett (1993) einen phänomenologischen Zugang. Im Sinne von Kelly (1963) stellt er die subjektive Bedeutung, die kulturelle Unterschiede für das Individuum besitzen, in den Mittelpunkt. Das DMIS baut auf der konstruktivistischen Erkenntnistheorie auf, deren zentrale These besagt, dass unsere Erfahrung der Realität im Wesentlichen auf der Grundlage von Konstruktionen bzw. komplexen Kategorien geschieht, die unsere Weltsicht ausmachen.

Unsere Vorstellungen und Konzepte werden durch die Kategorien, die wir zur Beschreibung heranziehen, generiert. Gleichzeitig sind diese Kategorien das Medium, mit dessen Hilfe wir Ereignisse erfahren. „Kultur" ist also nichts „objektiv" Gegebenes. Das, was „Kultur" bedeutet, wird im jeweiligen Kontext und unter spezifischen Kommunikationsbedingungen von den Partnern in einer interkulturellen Begegnungssituation wechselseitig neu konstruiert, ist also „subjektiv" und sozial geteilt. Genau genommen sind es kulturelle Unterschiede, die von Menschen konstruiert werden. Die Erfahrungen im Zusammenhang mit der Deutung, den Emotionen und den Verhaltensweisen in Bezug auf kulturelle Unterschiede sind es, die „interkulturelle Sensibilität" ausmachen (Bennett, 1993).

Kulturelle Unterschiede werden mit zunehmender Sensibilität dynamischer erlebt. Das Individuum nimmt sich selbst vermehrt als Produkt und Konstrukteur seiner Kultur wahr. Die Entwicklung interkultureller Sensibilität wird von Bennett als das Entstehen eines neuen Bewusstseins und als ein neuer „natürlicher" Zugang zu kulturellen Unterschieden verstanden. Er nimmt an, dass sich die Entwicklung von der kognitiven über die affektive Ebene bis hin zum Verhalten vollzieht. Das Modell ist ein dynamisches Lern-Modell im Sinne von Dinges (1983) und zeichnet sich durch eine wachsende Bewusstheit und ein sich erweiterndes Verständnis für kulturelle Andersartigkeit aus. Die sensible Wahrnehmung kultureller Unterschiede als Voraussetzung für erfolgreiches interkulturelles Handeln gilt innerhalb der wissenschaftlichen Diskussion um interkulturelle Kompetenz als weitgehend akzeptiert. Vor dem Hintergrund seiner Erfahrungen in interkulturellen Trainingsseminaren entwickelte Bennett das DMIS als eine Abfolge von subjektiven Konstruktionen von interkulturellen Kommunikationssituationen, die in Tabelle 1 dargestellt ist.

Ethnozentrische Phasen			Ethnorelative Phasen		
Eigene Weltsicht als zentral für die Realität. In der 3. Phase werden kulturelle Unterschiede mittels kultureller Ähnlichkeiten negiert.			Kulturen werden im Verhältnis zueinander verstanden. Verhalten wird vor dem Hintergrund des kulturellen Kontextes interpretiert. Es gibt keine absoluten Standards für richtig oder falsch.		
Denial/ Leugnung	Defense/ Abwehr	Minimization/ Minimisierung	Acceptance/ Akzeptanz	Adaptation/ Anpassung	Integration
Kulturelle Unterschiede werden in der Konzeption der interkulturellen Situation nicht berücksichtigt.	Starke Betonung kultureller Unterschiede bei gleichzeitiger Abwertung der anderen Kultur (Negative Stereotypisierung).	„Alle Menschen sind gleich" Unterschiede werden minimiert. Kulturelle Werte werden als universelle missverstanden.	Kulturelle Unterschiede werden akzeptiert und respektiert. Bewusstheit über die Kulturgebundenheit des Handelns.	Andere kulturelle Referenzrahmen werden berücksichtigt. Kulturelle Verschiedenheit wird kognitiv antizipiert und berücksichtigt. Produktiver Umgang mit fremdkulturellen Personen und Empathie.	Anpassung an unterschiedliche Kulturen möglich. Werte werden aufgrund unterschiedlicher Referenzrahmen evaluiert. Fähigkeit zur interkulturellen Mediation.

Tab. 1: Die Phasen des DMIS (Developmental Model of Intercultural Sensitivity) von Bennett

Die Stadien des Bennett-Modells bauen aufeinander auf. Jedes Stadium des Sensitivitätskontinuums repräsentiert eine zunehmende Fähigkeit, kulturelle Unterschiede zu erleben und interkulturelle Situation differenziert und komplex zu konstruieren. Minimisierung stellt den Mittelpunkt des Kontinuums dar und somit den Übergang vom Ethnozentrismus zum Ethnorelativismus. Spätere Stadien des Ethnorelativismus lassen sich auch mit anderen Konzepten wie interkultureller Kompetenz vergleichen (Brislin, Landis & Brandt, 1983; Dinges, 1983).

Das Angebots-Nutzungs-Modell interkultureller Unterrichtsqualität

Über die Umsetzung des Unterrichtsziels interkulturelle Kompetenz im Englischunterrichts gibt es bislang nur wenig empirische Forschung (siehe Bennett, Bennett & Allen, 2003; Göbel & Hesse, 2004; Baron, 2002; Burwitz-Meltzer, 2003; Byram, 1991). Der Beitrag versucht anhand eigener Forschungsergebnisse, diese Lücke ein wenig zu schließen und begründete Aussagen darüber zu entwickeln, wie dieser Unterricht in der Schulwirklichkeit aussieht, indem Eingangsbedingungen von Lernenden und Lehrenden, das Unterrichtsangebot, die Angebotsnutzung und die Lernergebnisse der Schülerinnen und Schüler systematisch beleuchtet werden. In Anlehnung an Überlegungen von Göbel (2007) wird das in Abbildung 1 dargestellte Angebots-Nutzungsmodell zur Modellierung der relevanten Dimensionen zu Grunde gelegt.

Das Modell impliziert die Annahme, dass die Lernergebnisse von Schülerinnen und Schülern zum einen von ihren individuellen kognitiven und interkulturellen Lernvoraus-

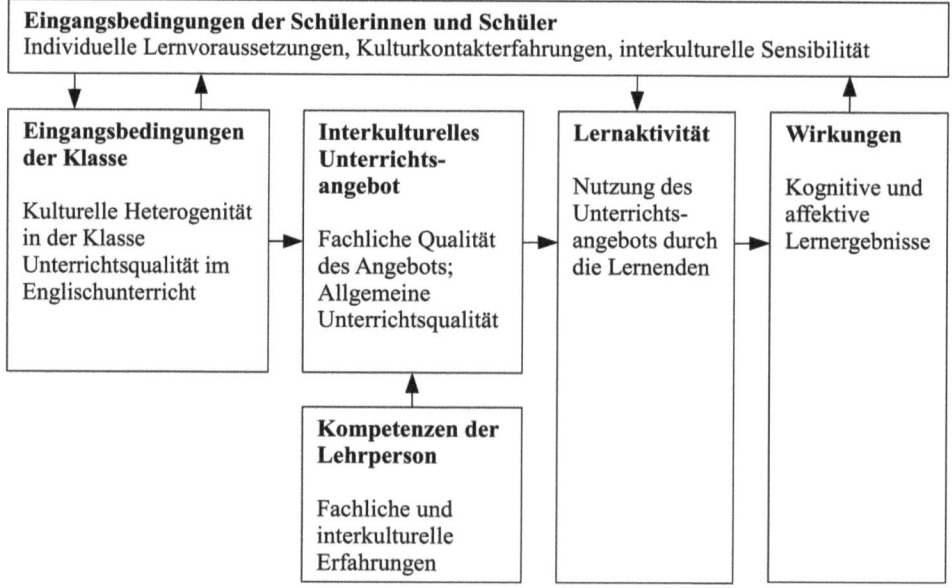

Abb. 1: Angebots-Nutzungs-Modell interkultureller Unterrichtsqualität (aus Göbel, 2007, S. 59)

setzungen abhängen, zum anderen aber auch durch die Interaktionen im Unterricht vermittelt werden. Das Unterrichtsangebot wiederum hängt von den Kompetenzen und Erfahrungen der Lehrperson ab, wobei die Nutzung des Angebots durch die Eingangsbedingungen der Lernenden mitbestimmt wird, und vor allem diese Nutzung eine wichtige Voraussetzung für das Lernen darstellt.

Vor dem Hintergrund einer Angebots-Nutzungs-Annahme interkulturellen Englischunterrichts geht der vorliegende Beitrag folgenden Fragestellungen nach:

- Wie sieht interkultureller Englischunterricht aus?
- Welche Voraussetzungen auf Lehrer- und Schülerseite und welche Unterrichtsdimensionen sind relevant, um interkulturelle Kompetenz durch den Englischunterricht zu fördern?

Der vorliegende Beitrag nutzt zur Analyse interkultureller Lehr-Lernprozesse im Englischunterricht hauptsächlich Daten zum Englischunterricht in 9. Jahrgangsstufen verschiedener Schulformen, die im Rahmen der DESI-Studie (Deutsch-Englisch-Schülerleistungen International) erhoben wurden. Sowohl Befragungs- und Testdaten von Schülerinnen und Schülern, als auch Unterrichtsvideographien der Pilot- und Hauptstudie werden genutzt, um den vorgenannten Fragen nachzugehen. Zunächst werden Analysen der Pilotierungsdaten dargestellt, später Analysen der verfügbaren Daten der Hauptstudie.

Die Analysen der Unterrichtsvideos der Hauptstudie werden am Ende des Beitrags mit denen der Pilotierungsstudie verglichen. Die im Folgenden dargestellten Analysen stellen eine Komprimierung bereits publizierter Arbeiten der Autorin dar. Für detailliertere Darstellungen sei auf die ursprünglichen Publikationen verwiesen (Göbel, 2007; Göbel & Hesse, 2008; Göbel, 2009; Göbel & Helmke, 2010).

Zusammenhänge zwischen Lehrermerkmalen, Schülermerkmalen, Unterricht und Lernergebnis – Ergebnisse der DESI-Pilot-Studie

Die im Folgenden dargestellten Analysen basieren auf Daten der Voruntersuchungen der DESI-Studie. In die Analysen wurden zehn Englischklassen der 9. und 10. Jahrgangsstufe verschiedener Schulformen einbezogen. Die 220 Schülerinnen und Schüler waren im Durchschnitt 15.22 Jahre alt (SD: 0.9). 46.6 % der Stichprobe waren Mädchen, 53.4 % waren Jungen.

Um zu gewährleisten, dass in allen Klassen ähnliche Inhalte zum „interkulturellen Lernen" behandelt und vergleichbare Lernergebnisse verfolgt werden war es nötig, Thema und Lernziel der aufgezeichneten Unterrichtsstunde vorzugeben: Es sollten kulturelle Unterschiede zwischen Deutschen und Briten behandelt werden, der Unterricht sollte die Akzeptanz der englischen Kultur fördern und das Interesse an diesem Thema wecken. Im Oktober 2002 wurden jeweils zwei Englischunterrichtsstunden auf Video aufgezeichnet. Die Aufnahmen erfolgten in Teams von zwei geschulten Wissenschaftler/inne/n, die gemeinsam den Aufbau von Kameras und Mikrophonen durchführten. Die Mikrophone und die Klassenkamera wurden nicht bewegt, die Lehrerkamera wurde am Platz geführt und folgte den Bewegungen der Lehrperson im Klassenraum. Die Schülerinnen und Schüler wurden nach den Videoaufnahmen zu ihren Einschätzungen des Unterrichts und nach ihren subjektiv wahrgenommenen Lernergebnissen befragt. Mit den Lehrkräften wurden Interviews durchgeführt (siehe Göbel, 2007).

Die kognitiven Lernvoraussetzungen der Lernenden sollten kontrolliert werden und sind mit dem KFT von Heller (Heller, Gaedicke & Weinländer, 1998) erfasst worden. Die interkulturellen Voraussetzungen der Lernenden wurden mit einem an das DMIS von Bennett angelehnten Fragebogen zur allgemeinen interkulturellen Kompetenz erhoben (Hesse, Göbel & Jude, 2003). Die interkulturellen Erfahrungen der Lehrpersonen wurden mittels eines Fragebogens erfasst. Die Lernergebnisse der Schülerinnen und Schüler wurden analog zu den Zielvorgaben für den Unterricht als Sensibilisierung für kulturelle Unterschiede und Veränderung des thematischen Interesses operationalisiert (Göbel & Hesse, 2004; Steinert & Klieme, 2004; Bredella & Delanoy, 1999; Byram, 1997). Die Operationalisierung des thematischen Interesses erfolgte durch die Frage nach der Veränderung des Interesses an kulturellen Unterschieden zwischen Briten und Deutschen durch den Unterricht. Die Erhebung der Lernergebnisse erfolgte im Anschluss an die videografierte Stunde. Die Schülerinnen und Schüler sollten einschätzen, wie sich die Englischstunde auf ihre interkulturellen Vorstellungen und auf ihr Interesse am Thema ausgewirkt hatte.

Die Analyse der Interaktionen im Unterricht erfolgte mit Hilfe eines selbst entwickelten Auswertungsschemas, das auf bereits vorliegende Beobachtungsschemata für Fremdsprachenunterricht rekurrierte. Unter Zuhilfenahme der Auswertungssoftware Videograph (Leibniz Institut für die Pädagogik der Naturwissenschaften, Kiel) wurden einzelne Schüler- bzw. Lehrpersonenäußerungen (Sprecherwechsel) definierten Auswertungskategorien zugeordnet. Es wurde erfasst, von wem die Äußerung gemacht wurde (Schüler oder Lehrperson), und die Art, Komplexität, Sprachverwendung, der Kontext und Inhalt der Äußerung eingeschätzt. Zusätzlich zur Analyse der Interaktionen haben vier Experten aus Psychologie und Fachdidaktik anhand eines vorgegebenen Fragebogens ein Urteil über verschiedene Qualitätsdimensionen der ganzen Unterrichtsstunde abgegeben. Die Beurteilung betraf sowohl die Realisierung interkultureller Inhalte als auch die allgemeine didaktische Qualität des Unterrichts. Die Messgenauigkeit der kategorialen Zuordnungen der unterschiedlich klassifizierten Lehrer- und Schüleräußerungen und der Experteneinschätzungen wurde gemäß den üblichen methodischen Standards der Unterrichtsforschung überprüft. Die in die Analysen einbezogenen Dimensionen weisen eine gute bis sehr gute Interrater-Übereinstimmung auf (Göbel, 2007).

Ergebnisse der Unterrichtsanalysen zum Zusammenhang zwischen Schülermerkmalen, Lehrpersonenmerkmalen, Unterricht und Lernergebnis

Die Ergebnisse zeigen, dass die subjektiv wahrgenommene Veränderung des thematischen Interesses sich zwischen den videografierten Klassen, aber auch zwischen den Schülergruppen unterschiedlicher kognitiver Eingangsvoraussetzungen und interkultureller Sensibilität unterscheiden. Verschiedene Unterrichtsumgebungen scheinen die Veränderung des Interesses am Thema in unterschiedlicher Weise zu beeinflussen. Die wesent-

Ansätze zur Analyse von Unterrichtsqualität im interkulturellen Englischunterricht 103

lichen korrelativen Zusammenhänge zwischen dem Unterrichtsangebot, der Angebotsnutzung und dem Lernergebnis „thematisches Interesse" werden im Folgenden dargestellt.

Im Rahmen der Analysen der DESI-Pilot-Studie zeigen sich Bezüge zwischen den Auslandserfahrungen der Lehrpersonen und dem Unterrichtsangebot. Es werden mittlere Zusammenhänge (z. T. signifikant) zwischen den Erfahrungen der Lehrpersonen im englischsprachigen Ausland und dem Anknüpfen an Erfahrungen und Vorstellungen der Lernenden (hochinferentes Rating) sowie den ausdrücklichen Fragen nach Schülererfahrungen (Interaktionskodierung) im Unterricht deutlich. Auch zwischen dem Unterrichtsangebot, der Angebotsnutzung und dem Lernergebnis „Interesse am Thema" werden Verbindungen deutlich. Zwischen dem Anknüpfen an Erfahrungen der Lernenden (hochinferentes Rating) und erweiternden und erläuternden Schüleräußerungen (Interaktionskodierung) zeigt sich eine signifikante mittlere Korrelation. Der Zusammenhang zwischen Unterricht und Lernergebnis zeigt sich vor allem zwischen erweiternden und erläuternden Schüleräußerungen (Interaktionskodierung) und der Unterrichtsorganisation Klassengespräch (Interaktionskodierung). Beide Unterrichtsdimensionen hängen signifikant mit dem Lernergebnis zusammen. Um zu überprüfen, ob die einzeln berichteten Zusammenhänge zwischen Unterricht, Individualmerkmalen und Lernergebnis stabil bleiben, wenn andere Dimensionen kontrolliert werden, wurde ein multivariates Analyseverfahren eingesetzt. Die Stichprobe auf Klassen- und Individualebene ist für mehrebenenanalytische Verfahren zwar eigentlich zu klein, dennoch soll diese Analysemethode genutzt werden, um Tendenzen in der Datenlage zu verdeutlichen.

Es sollte geprüft werden, inwieweit die Unterrichtsdimensionen „Erweiternde und erläuternden Äußerungen der Schüler" und „Klassenorganisation" sowie die Lernvoraussetzungen der Klassen einen Einfluss auf die Interessenentwicklung haben, wenn man die

	Modell 1	Modell 2	Modell 3	Modell 4
Ebene 1 (Schülerebene)				
KFT (z-Wert)	0.20* (T = 2.468)	0.19* (T = 2.418)	0.25** (T = 5.025)	0.25** (T = 4.865)
Adaptation Dummy (0/1)		-0.25# (T = -1.905)		-0.22 (T = -1.565)
Ebene 2 (Klassenebene)				
Erweiterung/ Erklärung (0/1)	0.43* (T = 3.045)	0.40* (T = 2.841)		
%-Anteil Klassengespräch (z-Wert)			-0.27** (T = -7.322)	-0.26** (T = -5.735)

**p<0.01; *p<0.05; #p<0.06

Tab. 2: Mehrebenenanalytische Modelle – abhängige Variable: z-standardisiertes Residuum der subjektiv wahrgenommenen Veränderung des Interesses der Schülerinnen und Schüler durch den Unterricht

kognitiven Eingangsbedingungen und die interkulturelle Sensibilität (Zugehörigkeit zur Adaptation-Gruppe) der Schülerinnen und Schüler kontrolliert. Als abhängige Variable werden die z-standardisierten Residuen des Zuwachses der subjektiven Einschätzung der Veränderung des Interesses der Lernenden am interkulturellen Thema genutzt. Es bestehen bedeutsame Unterschiede zwischen den Klassen (ANOVA Affektives Lernergebnis nach Klassen; n = 156; df = 9; F = 2.016; $\alpha < 0.05$; $\eta^2 = 0.11$).

Tabelle 2 zeigt die Ergebnisse der Mehrebenenanalyse. Durchgängig bedeutsam für die Veränderung des Interesses sind auf Individualebene in diesen Modellen die kognitiven Eingangsbedingungen der Schülerinnen und Schüler, unabhängig davon, welche weiteren Dimensionen auf Individual- oder Klassenebene eingeführt werden. Ein in allen Modellen stabiler Einfluss der kognitiven Lernvoraussetzungen auf die Interessenentwicklung wird hier deutlich.

Die kognitiven Lernvoraussetzungen der Klasse hatten hingegen keinen bedeutsamen Einfluss auf die Lernergebnisse. Unter Berücksichtigung der kognitiven Eingangsbedingungen der Schüler und der Klasse zeigt sich in den Modellen ein z. T. signifikant negativer Einfluss der Zugehörigkeit zur Adaptation-Gruppe. Schülerinnen und Schüler der Adaptation-Gruppe berichten insgesamt über einen geringeren Interessenszuwachs als alle anderen Schüler. Unter Kontrolle der Lernvoraussetzungen sowie unter Kontrolle der Zugehörigkeit zur Adaptation-Gruppe zeigt sich in den Modellen 1 und 2 durchgängig ein bedeutsamer Einfluss der Interaktionsdimension Erweiterung/Erklärung. Auch dann wenn man die Eingangsbedingungen der Lernenden berücksichtigt, zeigt sich in Klassen, in denen die Schüler erweiternde und erklärende Beiträge einbringen eine stärkere positive Veränderung des Interesses der Lernenden als in den anderen Klassen, in denen dies nicht geschieht. Hier bestätigt sich der Befund der signifikanten Einzelkorrelation zwischen thematischem Interesse und der Interaktionsdimension Erweiterung/Erklärung (s. o.). Der prozentuale Anteil des Klassengesprächs am Unterricht, also das Fehlen von Gruppen- und Einzelarbeitsphasen, hat auch unter Kontrolle der kognitiven Lernvoraussetzungen und der interkulturellen Sensibilität der Lernenden ebenfalls einen deutlich negativen Einfluss auf die Entwicklung des Interesses. Der Koeffizient ist zwar gering, aber bei den Modellen 5 und 6 signifikant. Hier bestätigt sich das Ergebnis der Einzelanalyse, in der sich eine negative Korrelation zwischen Unterrichtsorganisation und der Interessensveränderung der Schülerinnen und Schüler zeigte. Der Einfluss der Individualdimension Adaptation wird unter Berücksichtigung der Unterrichtsorganisation Klassengespräch jedoch nicht mehr signifikant.

Zusammenfassend lässt sich sagen, dass die kognitiven Eingangsvoraussetzungen der Schülerinnen und Schüler in allen Modellen einen positiven Einfluss auf die Veränderung des Interesses durch den Unterricht aufweisen. Die kognitiven Eingangsbedingungen der Klasse hingegen zeigen keinen signifikanten Einfluss auf die Veränderung des Interesses durch den Unterricht. Auf der Individualebene zeigt die Zugehörigkeit zur Gruppe der Adaptation-Schülerinnen und -Schüler zum Teil einen Einfluss auf die Veränderung des Interesses, bei Hinzunahme der Unterrichtsorganisation Klassengespräch verschwindet die Bedeutung dieses Einflusses jedoch. Unterricht, in dem erweiternde und erläuternde Schüleräußerungen vorkommen, wirkt sich auch dann positiv auf die Entwicklung von Interesse aus, wenn man die kognitiven und interkulturellen Eingangsbedingungen der Schülerinnen und Schüler kontrolliert. Die Unterrichtsorganisation Klassengespräch hat demgegenüber einen signifikant negativen Einfluss auf die Entwicklung des Interesses, auch dann, wenn die genannten Individualmerkmale kontrolliert werden.

Zusammenhang zwischen Lehrer- und Unterrichtsmerkmalen und den interkulturellen Lernergebnissen – Analysen der Fragebogendaten der DESI-Hauptstudie

Im Rahmen der DESI-Hauptuntersuchung kann aufgrund der Befragungsdaten zur Lehrpersonen- und Schüler-Perspektive auf den Unterricht und durch die Testdaten zur interkulturellen Kompetenz auf eine reichhaltige Datenlage zurückgegriffen werden, die in besonderer Weise geeignet ist, um Qualitätsdimensionen und Lehr-Lern-Bedingungen im interkulturellen Englischunterricht zu beleuchten. Erste explorative Analysen der Daten der DESI-Pilotstudie (Göbel, 2007) haben ergeben, dass die Erfahrungsbasiertheit auf der Seite des Unterrichtsangebots und die Angebotsnutzung in Form von vertiefenden Äußerungen der Schülerinnen und Schüler besonders bedeutsam für die interkulturellen Lernergebnisse der Lernenden sind. Die Analysen weisen darüber hinaus auf einen Zusammenhang zwischen der interkulturellen Erfahrung der Lehrkräfte und den Qualitätsdimensionen des interkulturellen Englischunterrichts hin. Dem Zusammenhang zwischen der interkulturellen Erfahrung der Lehrperson, dem interkulturellen Unterrichtsangebot und den Lernergebnissen wird anhand der Daten der DESI-Hauptuntersuchung nunmehr weiter nachgegangen.

Der Zusammenhang zwischen den Unterrichtsmerkmalen aus Schüler- und Lehrerperspektive und dem interkulturellen Lernergebnis wurde unter Nutzung von Mehrebenenanalysen berechnet. Bei den Daten aus der Perspektive der Lernenden handelt es sich nicht um voneinander unabhängige Daten; da es sich um Lernende in Schulklassen handelt, wurden für die statistische Analyse dieser hierarchisch strukturierten Daten Mehrebenenanalysen eingesetzt (Raudenbush & Bryk, 2002). Kontrolliert wurden hierbei durchweg der Bildungsgang, der individuelle Sprachhintergrund (Erstsprache) und der Anteil der Schüler mit nicht-deutscher Erstsprache, die kognitiven Grundfähigkeiten der einzelnen Schüler sowie der entsprechende Klassendurchschnitt, das Geschlecht sowie der Mädchenanteil in der Klasse, der sozioökonomische Status der Herkunftsfamilie und die soziale Komposition der Klasse. Als interkulturelles Lernergebnis im Sinne einer Zieldimension von Unterrichtsqualität werden die Ergebnisse der Bearbeitung von interkulturellen Aufgaben genutzt (Göbel & Hesse, 2008). Als Prädiktoren gingen in die Analysen sowohl die für den interkulturellen Englischunterricht spezifischen Dimensionen der Unterrichtsqualität, wie prozentualer Anteil interkultureller Themen aus Lehrpersonensicht, sowie die interkulturelle Erfahrung der Lehrpersonen, als auch allgemeine Unterrichtsqualitätsdimensionen wie Disziplin und Fehlerkultur ein. Klassenführung als allgemeine Unterrichtsqualitätsdimension, die die Nutzung der Zeit für unterrichtsrelevante Themen abbildet, wird in verschiedenen Untersuchungen (z. B. Wang, Haertel & Walberg, 1993) immer wieder als für den Lernprozess relevante Einflussgröße beschrieben.

Eine positive Fehlerkultur (Oser & Hascher, 1997) kann weiterhin als positive klimatische Bedingung des Unterrichts einerseits und als Anregungsbedingung für die Beförderung von komplexen Lernprozessen andererseits gelten und hat kann insofern einen allgemein förderlichen Einfluss auf die interkulturellen Lernergebnisse der Schüler haben. Die interkulturellen Lernergebnisse wurden durch die Ergebnisse der Bearbeitung der interkulturellen Kompetenzaufgaben durch die Schülerinnen und Schüler abgebildet (Hesse, Göbel & Jude, 2008; Hesse & Göbel, 2007). Den Lernenden wurden Critical Incidents zwischen Deutschen und Briten vorgelegt zu denen ihnen Items zur kognitiven und affektiven Situationsanalyse sowie zu Handlungsstrategien und zum Transfer dargeboten wurden, die die interkulturellen Einstellungen im Sinne des Modells von Bennett reflektierten. Die Antwortmuster wurden mit Hilfe einer Latenten Klassenanalyse in Gruppen zusammengefasst und jede Schülerin und jeder Schüler konnte einer interkulturellen Einstellungsgruppe zugeordnet werden. Dabei wurden die Gruppen Denial/Defense und Acceptance/Adaptation zusammengefasst (genauere Erläuterung der Vorgehensweise siehe Hesse & Göbel, 2007 u. Hesse, Göbel & Jude, 2008).

Ergebnisse zum Zusammenhang zwischen Lehrpersonen und Unterrichtsmerkmalen und dem interkulturellen Lernergebnis – Mehrebenenanalysen der DESI-Fragebogendaten

Die Ergebnisse der Mehrebenenanalysen machen deutlich, dass aus der Perspektive der Lernenden und der Lehrpersonen erhobene Unterrichtsdimensionen nach Kontrolle von verschiedenen lernrelevanten Voraussetzungen der Schülerinnen und Schüler einen Einfluss auf die interkulturellen Lernergebnisse aufweisen. Hierbei bestätigen sich zum Teil Qualitätsdimensionen des Unterrichts, die bereits innerhalb der Pilotstudie als bedeutsam erschienen. Die Zahl und Qualität der interkulturellen Kontakte der Lehrpersonen haben offenbar einen Einfluss auf die interkulturellen Lernergebnisse der Schülerinnen und Schüler. Hier bestätigen sich theoretische Annahmen aus der Fremdsprachendidaktik, die der interkulturellen Erfahrung der Lehrpersonen eine große Bedeutung zuweisen (z. B. Byram, 1991; Bennett, Bennett & Allen, 2003). Wie diese im Unterricht vermittelt werden, ist jedoch noch empirisch zu untermauern. Weiterhin haben sich die Unterrichtsdimensionen positive Fehlerkultur sowie Disziplin im Unterricht als lernrelevant erwiesen. Die Bedeutsamkeit von positiver Fehlerkultur und Disziplin für die interkulturellen Lernergebnisse bestätigen Befunde der Unterrichtsforschung (Oser & Hascher, 1997; Seidel & Shavelson, 2007).

Insgesamt zeigen die Analyseergebnisse, dass der Kontakt der Lehrperson mit dem englischsprachigen Ausland einen schwachen, aber signifikanten Einfluss auf die interkulturellen Lernergebnisse der Schüler hat. Der Unterschied in den Zuordnungswahrscheinlichkeiten zwischen den interkulturellen Kompetenzklassen ist zwar nicht sehr groß, aber er ist zwischen den Acceptance/Adaptation Schülern (AA) und den Denial-Defense Schülern (DD) signifikant verschieden. Wenn eine Lehrperson mehr Auslandskontakte hat, dann erhöht sich für die Schüler der Klasse die Wahrscheinlichkeit, bei Bearbeitung der interkulturellen Aufgaben (Critical Incident) zur Acceptance/Adaptation-Gruppe zugeordnet zu werden. Daneben hat ein positiver Umgang mit Fehlern und von den Lernenden wahrgenommene Disziplin im Unterricht ebenfalls einen günstigen Einfluss auf die interkulturellen Lernergebnisse. Wird von den Schülern wahrgenommen, dass Fehler im Unterricht von der Lehrperson als Lerngelegenheiten genutzt werden und ein Klima herrscht, in dem Fehler erlaubt sind, ja gar produktiv genutzt werden, dann zeigen auch hier die Schüler bessere interkulturelle Lernergebnisse. Auch eine aus Schülersicht disziplinierte Lernumgebung wirkt positiv auf die interkulturellen Lernergebnisse. Demgegenüber zeigt sich weder beim Anteil interkultureller Themen, noch bei der von den Schülern eingeschätzten Wichtigkeit interkultureller Themen im Englischunterricht oder der Wahrnehmung der themenspezifischen Motivierung ein signifikanter Einfluss auf die interkulturellen Lernergebnisse der Schüler. Auch die interkulturelle Einstellung der Lehrperson schlägt kaum auf die Lernergebnisse der Schülerinnen und Schüler nieder (für eine detailliertere Darstellung siehe Göbel & Hesse, 2008).

Bei der Interpretation der Ergebnisse muss jedoch berücksichtigt werden, dass die Angebote zum Teil aus Schülersicht beurteilt werden. Bereits die geringen Korrelationen zwischen Schüler- und Lehrpersoneneinschätzung der Wichtigkeit von interkulturellen Inhalten und der Lerngelegenheiten weisen darauf hin, dass die Schüler nicht immer die Absichten der Lehrpersonen erkennen.

Der Vergleich interkulturell erfahrener und weniger erfahrener Lehrpersonen – Qualitative Analysen ausgewählter Unterrichtsvideos der DESI-Hauptstudie

Vor dem Hintergrund der Bedeutsamkeit interkultureller Erfahrung der Lehrkräfte für die Unterrichtsqualität, wie sich sowohl in der Analyse der Videodaten der Pilotierungsstudie als auch in den Analysen der Fragebogen und Testdaten der Hauptstudie nachweisen (s. o.) ließen, werden in einem nächsten Schritt DESI-Unterrichtsvideos der Hauptstudie in den Blick genommen. Videos von Lehrpersonen, die über vielfältige interkulturelle Erfahrung verfügen werden mit solchen kontrastiert, die interkulturell weniger erfahren sind. Die Auswahl erfolgt vor dem Hintergrund der Angaben der Lehrkräfte über Kontakte zum englischsprachigen Ausland. Unter Nutzung der Methode der hochinferenten Beurteilungen durch trainierte Beurteiler anhand von Rating-Skalen, die die interkulturelle Qualität des Unterrichts abbilden sollen, werden Unterrichtsvideos von interkulturell erfahrenen und weniger erfahrenen Lehrpersonen miteinander verglichen (Göbel, 2009).

Ergebnisse zu Themenwahl und Umsetzung der Themen von interkulturell erfahrenen und weniger erfahrenen Lehrpersonen

Betrachtet man zunächst die Themen der interkulturellen Unterrichtsstunden, so zeigt sich, dass die Lehrpersonen erwartungsgemäß recht unterschiedliche Themen wählen. Bei den Lehrpersonen mit überdurchschnittlichen Kulturkontakterfahrungen sind dies: Midwest of USA, Football Hooligans, British School Exchange, Ireland und Child Labour. Die Lehrpersonen mit geringer Kulturkontakterfahrungen bearbeiten die Themen: Australia, Learning in Africa, Youth Magazines, Youth Culture und Child Helpline. Vor dem Hintergrund dieser Themenwahl ist eine Aussage über die Qualität der interkulturellen Erörterung der jeweiligen Themengebiete nicht möglich. Im Sinne einer hochinferenten Beurteilung ist daher der interkulturelle Fokus der Unterrichtsstunden von zwei unabhängigen Ratern eingeschätzt worden.

In der folgenden Tabelle 3 sind die Ergebnisse der Einschätzung der interkulturellen Schwerpunkte in der Übersicht dargestellt. Als realisiert eingeschätzte Dimensionen sind mit einem X gekennzeichnet. Die in Klammern gesetzten X kennzeichnen eine sehr schwache Realisierung der jeweiligen Dimension, das heißt der jeweilige Aspekt wird im Unterricht nur sehr kurz mit einer Lehrerfrage und ein bis zwei Schülerantworten behandelt.

Die in Tabelle 3 dargestellten Beurteilungen der interkulturellen Ausrichtung der Unterrichtsvideos machen deutlich, dass die Analyse-Dimensionen, mit Ausnahme der von den Lehrpersonen ins Unterrichtsgespräch aufgenommenen Schülervorstellungen, innerhalb der Stichprobe heterogen verteilt sind. Während das Thema Objektive Kultur in den Unterrichtsvideos zu einem großen Teil realisiert wird, werden kulturelle Bedeutungen (Subjektive Kultur) innerhalb der untersuchten Videos kaum thematisiert. Dabei fällt auf, dass die Lehrpersonen mit viel Kulturkontakterfahrung ausnahmslos Informationen über anschauliche oder materielle Kulturthemen im Unterricht einbringen. Für die Lehrpersonen mit wenig Kulturkontakt trifft dies nur auf drei von fünf Unterrichtsvideos zu. In zwei der fünf Videoaufzeichnungen dieser Gruppe werden kulturbezogene Themen gar nicht oder kaum behandelt.

Klasse Nr.	Thema	Kulturkontakterfahrung	Objektive Kultur Information	Objektive Kultur Vergleiche	Subjektive Kultur Information	Subjektive Kultur Vergleiche	Rollenspiel	Schülervorstellungen
1	Child Helpline	Wenig					X	X
2	Youth Culture	Wenig	X	X				X
3	Australia	Wenig	X					X
4	Learning in Africa	Wenig	X	X	(X)			X
5	Youth Magazines	Wenig		(X)				X
6	Football Hooligans	Viel	X		(X)		X	X
7	Ireland	Viel	X					X
8	School Exchange	Viel	X				X	X
9	Child Labour	Viel	X	X		X		X
10	Midwest of USA	Viel	X					X

Tab. 3: Interkultureller Fokus der ausgewählten Unterrichtsvideos

Die Bezugnahme auf subjektive kulturelle Bedeutungen ist innerhalb der analysierten Unterrichtsvideos eher selten. Einzig in Klasse 9 wird dies in deutlicher Weise aufgenommen. In dieser Klasse wird über die Bedeutung und Bewertung von Kinderarbeit in Deutschland, Asien und in den USA gesprochen und dabei werden zum Teil auch historisch vergleichende Perspektiven eingenommen. In Klasse 4 und 6 werden immerhin Ansätze gemacht, die kulturellen Bedeutungen im Hinblick auf die Bildungschancen in Afrika und bei der Entstehung von Hooliganismus zu streifen. Die Erarbeitung der kulturellen Bedeutung erfolgt bei diesen Klassen jedoch nicht in vertiefter Weise; aus diesem Grund sind die Zuordnungen in der Tabelle 3 in Klammern gesetzt.

Auch kulturelle Vergleiche sind innerhalb der videografierten Unterrichtsstunden nicht sehr häufig anzutreffen. Wenn sie vorkommen, dann stehen sie nicht im Zentrum des Unterrichtsgesprächs, sondern werden nur kurz gestreift. Kulturelle Vergleiche werden in den Klassen 2, 4, 5 und 9 gemacht. Hier fällt auf, dass die vergleichenden Perspektiven eher von Lehrpersonen aufgenommen werden, die wenig Kulturkontakterfahrung haben, gleichzeitig fällt der Vergleich sehr wenig elaboriert aus. Die Klasse 4 bildet eine gewisse Ausnahme, denn hier steht der Vergleich sehr deutlich im Vordergrund, allerdings wird dieser genutzt, um die Defizite der anderen Kultur gegenüber der eigenen Kultur deutlich zu machen.

Das Rollenspiel, im Sinne einer Erarbeitung von interkulturellen Situationen aus verschiedenen Perspektiven, kommt nur in den Klassen 6 und 8 vor. In Klasse 6 wird mit verteilten Rollen ein Dialog in der Familie eines wegen Hooliganismus verhafteten Jugendlichen nachgespielt. In Klasse 8 wird ein Gespräch zwischen Eltern und Schülern über einen vergangenen Schüleraustausch dargestellt. Bei beiden Klassen handelt es sich um Lehrpersonen, die häufig Kontakte zu Personen in englischsprachigen Ländern haben. In Klasse 1 wird im Rollenspiel die Beratungssituation in einer Telefonseelsorge dialogisch nachempfunden, allerdings ohne auf kulturelle oder interkulturelle Aspekte Bezug zu nehmen. Die Lehrperson, die diesen Unterricht gehalten hatte, verfügte nur über wenig Kulturkontakte.

Insgesamt zeigen die Lehrpersonen mit mehr Kulturkontakterfahrungen eine deutlichere Realisierung von kulturellen und interkulturellen Themen im Unterricht als jene mit weniger Auslandskontakten. Hervorzuheben ist vor allem die Tatsache, dass fast die Hälfte der Lehrpersonen mit wenig Kulturkontakterfahrung trotz der Vorgabe kaum interkulturelle Themen im Unterricht behandelt hat. Die Lehrpersonen mit wenig Kulturerfahrung, die in ihrem Unterricht kulturelle Themen aufgenommen haben, bereiten diese jedoch entweder in oberflächlicher oder, in einem Fall, sogar in deutlich polarisierender Weise auf. Es zeigt sich, dass gerade interkulturelle Themen im Englischunterricht entgegen allen Erwartungen nicht sehr vertieft behandelt werden.

Der Einfluss von spezifischen versus allgemeinen Unterrichtsvorgaben – Vergleich der Unterrichtsvideos der DESI-Pilotstudie mit denen der Hauptstudie

Die zuvor dargestellten ersten Analyseergebnisse der Unterrichtsvideos der DESI-Hauptuntersuchung machen deutlich, dass interkulturelle Themen im Englischunterricht, bei der unspezifischen Vorgabe ein interkulturelles Thema zu behandeln, wenig auf subjektive kulturelle Vorstellungen rekurrieren. Diese subjektiven interkulturellen Vorstellungen sollten jedoch einen Kern interkulturellen Englischunterrichts ausmachen (Steinert & Klieme, 2004). Ein Vergleich der Unterrichtsvideos der DESI-Pilotstudie mit denen der Hauptstudie birgt die Möglichkeit, interkulturellen Englischunterricht, der sehr deutlich im Hinblick auf subjektive kulturelle Unterschiede spezifiziert ist (Pilotstudie) mit Unterricht zu vergleichen, der nur sehr unspezifische Vorgaben erhalten hat (Hauptstudie). Die Pilotstudie zeichnete sich durch eine sehr deutliche explizite Darstellung der Ziele und Inhalte der interkulturellen Unterrichtsstunde aus, die Hauptstudie jedoch nicht.

Unter Nutzung der Methode der hoch inferenten Beurteilungen durch trainierte Beurteiler anhand von Rating-Skalen, die die interkulturelle Qualität des Unterrichts abbilden sollen, wurden die Unterrichtsvideos eingeschätzt. Diese Skalen wurden im Rahmen der Pilotstudie entwickelt (Göbel, 2007). Beim Vergleich der hoch inferenten Einschätzungen der DESI-Hauptuntersuchungsvideos mit denen der DESI-Pilotierung zeigte sich, dass die Videos der Pilotstudie im Hinblick auf die Ratingdimension „Einbezug von Erfahrungen der Schülerinnen und Schüler" deutlich positiver beurteilt wurden als die Videos der Hauptuntersuchung. Ein Test des Rangkorrelationsvergleichs weist auf einen signifikanten Unterschied hin (Mann-Whitney-U-Test: $p = 0.002$). Innerhalb der Videos der Pilotstudie zeigten sich deutlich mehr Rollenspiele und mehr Unterrichtsgespräche die subjektive kulturelle Differenzen zum Inhalt hatten (siehe Göbel & Helmke, 2010). Die Inhalte der bislang analysierten Unterrichtsvideos der Hauptstudie beziehen sich hingegen häufiger auf objektive Kulturinformation. Hier werden kaum Rollenspiele realisiert und selten Themen besprochen, die Unterschiede in den subjektiven Werthaltungen und Normen zwischen den Kulturen deutlich machen. Das Vergleichsergebnis der Ratings der Pilotierungsvideos mit denen der Hauptuntersuchung deutet daraufhin, dass sich die explizite differenzierte Vorgabe innerhalb der Pilotierung positiv auf die interkulturelle Qualität des Unterrichts ausgewirkt hat.

Diskussion

Die zuvor dargestellten Analyseergebnisse zu den Einflüssen von Lehrer- und Unterrichtsmerkmalen auf das interkulturelle Lernergebnis bestätigen Ergebnisse der Unterrichtsforschung: Auch interkulturelle Lernergebnisse hängen sowohl allgemeinen und spezifischen didaktischen Merkmalen des Unterrichts als auch den kognitiven und interkulturellen Eingangsvoraussetzungen der Lernenden ab.

Die Ergebnisse der Mehrebenenanalysen zeigen, dass die aus Schülersicht eingeschätzte Disziplin im Unterricht und eine positive Fehlerkultur die interkulturellen Lernergebnisse positiv beeinflussen. Interkulturelles Lernen im Fremdsprachenunterricht ist demnach genauso auf eine kompetente Unterrichtsführung und auf einen lernförderlichen Umgang mit Fehlern angewiesen, wie andere eher sprachorientierte Lernziele (Helmke et al., 2008). An dieser Stelle sei darauf hingewiesen dass Disziplin und Fehlerkultur aus Schülersicht beurteilt wurden, was darauf hindeutet, dass gerade die Schülereinschätzung dieser Aspekte des Unterrichts als lernrelevant gelten können (hierzu auch Clausen, 2002). Weiterhin zeigte sich im Rahmen der Analyse der Pilotierungsvideos, dass die Erfahrungsbasiertheit des Unterrichts, die Ermöglichung von vertiefenden und erweiternden Schüleräußerungen und der Einbezug von selbstorganisierten Unterrichtsphasen einen positiven Einfluss auf das Interesse an interkulturellen Themen ausüben.

Neben den allgemeinen didaktischen Fähigkeiten der Lehrpersonen hat sich aber auch ihre kontinuierliche interkulturelle Erfahrung als bedeutsam für die interkulturellen Lernergebnisse der Schülerinnen und Schüler erwiesen. Lernende die von Lehrpersonen mit regelmäßigen Kulturkontakten unterrichtet werden, scheinen von dieser Erfahrung im Hinblick auf ihre interkulturellen Lernergebnisse profitieren zu können. Im Rahmen der Pilotierungsstudie zeigte sich, dass Lehrpersonen mit vielfältigen interkulturellen Erfahrungen den Unterricht erfahrungsbasiert arrangieren und den Schülerinnen und Schülern mehr Gelegenheit zu vertiefenden Beteiligung am Unterrichtsgespräch ermöglichen. Die Gegenüberstellung von Unterrichtsvideos von Lehrpersonen mit häufigen und solchen mit seltenen Kulturkontakten im Rahmen der DESI-Video-Hauptstudie zeigen Unterschiede in der Bearbeitung der interkulturellen Themen zwischen den beiden Personengruppen. Grundsätzlich liegt der Fokus zumeist auf dem Thema Objektive Kultur, wohingegen kulturelle Bedeutungen innerhalb der analysierten Unterrichtseinheiten kaum thematisiert werden. Die unterschiedliche Kulturkontakterfahrung der Lehrpersonen wird auch in der Bearbeitung der interkulturellen Themen im videografierten Unterricht der DESI-Hauptuntersuchung deutlich. Lehrpersonen mit geringer interkultureller Erfahrung nehmen interkulturelle Themen zum Teil gar nicht in ihrem Unterricht auf. Diejenigen, die interkulturelle Themen behandeln, tun dies zum Teil in polarisierender Weise. Kulturelle Unterschiede werden sehr betont, und die andere Kultur wird zum Teil abgewertet. Lehrpersonen mit häufigem Kulturkontakt hingegen greifen vergleichende kulturelle Betrachtungen kaum auf. Stattdessen erarbeiten sie kulturelle Inhalte zum Teil über Rollenspiele und vertiefen das interkulturelle Verständnis eher in der eingehenden Betrachtung der anderen Kultur. Für interkulturell erfahrenere Lehrpersonen scheint es, bei gegebener Unterrichtsvorgabe, selbstverständlicher zu sein, interkulturelle Themen in ihrem Unterricht zu implementieren. Wohingegen weniger interkulturell erfahrene Lehrpersonen sich mit der Implementierung interkultureller Themen zum Teil schwer tun. Wenn sie interkulturelle Themen aufgreifen, dann tun sie dies unter Zuhilfenahme von interkulturellen Vergleichen zwischen der eigenen und der fremden Kultur.

Die bislang vorgelegten Analyseergebnisse der DESI-Video-Hauptstudie machen dennoch deutlich, wie schwer es Lehrpersonen fällt, der Forderung nach Entwicklung interkultureller Kompetenz im Englischunterricht nachzukommen. Kultur und interkulturelle Themen werden kaum im Hinblick auf subjektive kulturbezogene Konzeptionen reflektiert, stattdessen werden sie hauptsächlich in der Betrachtung objektiver kultureller Gegebenheiten analysiert. Die Realisierung interkultureller Unterrichtsstunden mit dem Schwerpunkt auf kulturelle Bedeutungen scheint Lehrpersonen leichter zu fallen, wenn sie eine im Hinblick auf diese Themenstellung spezifischer Vorgabe erhalten, wie dies im Rahmen der DESI-Pilotstudie realisiert wurde (Göbel, 2007). Die Vermutung liegt nahe, dass Lehrpersonen, wenn die Unterrichtsvorgaben sehr allgemein gehalten sind, sich bei der Behandlung von interkulturellen Themen eher dafür entscheiden, Aspekte der objektiven Kultur in den Vordergrund zu stellen. Folglich ist auch im „normalen" Unterricht damit zu rechnen, dass in interkulturellen Unterrichtssequenzen subjektive kulturelle und interkulturelle Bedeutungen kaum thematisiert werden. Dieses Ergebnis macht auf einen Förderbedarf für die Lehreraus- und Weiterbildung aufmerksam.

Bei den vorliegenden Daten handelt es sich nur um die Analyse von 10 Unterrichtsstunden. Eine Analyse aller 104 Unterrichtsvideos steht noch aus und wird es ermöglichen, die vorliegenden Befunde gegebenenfalls belastbarer zu machen sowie die interkulturelle Qualität des Unterrichts differenzierter zu bestimmen. Eine vertiefte Analyse der Unterrichtspraxis im interkulturellen Englischunterricht ist wichtig, um Förderbedarfe aufzudecken und eine systematische Konzeptionierung der Unterrichtsinhalte und Materialien zu erleichtern. Interkulturelle Unterrichtsansätze im schulischen Englischlernen bedürfen offenbar einer deutlichen Unterstützung, auch von außen; interkulturelles Lernen im Sinne des Abbaus von Ethnozentrismus und des Aufbaus von positiver Einstellung und Bewertung von Fremdem (Ethnorelativität) ist ein mühseliger Prozess, dessen Langwierigkeit angesichts der häufigen Nennungen von interkulturellen Zielsetzungen in fremdsprachlichen Curricula (vermutlich) unterschätzt wird. Diese Erkenntnis wird auch durch andere aktuelle Befunde gestützt (z. B. Papenberg, 2007).

Literatur

Auernheimer, G. (2001): Anforderungen an das Bildungssystem und die Schulen in der Einwanderungsgesellschaft. In: Auernheimer, G. (Hrsg.): Migration als Herausforderung für pädagogische Institutionen. Opladen: Leske + Budrich, S. 45–58.
Baron, R. S. (2002): Interculturally Speaking. München: Langenscheidt ELT.
Bennett, M. (1993); Towards ethnorelativism: A developmental model of intercultural sensitivity. In: Paige. M. (Hrsg.): Education for the intercultural experience. Yarmouth: Intercultural Press, S. 21–72.
Bennett, J. M.; Bennett, M. J. & Allen, W. (2003): Developing Intercultural Competence in the Language Classroom. In: Lange, D. L. & Paige M. (Hrsg.): Culture as the Core. Greenwich: IAP, S. 237–270.
Bredella, L. (1999): Zielsetzungen interkulturellen Fremdsprachenunterrichts. In: Bredella. L. & Delanoy, W. (Hrsg.): Interkultureller Fremdsprachenunterricht. Tübingen: Narr, S. 85–120.
Bredella, L.; Meißner, F. J.; Nünning, A. & Rösler, D. (2000): Grundzüge einer Theorie und Didaktik des Fremdverstehens beim Lehren und Lernen fremder Sprachen. In: Bredella, L. (Hrsg.): Didaktik des Fremdverstehens. Tübingen: Narr, IX–LII.
Bredella, L. & Christ, H. (Hrsg.) (2007): Fremdverstehen und interkulturelle Kompetenz. Tübingen: Narr.
Bredella, L. & Christ, H. (Hrsg.) (1995): Didaktik des Fremdverstehens. Tübingen: Narr.
Bredella, L. & Delanoy, W. (Hrsg.) (1999): Interkultureller Fremdsprachenunterricht. Tübingen: Narr.

Brislin, R. W.; Landis, D. & Brandt, M. E. (1983): Conceptualization of intercultural behavior and training. In: Landis, D. & Brislin, R. (Hrsg): Handbook of intercultural training. New York: Pergamon Press, S. 1–35.

Burwitz-Meltzer, E. (2003): Allmähliche Annäherungen: Fiktionale Texte im interkulturellen Fremdsprachenunterricht der Sekundarstufe I. Tübingen: Günter Narr Verlag.

Byram, M. (1997): Teaching and assessing intercultural communicative competence. Clevedon: Multilingual Matters.

Byram, M. (1991): Teaching culture and language: towards an integrated model. In: Buttjes, D. & Byram, M. (Hrsg.): Mediating languages and cultures: Towards an intercultural theory of foreign language education. Clevedon, Avon, England: Multilingual Matters, S. 17–30.

Clausen, M. (2002): Unterrichtsqualität in Pädagogischer Psychologie und Empirischer Pädagogik. In: R. Schwarzer & J. Baumert (Hrsg.): Unterrichtsqualität: Eine Frage der Perspektive? Empirische Analysen zur Übereinstimmung, Konstrukt- und Kriteriumsvalidität. Münster, Waxmann, S. 15–41.

Diehr, B. (2008): (Inter-)Kulturelles Lernen im Auslandspraktikum. Wuppertal: Bergische Universität (unveröffentlichtes Manuskript).

Dinges, N. (1983): Intercultural competence. In: Landis, D. & Brislin, R. (Hrsg.), Handbook of intercultural training. New York: Pergamon, S. 106–123.

Dinges, N. & Baldwin, K. D. (1996): Intercultural competence: A research perspective. In: Landis, D. (Hrsg.): Handbook of intercultural training. (2nd ed.). Thousand Oaks: Sage, S. 106–123.

Erll, A. & Gymnich, M. (2007): Interkulturelle Kompetenzen. Erfolgreich kommunizieren zwischen den Kulturen. Stuttgart: Klett.

Göbel, K. (2007): Qualität im interkulturellen Englischunterricht. Münster u. a.: Waxmann.

Göbel, K. (2009): Interkulturelle Interaktionen im Englischunterricht – die Bedeutung der Kulturkontakterfahrung von Lehrpersonen. In: Byram, M. & Hu, A. (Hrsg.): Interkulturelle Kompetenz – Konzepte, Messung, Evaluation. Tübingen: Günter Narr. S. 179–198.

Göbel, K. & Helmke, A. (2010): Intercultural learning in English as a foreign language instruction: The importance of teachers' intercultural experience and the usefulness of precise instructional directives. Teaching and Teacher Education, 26 (8), S. 1571–1582.

Göbel, K. & Hesse, H. G. (2008): Vermittlung interkultureller Kompetenzen im Englischunterricht. In: DESI Konsortium (Hrsg.): Unterricht und Kompetenzerwerb in Deutsch und Englisch. Weinheim: Beltz, S. 398–410.

Göbel, K. & Hesse, H. G. (2004): Vermittlung interkultureller Kompetenz im Englischunterricht – eine curriculare Perspektive. Zeitschrift für Pädagogik, 50(6), S. 818–834.

Heller, K. A.; Gaedicke, A. K. & Weinländer, H. (1998): Kognitiver Fähigkeitstest, KFT 4–13 (2 Aufl.). Weinheim: Beltz.

Helmke, A.; Helmke, T.; Schrader, F.-W.; Wagner, W.; Klieme, E.; Nold, G. & Schröder, K. (2008): Wirksamkeit des Englischunterrichts. In: DESI-Konsortium (Hrsg.), Unterricht und Kompetenzerwerb in Deutsch und Englisch. Weinheim: Beltz, S. 382–397.

Hesse, H. G. & Göbel, K. (2007): Interkulturelle Kompetenz. In: Beck, B. & Klieme, E. (Hrsg.): Sprachliche Kompetenzen – Konzepte und Messung – DESI-Studie. Weinheim: Beltz, S. 253–269.

Hesse, H. G.; Göbel, K. & Jude, N. (2008): Interkulturelle Kompetenz. In: DESI-Konsortium (Hrsg.): Unterricht und Kompetenzerwerb in Deutsch und Englisch. Weinheim: Beltz, S. 180–190.

Hesse, H. G.; Göbel, K. & Jude, N. (2003): Interkulturelle Kompetenzen. In: Klieme, E. et al. (Hrsg.): DESI: Bericht über die Entwicklung Erbprobung der Erhebungsinstrumente. Frankfurt am Main: DIPF, S. 123–128.

Kelly, G. (1963): A theory of personality. New York: Norton.

Kramsch, C. (1998): Language and Culture. Oxford: OUP.

Kramsch, C. (1996): Stylistic Choice and Cultural Awareness. In: Bredella, L. & Delanoy W. (Hrsg.): Challenges of literary texts in the foreign language classroom. Tübingen: Narr, S. 162–174.

KMK (1996): Empfehlung ‚Interkulturelle Bildung und Erziehung in der Schule': Beschluss der Kultusministerkonferenz vom 25.10.1996. Dokument von: Ständige Konferenz der Kultusminister der Länder in der Bundesrepublik Deutschland (KMK).

Oser, F. & Hascher, T. (1997): Lernen aus Fehlern. Zur Psychologie des negativen Wissens. Freiburg: Pädagogisches Institut: Schriftenreihe zum Projekt „Lernen Menschen aus Fehlern?", Nr. 1.

Paige, R. M.; Jorstad, H. L.; Siaya, L.; Klein, F. & Colby, J. (2003): Culture learning in language education: A review of the literature. In: Lange, D. L. & Paige, R. M. (Hrsg.): Culture as the Core. Greenwich: IAP, S. 173–236.

Papenberg, S. (2007): Entwicklung interkultureller Sensivitität – eine Fallstudie. In: Doff,S. & Schmidt, T. (Hrsg.): Fremdsprachenforschung heute. Interdisziplinäre Impulse, Methoden und Perspektiven. Frankfurt am Main: Peter-Lang Verlag, S. 195–210.

Raudenbush, S. W. & Bryk, A. S. (2002): Hierarchical Linear Models: Applications and Data Analysis Methods. Newbury Park: Sage.

Seidel, T. & Shavelson, R. J. (2007): Teaching Effectiveness Research in the Past Decade: The Role of Theory and Research Design in Disentangling Meta-Analysis Results. Review of Educational Research 77(4), S. 454–499.

Smith, S. L.; Paige, M. & Steglitz, I. (2003): Theoretical Foundations of Intercultural Training and Applications to the Teaching of Culture. In: Lange, D. L. & Paige, M. (Hrsg.): Culture as the Core. Greenwich: IAP, S. 89–126.

Stahl, G. K. (1995): Die Auswahl von Mitarbeitern für den Auslandseinsatz: Wissenschaftliche Grundlagen. In: Kühlmann, T. M. (Hrsg.): Mitarbeiterentsendung ins Ausland. Göttingen: Verlag für angewandte Psychologie, S. 31–72.

Steinert, B. & Klieme, E. (2004): Was kommt mit der Einführung der Bildungsstandards auf die Schulen zu? SchulVerwaltung NI SH (2), S. 36–39.

Thomas, A.; Kinast, E.-U. & Schroll-Machl, S. (2000): Entwicklung interkultureller Handlungskompetenz von international tätigen Fach- und Führungskräften durch interkulturelle Trainings. In: Götz, K. (Hrsg.): Interkulturelles Lernen/Interkulturelles Training. München: Rainer Hampp, S. 97–122.

Wang, C. M.; Haertel, G. D. & Walberg, H. (1993): Toward a Knowledge Base for school learning. Review of Educational Research. 63(3): 249–294.

Jörg Großschedl *(IPN-Leibniz-Institut)*
Ute Harms *(IPN-Leibniz-Institut)*

Concept mapping: Förderung der Metakognition oder metakognitiver Förderungsbedarf?

Theoretischer Hintergrund

Zahlreiche Untersuchungen aus der Fachdidaktik belegen, dass es Lernenden im Bereich der Zellbiologie besonders schwer fällt, elaboriertes Fachwissen aufzubauen (Dreyfus & Jungwirth, 1989) und Zusammenhänge zwischen zellulären Strukturen (Flores & Tavor, 2003; Lewis, Leach, Wood-Robinson, 2000) und verschiedenen Systemebenen (Makro- und Mikroebene) zu erkennen (Douvdevany, Dreyfus, Jungwirth, 1997; Gonzalez Weil & Harms, 2006). Dreyfus und Jungwirth (1988) untersuchten das Zellkonzept von 219 israelischen Sekundarschülern der 10. Jahrgangsstufe. Dabei beobachteten sie deutliche Defizite beim Aufbau eines soliden Fachwissens und schlussfolgerten daraus, dass bei einem Großteil der Schüler dieser Altersgruppe das zellbiologische Wissen träge ist und Transferleistungen nur bedingt erlaubt.

Die Schwierigkeiten von Lernenden im Umgang mit naturwissenschaftlichen Konzepten und Theorien sind seit Langem bekannt. Schon vor über 30 Jahren beklagte Claxton (1986) die geringe Lernwirksamkeit naturwissenschaftlichen Unterrichts. Sein Urteil über die Lernwirksamkeit des naturwissenschaftlichen Unterrichts sah vernichtend aus. Obwohl seither vielfältige Ansätze zur Verbesserung des naturwissenschaftlichen Unterrichts diskutiert wurden (taxonomische Anordnung der Lerninhalte vs. Orientierung an allgemeinbiologischen Prinzipien (u. a. Mayer, 1992; Schaefer, 1990), gefächerter vs. integrierter naturwissenschaftlicher Unterricht (u. a. Ciccorico, 1970), monoedukativer vs. koedukativer Unterricht (u. a. Häussler & Hoffmann, 2002), scheinen internationale Schulleistungsuntersuchungen wie TIMSS und PISA die Aktualität von Claxtons Urteil nach wie vor zu bestätigen.

Zahlreiche Studien zeigen, dass *concept mapping* eine vielversprechende Methode zur Überwindung von Grundproblemen des naturwissenschaftlichen Erkenntnisgewinns ist (Nesbit & Adesope, 2006; Okebukola & Jegede, 1997). Unter Grundproblemen verstehen wir die Ursachen dafür, dass Lernende trotz ihrer Teilnahme am (Biologie-) Unterricht an vorunterrichtlichen Vorstellungen festhalten, sich naturwissenschaftlich akzeptierten Vorstellungen verschließen und inkohärente Wissensstrukturen konstruieren. In der vorliegenden Studie wurde untersucht, ob *concept mapping* per se metakognitives Lernverhalten unterstützt oder ob die Vermittlung des *concept mapping* als Lernstrategie metakognitiver Unterstützung bedarf.

Entwicklung domänenspezifischer Expertise

Leistungsunterschiede zwischen Novizen und Experten werden auf die jeweilige Natur der bereichsspezifischen Wissensbasis, die verfügbaren operativen Fähigkeiten und die bereichsspezifische Lernkompetenz zurückgeführt (Lind & Sandmann, 2003; VanLehn, 1993; Weinert, 1984). Personen hoher Expertise verfügen im Gegensatz zu Novizen über umfangreiche, dicht vernetzte Wissensrepräsentationen (Pressley, Borkowski & Schneider, 1989; Reimann, 1998; Tynjälä, 1999). In der überarbeiteten Form der Lernziel-Taxonomie nach Bloom werden vier Wissensdimensionen unterschieden: Faktenwissen, konzeptuelles, prozedurales und metakognitives Wissen (Krathwohl, 2002). Im Zentrum dieser Studie steht die Verbesserung des konzeptuellen Wissenserwerbs. Konzeptuelles Wissen bezeichnet ein gut organisiertes Netzwerk aus den Schlüsselbegriffen und Prinzipien einer Domäne und ist eine zentrale Voraussetzung für die Ausübung kognitiver Prozesse (*understand, apply, analyze* ...), die über die bloße Reproduktion von Fakten (*remember*) hinausgehen (Byrnes & Wasik, 1991; Krathwohl, 2002). Außer in ihrer bereichsspezifischen Wissensbasis unterscheiden sich Experten von Novizen in ihrer bereichsspezifischen Lernkompetenz (Lind & Sandmann, 2003). Sie ist die zentrale Voraussetzung für den Aufbau eines breiten bereichsspezifischen Wissens und im Gegensatz zu den operativen Fähigkeiten eines Lernenden geeigneten Fördermaßnahmen zugänglich (VanLehn, 1993). Unter Lernkompetenz verstehen Lind und Sandmann (2003, S. 172) „die Fähigkeit ..., Lernstrategien in Abhängigkeit von den jeweiligen Aufgabenanforderungen flexibel" einzusetzen. Lernstrategien selbst bezeichnen zielführende Handlungssequenzen, die bewusst und planvoll eingesetzt werden, um die Motivation positiv zu beeinflussen und den Prozess des Wissenserwerbs zu steuern (Lind & Sandmann, 2003; Mandl & Friedrich, 1992). Wild und Schiefele (1994) unterscheiden zwischen kognitiven, metakognitiven und ressourcenbezogenen Lernstrategien. Auf die letztgenannten wird in dieser Studie nicht eingegangen.

Kognitive Lernstrategien wirken direkt auf die zu verarbeitenden Informationen ein und sind an der unmittelbaren Aufnahme, Verarbeitung und Speicherung von Informationen sowie an deren weiteren Nutzung beteiligt. Wild und Schiefele (1994) unterscheiden diesbezüglich Wiederholungsstrategien, Strategien zur Verknüpfung neuer Informationen mit der bestehenden Wissensstruktur (Elaborationsstrategien) und Strategien zur Aufbereitung von Daten in eine verarbeitungsfreundliche Form (Organisationsstrategien). Letztere leisten einen wesentlichen Beitrag für den Aufbau eines tieferen Verständnisses und werden daher auch als Tiefenstrategien bezeichnet (Krapp & Weidenmann, 2006; Lind & Sandmann, 2003). In einer Untersuchung von Artelt (1999) wurde ein Pfadmodell angenommen, in dem der Lernerfolg durch die Nutzung von Tiefenstrategien, metakognitiven Lernstrategien und Oberflächenstrategien vorhergesagt wurde. Der Einsatz von Tiefenstrategien erwies sich bei der Vorhersage des Lernerfolges als höchst signifikanter Prädiktor. Außerdem konnte nachgewiesen werden, dass zwischen der Nutzung von Tiefenstrategien und metakognitiven Lernstrategien ein enger positiver Zusammenhang besteht. Metakognitive Lernstrategien operieren im Gegensatz zu den kognitiven Lernstrategien nicht auf der Ebene des fachlichen Inhalts, sondern sind mit der Kontrolle des Lernprozesses beschäftigt. Es handelt sich dabei um Aktivitäten der Planung, Überwachung, Steuerung und Evaluation (Mazzoni & Kirsch, 2002). Zusammen mit den Tiefenstrategien weisen sie einen hohen negativen Zusammenhang zum Einsatz von Oberflächenstrategien (z. B. Wiederholungsstrategien in der Studie von Artelt, 1999) auf. Offensichtlich schließt die Nutzung von Oberflächenstrategien ein tiefergehendes und metakognitives Lernen aus.

Concept mapping als Lernstrategie

Concept maps sind graphische „Organizer", die die Gedächtnisstruktur visualisieren und Lernprozesse unterstützen. Sie bestehen aus Begriffen, die von einer Box umschlossen werden, und beschrifteten Pfeilen zwischen diesen Begriffen. Die Pfeilbeschriftung beschreibt die Relation zwischen den Begriffen, während die Pfeilrichtung die Leserichtung anzeigt (Heinze-Fry & Novak, 1990; Novak & Cañas, 2006). *Concept maps* sind eine Folgeentwicklung ausgehend von Ausubels Assimilationstheorie (Ausubel, Novak & Hanesian, 1978; Novak & Cañas, 2006) und Quillians Theorie des semantischen Gedächtnisses (Collins & Loftus, 1975; Quillian, 1969).

Semantische Modelle des Gedächtnisses unterstellen, dass deklaratives bereichsspezifisches Wissen in Gestalt kognitiver Begriffsnetze gespeichert wird (Mandl & Fischer, 2002). In diesen Netzen entsprechen die Begriffe den Knotenpunkten, deren Bedeutung sich durch die Verbindung zu anderen Begriffen erschließt. Durch Stimuli unterschiedlicher Art – Sätze, Bilder, Vergleiche – kann jeder Knotenpunkt des Gedächtnisses aktiviert werden. Wird das Gedächtnis an zwei Knotenpunkten aktiviert, so beginnt, der *spreading-activation theory* entsprechend, eine Suche nach der gemeinsamen Schnittmenge der aktivierten Begriffe. Diese fällt umso größer aus, je mehr Merkmale die aktivierten Begriffe teilen, und informiert über deren *semantische Verwandtschaft*. Die semantische Verwandtschaft kann daher als Maß für die Gesamtsumme aller Links und

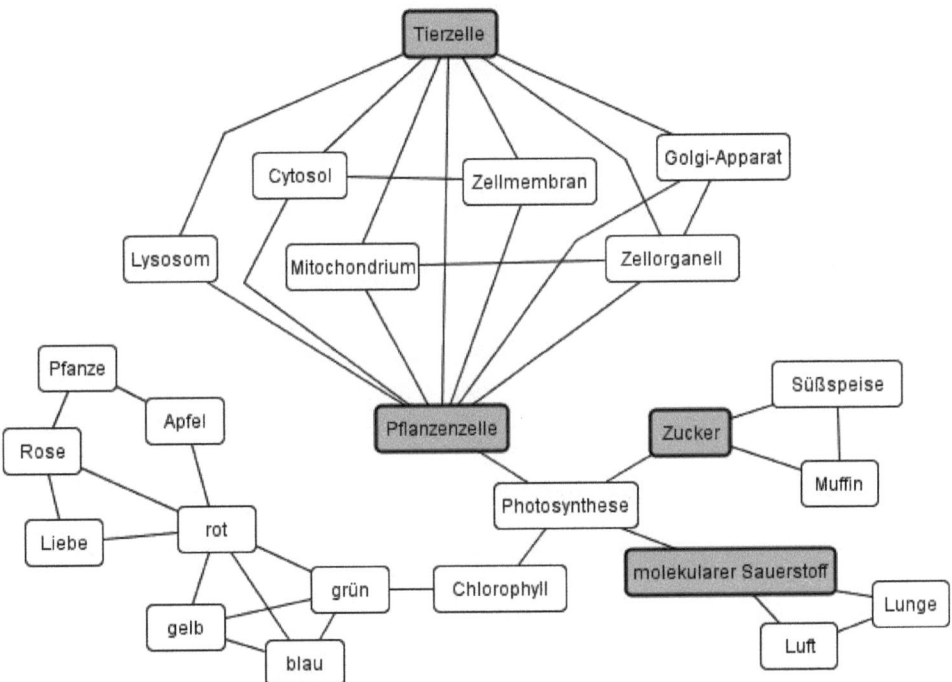

Abb. 1: Schematischer Ausschnitt der Gedächtnisstruktur nach einem semantischen Modell des Gedächtnisses

Pfade zwischen den aktivierten Begriffen betrachtet werden (Collins & Loftus, 1975). Beispielsweise ist die semantische Verwandtschaft der Begriffe *Pflanzenzelle* und *Tierzelle* größer als die der Begriffe *Zucker* und *molekularer Sauerstoff*. Letztere verbindet v. a. ihre Synthese im Verlauf der Photosynthese, während jene neben gemeinsamen Zellorganellen noch viele weitere Merkmale teilen (vgl. Abb. 1). *Concept maps* bilden die semantische Struktur des Gedächtnisses nach; ihre Konstruktion wird mit der Entlastung des Arbeitsgedächtnisses (Novak & Cañas, 2006) und der dualen Kodierung von Informationen im Gedächtnis in Verbindung gebracht (Nesbit & Adesope, 2006).

Reader und Hammond (1994) konnten in einer Studie zum Lernen mit Hypertext beobachten, dass Lernende, die Informationen in *concept maps* strukturierten, einen höheren Lernerfolg erzielten als Lernende, die Notizen erstellten. Lernende, die dazu angeleitet werden ihr Wissen in *concept maps* zu externalisieren, nutzen Tiefenstrategien, die für das bedeutungsvolle Lernen neuer Inhalte eine wichtige Rolle spielen (Heinze-Fry & Novak, 1990; Hilbert & Renkl, 2008; Markow & Lonning, 1998; Novak & Cañas, 2006). Darüber hinaus wird *concept mapping* mit der Aufdeckung von Verständnisschwierigkeiten und Wissenslücken in Verbindung gebracht (Hilbert & Renkl, 2008; Iuli & Hellden, 2004; Novak, 1990; Rickey & Stacy, 2000; Roth & Roychoudhury, 1993) und deshalb als *metakognitives Werkzeug* bezeichnet (Novak, 1990). Die Abbildung kognitiver Begriffsnetze scheint zu besseren Überwachungs- und Evaluationsaktivitäten seitens der Lernenden zu führen (Iuli & Hellden, 2004; Mandl & Fischer, 2002; Novak, 1990) und zur Überwindung von Lernschwierigkeiten beizutragen (Hilbert & Renkl, 2008).

Kognitives Training im *concept mapping*

In den bisherigen Ausführungen wurde dargestellt, dass empirisch nachweisbar ein enger Zusammenhang zwischen der Nutzung von Tiefenstrategien und dem Lernerfolg besteht. Anschließend wurde auf die Veränderung der relevanten kognitiven Prozesse eingegangen. Förderprogramme, die auf eine Veränderung kognitiver Prozesse abzielen, werden nach Hasselhorn und Hager (2006) mit dem Terminus des *kognitiven Trainings* bezeichnet. Im vorigen Abschnitt wurde die Methode des *concept mapping* mit der Unterstützung eines tiefenstrategischen Lernverhaltens in Verbindung gebracht.

Sternberg (1983) benennt Vorschriften, die bei der Gestaltung kognitiver Trainingsprogramme zu berücksichtigen sind. Dabei betont er, dass kognitive Fähigkeiten (*nonexecutive skills*) nicht isoliert, sondern in Verbindung mit Fähigkeiten der Planung, Überwachung und Evaluation (*executive skills*) trainiert werden müssen. Dieser Prämisse folgend beziehen Hasselhorn und Hager (2006) eine metakognitive Komponente in die Gestaltung kognitiver Trainingsprogramme ein. Diese setzt sich aus *metakognitivem Strategiewissen* und *allgemeinen Techniken der Selbstkontrolle* zusammen und wird als Transfervehikel für die bereichsspezifische kognitive Lernstrategie (hier *concept mapping*) angesehen. Metakognitives Strategiewissen bezeichnet Kenntnisse über die Anwendung der Lernstrategie und deren Nutzen. Allgemeine Techniken der Selbstkontrolle beziehen sich auf den Einsatz von Planungs-, Überwachungs- und Evaluationsaktivitäten und bleiben in einschlägigen Trainingsprogrammen zum *concept mapping* meist unberücksichtigt (s. a.

Novak & Cañas, 2006; Ruiz-Primo, Schultz, Li & Shavelson, 2001). Glaser, Keßler und Brunstein (2009) kontrastierten zwei Formen eines unterrichtsintegrierten Trainings zur Förderung der Schreibkompetenz: In der einen Ausführung wurden die bloßen Schreibstrategien trainiert, in der anderen wurden diese in Verbindung mit allgemeinen Techniken der Selbstkontrolle vermittelt. Die Autoren gingen dabei von der Hypothese aus, dass die begleitenden Maßnahmen für die Überwachung, Steuerung und Optimierung des Strategieeinsatzes wichtig sind. Die Ergebnisse untermauern diese Hypothese: Schüler, die in Verbindung mit allgemeinen Techniken der Selbstkontrolle trainiert wurden, übertrafen die Schüler der Kontrollgruppe in strategienahen Aufsatzvariablen (u. a. Kohärenz), einem holistischen Maß der Aufsatzqualität und einer untrainierten Transferaufgabe. Diese und andere Befunde haben dazu geführt, dass man inzwischen dazu übergegangen ist kognitive Fördermaßnahmen nicht isoliert, sondern in Verbindung mit metakognitiven Komponenten zu vermitteln. Vor dem Hintergrund der bisherigen Ausführungen stellt sich die Frage, ob allgemeine Techniken der Selbstkontrolle zu einer Effizienzsteigerung eines Trainings im *concept mapping* führen.

Metakognitives *prompting*

Vor dem Hintergrund lebenslanger Lernprozesse ist die Entwicklung von Fähigkeiten der Selbstregulation von entscheidender Bedeutung (Hasselhorn, 2000): „Selbstregulation beim Lernen (SRL) bedeutet, in der Lage zu sein, Wissen, Fertigkeiten und Einstellungen zu entwickeln, die zukünftiges Lernen fördern und erleichtern und die – vom ursprünglichen Lernkontext abstrahiert – auf andere Lernsituationen übertragen werden können" (Baumert et al., 2000, S. 2). In den letzten Jahren hat sich allerdings innerhalb der Erziehungswissenschaften eine gewisse Skepsis hinsichtlich der individuellen Voraussetzungen von Schülern zum selbstregulierten Lernen ausgebreitet. Das Konzept der Metakognition stellt ein Beschreibungsmodell dar, mit dessen Hilfe individuelle Voraussetzungen zu selbstreguliertem Lernen einer Analyse und Förderung zugänglich gemacht werden können (Hasselhorn, 2000). In einer Metaanalyse konnte Schneider (1985) einen mittleren Zusammenhang zwischen Metakognition und Lernleistung ($r = .41$) ermitteln. Seitdem wurden vielfältige Trainingsprogramme zur Verbesserung allgemeiner Techniken der Selbstregulation, d. h. metakognitiver Lernaktivitäten, erprobt (King, 1991; Mevarech & Kramarski, 2003; Schraw, 1998). Berthold, Nückles und Renkl (2007) führten ein Experiment zur Lernwirksamkeit verschiedener *prompting*-Maßnahmen durch. Dabei wurden die Teilnehmer (N = 84 Psychologiestudenten) einer von vier Versuchsbedingungen zugewiesen. In allen Versuchsbedingungen wurden Lernprotokolle angefertigt. In Abhängigkeit von der Lerngruppenzugehörigkeit wurden dabei entweder rein kognitive, rein metakognitive, eine Kombination aus kognitiven und metakognitiven *prompts* oder keine *prompts* bereitgestellt. Dabei zeigte sich, dass der Lernerfolg im Vergleich zur Kontrollgruppe durch rein metakognitive *prompts* nicht gesteigert werden konnte. Dagegen erzielten Versuchsgruppen mit rein kognitiven oder einer Kombination aus kognitiven und metakognitiven *prompts* deutlich bessere Lernergebnisse. Inzwischen ist man dazu übergegangen metakognitive Fördermaßnahmen nicht isoliert, sondern in Verbindung mit bereichsspezifischen Fertigkeiten zu vermitteln. In der Regel werden metakognitive Aktivitäten durch explizite Aufforderungen angeregt (z. B. „Welche neuen Zusammenhänge haben wir erkannt?", s. a. Konrad, 2006); die zu vermittelnde bereichsspezifische Fähigkeit bildet in dieser Studie das *concept mapping*. Haller, Child und Walberg (1988) führten eine Metaanalyse zur Wirksamkeit metakognitiver Instruktionen auf das Leseverständnis durch. Sie fanden dabei heraus, dass metakognitiv instruierte Gruppen ein besseres Leseverständnis im Vergleich zu nicht instruierten Gruppen aufweisen. Andere Studien legten den Fokus auf die Lernleistung und die Problemlösefähigkeit. So zeigten King (1991) und Schoenfeld (1985), dass die Problemlöseleistung von Lernenden durch ein Training im Stellen und Beantworten metakognitiver Fragen im Vergleich zur Kontrollgruppe verbessert werden kann.

Hypothesen

Ausgehend vom dargelegten Stand der Forschung werden die folgenden Hypothesen formuliert:

1. Metakognitives *prompting* unterstützt den konzeptuellen Wissenserwerb bei der Erstellung von Notizen wirkungsvoller als beim *concept mapping*.
2. Metakognitives *prompting* unterstützt den konzeptuellen Wissenserwerb beim *concept mapping* (neue Strategie) wirkungsvoller als bei der Erstellung von Notizen (vertraute Strategie).

Methode/Stichprobe

Die Studie wurde in zwei Lehrveranstaltungen durchgeführt ($N = 125$)[1], die für das Biologiestudium an der Universität Kiel verpflichtend sind. Die Teilnehmer waren im Mittel 23 Jahre alt ($SD = 3.1$) und in der Mehrheit weiblich ($n = 82$). 82 Teilnehmer befanden sich im dritten Studiensemester für das Fach Biologie, 29 Teilnehmer im fünften Studiensemester. Die übrigen 14 Teilnehmer verteilten sich auf höhere Studiensemester.

Variablen/Unabhängige Variablen

In dieser Studie wurden die verwendete Lernstrategie und die Verfügbarkeit metakognitiver *prompts* variiert. Bezogen auf die Variable Lernstrategie werden zwei Bedingungen unterschieden: eine Bedingung, in der *concept maps* mit Hilfe der Software CmapTools® konstruiert wurden, und eine Bedingung, in der handschriftliche Notizen erstellt wurden.[2] Die Variable Verfügbarkeit metakognitiver *prompts* tritt ebenfalls in zwei Faktorstufen auf. In Experimentalbedingungen kamen metakognitive *prompts* in Form prozessorientierter Impulse zur Unterstützung von Planungs-, Überwachungs- und Evaluationsaktivitäten zum Einsatz (vgl. Tab. 1). Sie befanden sich auf der rechten Hälfte jeder Doppelseite des Lernmaterials. In den Kontrollbedingungen (keine *prompting*-Maßnahme) wurden diese Seiten frei gelassen.

---

[1] A priori Poweranalysen empfehlen für ein α-Fehlerniveau von .05, für eine Power von $1-\beta = .80$ und für eine erwartete Effektstärke von $f = 0.25$ eine optimale Stichprobengröße von $N = 128$.
[2] Die handschriftliche Erstellung von Notizen ist den Probanden vertraut und kann deshalb als starke Kontrollstrategie betrachtet werden. Das softwarebasierte *concept mapping* birgt im Vergleich zu seinem handschriftlichen Pendant zahlreiche Vorteile wie z. B. umfangreiche gestalterische Möglichkeiten, Autolayout-Funktionen, die flexible Neustrukturierung der *concept map* und die bessere Lesbarkeit (Novak & Cañas, 2006).

Metakognitive Lernstrategie (Anzahl)	Beispiel
Planung (2)	Besprechen Sie mit Ihrem Arbeitspartner das gemeinsame Vorgehen! Was ist unsere Aufgabe?
Überwachung (3)	Kontrollieren Sie Ihren Lernweg! Haben wir alle Text- und Bildinformationen genutzt?
Evaluation (4)	Prüfen Sie Ihren Lernerfolg! Welche neuen Zusammenhänge haben wir erkannt?

Tab. 1: Beispiele der eingesetzten prompts und ihre Anzahl im Lernmaterial; aufgegliedert nach den metakognitiven Lernstrategien Planung, Überwachung und Evaluation

Kontrollvariablen und abhängige Variablen

Das Metakognitionsniveau und das konzeptuelle Wissen wurden als Kontrollvariablen erhoben. Letzteres wurde im Nachtest darüber hinaus als abhängige Variable behandelt. Konzeptuelles Wissen wird hypothetisch in Netzwerken gespeichert (Byrnes & Wasik, 1991; Krathwohl, 2002). Daher wurde es auf eine Weise operationalisiert, die ihrerseits zu Netzwerkrepräsentationen führt und den Fokus auf strukturelle Eigenschaften des Wissens legt (Goldsmith, Johnson & Acton, 1991). Diese Netzwerkrepräsentationen (cognitive maps) werden als hypothetisches Konstrukt der mentalen Repräsentation einer Person für einen bestimmten Inhaltsbereich betrachtet (Fenker, 1975; Jonassen, Beissner & Yacci, 1993). Similarity judgments tests (SJT) sind eine Methode die Wissensstruktur zu erfassen und bilden in dieser Studie die Grundlage zur Erstellung der cognitive maps (Goldsmith et al., 1991; Jonassen et al., 1993; Schvaneveldt, Durso & Dearholt, 1989). Sie unterstellen ein semantisches Modell des Gedächtnisses und setzen Ratings über die semantische Verwandtschaft aller möglichen Paarkombinationen eines Begriffspools voraus. Diese Ratings wurden über eine 9-stufige unipolare Skala vorgenommen (1 = gering verwandt, 9 = stark verwandt), die auch über numerische Marker verfügte. Insgesamt wurden fünf verschiedene Ratingfolgen erstellt, wobei sich (gemäß $n [n - 1] / 2$) für $n = 11$ Begriffe (u. a. Plasmamembran, raues ER) 55 Paarvergleiche ergaben. Um unerwünschten Kontexteffekten entgegenzuwirken, wurden alle Paarvergleichsanordnungen mit der Software PCGEN (Allen & Baldwin, 1980) nach dem Algorithmus von Ross (1934 in Allen & Baldwin, 1980) generiert. Dabei erscheint jeder Begriff in jeder Position gleich oft und die Anzahl der Paarvergleiche bis zur folgenden Darbietung desselben Begriffes bleibt konstant. Um die Testleistung der Probanden in den SJTs zu quantifizieren, wurden die individuellen cognitive maps mit einem Referenzsystem verglichen. An der Erstellung des Referenzsystems waren drei Zellbiologen und drei Fachdidaktiker beteiligt. Sie bekamen zu diesem Zweck das Lernmaterial und wurden instruiert, ihre Ratings auf Grundlage des Textes vorzunehmen. Durch diese Instruktion sollte verhindert werden, dass die Experten ihren Ratings Informationen zugrunde legen, die den Probanden in Folge eines fehlenden Hintergrundwissens nicht zur Verfügung standen.

Neben dem Wissen wurde im Vortest auch das Metakognitionsniveau der Probanden durch den Einsatz von 8 Items (z. B. Skala *Regulation* „Wenn ich während des Lesens eines Textes nicht alles verstehe, versuche ich, die Lücken festzuhalten und den Text daraufhin noch einmal durchzugehen") aus der Skala *metakognitive Lernstrategien* des LIST kontrolliert (Wild & Schiefele, 1994, S. 192). Die Beantwortung der Items erfolgte über eine 5-stufige unipolare Ratingskala. Die Ratingskala verfügte über verbale Häufigkeits-Marker (*nie*, selten, gelegentlich, oft, *immer*) und numerische Marker (1–5). Für die Skala des LIST konnte eine interne Konsistenz von Cronbachs α = .69 bestimmt werden.

Design

In einer experimentellen Interventionsstudie mit einem 2x2–faktoriellen Pretest/Post-Test Design wurden die verwendete Lernstrategie (*concept mapping* vs. Notizen erstellen) und die Verfügbarkeit metakognitiver *prompts* (ja vs. nein) variiert. Dabei wurden die Teilnehmer den vier experimentellen Bedingungen randomisiert zugeteilt und arbeiteten während der Lernphase kooperativ in Paaren. Innerhalb der vier experimentellen Bedingungen bestand die Gruppengröße aus n Probanden: *concept mapping* mit metakognitiven *prompts* ($n = 29$), *concept mapping* ohne metakognitive *prompts* ($n = 28$), Notizen mit metakognitiven *prompts* ($n = 39$), Notizen ohne metakognitive *prompts* ($n = 29$)

Untersuchungsablauf

Alle Probanden nahmen vor Beginn der Untersuchung an einer halbstündigen Schulung teil. Diese bestand aus einem 15-minütigen theoretischen und einem ebenso langen praktischen Teil. Der theoretische Teil fokussierte auf die Vermittlung (meta-)kognitiven Strategiewissens über das *concept mapping*. Im praktischen Teil sammelten die Teilnehmer Erfahrungen mit der Software CmapTools®, die bei der Konstruktion der *concept maps* verwendet wurde.

Vor Beginn der Untersuchung wurden die Probanden vom Testleiter aufgefordert, sich in Zweiergruppen zusammenzufinden. Die Zuweisung zur jeweiligen experimentellen Bedingung erfolgte zufällig durch die Arbeitsplatzwahl der Probanden. Dazu befanden sich an allen Plätzen verschlossene Umschläge, in denen sich die Vortests, die Bedienungsanleitungen für die Software CmapTools® und das Lernmaterial in doppelter Ausführung befanden. Die anschließende Untersuchung bestand aus zwei 20-minütigen Testphasen und einer 60-minütigen Lernphase. Die Zugehörigkeit zur jeweiligen experimentellen Bedingungen entnahmen die Probanden dem Lernmaterial kurz vor der Lernphase.

Vor der ersten Testphase wurden die Probanden instruiert, wie SJTs bearbeitet werden. Dabei wurden die Bearbeitung der SJTs und der Begriff der semantischen Verwandtschaft unter Verwendung alltagssprachlicher Begriffe (u. a. Hund, Katze) erklärt. Der Begriff der semantischen Verwandtschaft wurde in den schriftlichen Ausführungen wie folgt definiert: „Zwei Begriffe können miteinander verwandt sein, weil sie gemeinsame Merkmale teilen oder häufig miteinander in Verbindung gebracht werden." Dabei wird die semantische Verwandtschaft eines Begriffspaares maßgeblich von der jeweiligen Referenzgruppe bestimmt und kann nur relativ zu dieser beurteilt werden. So würde die semantische Verwandtschaft des Begriffspaares „Hund – Vogel" in einem Begriffspool aus „Hund, Katze, Vogel" anders eingeschätzt werden als in einem Begriffspool aus „Hund,

Vogel, Teller". Um den Probanden ein Gespür für die Urteilsbildung innerhalb des relevanten Begriffspools zu vermitteln, wurden sie zu beiden Testzeitpunkten aufgefordert zwei Begriffe hoher und zwei Begriffe geringer semantischer Verwandtschaft aus diesem Begriffspool auszuwählen. Die Bearbeitung aller Tests erfolgte individuell.

Nach Abschluss der ersten Testphase führte ein Text zum Thema „Intrazelluläre Kompartimente und der Transport von Proteinen" (Umfang ca. 1 000 Wörter) die Probanden durch die Lernphase. Dieser Text wurde auf drei Doppelseiten abgedruckt und enthielt neben der fachlichen Information alle nötigen Instruktionen, u. a. gehörten dazu die Arbeitsaufträge, die die Probanden zum softwarebasierten *concept mapping*, zur handschriftlichen Erstellung von Notizen und zur Nutzung der metakognitiven *prompts* aufforderten. Unmittelbar nach der Lernphase wurde die Zusammenarbeit der Zweiergruppen aufgelöst und die zweite Testphase eingeleitet. Die Einhaltung des Zeitplans wurde durch die Projektion eines Countdown-Zählers forciert. Die Anonymität der Probanden wurde durch die Verwendung eines Personencodes gewährleistet.

Statistische Auswertung der SJTs

Die Ratings in einem SJT können als Repräsentation des konzeptuellen Wissens einer Person in einem bestimmten Bereich betrachtet werden. Häufig wird davon ausgegangen, dass graphische Repräsentationen (*cognitive maps*) die Organisationsstruktur der Daten besser widerspiegeln als die bloßen Ratingdaten (Goldsmith et al., 1991). Die Überführung der Ratings in eine zweidimensionale *cognitive map* erfolgte über nichtmetrische multidimensionale Skalierungen (MDS; Guttman, 1968; Lingoes, 1967). In diesen *cognitive maps* spiegeln die euklidischen Distanzen die semantische Verwandtschaft zweier Begriffe wider.

Die fachliche Angemessenheit individueller *cognitive maps* wurde durch den Vergleich mit einem Referenzsystem beurteilt. Dies geschah in zwei aufeinanderfolgenden Schritten: Zunächst wurde die Probanden-*cognitive map* mit der fixierten Referenz-*cognitive map* über zulässige Procrustes-Transformationen (PINDIS) in maximale Deckung gebracht (Lingoes & Borg, 1976, 1978). Anschließend wurden die Raumkoordinaten aller korrespondierenden Objekte (Begriffe) der beiden Konfigurationen korreliert. Der Determinationskoeffizient R^2 quantifiziert die Übereinstimmung beider Konfigurationen.

Ergebnisse/Referenzsystem

Abbildung 2 zeigt das mittlere MDS-generierte Referenzsystem, in das die SJTs von drei Zellbiologen und drei Fachdidaktikern einflossen.

Voranalysen

Eine multivariate einfaktorielle Varianzanalyse mit dem Zwischensubjektfaktor der Gruppenzugehörigkeit und den abhängigen Variablen LIST und R^2 (nur Vortest) zeigt, dass sich die vier Gruppen in ihren Voraussetzungen nicht signifikant voneinander unterscheiden ($F[6, 242] = 0.77$; ns; f = 0.14).

		Vortest		Nachtest	
Index	experimentelle Bedingung	*M*	*SD*	*M*	*SD*
R^2	concept mapping				
	prompting	0.18	0.09	0.50	0.25
	kein prompting	0.17	0.10	0.27	0.22
	Notizen				
	prompting	0.21	0.17	0.54	0.26
	kein prompting	0.17	0.15	0.48	0.21

Tab. 2: Mittelwerte und Standardabweichungen von R^2 in Abhängigkeit von der experimentelle Bedingung

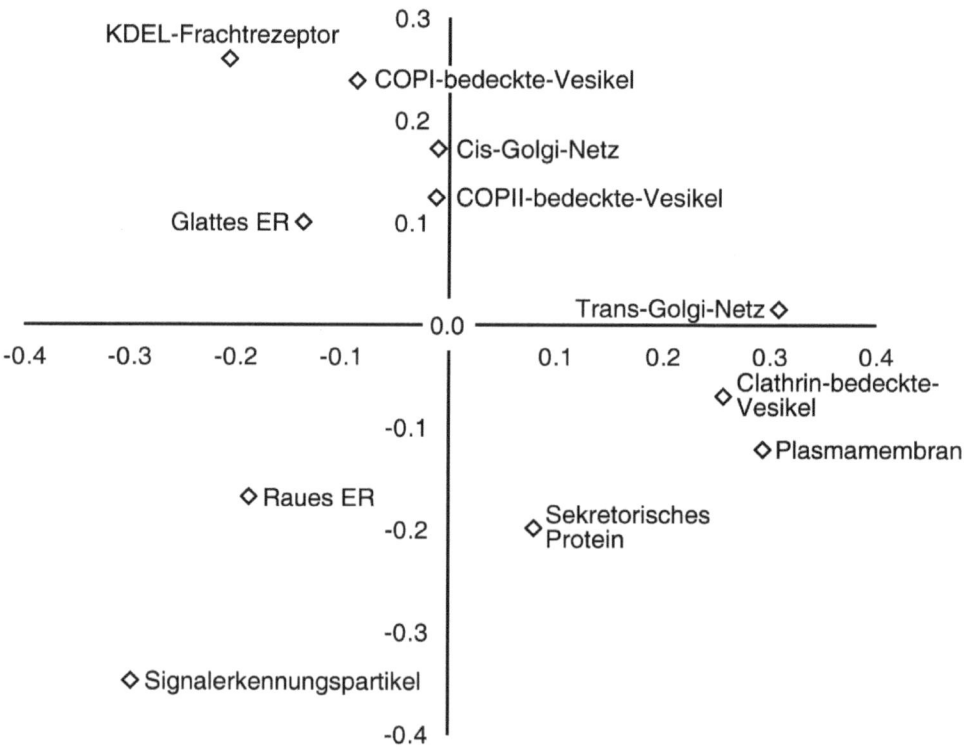

Abb. 2: Das mittlere MDS-generierte Referenzsystem geht aus sechs individuellen Experten-SJTs hervor.

Index	Effekte	Df	F	f
		Zwischensubjektfaktoren		
R^2	Vortest (Kovariate)	1	12.41***	0.32
	Lernstrategie (L)	1	7.48**	0.25
	prompting (P)	1	10.69***	0.30
	L x P	1	5.03*	0.20
	Fehler innerhalb der Gruppen	120	(0.05)	

Anmerkungen. f = Effektstärkemaß, f = .10 geringer Effekt, f = .25 mittlerer Effekt, f = .40 starker Effekt (Cohen, 1983). Werte innerhalb der Klammern repräsentieren die mittleren Quadratfehler.
*$p \leq .05$, 1-seitig. **$p \leq .01$, 1-seitig ***$p \leq .001$, 1-seitig.

Tab. 3: Zweifaktorielle ANCOVA mit den Zwischensubjektfaktoren Lernstrategie und Verfügbarkeit metakognitiver prompts, der Kovariate Vorwissen und der abhängigen Variable Lernerfolg (N = 125)

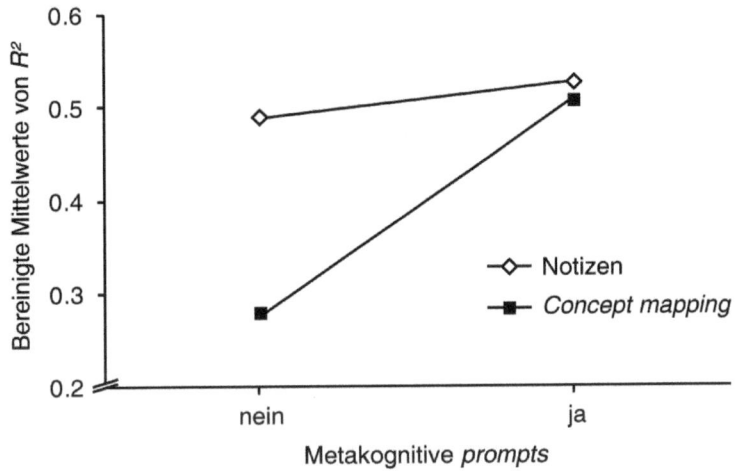

Abb. 3: Interaktionsdiagramm für die beiden Faktorstufen der unabhängigen Variablen Lernstrategie und Verfügbarkeit metakognitiver prompts und der abhängigen Wissens-Variable R^2 im Nachtest

Gruppenunterschiede im Nachtest

Tabelle 2 enthält deskriptive Statistiken für die Testleistung in den verschiedenen experimentellen Bedingungen zum Vor- und Nachtest. Zur Beurteilung der beobachteten R-Quadrate wurden für eine Anzahl von 11 Objekten, die in 2 Dimensionen skaliert wurden, Monte-Carlo-Simulationen für das Lingoes & Borg PINDIS Modell mit Zufallsdaten[3] durchgeführt. Dabei sollte folgende Frage beantwortet werden: Wie hoch ist die zufallsbedingte Übereinstimmung einer individuellen Probandenkonfiguration mit einer fixierten Expertenkonfiguration? Der kritische Wert ($p \leq .05$) konnte auf $R^2 = .35$ bestimmt werden. Alle experimentellen Bedingungen überschreiten den Erwartungswert für die mittlere Zufallsübereinstimmung von $M(R^2) = .16$ (SD = 0.11) im Nachtest. „Concept Mapper" ohne *prompting*-Maßnahme weisen die geringste Übereinstimmung mit dem MDS-generierten Referenzsystem auf. Unter den vier experimentellen Bedingungen unterschreiten nur sie den kritischen Wert von $R^2 = .35$ für ein Signifikanzniveau von $\alpha = .05$. Sowohl für den Vortest ($M = .10$; $SD = .06$) als auch für den Nachtest ($M = .12$; $SD = .04$) sind die mittleren Stresswerte akzeptabel und unterschreiten den kritischen Wert von $S = .18$.

Zur Klärung der Interaktionseffekt-Hypothesen wurde eine Kovarianzanalyse (ANCOVA) mit den Zwischensubjektfaktoren Lernstrategie (*concept mapping* vs. Notizen erstellen) und Verfügbarkeit metakognitiver *prompts* (ja vs. nein), der Kovariate Vorwissen (R^2) sowie der abhängigen Variable Lernerfolg (R^2) durchgeführt (vgl. Tab. 3). Die (ANCOVA-)Voraussetzungen der Homogenität der Steigungen der Regressionsgeraden und die Homogenität der Fehlervarianzen sind erfüllt.

Die gerichteten Hypothesen 1 und 2 wurden einseitig getestet. Hypothese 1 gilt als falsifiziert, *Hypothese 2* kann inferenzstatistisch gestützt werden. Probanden, die *concept maps* konstruieren, profitieren stärker von metakognitiven *prompts* als Probanden, die Notizen erstellen. Das Interaktionsdiagramm zeigt die Unterschiede zwischen den experimentellen Bedingungen für den Index R^2 (vgl. Abb. 3).

Diskussion

Die Probleme beim Erwerb konzeptuellen Wissens wurden auf den mangelhaften Gebrauch von Tiefenstrategien und den defizitären Einsatz metakognitiver Lernstrategien zurückgeführt. *Concept mapping* wird mit der Verbesserung des Tiefenstrategiegebrauchs und des Einsatzes metakognitiver Lernstrategien in Verbindung gebracht (Novak & Cañas, 2006). Metakognitives *prompting* bewährte sich in zahlreichen Studien bei der Verbesserung des Leseverständnisses und der Problemlösefähigkeit (Haller et al., 1988; Schoenfeld, 1985).

Hypothese 1 ging davon aus, dass Lernende, die *concept maps* konstruieren, von metakognitiven *prompts* weniger profitieren als Personen, die Notizen erstellen. Diese Hypothese wurde durch theoretische Überlegungen und empirische Befunde gestützt, die *concept mapping* mit der impliziten Auslösung metakognitiver Lernaktivitäten in Verbindung

---

3 Die Berechnungen für die fixierte Expertenkonfiguration basieren auf 200 individuellen Koeffizienten und wurden mit dem FORTRAN IV Programm PINMC durchgeführt (Langeheine, 1980).

bringen. Der Begründer des *concept mapping* J. D. Novak (1990) bezeichnet das *concept mapping* als *metakognitives Werkzeug*. Konrad (2006) fand in Protokollen lauten Denkens Hinweise darauf, dass „Concept Mapper", die in Paaren lernen, signifikant mehr Planungs- und Evaluationstätigkeiten ausführen, als Personen, die mit einer Kombination aus kognitiven und metakognitiven *prompts* durch ihren Lernprozess geführt werden oder ihren Lernprozess ohne jegliche Unterstützungsmaßnahme organisieren. In unserer Studie konnten wir keine empirische Evidenz für die Auslösung metakognitiven Lernverhaltens durch *concept mapping* finden. „Concept Mapper" profitierten stärker von metakognitiven *prompts* als Lernende, die Notizen erstellten. Möglicherweise genügen implizite Impulse (*concept mapping*) nicht aus, um das metakognitive Lernverhalten zu verbessern oder aber erst routinierte „Concept Mapper" operieren metakognitiv. Das beobachtete Ergebnis deckt sich jedoch mit unserer Erwartung in *Hypothese 2*. Diese Hypothese wurde durch theoretische Überlegungen gestützt, in denen davon ausgegangen wird, dass ein kognitives Training (z. B. im *concept mapping*) immer durch allgemeine Techniken der Selbstkontrolle (z. B. metakognitive *prompts*) unterstützt werden muss (Hasselhorn & Hager, 2006; Sternberg, 1983). Es bleibt zu untersuchen, wie lange Trainingsteilnehmer auf die Bereitstellung derartiger Unterstützungsmaßnahmen angewiesen sind.

Literatur

Allen, G. A. & Baldwin, L. M. (1980): PCGEN: A FORTRAN IV program to generate paired-comparison stimuli. Behavior Research Methods and Instrumentation, 12(3), S. 383–384.

Artelt, C. (1999): Lernstrategien und Lernerfolg – Eine handlungsnahe Studie. Zeitschrift für Entwicklungspsychologie und Pädagogische Psychologie, 31(2), S. 86–96.

Ausubel, D. P.; Novak, J. D. & Hanesian, H. (1978): Educational psychology – a cognitive view. New York: Holt, Rinehart and Winston.

Baumert, J.; Klieme, E.; Neubrand, M.; Prenzel, M.; Schiefele, U.; Schneider, W. et al. (2000): Fähigkeit zum selbstregulierten Lernen als fächerübergreifende Kompetenz. URL: http://www.mpib-berlin.mpg.de/pisa/CCCdt.pdf (16.07.2007)

Berthold, K.; Nückles, M. & Renkl, A. (2007): Do learning protocols support learning strategies and outcomes? The role of cognitive and metacognitive prompts. Learning and Instruction, 17, S. 564–577.

Byrnes, J. P. & Wasik, B. A. (1991): Role of conceptual knowledge in mathematical procedural learning. Developmental Psychology, 27(5), S. 777–786.

Ciccorico, E. A. (1970): ,Integration' in the curriculum. Main currents, 27(2), S. 60–62.

Claxton, G. (1986): Book reviews: The alternative conceivers' conceptions. Studies in science education, 13, S. 123–130.

Cohen, J. (1983): Statistical power analysis for the behavioral sciences. New York: Academic press.

Collins, A. M. & Loftus, E. F. (1975): A spreading-activation theory of semantic processing. Psychological Review, 82(6), S. 407–428.

Douvdevany, O.; Dreyfus, A. & Jungwirth, E. (1997): Diagnostic instruments for determining junior high-school science teachers' understanding of functional relationships within the ,living cell'. International Journal for Science Education, 19(5), S. 593–606.

Dreyfus, A. & Jungwirth, E. (1988): The cell concept of 10th graders: curricular expectations and reality. International Journal of Science Education, 10(2), S. 221–229.

Dreyfus, A. & Jungwirth, E. (1989): The pupil and the living cell: a taxonomy of dysfunctional ideas about an abstract idea. Journal of Biological Education, 23(1), S. 49–55.

Fenker, R. M. (1975): The organization of conceptual materials: A methodology for measuring ideal and actual cognitive structures. Instructional Science, 4, S. 33–57.

Flores, F. & Tavor, M. E. (2003): Representation of the cell and its processes in high school students: an integrated view. International Journal for Science Education, 25(2), S. 269–286.

Glaser, C.; Keßler, C. & Brunstein, J. C. (2009): Förderung selbstregulierten Schreibens bei Viertklässlern. Zeitschrift für Pädagogische Psychologie, 23(1), S. 5–18.

Goldsmith, T. E.; Johnson, P. J. & Acton, W. H. (1991): Assessing structural knowledge. Journal of Educational Psychology, 83(1), S. 88–96.

Gonzalez Weil, C. & Harms, U. (2006): The analysis of learning processes in cell biology by collaborative concept maps. Paper presented at the ERIDOB, London (11.-15.09.2006).

Großschedl, J. & Harms, U. (2010): Metakognition. In: Spörhase-Eichmann, U. & Ruppert, W. (Hrsg.): Biologie-Methodik – Handbuch für die Sek. I und II. Berlin: Cornelsen Scriptor, S. 48–52.

Guttman, L. (1968): A general nonmetric technique for finding the smallest coordinate space for a configuration of points. Psychometrika, 33, S. 469–506.

Haller, E. P.; Child, D. A. & Walberg, H. J. (1988): Can comprehension be taught? A quantitative synthesis of ‚metacognitive' studies. Educational Researcher, 17(9), S. 5–8.

Hasselhorn, M. (2000): Lebenslanges Lernen aus der Sicht der Metakognitionsforschung. In: Achtenhagen, F.& Lempert, W. (Hrsg.): Lebenslanges Lernen im Beruf & seine Grundlegung im Kindes- und Jugendalter. No. 3: Psychologische Theorie, Empirie und Therapie, Opladen: Leske + Budrich, S. 41–53.

Hasselhorn, M. & Hager, W. (2006): Kognitives Training. In: Rost, D. (Hrsg.): Handwörterbuch Pädagogische Psychologie. Weinheim: Psychologie Verlags Union, S. 341–349.

Häussler, P. & Hoffmann, L. (2002): An intervention study to enhance girls' interest, self-concept, and achievement in physics classes. Journal of Research in Science Teaching, 39(9), S. 870–888.

Heinze-Fry, J. A. & Novak, J. D. (1990): Concept mapping brings long-term movement toward meaningful learning. Science Education, 74(4), S. 461–472.

Hilbert, T. S. & Renkl, A. (2008): Concept mapping as a follow-up strategy to learning from texts: What characterizes good and poor mappers? Instructional Science, 36, S. 53–73.

Iuli, R. J. & Hellden, G. (2004): Using concept maps as a research tool in science education research. (Tagungsband). First International Conference on Concept Mapping, Pamplona, Spain.

Jonassen, D. H.; Beissner, K. & Yacci, M. (1993): Structural knowledge: Techniques for representing, conveying, and acquiring structural knowledge. Hillsdale: Lawrence Erlbaum Associates.

King, A. (1991): Effects of training in strategic questioning on children's problem-solving performance. Journal of Educational Psychology, 83(3), S. 307–317.

Konrad, K. (2006): Reflexion in interaktiven Lernumgebungen: Können (meta)kognitive prompts und concept maps reflexive Aktivitäten optimieren? Psychologie in Erziehung und Unterricht, 53(3), S. 188–200.

Krapp, A. & Weidenmann, B. (2006): Pädagogische Psychologie. Weinheim: Beltz Verlag.

Krathwohl, D. R. (2002): A revision of Bloom's taxonomy: an overview. Theory into practice, 41(4), S. 212–218.

Langeheine, R. (1980): Approximate norms and significance tests for the LINGOES-BORG Procustean Individual Differences Scaling (PINDIS). Kiel: IPN.

Lewis, J.; Leach, J. & Wood-Robinson, C. (2000): What's in a cell? Young people's understanding of the genetic relationship between cells, within an individual. Journal of Biological Education, 34(3), S. 129–132.

Lind, G. & Sandmann, A. (2003): Lernstrategien und Domänenwissen. Zeitschrift für Psychologie, 211(4), S. 171–192.

Lingoes, J. C. (1967): An IBM-7090 program for Guttman-Lingoes multidimensional scalogram analysis – II. Behavioral science, 12, S. 268–270.

Lingoes, J. C. & Borg, I. (1976): Procrustean individual difference scaling. Journal of Marketing Research, 13, S. 406–407.

Lingoes, J. C. & Borg, I. (1978): A direct approach to individual differences scaling using increasingly complex transformations. Psychometrika, 43(4), S. 491–519.

Mandl, H. & Fischer, F. (2002): Mapping-Techniken und Begriffsnetze in Lern- und Kooperationsprozessen. In: Mandl, H. & Fischer, F. (Hrsg.): Wissen sichtbar machen. Wissensmanagement mit Mapping-Techniken. Göttingen: Hogrefe-Verlag, S. 3–12.

Mandl, H. & Friedrich, H. F. (Hrsg.) (1992): Lern- und Denkstrategien. Göttingen: Hogrefe.

Markow, P. G. & Lonning, R. A. (1998): Usefulness of concept maps in college chemistry laboratories: students' perceptions and effects on achievement. Journal of Research in Science Teaching, 35(9), S. 1015–1029.

Mayer, J. (1992): Formenvielfalt im Biologieunterricht. Kiel: IPN.

Mazzoni, G. & Kirsch, I. (2002): Autobiographical memories and beliefs: a preliminary metacognitive model. In: Perfect, T. J. & Schwartz, B. L. (Hrsg.): Applied Metacognition. Cambridge: Cambridge University Press, S. 121–145.

Mevarech, Z. R. & Kramarski, B. (2003): The effects of metacognitive training versus worked-out examples on students' mathematical reasoning. British Journal of Educational Psychology, 73, S. 449–471.

Nelson, T. O. & Narens, L. (1996): Why investigate metacognition? In: Metcalfe, J. & Shimamura, A. (Hrsg.): Metacognition: knowing about knowing. Cambridge, MA: Bradford, S. 1–25.

Nesbit, J. C. & Adesope, O. O. (2006): Learning with concept and knowledge maps: A meta-analysis. Review of Educational Research, 76(3), S. 413–448.

Novak, J. D. (1990): Concept maps and Vee diagrams: two metacognitive tools to facilitate meaningful learning. Instructional Science, 19(1), S. 29–52.

Novak, J. D. & Cañas, A. J. (2006): The theory underlying concept maps and how to construct them. URL: http://cmap.ihmc.us/Publications/ResearchPapers/TheoryUnderlyingConceptMaps.pdf (16.07.2007)

Okebukola, P. A. & Jegede, O. J. (1997): Promoting problem solving in science through concept mapping and cooperative learning. Paper presented at the NARST.

Pressley, M.; Borkowski, J. G. & Schneider, W. (1989): Good information processing: What it is and how education can promote it. International Journal of Eduactional Research, 13, S. 857–867.

Quillian, M. R. (1969): Computational linguistics: the teachable language comprehender: a simulation program and theory of language. Communications of the ACM, 12(8), S. 459–476.

Reader, W. & Hammond, N. (1994): Computer-based tools to support learning from hypertext: Concept mapping tools and beyond. Computers & Education, 22(1/2), S. 99–106.

Reimann, P. (1998): Novizen- und Expertenwissen. In: Klix, F.; Birbaumer, N. & Graumann, C. F. (Hrsg.): Enzyklopädie der Psychologie – Themenbereich C: Theorie und Forschung. Kognition (No. 6). Göttingen: Hogrefe, S. 335–367.

Rickey, D. & Stacy, A. M. (2000): The role of metacognition in learning chemistry. Journal of Chemical Education, 77(7), S. 915–920.

Roth, W.-M. & Roychoudhury, A. (1993): The concept map as a tool for the collaborative construction of knowledge: a microanalysis of high school physics students. Journal of Research in Science Teaching, 30(5), S. 503–534.

Ruiz-Primo, M. A.; Schultz, S. E.; Li, M. & Shavelson, R. J. (2001): Comparison of the reliability and validity of scores from two concept-mapping techniques. Journal of Research in Science Teaching, 38(2), S. 260–278.

Schaefer, G. (1990): Die Entwicklung von Lehrplänen für den Biologieunterricht auf der Grundlage universeller Lebensprinzipien. MNU, 43(8), S. 471–480.

Schneider, W. (1985): Developmental trends in the metamemory-memory behavior relationship: An integrative review. In: Forrest-Pressley, D. L.; MacKinnon, G. E. & Waller, T. G. (Hrsg.): Metacognition, cognition, and human performance. Orlando: Academic Press, S. 57–110.

Schoenfeld, A. H. (1985): Mathematical problem solving. San Diego, CA: Academic Press.

Schraw, G. (1998): Promoting general metacognitive awareness. Instructional Science, 26, S. 113–125.

Schvaneveldt, R. W.; Durso, F. T. & Dearholt, D. W. (1989): Network structures in proximity data. The Psychology of Learning and Motivation, 24, S. 249–284.

Sternberg, R. J. (1983): Criteria for intellectual skills training. Educational Researcher, 12(6), 6–12, S. 26.

Tynjälä, P. (1999): Towards expert knowledge? A comparison between a constructivist and a traditional learning environment in the university. International Journal of Eduactional Research, 31, S. 357–442.

VanLehn, K. (1993): Problem solving and cognitive skill acquisition. In: Posner, M. I. (Hrsg.), Foundations of cognitive science. Cambridge: The MIT Press.

Weinert, F. E. (1984): Metakognition und Motivation als Determinanten der Lerneffektivität: Einführung und Überblick. In: Weinert, F. E. & Kluwe R. H. (Hrsg.): Metakognition, Motivation und Lernen. Stuttgart: Kohlhammer, S. 9–21.

Wild, K.-P. & Schiefele, U. (1994): Lernstrategien im Studium: Ergebnisse zur Faktorenstruktur und Reliabilität eines neuen Fragebogens. Zeitschrift für Differentielle und Diagnostische Psychologie, 15(4), S. 185–200.

Patricia Grygier *(Universität Augsburg)*

Wissenschaftsverständnis von Grundschülern im Sachunterricht

Die Deutsche Forschungsgemeinschaft rief als Reaktion auf das Abschneiden der deutschen Schüler[1] in internationalen Schulleistungsstudien wie TIMSS und PISA ein Schwerpunktprogramm ins Leben, das die Untersuchung der „Bildungsqualität von Schule" (BIQUA) zum Ziel hatte. In Zusammenarbeit von Psychologen und Fachdidaktikern wurden hierbei „schulische und außerschulische Bedingungen mathematischer, naturwissenschaftlicher und überfachlicher Kompetenzen" untersucht und Wege ihrer Optimierung aufgezeigt.

Innerhalb des genannten Schwerpunktprogramms leiteten die Münchner Entwicklungspsychologin Beate Sodian sowie der Würzburger Physikdidaktiker Ernst Kircher das Forschungsprojekt „Vermittlung von Wissenschaftsverständnis in der Grundschule". In dessen Rahmen entstand das Dissertationsprojekt, über das im Folgenden berichtet werden soll. Aus Platzgründen kann das Projekt sowie seine Ergebnisse nur schlaglichtartig zusammengefasst werden. Für Details siehe Grygier (2008).

Es wird zunächst die Bedeutung von Wissenschaftsverständnis im Kontext des Forschungsprojektes geklärt. Anschließend wird das Design der Studie vorgestellt und der Unterricht der Interventions- und Transfereinheit skizziert. Zentrale Ergebnisse aus Vor- und Nachtest geben einen Einblick, welches Wissenschaftsverständnis bei Viertklässlern vorgefunden wurde und inwieweit dies durch den skizzierten Unterricht verbessert werden konnte. Weiterhin wird auf die Frage eingegangen, ob ein verbessertes Wissenschaftsverständnis beim Erwerb fachinhaltlichen Wissens helfen kann. Schließlich wird ein Ausblick auf weiterführende Forschungen gegeben.

Was bedeutet Wissenschaftsverständnis?

Wissenschaftsverständnis meint in unserem Kontext das Verständnis der Naturwissenschaften, insbesondere das Verständnis bestimmter Aspekte der (Natur-)Wissenschaftsphilosophie. Es umfasst sowohl erkenntnistheoretische als auch wissenschaftstheoretische und wissenschaftsethische Inhalte, die gemeinsam die „Natur der Naturwissenschaften" ausmachen (Kircher, 2007). In der Literatur wird häufig auch die Formulierung „learning about the nature of science" und dafür das Kürzel NOS (*Nature of Science*) verwendet.

Ein Verständnis der charakteristischen Merkmale der Naturwissenschaften ist auch ein zentraler Bestandteil der Scientific Literacy (vgl. Prenzel, Geiser, Langeheine & Lobemeier, 2003). Dabei werden die Besonderheiten der Naturwissenschaft durch ein „Verständnis der ‚Nature of science', epistemologische Vorstellungen [und] Wissen über die

---

[1] Aus Gründen der Lesbarkeit wird einheitlich die männliche Form verwendet, gemeint sind jedoch immer beide Geschlechter.

- Naturwissenschaft ist ein Versuch, natürliche Phänomene zu erklären.
- Naturwissenschaftliches Wissen beruht stark (jedoch nicht ausschließlich) auf Beobachtung, experimentellen Bestätigungen, rationalen Argumenten und Skepsis.
- Naturwissenschaftler benötigen sorgfältige Aufzeichnungen, gegenseitige Begutachtung und Reproduzierbarkeit der Ergebnisse.
- Naturwissenschaftliches Wissen hat, obwohl es beständig ist, einen vorläufigen Charakter.

Abb. 1: Ausgewählte Aussagen über die Natur der Naturwissenschaften (vgl. McComas, Clough & Almazroa, 1998; übersetzt von Ernst Kircher, Patricia Grygier und Johannes Günther)

Grenzen der Naturwissenschaft" näher definiert (vgl. Prenzel, Geiser, Langeheine & Lobemeier, 2003, S. 146, Herv. i. Original).

McComas & Olson (1998) haben herausgearbeitet, welche konsensfähigen Ansichten über die didaktische Reduktion dieser Aspekte für den Schulunterricht bestehen. Dazu wurden mehrere offizielle Dokumente von Ministerien und Verbänden aus den USA, England, Kanada, Australien und Neuseeland analysiert und so die metatheoretischen Inhalte über die „Natur der Naturwissenschaften" festgehalten, die als Wissenschaftsverständnis an die Schüler vermittelt werden sollen. Osborne, Collins, Ratcliffe, Millar & Duschl (2003) konnten mittels einer Delphistudie den von McComas & Olson (1998) gefundenen Konsens durch eine empirische Erhebung innerhalb der wissenschaftlichen Gemeinschaft stützen.

Einige dieser Aussagen über die Natur der Naturwissenschaften können bereits in der Grundschule thematisiert werden. Die ursprünglichen Kataloge sind nicht auf die Grundschule beschränkt. McComas & Olson (1998) analysierten einschlägige Dokumente, die sich auf das Schulsystem von der Kindergartenstufe bis zur zwölften Klasse bezogen (K-12). Osborne et al. (2003) befragten Experten, welche Inhalte bis zum Ende der Pflichtschulzeit („end of formal education") gelehrt und gelernt werden sollten.

Abbildung 1 zeigt eine Auswahl, die für den nachfolgend beschriebenen Unterricht getroffen wurde.

Welche Vorteile bietet ein metatheoretisch angereicherter Unterricht?

In der Studie von Osborne, Collins, Ratcliffe, Millar & Duschl (2003) wurden die beteiligten Experten gebeten, auch eine Begründung für die Auswahl der metatheoretischen Aspekte zu geben. Folgende Vorteile ihrer Thematisierung im Unterricht wurden beispielsweise genannt (vgl. Grygier, 2008, S. 39f.):

- Der tentative Charakter des naturwissenschaftlichen Wissens kann Schülern vor Augen führen, dass es noch viel zu erforschen gibt. Möglicherweise animiert sie dies, eine naturwissenschaftliche Karriere zu ergreifen.

- Die, gegebenenfalls unterschiedliche, Interpretation gewonnener Daten verdeutlicht den Schülern, dass naturwissenschaftliche Darstellungen ebenfalls nur Interpretationen sind, denen man kritisch gegenüber stehen sollte. Dieses Wissen hilft, eine objektivere Sicht auf die Wissenschaft und die Wissenschaftler zu entwickeln.
- Die eigentliche Rolle des Experimentes im Forschungsprozess muss den Schülern erst bewusst gemacht werden. Viele Schüler sind der Ansicht, beim Experimentieren ginge es ausschließlich darum, Fähigkeiten zu erlernen. Sie wissen in aller Regel nicht, dass das Experiment in der Forschung vor allem der Hypothesenprüfung dient.
- Das Aufstellen von Vermutungen im Gegensatz zum bloßen Hinnehmen von Fakten ist nicht nur im naturwissenschaftlichen Kontext hilfreich. Es stellt in fast allen Bereichen eine sinnvolle „Anleitung" für kritisches Denken dar.

Häufig wird in Bezug auf das Lernen über die Natur der Naturwissenschaften auch auf die Begründung nach Driver, Leach, Millar, Scott (1996) zurückgegriffen. Diese umfasst folgende fünf Argumente (vgl. a. a. O., S. 15ff.; Übersetzung durch P. G.):

- das pragmatische Argument: Ein Verständnis der Natur der Naturwissenschaften ist notwendig, wenn man Naturwissenschaften verstehen und technische Objekte und Prozesse handhaben soll, die einem im täglichen Leben begegnen.
- das demokratische Argument: Ein Verständnis der Natur der Naturwissenschaften ist notwendig, damit man gesellschaftlich-naturwissenschaftliche Probleme verstehen und an Entscheidungsprozessen teilnehmen kann.
- das kulturelle Argument: Ein Verständnis der Natur der Naturwissenschaften ist notwendig, um die Naturwissenschaften als ein wesentliches Element der gegenwärtigen Kultur zu schätzen.
- das moralische Argument: Lernen über die Natur der Naturwissenschaften kann helfen, ein Bewusstsein für die Natur der Naturwissenschaften zu entwickeln, besonders für die Normen der naturwissenschaftlichen Gemeinschaft, einschließlich moralischer, allgemeingültiger Verpflichtungen.
- das kognitionspsychologische Argument: Ein Verständnis der Natur der Naturwissenschaften unterstützt erfolgreiches Lernen naturwissenschaftlicher Inhalte.

Mit ausschlaggebend für unsere Studie war die Notwendigkeit einer empirischen Überprüfung des letztgenannten Argumentes. Zur Förderung des Wissenschaftsverständnisses führten wir zunächst eine Interventionsstudie durch, in der nur die nachfolgend skizzierte wissenschaftstheoretisch angereicherte Unterrichtseinheit evaluiert wurde (Studie 1). Anschließend entschieden wir uns, die Schüler zusätzlich durch erkenntnistheoretische Fragen zu fördern (Studie 2). Dabei wurden wissenschaftsethische Aspekte aus erhebungstechnischen Gründen weitgehend ausgeklammert. Datenbasis des Dissertationsprojektes ist eine Interventions- und Transferstudie (Studie 3), die im Folgenden näher beschrieben wird.

Interventions- und Transferstudie
Design der Studie
Die Interventions- und Transferstudie wurde im Trainings-Kontrollgruppen-Design angelegt. Beide Gruppen wurden mit den gleichen Instrumenten getestet. Während der Intervention erhielten sie qualitativ unterschiedlichen Unterricht (s. Skizze des Unterrichts), aber mit der gleichen Anzahl an Unterrichtsstunden. Die sogenannte Transfereinheit wurde in beiden Gruppen identisch unterrichtet. Abbildung 2 gibt einen Überblick über den Ablauf der Studie.

Stichprobe
Auf Grund einer von uns zuvor durchgeführten Studie (vgl. Sodian, Thoermer, Kircher, Grygier & Günther, 2002) erschien es sinnvoll, auf eine räumliche Trennung der beiden Gruppen zu achten. Deshalb arbeiteten wir mit zwei Würzburger Grundschulen verschiedener Stadtteile zusammen. Die Durchführung eines Grundintelligenztestes („Culture Fair Intelligence Test", CFT 20) half, zwei möglichst vergleichbare vierte Klassen zu finden.

Bei der Festlegung von Trainings- und Kontrollgruppe wurden die CFT-20-Werte insofern berücksichtigt, dass die Klasse mit den etwas höheren Werten als Kontrollgruppe bestimmt wurde.

Vortest:	„Nature of Science"-Interview Flugzeug- bzw. Drachenaufgabe Wissenstest „Hefe und Optik" Wissenstest „Schwimmen und Sinken"
Intervention:	TG: erkenntnis- und wissenschaftstheoretische Unterrichtseinheit KG: Unterricht zu ähnlichen fachlichen Themen, aber ohne explizite Förderung von Wissenschaftsverständnis
Nachtest 1:	„Nature of Science"-Interview Flugzeug- bzw. Drachenaufgabe Wissenstest „Hefe und Optik" Kuchenaufgabe
Transfereinheit:	in TG und KG gleiche Unterrichtseinheit aus physikalischem Lernbereich
Nachtest 2:	Wissenstest „Schwimmen und Sinken"
Follow-up-Test:	„Nature of Science"-Interview Flugzeug- bzw. Drachenaufgabe Wissenstest „Hefe und Optik" Wissenstest „Schwimmen und Sinken" (jeweils in gekürzten Versionen)

Abb. 2: Design der Interventions- und Transferstudie;
TG: Trainingsgruppe, KG: Kontrollgruppe

Um eine Bevorzugung der Trainingsgruppe auszuschließen, wurde weiterhin die Kontrollgruppe in der Zeit vor den Pfingstferien unterrichtet, während der Unterricht in der Trainingsgruppe erst zwischen Pfingst- und Sommerferien erfolgte – einer Zeit, in der erfahrungsgemäß die Konzentration der Schüler etwas nachlässt.

Insgesamt nahmen an der Studie 53 Viertklässler teil, davon 23 Mädchen und 30 Jungen. Die Trainingsgruppe bestand aus 27 Schülern (14 weiblich, 13 männlich), die Kontrollgruppe aus 26 Schülern (9 weiblich, 17 männlich).

Skizze des Unterrichts

Der Unterricht der Trainingsgruppe war vor allem durch den Einbezug metatheoretischer Inhalte auf eine Förderung von Wissenschaftsverständnis angelegt. Den Schülern wurde zunächst in einer *erkenntnistheoretisch ausgerichteten Unterrichtseinheit* die Unzulänglichkeit der eigenen Wahrnehmung vor Augen geführt. Dies geschah unter anderem durch optische Täuschungen, aber auch durch einfache Übungen, wie z. B. durch den Versuch, sich an das Aussehen vertrauter Personen oder Räume, die man oft gesehen hat, im Detail zu erinnern.

Die Schüler erkannten, dass nicht alles, was wir sehen, auch wirklich wahrgenommen wird. Doch selbst das bewusst Wahrgenommene kann von zwei Menschen unterschiedlich aufgenommen oder interpretiert werden. Dies führt zu der Frage, wie Wissenschaftler zu möglichst objektivem, allgemeingültigem Wissen gelangen können.

In einer zweiten, schwerpunktmäßig *wissenschaftstheoretisch ausgerichteten Unterrichtseinheit* wurde den Schülern der experimentelle naturwissenschaftliche Forschungsprozess (in didaktisch reduzierter Form) als „Erkenntniszirkel" nahegebracht (vgl. Abb. 3). Dies geschah im Kontext der Fragestellung: „Warum geht der Brotteig auf?" Zu dieser Unterrichtseinheit gab es eine unveröffentlichte Vorlage aus der Studie von Carey, Evans, Honda, Jay & Unger (1989), die von der Verfasserin für die vierte Jahrgangsstufe adaptiert wurde.

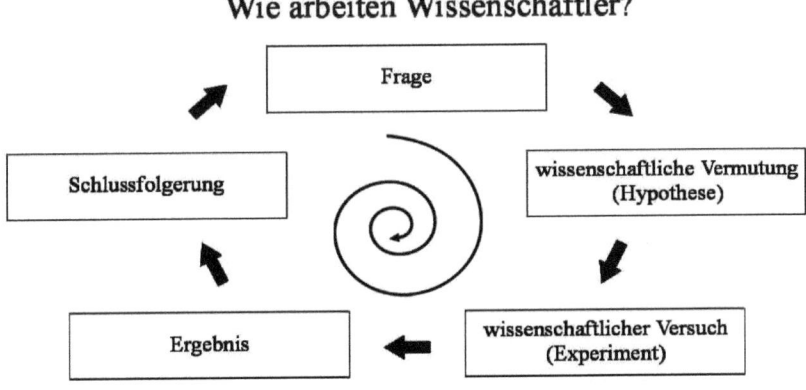

Abb. 3: Der Erkenntniszirkel

Die Kontrollgruppe beschäftigte sich über einen vergleichbaren Zeitraum hinweg mit ähnlichen Inhalten, jedoch wurde hier auf metatheoretische Reflexionen verzichtet. In der ersten Unterrichtseinheit wurde die Wahrnehmung unserer Umwelt unter biologischen und physikalischen Aspekten betrachtet. In der zweiten Unterrichtseinheit gingen die Schüler ebenfalls dem Phänomen des aufgehenden Brotteigs und der Wirkungsweise von Hefe nach.

In der Transfereinheit wurde in beiden Gruppen gleichermaßen die Frage „Warum schwimmt ein großes Schiff im Wasser?" behandelt. Diese Unterrichtseinheit wurde im Rahmen eines weiteren BIQUA-Projektes von Angela Jonen entworfen (Möller, 2005) und von uns in leicht gekürzter Fassung übernommen.

Analyse-Instrumente

Im Folgenden werden nur die beiden Hauptinstrumente, das „Nature of Science"-Interview sowie die Flugzeug- bzw. Drachenaufgabe näher skizziert.

Die Kuchenaufgabe diente als zusätzlicher informeller Test, bei dem „experimentelle" Unstimmigkeiten in einem Kontext mit mehreren Variablen auszumachen sind. Die beiden Wissenstests „Hefe und Optik" und „Schwimmen und Sinken" dienten dazu, die Entwicklung des jeweiligen bereichsspezifischen Wissens zu überprüfen. Für weitere Informationen zur Kuchenaufgabe und den beiden Wissenstests vgl. Grygier (2008).

Das *„Nature of Science"-Interview* nach Carey, Evans, Honda, Jay & Unger (1989) ist ein halbstrukturiertes Interview, in dem sowohl zentrale Begriffe als auch allgemeine Auffassungen aus dem Bereich der „Natur der Naturwissenschaften" erfragt werden. Die Antworten der Schüler wurden auf Tonband aufgezeichnet, transkribiert und anschließend kodiert. Für den letzten Schritt wurde das Kodierschema von Carey et al. (1989) adaptiert und von uns überarbeitet. Für alle Interviewantworten gibt es konkrete Kodiermanuale, die auf einem gemeinsamen Übersichtsmanual basieren (vgl. Tab. 1).

Antworten, die darauf schließen lassen, dass der Proband „Experimente" und „Ideen" bzw. „Theorien" nicht unterscheidet, weisen auf ein naiv-realistisches Wissenschaftsverständnis hin (Level 1). Wissenschaftler haben nach Ansicht dieser Schüler einen direkten, unproblematischen Zugang zu neuen Informationen, ohne dass damit eine weiterführende Erkenntnisgewinnung verknüpft ist.

Ab Level 1.5 hingegen wird aus den Antworten deutlich, dass die Arbeit der Wissenschaftler auf eine Suche nach Antworten und Zusammenhängen abzielt. Nennt ein Schüler explizit die Suche nach überprüfbaren Erklärungen (das Testen von Hypothesen in kontrollierten Experimenten), so erreicht er das nächst höhere Level (Level 2). Um Level 2.5 zu erreichen, müssen mehrere Aspekte von Level 2 gemeinsam genannt werden. Dabei sind die einzelnen metatheoretischen Bestandteile ausführlich und in der für Level 2 notwendigen Tiefe darzustellen. Für Grundschüler ist dieses Level jedoch fast nicht erreichbar – und nicht Ziel unserer Studie. Es wurde in einer Vorstudie unseres Forschungsprojektes einmal für eine Schülerantwort vergeben (TG, NT, 2001). In der Stichprobe der vorliegenden Studie taucht es nicht auf.

Level	Beschreibung	Charakterisierung des Wissenschaftsverständnisses
1	**Wissenschaft als Beschreibung der Umwelt** *keine Unterscheidung zwischen Ideen, Experimenten, Theorien*	naiv-realistisch
1a	**Wissenschaft als Aktivität** *etwas ausprobieren, erfinden, zusammenmischen; probieren, ob das geht*	
1b	**Wissenschaft als Fakten sammeln** *schauen, ob es das gibt; genau hinschauen, untersuchen*	
1.5	**Wissenschaft als Suche nach Antworten/Zusammenhängen** *Wie/Warum funktioniert etwas? Wie hängen die Dinge zusammen? Dinge vergleichen*	(ambig)
2	**Wissenschaft als Suche nach überprüfbaren Erklärungen (Evidenz)** *Ideen/Hypothesen/Theorien testen; kontrolliert experimentieren*	reflektiert
2.5	**Klärung von nicht direkt beobachtbaren Mechanismen** *metakonzeptuelle Aspekte, indirekte Argumentation*	(ambig)
3	**elaboriertes Wissenschaftsverständnis** *Entwicklung immer neuerer, genauerer und v. a. überprüfbarer Theorien*	elaboriert

Tab. 1: Übersichtsmanual zum „Nature of Science"-Interview

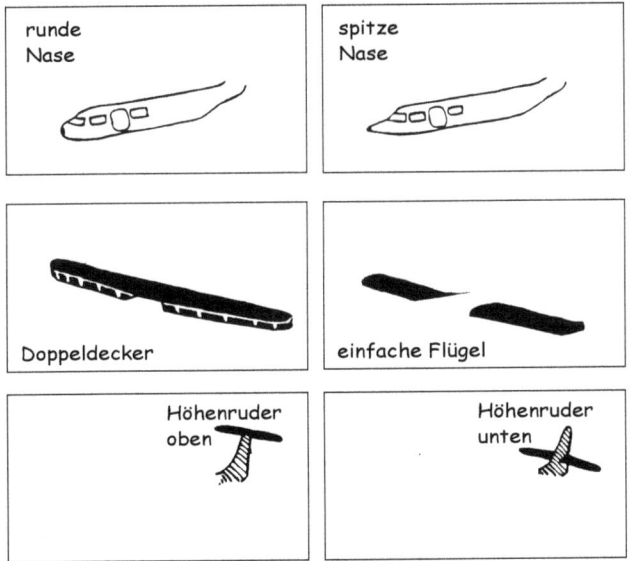

Abb. 4: Darstellung der Variablen der Flugzeugaufgabe

Die *Flugzeug- bzw. Drachenaufgabe* nach Bullock & Ziegler (1999) testet, inwieweit ein Experimentplan für ein multivariables Problem entworfen werden kann. Bei der Flugzeugaufgabe geht es darum herauszufinden, welchen Einfluss die Position des Höhenruders auf den Treibstoffverbrauch hat. Es gilt zu bedenken, dass es drei Variablen für den Bau möglicher Testflugzeuge gibt: die Form der Flugzeugnase, die Form der Flügel und die Position des Höhenruders (vgl. Abb. 4).

Zunächst werden die Schüler – nach Vorlage der Variablen – gebeten, eigene Ideen zur Klärung der Frage zu entwickeln (Spontanaufgabe). Anschließend werden ihnen als Hilfestellung alle aus den gegebenen Variablen konstruierbaren Flugzeuge als Bilder vorgelegt (Choice-Aufgabe).

Wird zur Lösung des Problems vorgeschlagen, mehrere Flugzeuge zu bauen, bei denen mehrere Variablen unsystematisch verändert werden, so ist dies ein *konfundierter* Vorschlag. Liegt der Fokus zumindest auf dem Höhenruder während die übrigen Variablen nicht kontrolliert werden, wird dies als *kontrastiver* Test eingestuft. Ein *kontrolliertes* Experiment liegt nur dann vor, wenn das Höhenruder einmal oben und einmal unten angebracht wird, die übrigen Bedingungen jedoch konstant gehalten werden.

Zentrale Ergebnisse aus Vor- und Nachtest

Sowohl die Interviewantworten wie auch die Vorschläge in der Experimentieraufgabe wurden doppelt blind kodiert. Das bedeutet zum einen, dass die Kodierer nicht wussten, ob es sich um Antworten aus dem Vor- oder Nachtest bzw. um Schüler der Trainings- oder Kontrollgruppe handelte. Zum anderen wurden die Transkripte von insgesamt vier Kodierern – zwei studentischen Hilfskräften und zwei Experten – ausgewertet, die zunächst alle unabhängig voneinander arbeiteten. Anschließend verglichen je zwei Kodierer ihre Werte, wobei sie Abweichungen miteinander diskutierten und sich auf einen gemeinsamen Wert einigten (kommunikative Validierung). Ein Vergleich der beiden so gewonnenen Datensätze zeigt, dass die Übereinstimmung in der Kodierung sowohl beim „Nature of Science"-Interview als auch in der Flugzeugaufgabe sehr hoch ist. (Da im Interview jeder Fragenbereich eigene konkrete Kodiermanuale besitzt, werden die Interkoderreliabilitäten für die Fragenbereiche einzeln angegeben: Wissenschaft allgemein ($\alpha = .895$), Fragen ($\alpha = .814$), Experimente ($\alpha = .904$), Hypothese ($\alpha = .958$), Theorie ($\alpha = .953$), Evidenz ($\alpha = .913$). In der Flugzeugaufgabe liegt die Übereinstimmung bei $\alpha = .969$).

Die im Folgenden präsentierten Ergebnisse beruhen auf der Kodierung von Johannes Günther und der Verfasserin, die Objektivität der Kodierung wurde durch die hohen Reliabilitäten mit den Werten der Hilfskräfte nachgewiesen.

„Nature of Science"-Interview

In der Auswertung der Schülerdaten war vor allem von Interesse, welche Schüler auf Level 1.5 oder höher antworten. Da die Übergänge zwischen Level 1.5 und Level 2 fließend sind und beide Level in der Auswertung zusammengefasst werden, wird das entsprechen-

Wissenschaftsverständnis von Grundschülern im Sachunterricht 139

de Wissenschaftsverständnis in Abgrenzung zum naiv-realistischen Level 1 als „reflektierteres Wissenschaftsverständnis" charakterisiert.

Betrachtet man die Konsistenz, mit der die Schüler auf Level 1.5 oder höher antworten, so sind die Verteilungskurven des Vortests noch recht ähnlich (vgl. Abb. 5). Sowohl in der Trainings- als auch in der Kontrollgruppe sind im Vortest über 55% der Schüler nicht in der Lage, auf 16 Fragen häufiger als zweimal auf Level 1.5 oder höher zu antworten (der Median liegt in beiden Gruppen bei zwei).

Im Nachtest unterscheiden sich die beiden Gruppen hoch signifikant (Mann-Whitney, U = 188,0, z = -2,92, p = .004). Während in der Kontrollgruppe immer noch 53,8% der Schüler maximal zwei Antworten jenseits eines naiv-realistischen Wissenschaftsverständnisses geben können, verschiebt sich der Median der Trainingsgruppe von zwei Antworten im Vortest auf sechs Antworten im Nachtest. Deutlich mehr Schüler können hier konsistent auf dem Niveau eines „reflektierteren Wissenschaftsverständnisses" antworten.

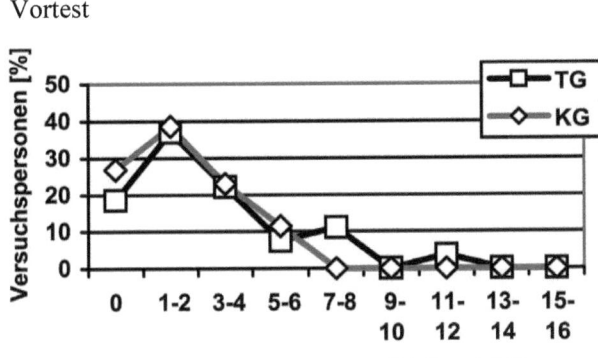

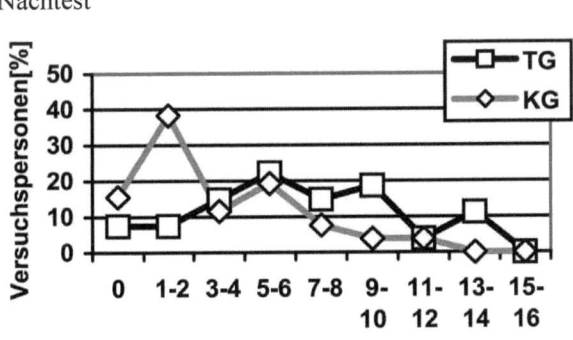

Abb. 5: Konsistenz der Antworten auf Level 1.5 und höher

Gruppe	MZP	Spontan	Choice
TG	**VT**	25,9%	51,9%
TG	**NT**	66,7%	85,2%
KG	VT	19,2%	38,5%
KG	NT	34,6%	50,0%

Tab. 2: Anteil der Schüler in Prozent, die ein kontrolliertes Experiment vorgeschlagen haben

Flugzeug- bzw. Drachenaufgabe

In Tabelle 2 ist angegeben, wie viel Prozent der Schüler in den beschriebenen Teilaufgaben in der Lage sind, einen kontrollierten Experimentiervorschlag zu machen. Der Zuwachs in der Trainingsgruppe ist in der schwierigeren Spontanaufgabe hoch signifikant (McNemar, $p = .003$), die Verbesserung der Kontrollgruppe wird nicht signifikant.

Ähnlich verhält es sich in der Choice-Aufgabe. Obwohl die Trainingsgruppe bereits im Vortest zu 51,9% kontrollierte Antworten geben kann, wächst der Anteil im Nachtest signifikant auf 85,2% an (McNemar, $p = .022$), während sich die Schüler der Kontrollgruppe nicht signifikant verbessern.

Wissenstest „Hefe und Optik"

Interessant ist, dass manche Testfragen von der Trainingsgruppe besser beantwortet wurden als von der Kontrollgruppe, obwohl sie sich auf Themengebiete beziehen, die fachlich in der Trainingsgruppe nicht so tiefgreifend erarbeitet wurden, weil ein Teil der Unterrichtszeit für die Förderung von Wissenschaftsverständnis reserviert war. Als Erklärung dient einerseits der positive Einfluss der wissenschaftstheoretischen Reflexion, die zu systematischem Experimentieren führt und die Schüler die Zusammenhänge und Versuchsergebnisse möglicherweise bewusster erkennen lässt (Testfragen zu den Experimenten mit Hefe). Andererseits könnten erkenntnistheoretische Überlegungen im Unterricht naturwissenschaftliche Zusammenhänge für die Schüler auf persönlicher Ebene relevant erscheinen lassen und dadurch die intrinsische Motivation steigern (Testfragen zur Wahrnehmung des Mondes).

Auswirkungen des verbesserten Wissenschaftsverständnisses auf den Erwerb fachinhaltlichen Wissens

Zur Überprüfung der Frage, ob ein verbessertes Wissenschaftsverständnis als Transfereffekt auch den Erwerb fachinhaltlichen Wissens erleichtern kann, wurde in beiden Gruppen nach der Intervention eine identische „Transfereinheit" unterrichtet (vgl. Skizze des Unterrichts). Anhand des Themas „Warum schwimmt ein großes Schiff im Wasser?" wurden Bedingungen für das Schwimmen und Sinken von Gegenständen näher untersucht – ohne dabei explizite metatheoretische Reflexionen durchzuführen. Unterschiede im Gesprächsverlauf hinsichtlich der metatheoretischen Ebene sollten sich nur ergeben, wenn die Schüler von sich aus entsprechende Aspekte aufgreifen. Notwendige Informationen von Seiten des Lehrers, die sich auf die Natur der Naturwissenschaften beziehen, wurden in beiden Klassen identisch gegeben, ohne dies jedoch als metatheoretische Reflexion hervorzuheben.

Der Lernzuwachs der Schüler wurde durch den Wissenstest „Schwimmen & Sinken" erhoben. In der Auswertung der mit dem Test adaptierten Summenwerte zeigte sich zunächst kein signifikanter Unterschied zwischen den beiden Gruppen, wenngleich die Trainingsgruppe im Nachtest etwas besser abschneidet als die Kontrollgruppe.

Blind gegenüber den Ergebnissen und somit rein hypothesengeleitet wurden zusätzlich diejenigen Items herausgesucht, welche ein deutlich komplexeres Verständnis vom Schwimmen und Sinken bzw. von Dichte voraussetzen. Durch den erkenntnis- und wissenschaftsorientierten Unterricht in der Trainingsgruppe wäre es denkbar, dass diese Gruppe bei solchen Items mehr profitiert, weil sie einzelne Variablen gegebenenfalls stärker beachtet und Zusammenhänge leichter erfasst. Der Summenscore, der in diesem Sinne mögliche Effekte eines verbesserten Wissenschaftsverständnisses überprüfen soll, wurde vereinfachend Summenwert „Wissenschaftsverständnis" genannt. In den Summenscore fließen drei Aufgaben des Tests ein, maximal können acht Punkte erreicht werden (vgl. Grygier, 2008, S. 122ff.).

Wie die Ergebnisse in Tabelle 3 zeigen, wird die Differenz der Mittelwerte beider Gruppen im Nachtest marginal signifikant. Analysiert man die Ergebnisse genauer, so ist festzustellen, dass sich die Kontrollgruppe in keiner der entsprechenden Aufgaben von Vor- zu Nachtest signifikant verbessert, die Trainingsgruppe hingegen bei allen drei Fragen bzw. in jeweiligen Teilfragen.

Durch die im Vor- und Nachtest sehr nahe beieinander liegenden Ergebnisse der beiden Gruppen in den adaptierten Summenwerten ist es besonders interessant, auch die Nachhaltigkeit des Wissens zu betrachten. Wie in Abbildung 2 zu erkennen ist, wurde der Wissenstest „Schwimmen und Sinken" in einem Follow-up-Test nach etwa sieben Monaten ein weiteres Mal durchgeführt. Unter Berücksichtigung der zu allen drei Messzeitpunkten teilnehmenden Schüler sowie der gemeinsamen Items des (für den Follow-up-Test gekürzten) Testbogens ergibt sich folgendes Bild:

Die Trainingsgruppe liegt auch bei den reduzierten Mittelwerten im Nachtest (2. Messzeitpunkt) leicht über den Werten der Kontrollgruppe, obwohl sie im Vortest zunächst schlechter abschneidet als die Kontrollgruppe. Diesen Vorsprung kann sie – bei einem allgemeinen Leistungsabfall beider Klassen – in den meisten Summenwerten bis zum Follow-up-Test halten.

	Maximalwert	Gruppe	Mittelwert	Signifikanz (T-Test)
Summe Wissenschaftsverständnis VT	8	TG	3,52	,735
		KG	3,65	
Summe Wissenschaftsverständnis NT	8	TG	4,78	,051
		KG	3,77	

Tab. 3: *Mittelwerte der Trainings- und Kontrollgruppe im Summenwert Wissenschaftsverständnis und die Signifikanz ihrer Differenz zwischen den Gruppen (T-Test)*

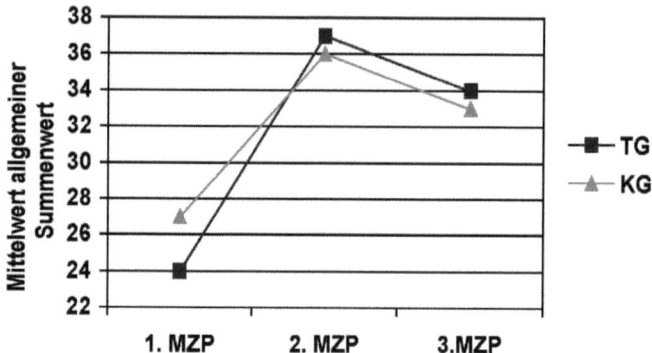

Abb. 6: Entwicklung der Mittelwerte des allgemeinen Summenscores von Trainings- und Kontrollgruppe über die drei Messzeitpunkte (vgl. Grygier, 2008, S. 128)

In einer 3 (Zeit) X 2 (Gruppe) ANOVA über den „allgemeinen Summenwert" mit Messwiederholung auf dem ersten Faktor zeigt sich sowohl ein signifikanter Haupteffekt des Messzeitpunktes ($F(2, 33) = 120,928$, $p<.001$), als auch eine signifikante Interaktion von Messzeitpunkt und Gruppe ($F(2, 33) = 5,096$, $p = .012$). Abbildung 6 veranschaulicht die Entwicklung der Mittelwerte des allgemeinen Summenwertes über die Zeit.

Zusammenfassung und Ausblick

Die Ergebnisse des Vortests zeigen, dass das Wissenschaftsverständnis von Viertklässlern ohne besondere Förderung im Unterricht überwiegend naiv-realistisch ist. Dies wird besonders im „Nature of Science"-Interview deutlich.

Die vorgestellten erkenntnis- und wissenschaftstheoretisch angereicherten Unterrichtseinheiten verbesserten das Wissenschaftsverständnis der Trainingsgruppenschüler wesentlich. Dies wird im Nachtest nicht nur im Interview evident, sondern auch in der Fähigkeit der Schüler, bei der Flugzeugaufgabe kontrollierte Experimente zu entwerfen oder auszuwählen.

Auch die Kontrollgruppe erzielte durch ihren Unterricht, der ebenso viele Experimente beinhaltet, leichte Fortschritte im Wissenschaftsverständnis. Im Vergleich zu den Fortschritten der Trainingsgruppe bleiben diese jedoch marginal. Der Gruppenvergleich zeigt, dass eine explizite Förderung des Wissenschaftsverständnisses durch gemeinsame Reflexion erkenntnis- und wissenschaftstheoretischer Inhalte notwendig ist, um die naiv-realistischen Ansichten zu überwinden und die Experimentierfähigkeiten zu steigern.

Der Vorteil eines reflektierteren Wissenschaftsverständnisses zeichnet sich in den Ergebnissen zur Transfereinheit vor allem im Summenscore „Wissenschaftsverständnis" ab. In diesen Score fließen besonders komplexe Items ein, die ein differenziertes Verständnis des physikalischen Begriffs „Dichte" voraussetzen. Die Trainingsgruppe überholt die Kontrollgruppe im erreichten Mittelwert von Vor- zu Nachtest und kann diesen Vorsprung bis zum Follow-up-Test halten. Dies ist ein wichtiger Hinweis darauf, dass ein reflektierteres Wissenschaftsverständnis den Erwerb inhaltlichen Wissens erleichtert. Zumal eine Korrelation der „Nature of Science"-Interview-Werte mit den Ergebnissen des Wissenstests „Schwimmen und Sinken" für die Gesamtstichprobe diese Annahme unterstützt: Die Ergebnisse zeigen, dass insbesondere jene Schüler im Bereich „Schwimmen und Sinken" im Nachtest gut abschneiden, welche im „Nature of Science"-Interview, sei es im Vortest oder im Nachtest, häufiger Level-1.5plus-Antworten geben konnten als andere Schüler.

Welche konkreten Folgerungen sich aus den Ergebnissen für die Sachunterrichtsdidaktik ableiten lassen, wurde bereits an anderer Stelle beschrieben (vgl. Grygier, 2005, S. 186ff.; Grygier, 2008, S. 147ff.).

In dem Forschungsprojekt „Vermittlung von Wissenschaftsverständnis in der Grundschule" wurde nach der vorgestellten Studie eine weitere Interventions- und Transferstudie durchgeführt (Sodian, Jonen, Thoermer & Kircher, 2006; zum Vergleich der beiden Studien s. auch Grygier, Jonen, Kircher, Sodian & Thoermer, 2008).

Die Interventionsphase wurde hierbei längerfristig angelegt: über ein Schulhalbjahr mit je einer Doppelstunde pro Woche (statt epochalem Unterricht auf 2–3 Wochen konzentriert) – was allerdings mit einer Erhöhung des naturwissenschaftlichen Anteils im Sachunterricht verbunden war, verglichen mit dem derzeit gültigen bayerischen Lehrplan. Außerdem wurde die Intervention durch zusätzliche Stunden mit wissenschaftstheoretischen Reflexionen (zum Thema „Wie wir hören") ergänzt (insg. 14 statt 9 Doppelstunden).

Die Transfer-Unterrichtseinheit wurde beibehalten, der Wissenstest „Schwimmen und Sinken" aufgrund der vorgestellten Studie modifiziert, da sich der positive Einfluss eines reflektierten Wissenschaftsverständnisses vor allem in komplexen Aufgabenstellungen abzeichnete.

In dieser Folgestudie konnten die Ergebnisse der vorgestellten Studie im Wesentlichen repliziert werden (vgl. Sodian, Jonen, Thoermer & Kircher, 2006, S. 154ff.). Dies bedeutet, dass Wissenschaftsverständnis auch in der üblichen curricularen Stundenverteilung erfolgreich förderbar ist, d. h. ohne epochale Intervention. Einen solchen metatheoretischen „roten Faden" in der Unterrichtsgestaltung zu berücksichtigen, fordert Kircher (2007) bereits für die Grundschule. Mit den publizierten Unterrichtseinheiten (Grygier, Günther & Kircher, 2004; Grygier & Kircher, 2009) liegen Entwürfe vor, die auch von verschiedenen Lehrpersonen erfolgreich umgesetzt werden können. Der Unterricht im Dissertationsprojekt und den Vorstudien wurde von Patricia Grygier gehalten, in der Folgestudie übernahm dies Angela Jonen. Beide sind ausgebildete Grundschullehrerinnen.

Die ebenfalls in diesem Forschungsprojekt durchgeführten Lehrerstudien (Günther, 2006) ergaben allerdings, dass für die selbständige Planung Wissenschaftsverständnis fördernder Unterrichtseinheiten Fortbildungsmaßnahmen bei den Lehrkräften notwendig sind, welche auch sehr erfolgreich durchgeführt werden können. Dies führt zu der Forderung, den thematischen Bereich „Natur der Naturwissenschaften" in die Lehrerausbildung aufzunehmen.

Eine Berücksichtigung des Lernens über die Natur der Naturwissenschaften würde auf jeden Fall den Ansprüchen entsprechen, die im Rahmen aktueller Bildungsdiskussionen immer wieder gestellt werden. So gilt beispielsweise bei PISA 2006 das Wissen über die Naturwissenschaften neben dem naturwissenschaftlichen Wissen und motivationalen Orientierungen als zentrale Voraussetzung für naturwissenschaftliche Kompetenz. (Vgl. dazu z. B. die Rahmenkonzeption naturwissenschaftlicher Kompetenz von PISA 2006 unter: http://pisa.ipn.uni-kiel.de/pisa2006/ (25.10.2010))

Bundesweit geltende Bildungsstandards für die naturwissenschaftlichen Fächer gibt es bisher nur für den mittleren Schulabschluss (KMK, 2004). Allerdings werden Bildungsstandards für den Sachunterricht und damit auch entsprechende Kompetenzmodelle schon ausführlich diskutiert (vgl. z. B. Giest, Hartinger, Kahlert, 2008). Inwieweit das Wissen über die Natur der Naturwissenschaften als domänenübergreifende Kompetenz gefasst und weiter ausdifferenziert werden kann, wurde von Koerber, Sodian, Thoermer & Grygier (2008) umrissen. Die „Entwicklung naturwissenschaftlicher Kompetenz in der Grundschule" theoriegeleitet zu erfassen, ist Ziel eines derzeitigen gleichnamigen DFG-Kooperationsprojekts von Möller, Beinbrech, Hardy, Schwippert, Sodian und Körber.

Literatur

Baumert, J.; Bos, W. & Lehmann, R. H. (Hrsg.) (2000): TIMSS/ III. Dritte Internationale Mathematik- und Naturwissenschaftsstudie. Bd. 1: Mathematische und naturwissenschaftliche Bildung am Ende der Schullaufbahn. Opladen: Leske + Budrich.
Baumert, J.; Klieme, E.; Neubrand, M.; Prenzel, M.; Schiefele, U.; Schneider, W.; Stanat, P.; Tillmann K.-J. & Weiß, M. (2001): Pisa 2000. Basiskompetenzen von Schülerinnen und Schülern im internationalen Vergleich. Opladen: Leske + Budrich.
Bullock, M. & Ziegler, A. (1999): Scientific reasoning: Developmental and individual differences. In: Weinert, F. E. & Schneider, W. (Hrsg.): Individual development from 3 to 12 – Findings from the Munich longitudinal study. Cambridge: Cambridge University Press, S. 38–54.
Carey, S.; Evans, R.; Honda, M.; Jay, E. & Unger, C. (1989): An experiment is when you try it and see if it works. A study of junior high school students' understanding of the construction of scientific knowledge. In: International Journal of Science Education 11, S. 514–529.
Driver, R.; Leach, J.; Millar, R. & Scott, P. (1996): Young people's images of science. Bristol: Open University Press.
Giest, H.; Hartinger, A. & Kahlert, J. (Hrsg.) (2008): Kompetenzniveaus im Sachunterricht. Forschungen zur Didaktik des Sachunterrichts, Band 7. Bad Heilbrunn: Klinkhardt.
Grygier, P. (2008): Wissenschaftsverständnis von Grundschülern im Sachunterricht. Bad Heilbrunn: Klinkhardt.
Grygier, P. (2005): Wissenschaftsverständnis – Schon in der Grundschule? In: Cech, D. & Giest, H. (Hrsg.): Sachunterricht in Praxis und Forschung. Probleme und Perspektiven des Sachunterrichts, Band 15. Bad Heilbrunn: Klinkhardt, S. 177–189.
Grygier, P.; Günther, J. & Kircher, E. (Hrsg.) (2004): Über Naturwissenschaften lernen – Vermittlung von Wissenschaftsverständnis in der Grundschule. 2. überarb. Aufl. Baltmannsweiler: Schneider Verlag Hohengehren, 2007.
Grygier, P.; Jonen, A.; Kircher, E.; Sodian, B. & Thoermer, C. (2008): „Wissenschaftsverständnis" und Erwerb von naturwissenschaftlichem Wissen und Experimentierfähigkeit in der Grundschule. In: Giest, H. & Wiesemann, J. (Hrsg.): Kinder und Wissenschaft. Probleme und Perspektiven des Sachunterrichts, Band 18. Bad Heilbrunn: Klinkhardt, S. 69–81.

Grygier, P. & Kircher, E. (2009): Förderung von Wissenschaftsverständnis in der Grundschule – aber wie? In: MNU Primar Heft 3, 1. Jg., S. 105–110.

Günther, J. (2006): Lehrerfortbildung über die Natur der Naturwissenschaften. Studien über das Wissenschaftsverständnis von Grundschullehrkräften. Berlin: Logos Verlag.

Hardy, I.; Jonen, A.; Möller, K. & Stern, E. (2006): Effects of instructional support in constructivist learning environments for elementary school students' understanding of „floating and sinking". In: Journal of Educational Psychology 98, H. 2, S. 307–326.

Kircher, E. (2007): Physikalische Aspekte. In: Kahlert, J.; Fölling-Albers, M.; Götz, M.; Hartinger, A.; Reeken, D. v. & Wittowske, S. (Hrsg.): Handbuch Didaktik des Sachunterrichts. Bad Heilbrunn: Klinkhardt, S. 129–135.

KMK (2004): Bildungsstandards für den mittleren Schulabschluss. URL: http://www.kmk.org/bildung-schule/qualitaetssicherung-in-schulen/bildungsstandards/dokumente.html

Koerber, S.; Sodian, B.; Thoermer, C. & Grygier, P. (2008): Wissen über Wissenschaft als Teil der frühen naturwissenschaftlichen Bildung. In: Giest, H.; Hartinger, A. & Kahlert, J. (Hrsg.): Kompetenzniveaus im Sachunterricht. Forschungen zur Didaktik des Sachunterrichts, Band 7. Bad Heilbrunn: Klinkhardt, S. 135–153.

McComas, W. F.; Clough, M. P. & Almazroa, H. (1998): The role and character of the nature of science in science education. In: McComas, W. F. (Hrsg.): The nature of science in science education: Rationales and strategies. Dordrecht: Kluwer, S. 3–39.

McComas, W. F. & Olson, J. K. (1998): The nature of science in international science education standards documents. In: McComas, W. F. (Hrsg.): The nature of science in science education: Rationales and strategies. Dordrecht: Kluwer, S. 41–52.

Möller, K. (Hrsg.) (2005): Die KiNT-Boxen – Kinder lernen Naturwissenschaft und Technik. Klassenkisten für den Sachunterricht. Jonen, A. & Möller, K.: Paket 1: Schwimmen und Sinken. Essen: Spectra-Verlag.

Möller, K.; Jonen, A.; Hardy, I. & Stern, E. (2002): Die Förderung von naturwissenschaftlichem Verständnis bei Grundschulkindern durch Strukturierung der Lernumgebung. In: Zeitschrift für Pädagogik, 45. Beiheft, S. 176–191.

Osborne, J.; Collins, S.; Ratcliffe, M.; Millar, R. & Duschl, R. (2003): What ‚Ideas-about-Science' should be taught in school science? A delphi study of the expert community. In: Journal of Research in Science Teaching 40, H. 7, S. 692–720.

Prenzel, M; Geiser, H.; Langeheine, R. & Lobemeier, K. (2003): Das naturwissenschaftliche Verständnis am Ende der Grundschule. In: Bos, W.; Lankes, E.-M.; Prenzel, M.; Schwippert, K.; Walther, G. & Valtin, R. (Hrsg.): Erste Ergebnisse aus IGLU. Münster u. a.: Waxmann, S. 143–187.

Sodian, B.; Jonen, A.; Thoermer, C. & Kircher, E. (2006): Die Natur der Naturwissenschaften verstehen – Implementierung wissenschaftstheoretischen Unterrichts in der Grundschule. In: Prenzel, M. & Allolio-Näcke, L. (Hrsg.): Untersuchungen zur Bildungsqualität von Schule. Abschlussbericht des DFG-Schwerpunktprogramms. Münster u. a.: Waxmann, S. 147–160.

Sodian, B.; Thoermer, C.; Kircher, E.; Grygier P. & Günther, J. (2002): Vermittlung von Wissenschaftsverständnis in der Grundschule. In: Zeitschrift für Pädagogik, 45. Beiheft, S. 192–206.

Bertold Kujath *(Universität Potsdam)*
Andreas Schwill *(Universität Potsdam)*

Hochleister bei der Lösung informatischer Probleme – Was können Niedrigleister lernen?

Motivation und Ziele

In der jüngeren Vergangenheit (Westdeutschland) legte man die Ausbildungsgänge (außer im Sport) tendenziell nivellierend an und förderte bevorzugt schwächere und weniger begabte Schüler, um ihnen eine bestmögliche Teilhabe an Leben und Arbeitswelt angedeihen zu lassen. Hochbegabungen wurden im allgemeinbildenden Schulsystem weitgehend ignoriert. Motto des deutschen Ausbildungssystems war eher eine „Durchschnittsmaximierung"[1], die im internationalen Vergleich überaus erfolgreich ist. Erst in letzter Zeit ist infolge der Diskussionen um Exzellenz, Hochtechnologiestandort Deutschland und internationale Wettbewerbsfähigkeit vermehrt eine Bereitschaft erkennbar, Hochbegabte und Hochleister zu erkennen und zu fördern (Tendenz zur „Spitzenmaximierung"). Für die Informatik sind kaum Studien bekannt (Referenzen in (Kujath, 2006, 2008)), in denen erforscht wird, was Hochbegabung/Hochleistung ist, wie man sie erkennt, und welche informatischen Sachverhalte besonders geeignet sind, Hochbegabte in der Informatik zu fördern. Unsere langfristigen Forschungsfragen betreffen die Analyse von informatischen Hochbegabungen (Fallstudien, Lebensläufe, Problemlöseprozesse) und die Bestimmung von Merkmalen informatischer Hochbegabung, auch in Relation zu allgemeiner Hochbegabung. Ferner geht es uns als Fachdidaktiker um die Übertragung von Erkenntnissen über Hochbegabte auf normal Begabte im Sinne von „Was können Niedrigleister von Hochleistern lernen?", also z. B. um die didaktische Aufbereitung von Problemlöseprozessen oder um die Entwicklung von Förderkonzepten organisatorischer und inhaltlicher Art (z. B. spezielle Aufgabentypen) für Schulen und Hochschulen.

Hierzu haben wir in den vergangenen Jahren jugendliche Hoch- und Niedrigleister in Informatik mithilfe der Methode des Lauten Denkens bei der Lösung von informatischen Problemen beobachtet, um etwas über die Vorgehensweisen, Problemlösestrategien, Denkprozesse und Verwendung von fundamentalen Ideen der Informatik (Schwill, 1993) zu erfahren.

Forschungsfragen

Die zentralen Fragen, die unsere Forschungen leiten, sind:

1.) Wie lassen sich informatische Hochleister charakterisieren?
2.) Welche Lösungsmethoden und fundamentalen Ideen werden durch Hochleister und Niedrigleister bei der Lösung informatischer Probleme verwendet?
3.) Wie unterscheiden sich die Zugänge informatischer Hoch- und Niedrigleister?
4.) Wie lassen sich Fähigkeiten von Hochleistern auf Niedrigleister übertragen? Können Vorgehensweisen der Hochleister so aufbereitet werden, dass sie für Niedri-

---

1 Dieser Begriff stammt von Volker Claus.

gleister zugänglich werden und sich nachprüfbare Verbesserungen der Problemlösefähigkeiten ergeben?

Gegenstand dieses Beitrags sind vor allem die Fragen 2 und 3 und ansatzweise die Frage 4.

Theoretischer Hintergrund

Als eines der ersten Modelle zur Beschreibung intellektueller Fähigkeiten kann das Generalfaktormodell der Intelligenz von Spearman (Spearman, 1904) angesehen werden, das einen jeder intelligenten Leistung zugrunde liegenden allgemeinen Intelligenzfaktor („g"-Faktor) und weitere aufgabenspezifische Intelligenzfaktoren („s"-Faktoren) annimmt. Spearman arbeitete mit faktorenanalytischen Methoden, die darauf abzielen, aus empirischen Testdaten einzelne Intelligenzfaktoren abzuleiten. Von dieser Arbeit ausgehend entstand in der Folgezeit eine Reihe von Intelligenzmodellen, die auch eine immer größere Anzahl von Intelligenzfaktoren hervorbrachte. Das Intelligenzmodell von Guilford stellt mit 150 verschiedenen Einzelfaktoren den quantitativen Höhepunkt dieser Entwicklung dar (Amelang & Bartussek, 2001; Dorsch et al., 2009). Heutige differentielle Intelligenztests basieren auf solchen Faktorenmodellen.

1978 erschien mit dem 3-Ringemodell von Renzulli ein erstes mehrdimensionales Hochbegabungsmodell. Neben hoher allgemeiner Intelligenz fordert dieses Modell ein hohes Maß an Kreativität und Aufgabenzuwendung als Voraussetzung für Hochbegabung (Renzulli, 1978, zit. nach Freund-Braier, 2001). Die aktuelle Hochbegabungsforschung definiert nunmehr fünf voneinander unabhängige Begabungsbereiche, die auf der sog. Dispositionsebene angesiedelt sind. Neben der intellektuellen Begabung (= Intelligenz) werden die soziale Begabung, die musische Begabung, die bildnerisch-darstellende Begabung und die psychomotorische Begabung aufgeführt (Dorsch, 2009). Nach diesem Modell kann ein Individuum über alle, über keinen oder über einen Teilbereich dieser Begabungsbereiche verfügen. Durch Wechselwirkung mit weiteren Faktoren, beispielsweise der familiären und schulischen Situation oder nicht-kognitiven Persönlichkeitsmerkmalen wie Motivation und persönlichen Interessen, können diese Begabungen auf der Verhaltensebene in eine manifeste Hochleistung auf einem oder mehreren Gebieten umgesetzt werden. Das Münchner Hochbegabungsmodell von Heller et al. (Heller, 2005, zit. nach Ziegler, 2008) beschreibt diese Zusammenhänge bisher am deutlichsten. Hier wird von sieben unabhängigen Fähigkeitsbereichen ausgegangen. Jeweils fünf internale (u. a. Stress, Motivation) sowie fünf externale (u. a. schulisches und familiäres Umfeld), im Modell als Moderatoren bezeichnete Einflussgrößen können hiernach je nach Ausprägung verstärkend oder abschwächend auf diese Fähigkeitsbereiche einwirken. Bei entsprechendem Zusammenwirken dieser Faktoren wird dann die Realisierung von Hochleistung auf Gebieten wie etwa Mathematik, Informatik, Kunst oder Sport ermöglicht.

Unter den Vorarbeiten anderer Autoren zum hier verfolgten Ansatz ähnlichen Fragestellungen sind besonders die folgenden zu erwähnen: (Borromeo Ferri, 2004) forschte zu mathematischen Denkstilen, indem sie 12 Schüler der 6. und 9. Jahrgangsstufe beim paarweisen Lösen mathematischer Aufgaben beobachtete. Sie identifizierte bei ihnen drei bereits von (Burton, 1997) bei praktizierenden Mathematiklehrern und -lehrerinnen beschriebene mathematische Denkstile durch qualitative Datenanalyse. Da in unserer Studie ein direkter interindividueller Vergleich angestrebt ist, werden die Versuche in Einzelsitzungen durchgeführt. Friege (2001) führte Experten-Novizen-Vergleiche beim Lösen elektrotechnischer Aufgaben durch. Die Auswertung der Problemlöseprozesse basierte auf den schriftlichen Lösungswegen der Versuchspersonen, die Ergebnisse wurden mit dem Berliner Intelligenzstrukturtest (BIS) abgeglichen. Vorangegangen waren Voruntersuchungen mit Teilnehmern der Physik-Olympiade. In unserer Studie sollen unmittelbar an die Bearbeitung der Probleme anschließende retrospektive Interviews zum Problemlöseerleben durchgeführt werden, um zusätzliche Information über die individuellen Strategien und Entscheidungsgründe zu gewinnen.

Methode

Im ersten Teil der Studie wurden acht Endrundenteilnehmer des 23. und 24. Bundeswettbewerbs Informatik beim Problemlösen beobachtet. Diese acht Probanden wurden wie folgt ausgewählt: Zunächst wurden 23 Finalisten des Bundeswettbewerbs Informatik des Jahres 2005 zu einem Intelligenzstrukturtest eingeladen. Alle 23 Kandidaten verfügten durch Erreichen der Endrunde offenbar über eine Leistungsexzellenz im Fach Informatik. Bei 15 von ihnen wurden IQ-Werte von z. T. deutlich über 130 ermittelt, so dass auch eine psychometrische Hochbegabung festgestellt werden konnte. Der IQ von jeweils vier Teilnehmern lag im Bereich 100–115 bzw. 115,5–129,5. Insgesamt vier der hochbegabten Teilnehmer, die darüber hinaus auch Preisträger des Wettbewerbs waren, wurden für die weitere Studie ausgewählt. Vier weitere Finalisten bzw. Preisträger des Bundeswettbewerbs Informatik aus dem Folgejahr wurden zu einem späteren Zeitpunkt zur Teilnahme an der Studie eingeladen.

Die Gruppe der Niedrigleister wurde gebildet aus acht Studenten der Informatik an der Universität Potsdam mit unterdurchschnittlichem Studienerfolg im theoretisch-formalen Bereich. Beide Gruppen erhielten Aufgaben, deren Lösungen unter Lautem Denken zu erarbeiten waren. Die Lösungsprozesse wurden aufgezeichnet, transkribiert und qualitativ und quantitativ analysiert.

Im folgenden geben wir einen Überblick über diese Studie und zukünftige Planungen. Für Einzelergebnisse verweisen wir auf (Kujath, 2006, 2007, 2008).

Eine interessante Beobachtung, die wir aber bisher nicht weiterverfolgt haben, gewinnt man aus den Intelligenzprofilen der Hochleister. Einige Probanden besaßen eine hohe verbaleab Intelligenz und Schwächen im Bereich Merkfähigkeit, sowohl verbal als auch figural. Einige Probanden überraschten im Vergleich zu ihren sonstigen Fähigkeiten noch mit einer ausgesprochenen Schwäche in mathematisch geprägten Zusammenhängen; kennzeichnend hierfür waren ihre geringen Intelligenzwerte für Zahlenreihen und Rechenzeichen, was im Bereich der interpretierbaren Skalen zu einem deutlichen Einbruch beim Wert für die numerische Intelligenz führt. Diese Befunde können von uns derzeit nicht weiter geklärt werden: Jedenfalls scheinen mathematische Schwächen nicht unbedingt ein Hindernis für besonders hohe Leistungen beim informatischen Problemlösen zu sein. Vielleicht noch ungewöhnlicher sind die verbalen Fähigkeiten, die die informatischen Hochleister mitbringen. Während man allgemein von eher unterentwickelten sprachlichen und vor allem kommunikativen Fähigkeiten informatisch orientierter Jugendlicher ausging, helfen wohl tatsächlich besonders verbale Fähigkeiten, informatische Problemlöseprozesse zu bewältigen. Möglicherweise wird eine typische Vorgehensweise der Informatik, die mit der Beherrschung und verständigen Nutzung einer Vielzahl verschiedener künstlicher Sprachen einhergeht, von verbalen Fähigkeiten gestützt. Hier sind noch weitere Forschungen erforderlich.

Abbildung 1 zeigt das gesamte bisherige Untersuchungsprogramm. In einer Pilotphase wurden Grundlagen der allgemeinen Problemlöseforschung aufgearbeitet, theoretische Vorüberlegungen zu ausgewählten Aufgaben angestellt sowie Erfahrungen mit Untersuchungen zum Lauten Denken gesammelt. Einen größeren Umfang nahm die erstellte forschungsspezifische Vorab-Theorie ein, in der Kategorien entwickelt wurden, auf deren Grundlage später zu erwartende Ergebnisse der Laut-Denken-Sitzungen zu analysieren und zu klassifizieren sind. Diese Kategorien wurden gruppiert nach allgemeinen Problemlöse-Kategorien, nach informatischen – hier bildeten vor allem die fundamentalen Ideen der Informatik (Schwill, 1993) die Grundlage – und nach aufgabenspezifischen Kategorien, die u. a. je Aufgabe gewisse zu erwartende Vorgehensweisen zu klassifizieren erlauben. Tabelle 1 zeigt beispielhaft das Klassifikationsschema mit Attributen und Dimensionen für die Analyse von Skizzen, die Probanden bei der Problemlösung einsetzen könnten.

Zur *Hauptstudie* wurden die oben vorgestellten acht Hochleister nach Potsdam eingeladen. Innerhalb von 1,5 Tagen bearbeiteten sie mehrere Probleme. Genauso wurde mit den acht Niedrigleistern verfahren, die um Teilnahme gebeten wurden, jedoch ohne den Hinweis, dass sie wegen ihrer schlechten Studienleistungen als Teilnehmer geeignet waren.

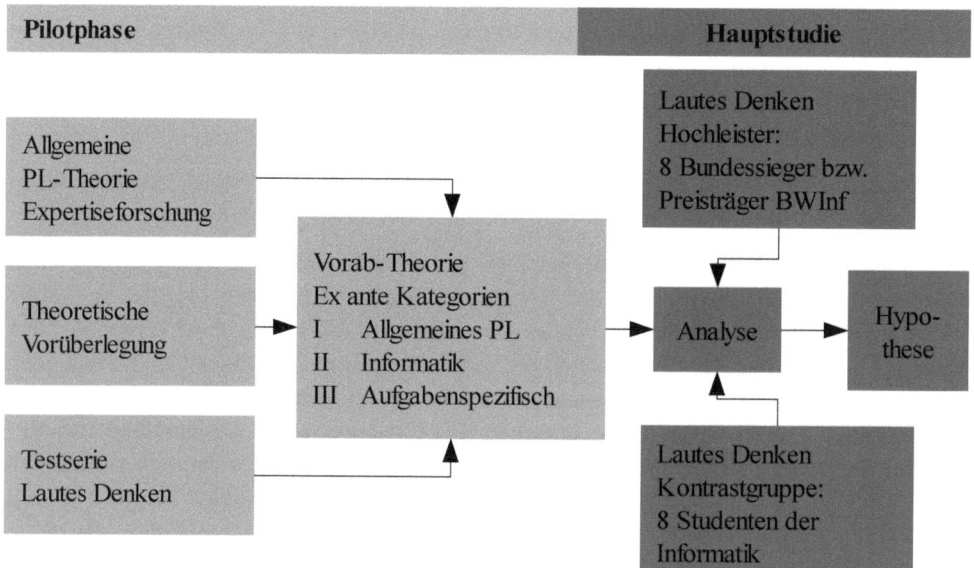

Abb. 1: Forschungsdesign

Kategorie	Attribut	Dimension
Skizze	*Frequenz*	oft ↔ nie
	Zeitpunkt	in welcher Problemlöse-Phase?
	Art	ikonisch/symbolisch
Subkategorien: Modellskizze Externer Speicher Zwischenrechnung	Zweck: Aufgabenverständnis/ Aufgabenpräsentation Hypothesengenerierung Hypothesenprüfung	

Tab. 1: *Klassifikationsschema für von Probanden angefertigte Skizzen*

3-Färbung eines 2*n-Rechtecks

In einem 2*n-Rechteck soll jedes 1*1-Quadrat gefärbt werden. Dabei sollen an den Kanten zusammenliegende Quadrate unterschiedliche Farben haben, insgesamt gibt es drei verschiedene Farben: weiß, grau und schwarz. Die untere Hälfte des längsliegenden Rechtecks ist bereits gefärbt, und zwar mit der Farbensequenz C1,...,Cn. Wieviele unterschiedliche Möglichkeiten gibt es nun, die obere Hälfte zu färben? Diese Anzahl hängt von der Farbsequenz C1,...,Cn der unteren Hälfte ab.

Beispiel:

Sei n = 4 und die untere Sequenz sei <schwarz, weiß, schwarz, grau>. Dann gibt es in diesem Fall insgesamt sieben verschiedene Arten, die obere Hälfte korrekt zu färben:

<weiß, grau, weiß, schwarz>
<weiß, schwarz, grau, weiß>
<weiß, schwarz, grau, schwarz>
<weiß, schwarz, weiß, schwarz>
<grau, schwarz, grau, weiß>
<grau, schwarz, grau, schwarz>
<grau, schwarz, weiß, schwarz>

Sieben ist allerdings weder die maximale noch die minimale Anzahl der Möglichkeiten.

1. Welche ist die minimale und welche die maximale Anzahl von Möglichkeiten? (n ist dabei konstant, die Beschaffenheit der Farbsequenzen kann variieren).

2. Wie muss die untere Farbsequenz beschaffen sein, so dass man zum einen die minimale und zum anderen die maximale Anzahl von Möglichkeiten oben hat?

Abb. 2: *Färbeproblem aus der Studie*

Beide Gruppen erhielten Aufgaben im Stile nicht alltäglicher Klausur- oder Übungsaufgaben und sollten Lösungen unter Lautem Denken erarbeiten. Die Bearbeitungszeit betrug je Aufgabe max. eine Stunde. Die während der Aufgabenbearbeitung angefertigten Skizzen wurden ebenso wie die Verbalisierungen der Versuchspersonen mit einer Videokamera aufgezeichnet. Das Videomaterial wurde transkribiert. Bei der Analyse der Verbaldaten wurde auf Verfahren der qualitativen und quantitativen Datenanalyse zurückgegriffen.

Abbildung 2 zeigt exemplarisch eine der zu lösenden Aufgaben. Diese Aufgabe verwenden wir im folgenden, um unterschiedliche Vorgehensweisen der Hoch- und Niedrigleister zu verdeutlichen.

Ergebnisse

Leistungsstarke Problemlöser zeigten ein deutlich anderes Vorgehen beim Bearbeiten der Probleme als schwächere Problemlöser. Auffällig war das Fehlen informatikspezifischer Herangehensweisen bei der Problembearbeitung durch Niedrigleister, obwohl die dazu notwendigen Hilfsmittel und Methoden wie etwa Baumstrukturen oder Rekursion durchaus bekannt waren. Aber auch viele allgemeine Empfehlungen der Problemlöseforschung, wie etwa das Zerlegen eines Problems in Teilprobleme oder das Durchführen einer Problemanalyse vor der eigentlichen Bearbeitung, blieben bei den schwächeren Problemlösern oft unbeachtet.

Hochleister hatten die Problemstellung in der Regel sofort korrekt verstanden und sich gleich der Bearbeitung der Aufgabe zugewendet. Niedrigleistende Problemlöser begannen ihre Bearbeitung oft mit Nachfragen an den Versuchsleiter, ohne zunächst selbst nach einer Erklärung zu suchen. Auch traten bei einigen Probanden in der Gruppe der Niedrigleister Fehlinterpretationen der Aufgabenstellung auf, die während der gesamten Bearbeitung nicht korrigiert wurden und folglich zu falschen Ergebnissen führten.

Die ersten Aktivitäten der Hochleister zielten auf eine ausführliche Analyse der Problembedingungen ab. In dieser Phase auftretende Schlüsselerkenntnisse konnten später bei der Bearbeitung der Lösung äußerst effizient und zielgerichtet eingesetzt werden. Diese Schlüsselerkenntnisse hingegen fehlten den Niedrigleistern, die ausnahmslos ohne Problemanalyse sofort mit der Bearbeitung der Lösung begannen.

Evidente Unterschiede fanden sich auch in der Herangehensweise während der konkreten Lösungsbearbeitung. Hier gingen Niedrigleister überwiegend enaktiv durch mehr oder weniger zielgerichtetes Ausprobieren vor, um in der Folge verallgemeinernde Aussagen zur Lösung zu generieren. In den Bearbeitungsprozessen der Hochleister indessen fanden sich ausgeprägte fundamentale Ideen der Informatik in Kombination mit dem zielgerichteten Einsatz von Schlüsselerkenntnissen aus der Problemanalyse. Die Sichtweise auf die Aufgabe war nicht wie bei den Niedrigleistern durch Betrachtung konkreter Einzelfälle eher statisch, sondern durch die Frage nach den Besonderheiten der Aufgabenstellung im Grunde abstrahiert und dynamisch. Als Konsequenz daraus wies die Gruppe der Hochleister überwiegend erheblich kürzere, zudem fehler- und sackgassenfreie Problemlöseprozesse auf.

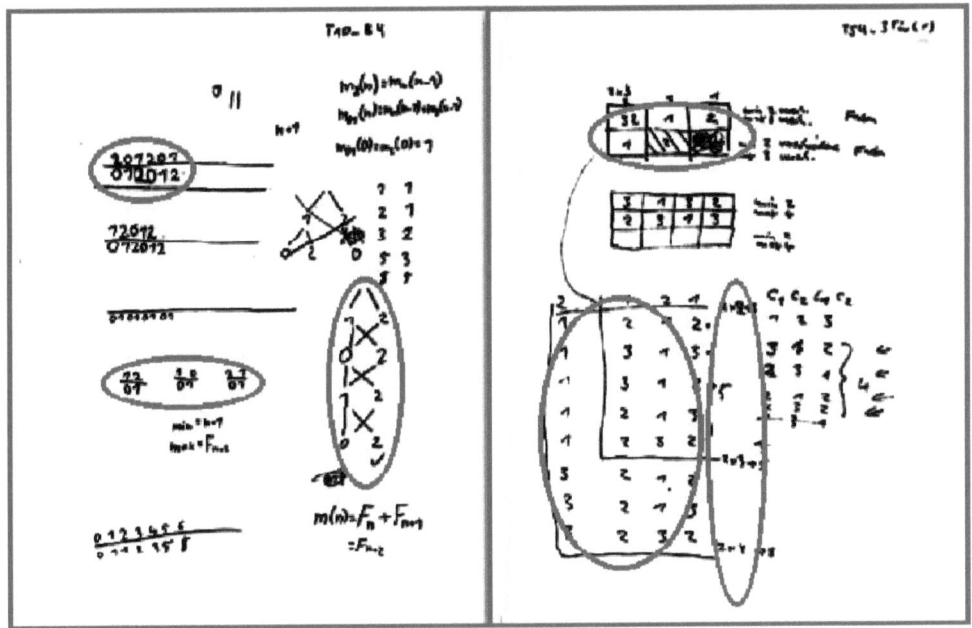

Abb. 3: Notizen eines Hochleisters (links) und eines Niedrigleisters (rechts) im Vergleich

Ein Teil der Hochleister führte am Ende eine Lösungsevaluation durch, meist in Form einer Plausibilitätskontrolle und der Überprüfung einiger Fallbeispiele. Formale Beweise blieben aus, dies war aber auch von der Aufgabenstellung her nicht gefordert. In der Gruppe der Niedrigleister fanden seltener, zudem weniger umfangreiche Überprüfungen der Lösungen meist in Form von Einzelfallprüfungen statt.

Wir illustrieren die o. g. Beobachtungen anhand dreier markanter Unterschiede auf den Notizen eines Hochleisters und eines Niedrigleisters. In Abbildung 3 wird in den beiden Ovalen links oben und rechts oben deutlich, dass der Hochleister bereits unmittelbar zu Beginn der Aufgabenbearbeitung Abstraktionen vornimmt und in symbolischer anstatt ikonischer Darstellung arbeitet: Anstelle der Farben schwarz, weiß, grau wählt er die Zahlen 0, 1 und 2. Der Niedrigleister beginnt noch mit realen Farben, die er durch Schraffur andeutet, bevor er auf die Zahlenmarkierungen 1, 2 und 3 umsteigt. Andere Niedrigleister lieferten noch weit detailliertere Darstellungen mit beinahe naturgetreuer Farbgebung ab, bevor sie – wenn überhaupt – auf eine abstraktere Darstellung übergingen.

Anhand der beiden Ovale in der Mitte links auf beiden Blättern erkennt man, dass der Hochleister einen systematischen Zugang eingeschlagen hat, bei dem er gewisse Grundkonfigurationen der Aufgabenstellung der Größe 2 x 2 einzeln analysiert. Der Niedrigleister befindet sich in einem explorativen Stadium, bei dem er alle möglichen Färbungen auszuprobieren sucht, um Regelmäßigkeiten zu erkennen.

Hochleister	Niedrigleister
schnelles und sicheres Problemverständnis	häufig sofortiges Nachfragen beim Versuchsleiter
intensive Problemanalyse	unvollständige Problemanalyse
gezieltes Einsetzen von Schlüsselerkenntnissen	Schlüsselerkenntnisse zufällig und unbeachtet
klare Trennung in Teilprobleme	keine/späte Trennung in Teilprobleme
hohes Abstraktionsniveau, Konkretisierungen wenn nötig	enaktive Vorgehensweisen, ausschließlich konkrete Inhalte
ausgeprägte fundamentale Ideen der Informatik	unspezifisches Herangehen durch Probieren
analysieren Übergang $n \rightarrow n+1$	untersuchen $n = 1, 2, 3, \ldots$
hypothesengeleitetes Vorgehen	wenige Hypothesen, überflüssige Lösungsschritte

Tab. 2: Vorgehensweisen bei der Problemlösung von Hoch- und Niedrigleistern

Die beiden Ovale in der Mitte rechts auf beiden Blättern stellen die formalisierende Vorgehensweise des Hochleisters und die rein abzählende des Niedrigleisters gegenüber. Der Hochleister versucht, auf systematischem Wege eine Färbung für alle möglichen Konfigurationen zu finden, indem er Abhängigkeiten zwischen früheren Farbwahlen und späteren Möglichkeiten beschreibt. Zugleich gewinnt er dadurch eine abstrakte Beschreibung der Anzahl aller Farbkombinationen. Der Niedrigleister versucht durch Abzählen der Farbvarianten und angemessene Erweiterung erreichter Zwischenergebnisse, also eine gewisse Form von Induktion, ein Schema für die Anzahl der Farben zu bestimmen.

Tabelle 2 stellt die wesentlichen beobachteten Unterschiede bei der Problemlösung von Hochleistern und Niedrigleistern gegenüber.

Diskussion

Da nach den Untersuchungen im Ergebnis Hochleister mit größerem Erfolg charakteristische Problemlösestrategien und Informatikmethoden verwenden, wurde in einem ersten Schritt geprüft, inwieweit diese Strategien und Methoden an Niedrigleister vermittelt werden können. Die Motivation hierzu ergab sich auch aus den nach den Aufgabenbearbeitungen durchgeführten Befragungen: So waren sämtlichen Versuchsteilnehmern informatikspezifische Problemlösewerkzeuge wie Baumstrukturen und Rekursion durchaus geläufig. Die meisten Probanden aus der Gruppe der Niedrigleister haben jedoch zu keinem Zeitpunkt der Aufgabenbearbeitung in Erwägung gezogen, diese auch anzuwenden. Häufig wurde als Grund dafür angegeben, die fundamentalen Ideen der Informatik in der Vorlesung lediglich als Faktenwissen vermittelt bekommen zu haben, allerdings ohne problembezogene Anwendungsbeispiele. Ein daraus resultierendes Phänomen ist, dass von vielen schwachen Problemlösern das Bearbeiten von Informatikaufgaben über das absolut unvermeidbare Maß hinaus gemieden oder bereits in einem sehr frühen Stadium aufgegeben wird. Dies wurde im Interview durch Äußerungen wie „Ich bekomme ja doch nie etwas heraus, deshalb versuche ich es gar nicht erst" offensichtlich.

Forschungsfrage: Was können schwache Problemlöser lernen?

Der am weitesten verbreitete Zugang, um Problemlösemethoden zu vermitteln, besteht in der Vorgehensweise, wie sie G. Pólya in seinem berühmten Werk „How to solve it?" (Pólya, 1957) nahelegt: Man vermittelt spezielle Techniken für einzelne Problemlösephasen oder fundamentale Ideen einzelner Wissenschaften im konkreten Anwendungskontext und hofft dabei auf Transfereffekte der Lernenden. Auch psychologische Ratschläge gehören meist dazu: Durchhaltestrategien, Inkubationszeit von Problemen, Aha-Effekte, hemmende Einflüsse wie funktionale Gebundenheit, Denkfallen usw.

Im konkreten Fall soll Lernenden ein kompletter Bearbeitungsprozess eines Informatikproblems von der Präsentation der Aufgabe bis zur vollständigen Lösung einschließlich der Evaluation exemplarisch vorgeführt werden. Der Fokus liegt dabei auf den in Tabelle 2 aufgeführten Vorgehensweisen der Hochleister. Hier zeigen sich die Empfehlungen aus der allgemeinen Problemlöseforschung wie das Durchführen von Problemanalysen oder die Aufteilung eines Problems in Teilprobleme ebenso wie der Einsatz effizienter informatischer Problemlösemethoden wie Baumstruktur und Rekursion im Problemlösekontext. Anhand der Herangehensweisen starker Problemlöser an Informatikprobleme soll Lernenden mit geringer fachspezifischer Problemlöseerfahrung aufgezeigt werden, wie durch den Einsatz der in Vorlesung oder Unterricht behandelten informatischen Methoden die Bearbeitung von Informatikproblemen vereinfacht werden kann. Auch sollen schwache Problemlöser für die Problematik typischer Anfängerfehler wie mangelndes Problemverständnis oder fachunspezifische Herangehensweisen, etwa dem Trial-and-Error-Prinzip, sensibilisiert werden und zu einer auf informatiktypische Methoden ausgerichteten Denkweise geführt werden. Ein weiterer Aspekt ist der zielgerichtete Einsatz von Abstraktionen und Konkretisierungen während des Problemlöseprozesses.

Methode

Wir versuchen, eine Lernmethode aufzugreifen, die sicherlich zu den biologisch ältesten gehört: Lernen durch Zuschauen und Imitieren. Die Theorie der Spiegelneuronen (Gallese et al., 1996) gibt diesem Zugang eine neue Motivation. Dazu wurde ein Lehrvideo produziert, das als kommentierter Zusammenschnitt nachempfundener tatsächlicher Vorgehensweisen von Hochleistern aus der Studie beim Lösen einer Testaufgabe konzipiert wurde. Es soll dazu beitragen, Denkprozesse zu veranschaulichen und Problemlösekompetenz zu vermitteln.

Durch die didaktische und multimediale Aufarbeitung des o. g. „Färbungsproblems", bei dem in der Studie die geschilderten Unterschiede im Problemlöseverhalten besonders deutlich waren, soll die offensichtliche Lücke zwischen der Vermittlung deklarativer Wissensinhalte in der Vorlesung und der Ausbildung prozeduraler Fähigkeiten geschlossen werden.

Das Video behandelt den in der Problemstellung beschriebenen Maximalfall und beginnt mit einer kurzen, als Bildergeschichte erzählten Rahmenhandlung. Man sieht, wie eine Gruppe Studenten im Klausurstil eine Aufgabe bearbeitet. Ein kurzer Kommentar erläutert ungefähr das zu bearbeitende Problem, eine detaillierte Erklärung der Aufgabenstellung erfolgt zu einem späteren Zeitpunkt. Anschließend werden einige dieser Studenten nach ihren Erfahrungen bei der Aufgabenbearbeitung befragt. Die Studenten schildern Probleme, die den oben beschriebenen aus der Gruppe der Niedrigleister entsprechen: Fehlen konkreter Lösungsstrategien, unvollständiges Aufgabenverständnis, Bearbeitung durch Ausprobieren. Dadurch soll dem Zuschauer die Problematik verdeutlicht werden. Mit der daran anschließenden Einführung des fiktiven Hochleisters „Tom" wird eine Identifikationsfigur geschaffen, die aus mediendidaktischer Sicht für Verständnis und Lernleistung förderlich ist (Kittelberger & Freisleben, 1994; Mair, 2005). Am Ende der Rahmenhandlung und nachdem das Problem mit der Frage nach dem Maximalfall mit animierten Grafiken dem Zuschauer verständlich gemacht wurde, beginnt Tom, das Färbeproblem unter Lautem Denken zu bearbeiten.

Die nun folgenden Aktivitäten Toms werden als realer Film aus der Perspektive einer senkrecht auf das Notizenblatt gerichteten Übertischkamera gezeigt. Tom bearbeitet das Problem wie die Probanden der Studie, indem er fortlaufend Skizzen anfertigt und dabei alle seine Gedanken laut ausspricht. Was der Zuschauer zu sehen bekommt, ist ein nach didaktischen Gesichtspunkten aufgearbeiteter, optimierter und nachgestellter Problemlöseprozess, bestehend aus den originalen Elementen der Bearbeitungen verschiedener Hochleister aus der Studie. Tom gibt keine Erklärungen ab, sondern verbalisiert nur das, was er tut bzw. was er beabsichtigt zu tun. Zielsetzung dieses Konzepts ist, eine möglichst authentische Aufgabenbearbeitung zu simulieren, so wie sie auch in der Realität ablaufen könnte. Dem Betrachter soll der Eindruck vermittelt werden, live bei der Bearbeitung eines Problems durch einen Hochleister dabei zu sein und jeden einzelnen Bearbeitungsschritt genau verfolgen zu können.

An mehreren markanten Stellen, beispielsweise am Ende der Problemanalyse oder direkt nach der Erarbeitung einer Teillösung wird das Video unterbrochen und es werden die zurückliegenden Aktivitäten Toms in animierten Bildsequenzen kommentiert und vertiefend erklärt. Ziel ist es, beim Zuschauer ein lückenloses Verständnis der gezeigten Methoden zu erreichen. Das Konzept unseres Videos beinhaltet mehrfache inhaltliche Redundanzen, die zu einer Verbesserung von Verständnis und Behaltensleistung beitragen. So kann man zum einen zunächst Toms Aktivitäten direkt beobachten und nachvollziehen. Abschnittsweise werden diese Aktivitäten dann noch einmal aus einem anderen Blickwinkel erklärt. Diese Erklärungen erfolgen zum anderen sowohl in verbaler Form und zeitgleich mittels die Erklärungen begleitender Bildsequenzen. Diese simultane Präsentation lernzielrelevanter Inhalte sowohl durch Verbal- als auch durch Bildinformation führt wegen der unterschiedlichen Kodierung derselben Information zu einer Steigerung der Behaltensleistung (Paivio, 1986).

Das Lehrvideo wurde durch Fragebögen auf zwei verschiedene Weisen quantitativ bewertet: An einer Befragung, die ohne vorherige Präsentation des Videos durchgeführt wurde, nahmen 41 Studienanfänger im Bereich Informatik teil. Alle Teilnehmer bis auf einen hatten sich schon vor dem Studium mit informatischen Problemlösemethoden entweder im Schulunterricht oder aus eigener Motivation heraus befasst. Angegeben wurden Bäume, Graphen, Rekursion bzw. Algorithmen und Datenstrukturen. Mehrfachnennungen waren bei dieser Frage möglich. Insgesamt 33 bzw. 80% der Befragten hatten Informatik als Schulfach. Diese Befragung lieferte Informationen zur Tragfähigkeit des Video-Konzepts.

In einer ersten Arbeitsversion wurde das Video 24 Studenten der Informatik am Ende des ersten Semesters vorgeführt. Über 70% der Teilnehmer bezeichneten ihre eigene Problemlösefähigkeit als „eher schwach". Diese Teilnehmer gehörten somit zur Zielgruppe des Videos. Die anschließende Befragung lieferte eine Bewertung zur Umsetzung des Lerngegenstands via Video.

Erste Ergebnisse

Bei der Befragung zur Tragfähigkeit des Video-Konzepts gaben 23 Teilnehmer bzw. etwa 55% der Befragten an, informatische Problemlösemethoden entweder gar nicht zu kennen oder aber sie zwar zu kennen, jedoch im konkreten Problemlösekontext nicht zu wissen, wie diese anzuwenden seien. Spezielle Lehrveranstaltungen mit gezielter Vermittlung von informatischen Problemlösetechniken betrachteten 85% der Befragten als für sie persönlich wichtig. In der frei zu beantwortenden Frage, worauf es bei solchen Lehrveranstaltungen besonders ankäme, waren häufige Antwortkategorien der Wunsch nach Vermittlung von grundlegenden Problemlösefähigkeiten, Behandlung von speziellen Methoden und dem „Wie" ihres Einsatzes sowie das beispielhafte Lösen typischer Informatikprobleme.

Die Auswertung der Befragung zur Bewertung des Lehrvideos ergab eine hohe Akzeptanz des im Video umgesetzten Konzeptes und signalisierte einen Bedarf an gezielter Vermittlung konkreter Problemlösetechniken. Mehrheitlich erklärten die Befragten, das Video hätte ihnen weiterführende Erkenntnisse beim Bearbeiten von Informatikproblemen gebracht. 58% der Teilnehmer äußerten, durch das Video eine höhere Motivation zur Beschäftigung mit Informatikproblemen zu haben. Mehr als 70% der befragten Studenten würden nach den vorliegenden Ergebnissen befürworten, auch andere informatische Methoden nach einem solchen Konzept zu erlernen.

Diskussion – Ausblick

Die beiden durchgeführten Befragungen signalisieren einerseits eine hohe Akzeptanz des in unserem Lehrvideo umgesetzten Konzepts und zeigen zum anderen, dass es zumindest bei Studienanfängern einen deutlichen Bedarf an gezielter Förderung und Vermittlung von Problemlösekompetenz gibt. Die qualitativen Anforderungen an solche Lehrinhalte durch die Studierenden scheinen durch das Lehrvideo umgesetzt. Das Video wird z. Zt. in einer professionellen Ausführung produziert. Es wird nach Fertigstellung auch über den Handel frei zu beziehen sein. In der Folge ist beabsichtigt, durch verschieden gestaltete Lehrveranstaltungen das optimale didaktische Rahmenkonzept zu ermitteln, innerhalb dessen ein solches Video sinnvoll eingesetzt werden kann. Bei anhaltend positivem Feedback seitens der Lernenden sind weitere Videos in ähnlicher Machart auch zu anderen informatischen Methoden angedacht, beispielsweise zu Graphentheorie oder Programmiertechniken.

Das fertige Video kann voraussichtlich ab Herbst 2010 über die Homepage http://www.informatikdidaktik.de abgerufen werden.

Literatur

Amelang, M. & Bartussek, D. (2001): Differentielle Psychologie und Persönlichkeitsforschung. Stuttgart: Kohlhammer.

Borromeo Ferri, R. (2004): Mathematische Denkstile. Ergebnisse einer empirischen Studie. Hildesheim: Franzbecker.

Burton, L. (1997): Mathematicians and their Epistemologies – and the Learning of Mathematics. In: Schwank, I. (Hrsg.): European Research in Mathematics Education Vol I, Osnabrück: Forschungsinstitut für Mathematikdidaktik, S. 87–102.

Dorsch, F. et al. (2009): Dorsch Psychologisches Wörterbuch. Bern: Huber.

Freund-Braier, I. (2001): Hochbegabung, Hochleistung, Persönlichkeit. New York: Waxmann.

Friege, G. (2001): Wissen und Problemlösen, Berlin: Logos Verlag.

Gallese, V.; Fadiga, L.; Fogassi, L. & Rizzolatti, G. (1996): Action recognition in the premotor cortex. Brain 119, S. 593–609.

Heller, K. A. et al. (2005): The Munich Model of Giftedness designed to identify and promote gifted students. In: Sternberg, R. J. & Davidson, J. E. (Hrsg.): Conceptions of Giftedness. Cambridge University Press, Cambridge, S. 147–170.

Kittelberger, R. & Freisleben, I. (1994): Lernen mit Video und Film. Weinheim: Beltz.

Kujath, B. (2006): Ein Test- und Analyseverfahren zur Kontrastierung von Problemlöse-Prozessen informatischer Hoch- und Niedrigleister – erste Ergebnisse einer Pilotstudie, 3. Workshop der Fachgruppe „Didaktik der Informatik". In: Schwill, A.; Schulte, C. & M. Thomas (Hrsg.): Didaktik der Informatik, Tagungsband, S. 49–70.

Kujath, B. (2007): Vergleichende Analysen zweier Problemlöseprozesse unter dem Aspekt des Problemlöseerfolgs. In: Schubert, S. (Hrsg.): Didaktik der Informatik in Theorie und Praxis. LNI 112. Konferenzband der 12. GI-Fachtagung „Informatik und Schule – INFOS 2007". Bonn: Köllen.

Kujath, B. (2008): Wie können schwache Problemlöser von Hochleistern lernen – Konzeption eines Lehrvideos, 4. Workshop der Fachgruppe „Didaktik der Informatik". In: Brinda, T.; Fothe, M.; Hubwieser, P. & Schlüter, K. (Hrsg.): Didaktik der Informatik – Aktuelle Forschungsergebnisse, Tagungsband, S. 65–76.

Mair, D. (2005): E-Learning – das Drehbuch. Springer, Berlin.

Paivio, A. (1986): Mental representations: a dual coding approach. Oxford. England: Oxford University Press.

Pólya, G. (1957): How to solve it. Princeton: Princeton University Press.

Renzulli, J. S. (1978): What makes giftedness? Reexamining a definition. In: Phi Delta Kappan, 60, S. 18–184.

Schwill, A. (1993): Fundamentale Ideen der Informatik. In: Zentralblatt für Didaktik der Mathematik 1, S. 20–31.

Spearman, C. (1904): General intelligence, objectively determined and measured. In: American Journal of Psychology, 15, S. 201–293.

Ziegler, A. (2008): Hochbegabung. München: Reinhardt.

Andreas Petrik *(Martin-Luther-Universität Halle-Wittenberg)*

Politisierungstypen im Lehrstück „Dorfgründung" – Eine Bildungsgangstudie zur Entwicklung der Urteils- und Konfliktlösungskompetenz im Politikunterricht

Abstract

Die Studie geht vom Befund aus, dass das individuelle Werturteil, also die latente oder manifeste politische Positionierung, entscheidend die politische Analysefähigkeit prägt. Das politische Subjekt wird jedoch im Politikunterricht kaum gefördert. Kontroversen werden häufig eingeebnet oder oberflächlich abgehandelt. Damit wird einer gesellschaftlichen Tendenz zum unpolitischen Harmonismus und zur Politikverdrossenheit nicht entgegengewirkt. Auch die Politikdidaktik hat bisher weder eine wertbezogene Urteilskompetenz noch eine interaktive Konfliktlösungskompetenz konzeptionalisiert, geschweige denn empirisch erhoben. Die Studie macht sich daher zur Aufgabe, beide Kompetenzen mithilfe der Cleavage- (=Konfliktlinien-) und der Argumentationstheorie zu operationalisieren und explorativ zu ergründen. Ziel ist eine erste Heuristik von Politisierungstypen, verstanden als politische Argumentationsprofile in Abhängigkeit von der subjektiven Wertorientierung. Erhebungs-Grundlage ist das genetische Unterrichtsmodell Dorfgründung, das zu Werturteilen und Konfliktlösungsprozessen herausfordert. Insgesamt bestätigt sich der vermutete dialektische Zusammenhang: Politische Grundorientierungen manifestieren und elaborieren sich in der konflikthaften Dorf-Situation. Die Konfliktfähigkeit wiederum wächst mit der selbstkritischen Reflexion der eigenen Wertebasis. Politisierungstypen sollen die Diagnosekompetenz von Lehrer/inne/n und Didaktiker/inne/n fördern. Zugleich will die Studie einen methodischen Beitrag zur qualitativen Bildungsgangforschung leisten.

1. Forschungsstand zur Urteils- und Konfliktfähigkeit: Das übergangene politische Subjekt

Das Wissen um politische Lernprozesse innerhalb des Politikunterrichts ist rudimentär. Insbesondere die Entwicklung subjektiver Zugänge zum Politischen wurde bisher kaum erforscht. Die größte Leerstelle bilden die Urteils- und die Konfliktlösungskompetenz als Kern der politischen Identitätsentwicklung. Urteilskompetenz als Fähigkeit, kontroverse gesellschaftliche Wertmaßstäbe als Grundlage eigener Bewertungen und Identitätsbildung gegeneinander abzuwägen. Konfliktlösungskompetenz als Fähigkeit, demokratisch-konstruktive Aushandlungsverfahren zur Lösung politischer Konflikte anzuwenden. Beide Kompetenzen wurden bisher nicht fachdidaktisch operationalisiert, obwohl sie in didaktischen Konzeptionen und Bildungsplänen immer wieder als unverzichtbar hervorgehoben werden. Politisches Lernen wird in methodischen und empirischen Settings immer noch als Entwicklung eines rein analytischen Demokratieverständnisses scheinbar politisch-neutraler Individuen konzeptionalisiert. Die Förderung kontroverser Werturteile und ihrer konflikthaften Austragung trägt das Potenzial in sich, Lernende im Sinne der Bildungsgangdidaktik intrinsisch an das Politische zu binden. Systematisch, weil Demokratien zur friedlichen Koordination kontroverser Werteorientierungen geschaffen wurden. Empirisch, weil außerschulische Studien die prägende Rolle des Werturteils für das politische Bewusstsein zeigen und die Beständigkeit bestimmter politischer Fehlkonzeptionen mit einer mangelnden Diskussionskultur in Verbindung bringen.

Ich beginne mit dem systematischen Forschungsstand, der Konzeptionalisierung politischer Kompetenzen. Die deutsche (und erst Recht die internationale) scientific community hat bisher kein konsensuelles politisches Kompetenzmodell hervorgebracht. An den beiden konkurrierenden deutschen Modellen a) unserer Fachgesellschaft GPJE (2004) und b) der KMK-Expertise der „Fachgruppe Sozialwissenschaft" (Behrmann, Grammes & Reinhardt, 2004) lassen sich exemplarisch zwei konträre Politikbegriffe aufzeigen: Ein eher enger politologischer, institutionengebundener und ein weiterer sozialwissenschaftlich-gesellschaftlicher, der insbesondere die Soziologie als notwendig gleichrangige Bezugswissenschaft der Politikdidaktik ansieht. Diese konträren Politikbegriffe führen nicht nur zu divergierenden Kompetenzzuschnitten, sondern auch zu verschiedenen Auffassungen von Graduierung. Es fehlt also ein gemeinsames Entwicklungskonzept politischen Wissens als Grundlage für Lernentwicklungsstudien. In beiden Ansätzen lassen sich dennoch Parallelen ausmachen. Insgesamt plädiere ich für das Modell der Fachgruppe, weil es a) zentrale Elemente des GPJE-Modells beinhaltet und b) die Domäne des Politischen genauer und lernprozessorientierter absteckt.

Das Modell unserer Fachgesellschaft (GPJE, 2004) unterscheidet die Kompetenzen *politische Urteilsfähigkeit*, *Handlungsfähigkeit* und *methodische Fähigkeiten*. Dieser Zuschnitt umreißt zwar den Kern des Politischen, fällt jedoch zu grob aus: Erstens sind analysieren und bewerten zwei verschiedene kognitive Fähigkeiten, die hier zu einer Kompetenz verbunden werden. Tatsächlich wird in Studien, die dieses Modell zugrunde legen, stets die Analysekompetenz erhoben. Dies passiert unter dem trügerischen Label der Urteilsfähigkeit. Wenn dabei zusätzlich Bewertungskomponenten einfließen, so werden sie nicht sauber modelliert (vgl. z. B. Manzel, 2007). Zweitens scheint eine Differenzierung der Handlungsfähigkeit in eine interaktive Konfliktlösungsfähigkeit und eine auf Möglichkeiten politischer Einflussnahme bezogene, strategisch-organisatorische Partizipationsfähigkeit geboten. Beiden liegen unterschiedliche situative Handlungsanforderungen zugrunde.

Drittens lässt das Modell die Kompetenz der Perspektivenübernahme vermissen, als unabdingbare Fähigkeit zur Wahrnehmung gesellschaftlicher Problemlagen durch Selbstdistanzierung. Viertens zeichnet sich der Kompetenzbegriff nach Weinert und Klieme dadurch aus, dass der Umgang mit Methoden nicht als eigenständige Kompetenz festgelegt wird, sondern als *Teil*kompetenz, als inhaltsabhängig und gegenstandskonstitutiv. Methodische Fähigkeiten sollten demzufolge dort spezifiziert werden, wo sie benötigt werden: Argumentieren als Bestandteile der Konfliktlösungskompetenz; kategoriale Analyse, Schaubild-Interpretation und Interviewführung als Mittel zur sozialwissenschaftlichen Analyse; Durchführung eines Rollenspiels zur Perspektivenübernahme usw.

Das Modell der Fachgruppe Sozialwissenschaft modelliert die Kompetenzen *Perspektivenübernahme*, *Konfliktfähigkeit*, *Sozialwissenschaftliches Analysieren*, *politisch-moralische Urteilsfähigkeit* und *Partizipation* (vgl. Behrmann, Grammes & Reinhardt, 2004;

Petrik 2007, S. 327ff.). In leichter Abwandlung der Formulierungen der Fachgruppe definiere ich die Kompetenzen folgendermaßen:

1. *Perspektivenübernahme*: Fähigkeit, sich von eigenen Perspektiven und Rollen zu distanzieren, um verschiedene Perspektiven und Rollen von Menschen in problemhaltigen Situationen, von Konfliktparteien und Funktionsträgern wahrzunehmen, zu verstehen, auseinanderzuhalten, probeweise einzunehmen und theoretisch zu verallgemeinern.
2. *Sozialwissenschaftliches Analysieren*: Fähigkeit, gesellschaftliche, wirtschaftliche und politische Probleme und Konflikte mithilfe sozialwissenschaftlicher Instrumente (Methoden, Modelle, Theorien) auf ihre Strukturen und Zusammenhänge zu untersuchen, um ein Sachurteil abzugeben.
3. *Konfliktlösung*: Fähigkeit, in mikro- und makropolitischen Auseinandersetzungen die eigene Position argumentativ zu vertreten, auf Gegenargumente adäquat einzugehen sowie Konfliktlösungsverfahren einzusetzen und zu reflektieren, die einen begründeten Dissens, Kompromiss oder Konsens ermöglichen.
4. *Politisch-moralische Urteilsbildung*: Fähigkeit, kontroverse Wertvorstellungen, politische Positionen und gesellschaftstheoretische Konzepte abzuwägen, um ein eigenes Urteil und eine verallgemeinerungsfähige politische Identität zu finden, zu begründen und zu reflektieren.
5. *Partizipation*: Fähigkeit zur Teilnahme an bürgerschaftlicher Selbstverwaltung, sozialen und politischen Initiativen, innerbetrieblicher und -organisatorischer Mitbestimmung, informellen und formalisierten Prozessen öffentlicher Meinungs- und Willensbildung.

Abb. 1: Politische Kompetenzen im Politikzyklus

Diese Kompetenzen lassen sich unmittelbar aus dem Gegenstand Politik ableiten: Dieser stellt an Lernende die grundsätzliche Anforderung, gesellschaftliche relevante Probleme und politische Konflikte wahrnehmen, analysieren, diskutieren, beurteilen und lösen zu lernen, um als mündige/r Bürger/in am demokratischen Prozess teilhaben zu können. Ich habe sie den Phasen des Politikzyklus (vgl. Abb. 1) zugeordnet, um ihre spezifische Funktion im Problem- bzw. Konfliktlösungsprozess aufzuzeigen. Der (hier vereinfachte) Politikzyklus stammt aus der US-amerikanischen Politikwissenschaft („policy cycle") und beschreibt die Schritte von der Erkenntnis eines gesellschaftlichen Problems bis zur Implementierung eines Gesetzes und den Reaktionen auf dieses Gesetz, das wiederum neue Probleme auslösen kann. Die Einordnung der Kompetenzen bedeutet jedoch nicht, dass die jeweilige Kompetenz *ausschließlich* in der jeweiligen Phase benötigt würde.

Der systematische Zusammenhang aus Urteils- und Konfliktfähigkeit wird hier sichtbar: Durch Perspektivenübernahme und erste analytische Annäherungen (die später vertieft werden) wird ein Konflikt in den Horizont der Schüler/innen gebracht. Diese reagieren mit Bewertungen, die häufig noch den Status unreflektierter Vorurteile tragen. Erst durch die Auseinandersetzung mit professionellen Urteilen und durch methodisch angeleitete Aushandlungsprozesse im Klassenraum kann aus den anfänglichen Meinungsäußerungen ein fundiertes politisches Urteil werden. Dieses bietet den Anlass dafür, sich mit Partizipationsmöglichkeiten zur politischen Durchsetzung bestimmter Positionen zu beschäftigen.

Neben systematischen Gründen weisen verschiedene Befunde aus deutschen und US-amerikanischen Jugend- und Erwachsenen-Studien auf die Notwendigkeit hin, die Urteils- und Konfliktfähigkeit in den Mittelpunkt politikdidaktischer Forschung zu rücken. Wesentlich erscheint dabei die prägende Rolle der individuellen Wertorientierung für die sachorientierte Analysekompetenz, die die US-amerikanische Misperception-Forschung herausgearbeitet hat (vgl. Nyhan & Reifler, 2010): Verschiedene Studien zeigen, inwiefern die Befürwortung selbst beweisbar falscher Zusammenhänge durch das individuelle politische Glaubenssystem befördert wird. Insbesondere, wenn die Schein-Tatsache von subjektiv vertrauenswürdigen Personen oder Medien vertreten wird. Als Muster-Beispiel wird die bewusste Kriegs-Propaganda-Lüge der Bush-Administration angeführt, Saddam Hussein verfüge über Massenvernichtungsmittel und müsse deshalb militärisch bekämpft werden. Der wertebedingte Glaube an angebliche Zusammenhänge mindert sich auch dann in der Regel nicht, wenn die Probanden mit sachlichen Korrekturen konfrontiert werden. Im Gegenteil: Die Forscher/innen konstatieren einen „backfire"-Effekt: Häufig verstärken sich Fehlkonzeptionen gerade durch (unter Experten konsensuelle) Informationen, die das eigene Glaubenssystem in Frage stellen. Mit Piaget gesprochen haben wir es hier also mit einem massiven Assimilations-Effekt zu tun. Die Frage, unter welchen Bedingungen solche Fehlkonzeptionen „perturbiert" und aufgelöst werden können, wurde bisher kaum erforscht.

Dieser Befund hat weitreichende Konsequenzen für politikdidaktisches Forschen und Handeln: Bisher wird überwiegend davon ausgegangen, dass nur oder vor allem die sachlich-analytische Klärung politischer Zustände und Ereignisse Schüler/innen zu einem sachlich angemessenen Werturteil befähigen würde. Die Misperception-Forschung lenkt den Fokus von der Analyse- zur Urteilsfähigkeit: Es drängt sich der Verdacht auf, dass nicht die Analysefähigkeit primär die Urteilsfähigkeit fördert, sondern im Gegenteil eine Förderung der Urteilskompetenz durch die Beschäftigung mit eigenen und fremden Wertesystemen eine wesentliche Voraussetzung für angemessene Sachurteile ist. Dies bestätigt den entwicklungspsychologischen Befund, dass eine wertebasierte Weltanschauung („ideology") eine primäre individuelle Entwicklungsaufgabe darstellt (vgl. Oerter & Montana 2002, S. 268ff.). Wird diese übergangen oder bloß „nebenbei" in den letzten 5 Minuten der Unterrichtsstunde abgehandelt („Nun sagt doch mal eure Meinung dazu"), kann eine intrinsische Anbindung an das Politische nicht gelingen. Die Urteilskompetenz ist also eine Selbstkompetenz.

Die Aufgabe der Anbindung des Subjekts leistet bisher weder die Politikdidaktik noch die Schulpraxis befriedigend. Ein Indikator hierfür sind die politischen Orientierungsprobleme, die Jugendstudien seit Jahren beschreiben (vgl. z. B. Schneekloth 2002, S. 95ff.): Sich im Links-Rechts-Schema zu verorten, lehnen viel Jugendliche ab, weil sie mit diesen Schlagworten nichts anfangen können – oder sie scharen sich um die unverdächtige Mitte, und das, obwohl viele von ihnen sehr wohl politisch relevante, höchst kontroverse Werte vertreten oder entsprechenden Jugendkulturen angehören. Ihre individuellen Werte bringen sie nicht mit politischen Ideensystemen und korrespondierenden Werten bestimmter Parteien in Verbindung – weil sie es nicht gelernt haben, ihre Wertorientierung politisch zu reflektieren.

Weitere Studien verdeutlichen den Zusammenhang aus politischen Orientierungsproblemen und mangelnder Förderung der Konfliktlösungskompetenz. Dem alltäglichen Politikunterricht in Deutschland und den USA werden eine „monologische Struktur" und „Diskursausschlüsse" diagnostiziert (vgl. Grammes, 1998, S. 102ff.; Schelle, 2003; Niemi & Niemi, 2007; Hess & Ganzler, 2007): Lehrer/innen neigen – meist wider bessere Absicht – dazu, Kontroversen durch Appelle, Vereinnahmen, Verbünden, Überhören von Einwänden, einseitige Medienwahl und -auslegung und ihre angeblich objektive Expertensicht in die Richtung ihrer politischen Vorstellungen einzuebnen. Dieses Phänomen tritt vorzugsweise im dominierenden lehrerzentrierten Unterrichtsgespräch auf. Jedoch wird es auch bei schülerzentrierten Settings beobachtet, in denen die Schüler/innen miteinander diskutieren und der Lehrer „nur" moderiert. Auf diese Weise kann die gegenseitige Entwicklung durch die „Veröffentlichung" und Aushandlung politischer Werturteile nicht gefördert werden. Ich nenne dies das Aushandlungsproblem der Politikdidaktik (vgl. Petrik, 2007).

Dieser Befund steht scheinbar im Widerspruch zu Ergebnissen der bisher größten Civic-Education-Studie in 24 Ländern (vgl. Torney-Purta, Lehmann, Oswald & Schulz, 2001). Demnach fühlt sich eine Mehrheit der befragten Schüler/innen (in den USA sogar überdurchschnittlich) ermutigt, im Klassenraum eine eigene Meinung zu bilden und zu artikulieren. Ihren Lehrer/inne/n attestiert eine fast ebenso große Mehrheit, kontroverse Diskussionen zu fördern. Wir haben es hier jedoch mit einem Methodenartefakt zu tun (vgl. Hess & Ganzler, 2007): Die Skala der Studie unterscheidet nicht zwischen verschiedenen Diskussionsqualitäten. Eine offenes Klima, in dem Meinungen ohne direkte negative Sanktionen geäußert werden dürfen, sagt noch nichts darüber aus, ob Schüler/innen in

Diskussionen verwickelt werden, die die eigenen Werte stärken oder durch fundierte Gegenpositionen in Frage stellen. Ein offenes Klassenklima kann sogar besonders manipulierend wirken, wenn Lehrer/innen kraft ihrer hohen Anerkennung Scheineindeutigkeiten herstellen.

Die Abwesenheit konstruktiver Kontroversen im Klassenzimmer nährt zum einen die Illusion, jeder sei irgendwie „in der Mitte", ein politisches Neutrum. Zum anderen resultiert sie häufig in der Abwertung Andersdenkender (vgl. Hess & Ganzler, 2007). Dieser Zustand wird als Miniaturabbild einseitiger Politikvermittlung durch die politische Klasse gesehen, die fast geschlossen zugleich gegen politische Gegner polemisiert und sich in der (imaginären) Mitte wähnt. Jugend- und Erwachsenen-Studien verdoppeln häufig dieses politische Orientierungsproblem, indem sie irrtümlicherweise die Links-Rechts-Skala als „geläufigen Indikator" unterstellen und nicht mit Inhalt füllen. Das eindimensionale Links-Rechts-Schema drängt den Betrachter geradezu in die Illusion einer Mitte. Gäbe es die viel beschworene Mitte als inhaltliche Position, dann wären Regierungsbildung und Gesetzgebung eine leichte Angelegenheit. In Wirklichkeit müssen Kompromisse und Einigungen im öffentlichen und parlamentarischen Prozess mühsam errungen werden. Die zentralen Konfliktlinien in Gesellschaft und Politik zeichnen sich durch diametral entgegengesetzte Werte aus, die keine einfache Mittelposition zulassen: Steuersenkung oder -Erhöhung? Mindestlöhne oder Lohnverzicht? Abschaffung oder Förderung der Atomenergie? Ausbau oder Rückbau des Sozialstaates? Verstärkung plebiszitärer Elemente oder Stärkung politischer Eliten?

Die dominanten Konzeptionalisierungen politischer Orientierungen berufen sich erstaunlich selten auf die konsensuellen Befunde der politischen Soziologie, die sich mit der Entstehung, Ausprägung und dem Wandel von Werten, Ideologien, gesellschaftlichen Konfliktlinien (Cleavages) und Parteibindungen beschäftigt (vgl. Kaina & Römmele, 2009). Hier wird mit differenzierten, meist zweidimensionalen Orientierungsmodellen gearbeitet, die im Kern auf die Unterscheidung libertärer, liberaler, sozialistischer und konservativer Wertorientierungen hinauslaufen. Die Politikdidaktik hat diese Heuristik bisher nicht aufgegriffen. Sie gilt einzelnen sogar als „veraltet". Der neueste Entwurf für politische Basiskonzepte (vgl. Weißeno, Detjen, Juchler, Massing & Richter, 2010) bleibt entsprechend politikwissenschaftlich eingeschränkt. Allerdings enthält das Basiskonzept „Gemeinwohl" die Teilkonzepte Freiheit, Frieden, Gerechtigkeit, Gleichheit, Menschenwürde, Nachhaltigkeit, öffentliche Güter und Sicherheit: Diese verweisen durchaus auf politische Grundorientierungen, insofern man die kontroversen Auslegungs- und Umsetzungsperspektiven z. B. des Freiheits-, Gleichheits- und Nachhaltigkeitsbegriffs herausarbeitet.

Der monologisch-lehrerzentrierte Politikunterricht, das verkürzte Links-Rechts-Schema sowie die fehlende Anbindung der Politikdidaktik an die politische Soziologie perpetuieren ungewollt eine gesellschaftliche Tendenz zu Harmonisierung, Konfliktflucht und damit letztlich zur Entpolitisierung. Diese Tendenz ermitteln z. B. Studien aus den USA, Großbritannien und Deutschland (hier stärker in den neuen Bundesländern) bei Jugendlichen wie bei Erwachsenen (vgl. Reinhardt & Tillmann, 2001; Conover, Searing & Crewe, 2002). Obwohl die meisten untersuchten Jugendlichen und Erwachsenen die Meinungsfreiheit als zentrales Gut der Demokratie ansehen, betrachten viele von ihnen Diskussionen als gefährliches Unternehmen, wenn es um mehr geht als die eigene Position zu verkünden und diejenige des Gegenübers anzuhören. Gefürchtet wird eine argumentative Wettbewerbssituation („contested discussion"), in der durch Argumentation eine gegenseitige Widerlegung und Überzeugung angestrebt wird. Viele Menschen fürchten, zur Aufgabe ihrer Position genötigt oder ausgeschlossen zu werden. Mangelnde Konfliktfähigkeit führt zu der Fehlkonzeption, das Politische sei eine rein private Angelegenheit – was dem notwendigerweise öffentlichen Charakter des Politischen widerspricht. Zugleich entsteht daraus oft die idealistische Erwartung an einen omnipotenten, alles bestens regelnden Staat. Diese Vorstellung steht wiederum im Widerspruch zur Idee der Demokratie als Regierungsform für und durch das Volk.

Die Politik- und Parteienverdrossenheit vieler Jugendlicher kann ohne die systematische Reflexion und kommunikative Herausforderung ihres politischen Selbst kaum abgebaut werden. Die Politikdidaktik steht also vor einer Doppel-Aufgabe: Erstens muss sie das politische Werturteil operationalisieren. Zweitens muss sie die Performanz politischer Werturteile im Klassenraum erforschen, um den Zusammenhang aus politischer Positionierung und demokratischer Konfliktfähigkeit zu ermitteln. Inhaltlich leisten dies bisherige Lernprozess-Studien nicht, weil sie auf die subjektive Rekonstruktion bestimmter politischer Probleme (Migration, Arbeitslosigkeit) oder Basiskonzepte (Parteien, EU-Gesetzgebung) sowie auf das kognitive Demokratieverständnis konzentriert sind, ohne politische Identitätsbezüge herauszuarbeiten (vgl. Biedermann & Reichenbach, 2009). Auch methodisch können die vorherrschenden Befragungen, Interviews und Einzelstunden-Analysen keine Entwicklungsdynamiken erheben. Gefordert sind Bildungsgangstudien, die Lernpfade einzelner Schüler/innen über mehrere Unterrichtsstunden verfolgen. Dafür gibt es wenige Vorbilder, v. a. in den Naturwissenschaftsdidaktiken (vgl. z. B. Niedderer, 1999) und im Rahmen der Bildungsgangdidaktik (vgl. z. B. Trautmann, 2004).

Ziel meiner Studie ist, eine erste Heuristik von „Politisierungstypen" zu entwickeln, als Diagnoseinstrumentarium für Forscher/innen und Lehrer/innen. Ein Politisierungstyp zeichnet sich durch bestimmte argumentative Ausprägungen des Werturteils aus, die seine Konfliktfähigkeit positiv oder negativ beeinflussen. Die argumentative Performanz wird, so meine aus den oben genannten Studien abgeleitete Hypothese, maßgeblich vom Reflexionsgrad der eigenen Positionierung geprägt. Der Reflexionsgrad wiederum wird durch die Reaktion Andersdenkender positiv oder negativ gefördert. Als interaktiv-kontroversen Erhebungsrahmen wähle ich die Dorfgründungs-Simulation (Petrik, 2007): Schüler/innen gründen eine Mikrogesellschaft in einem fiktiven Bergdorf. Folgende Fragen leiten die Studie:

- In welchen inhaltlichen und argumentativen Formen äußert sich liberales, konservatives, sozialistisches und libertäres Denkens in der Dorfgründungssimulation?
- Inwiefern hängt die individuelle Konfliktfähigkeit mit der jeweiligen latenten oder manifesten politischen Positionierung zusammen?
- Inwiefern beeinflussen sich konträr denkende Schüler/innen gegenseitig in ihrer Urteils- und Konfliktlösungskompetenz?
- Welche typischen individuellen Politisierungspfade lassen sich rekonstruieren?

2. Ansätze zur Graduierung politischer Kompetenzen

Die Entwicklung einzelner Kompetenzen zu bestimmen setzt ein Konzept ihrer potenziellen kognitiven Realisierungsstadien voraus. Ein solches Graduierungsmodell hat die Politikdidaktik bisher nicht konsensuell entwickelt. Sie befindet sich im Stadium der Konzeption von Kompetenz*struktur*modellen. Im Gegensatz zu Kompetenz*entwicklungs*modellen treffen Strukturmodelle noch keine gesicherten Aussagen über typische individuelle Lernverläufe, Zwischenstufen und Auslöser für Stufen-Übergänge. Strukturmodelle modellieren zunächst aus dem Gegenstand heraus fachlich-theoretische Graduierungsparameter, also Schwierigkeitsfaktoren. Ähnlich wie für die Geschichtsdidaktik (vgl. Körber 2007, S. 416ff.) gibt es aus politikdidaktischer Sicht gute Gründe dafür, die übliche empirische Normierung von Aufgabenschwierigkeiten über Lösungshäufungen *nicht* als den sinnvollen ersten Schritt anzusehen. Ohne eine theoretische Rahmung schreibt der vorhandene Aufgabenfundus den Status Quo eines Faches fest, ohne sicher stellen zu können, ob alle relevanten Denkoperationen und denkbaren Niveaus tatsächlich getestet werden. Die Konstruktion von Testaufgaben setzt also bereits ein Graduierungsmodell voraus.

Das Kompetenzmodell unserer Fachgesellschaft (vgl. GPJE, 2004) weist keine Graduierung auf. Es enthält drei (unbenannte) Anforderungsstufen für die „Urteilskompetenz" (eigentlich Analysekompetenz). Eine Studie über den Einsatz des WebQuest-Verfahrens zum Themenfeld Europäische Union konkretisiert diese Stufen (Manzel 2007, S. 198ff.):

- K1: „Politisches Verstehen" als Fähigkeit, Informationen aus einem Text zu ermitteln und wiederzugeben; z. B.: Für wen steht der Begriff „Brüssel"?
- K2: „Analysieren" als textbezogenes Anwenden, Interpretieren; z. B. Unterschied zwischen bestimmten Verfahren zur (Nicht-)Einbeziehung des Europaparlaments.
- K3: „Urteilen" als reflektiertes Bewerten der Analyse von K2; z. B.: Sollen Lobbyisten beim Entwurf von Richtlinien gefragt werden?

Manzels Stufen bleiben nah an den Anforderungsbereichen der EPAs „Wiedergeben, Anwenden, Beurteilen". Diese stellen jedoch keine Graduierung dar, sondern verschiedene Kompetenzen, die jeweils auf unterschiedlichen Niveaus ausgeprägt sein können (vgl. Körber 2007, S. 436ff.). Weißeno (2008, S. 11f.) greift neuerdings Bybees literacy-Konzept für politisches Lernen auf, das eher geeignet erscheint:

	Nominal	Funktional	Konzeptuell & prozedural	Multidimensional
Politische Grundbildung (civic literacy) (Weißeno, nach Bybee)	Kenntnisse: Themen & Begriffe; naive Identifizierung von Begriffen, Fehlkonzeptionen	Faktenwissen, korrekte Verwendung von Begriffen und Formalismen	Zentrale Konzepte & Verfahren, Herstellung von Beziehungen zwischen Fakten, Begriffen, Prinzipien	Besonderheiten politikwissenschaftlichen Denkens, Einordnung in wirtschaftliche, soziale & kulturelle Eigenlogiken

Tab. 1: Bybees literacy-Konzept als Grundlage politikdidaktischer Graduierung

Die *nominale Stufe*, die bei Manzel fehlt, stünde demnach für einen fehlerhaften Umgang mit Fachbegriffen, so würde „Brüssel" als geographische Bezeichnung gelesen. Die *funktionale Stufe* korrespondiert mit Manzels K1, hier mit dem fachlich korrekten Verständnis europabezogener Begriffe. Die *konzeptuell-prozedurale Stufe* erlaubt, wie K2, die Identifizierung zusammenhängender politischer Konzepte und Verfahren – hier z. B. das Mitentscheidungsverfahren. Die *multidimensionale Stufe* schließlich entspricht K3 nur teilweise: Die Urteilsfrage zur Rolle der Lobbyisten berührt auch eine andere als die zuvor geforderte Analyse-Kompetenz: die persönliche Bewertung. Die kann jedoch auch rein nominal oder funktional erfolgen. Die Logik politikwissenschaftlichen Denkens auf dem vierten Niveau wird erreicht, wenn Lernende sozialwissenschaftliche Erklärungs- und Bewertungsmodelle hinzuziehen. Hier zeigt sich exemplarisch das ungeklärte politikdidaktische Verhältnis zwischen Sach-Analyse und Wert-Urteil.

Diese Stufenbildung unterscheidet formale Abstraktionsunterschiede von der (fehlerhaften) Einzelbegriffsverwendung bis hin zum Verständnis wissenschaftlicher Eigenlogiken. Eine solche objektbezogene Graduierung bleibt fachunspezifisch und elementarisiert v. a. das Textverständnis. Es wäre zu prüfen, ob Teile der Analysekompetenz mit diesem Modell operationalisiert werden können. Nicht geeignet ist es jedoch für interaktive, wertende und performative Kompetenzen (Konfliktfähigkeit, Urteilsfähigkeit und Partizipation).

Eine sozialwissenschafts-spezifische Graduierungs-Grundlage liefert das Stufenmodell von Kohlberg (Kohlberg 1995, S. 217–372). Es wird z. B. in der Geschichtsdidaktik verwendet (vgl. Körber, 2007) sowie in der Biologiedidaktik für die ethische Urteilskompetenz (vgl. Reitschert & Hössle, 2007). Das Modell zeigt die ontogenetische Entwicklung moralischer Urteilsfähigkeit, ist also vom *Individuum aus* konzipiert. Das Objekt erscheint – deutlicher als bei Bybee – als subjektive Rekonstruktion. Domänespezifisch ist es, weil es die subjektive Perspektivierung nicht auf Wissensträger wie Texte bezieht, sondern auf die Gesellschaft als Ganze. Der Referenzrahmen der Gesellschafts-Betrachtung weitet sich von *vorkonventionellen*, autoritätsgebundenen (Stufe 1) und egozentrischen (Stufe 2), über *konventionelle*, gruppen- (Stufe 3) und gesellschaftsbezogenen (Stufe 4), zu *postkonventionell-autonomen*, vertragstheoretischen (Stufe 5) und universell-prinzipiellen (Stufe 6) Betrachtungsweisen.

An Kohlbergs klassischem Heinz-Dilemma lässt sich der logische Zusammenhang zwischen der Entwicklung des moralischen Urteils und des politischen Bewusstseins aufzeigen: Darf der mittellose Heinz das lebensrettende Medikament für seine todkranke Frau stehlen? Moralisch im vorpolitischen Sinne bliebe die Betrachtung dann, wenn der institutionelle Handlungsrahmen ignoriert würde. Spätestens die vertragstheoretische Betrachtung auf Stufe 5 wirft jedoch einen gerechtigkeitsgeleiteten Blick auf die Gesetzeslage und diagnostiziert ein Gesundheitssystem (der USA), das den Einzelnen in ein solches Dilemma zwingt. Auch die Produktions- und Verteilungsbedingungen von Heilmitteln kämen in den Blick.

Dieser logische Zusammenhang zwischen moralischem und politischem Urteil lässt sich auch empirisch nachweisen (vgl. IJzendoorn 1980, S. 158ff.): Vorkonventionelle Moralstufen korrelieren demnach mit einem „regressiven", d. h. autoritätsfixierten, ontologisierenden, personalisierenden und harmonisierenden politischen Bewusstsein. Konventionelle Moralstufen korrelieren mit der Einbeziehung formaler demokratischer Prinzipien und Verfahren. Postkonventionelle Moralstufen korrelieren mit einem „kritischen", d. h. flexibleren, menschenrechtsorientierten und kontingenzbewussten politischen Bewusstsein. Die beiden bisher umfassendsten Interview-Längsschnittstudien zur Entwicklung des politischen Bewusstseins in der Adoleszenz (Adelson, 1977; Fend, 1991) bestätigen und differenzieren IJzendoorns Befunde zum politischen Bewusstsein. Zwischen dem 12. und 18. Lebensjahr sind demnach folgende Entwicklungstendenzen der fünf politischen Kompetenzen zu erwarten:

1. Der Wandel der sozialen *Perspektivenübernahme* von egozentrisch-bedürfnisorientierten zu gesellschaftlich-gemeinwohlorientierten Perspektiven,
2. der Wandel der *Analysefähigkeit* von personell-situativer Wahrnehmung zur systematischen Meta-Analyse,
3. der Wandel der *Konfliktfähigkeit* von Harmonismus zur Reflexion von Konfliktlösungsverfahren,
4. der Wandel der *Urteilskriterien* von ontologischen Seinszuschreibungen und Autoritätsfixierung zur kritischen Erkenntnis von Gewordensein, Veränderbarkeit und Alternativen,
5. der Wandel der wahrgenommenen *Partizipationsmöglichkeiten* von subjektiven Ohnmachtsgefühlen zu Gestaltungswissen.

Der Graduierungsvorschlag der Fachgruppe knüpft teils implizit teils explizit an die moral- und politikbezogene Forschungstradition an und unterteilt drei Niveaus: Person – Institution – System. Diese sind – in Abgrenzung zur wertenden Begriffswahl („regressiv") der 1970er und 1980er – neutraler und lernpsychologischer gehalten. Ich habe (im Konsens mit der Fachgruppe) ein zweites „öffentliches" Niveau ergänzt, da die Wahrnehmung öffentlicher Belange und die Akzeptanz gesellschaftlicher Wertevielfalt entwicklungslogisch vor der Reflexion institutioneller Lösungswege erfolgt. In Tabelle 2 ist ein Überblick dargestellt.

1. Das elementare *private Niveau* ist an konkrete Personen, Bedürfnisse und Situationen gebunden. Es entspricht einer vorpolitischen autoritäts-, ego- oder gruppenzentrierten Perspektive auf Gesellschaft. Die Folge ist eine latente oder manifeste *Abgrenzung* (über Harmonisierung, Konfliktflucht oder Angriff) gegenüber Andersdenkenden und dem Politischen als kollektivem und verbindlichem Konfliktlösungsmechanismus. Bezug zu Kohlberg: Eine konventionelle Peer- oder Gruppenmoral bleibt solange vorpolitisch-privat, wie sie die unvermeidliche gesellschaftliche Werte-Pluralität nicht begrüßt.

2. Das *öffentliche Niveau* setzt die Akzeptanz gesellschaftlicher (also gruppenübergreifender) Problemstellungen und kontroverser Lösungsvorschläge voraus. Das Individuum ist bereit, das eigene politische Denken zur Diskussion zu stellen. Die damit verbundene Anerkennung des Wertepluralismus ermöglicht den *Austausch* mit Andersdenkenden. Bezug zu Kohlberg: Damit wäre die konventionell-gesellschaftliche Stufe erreicht, weil Multiperspektivität, Gleichberechtigung und Toleranz unverzichtbar zu den normativen und rechtlichen Grundlagen demokratischer Gesellschaften gehören.

	Vorkonventionell		Konventionell		Autonom-prinzipiell	
Stufen der Moralentwicklung (Kohlberg)	*Autorität:*	*Ego:*	*Gruppe:*	*Gesellschaft:*	*Gesellschafts-Vertrag:*	*Universelle Prinzipien:*
	Belohnung Bestrafung	Tauschgerechtigkeit	Gruppen-Norm, Rolle	Norm, Pflicht, Gesetz	Menschenrechte	Urteilskriterien
Politische Bewusstseinsentwicklung (Adelson, IJzendoorn, Fend)	*Regressiv/vorpolitisch:* Vordemokratisch, ontologisch autoritativ, aristokratisch, personalisierend, harmonisierend		*Konventionell-politisch:* Akzeptanz (und z. T. Verabsolutierung) von Interessenvielfalt, Aushandlungsnotwendigkeit und institutionellen Prinzipien		*Kritisch-politisch:* Bewusstsein von Gewordensein und Veränderbarkeit des Status Quo; Orientierung an Menschenrechten, System, Gesellschaftstheorie	
Entwicklungslogische Niveaus des Politischen (Behrmann/ Grammes/ Reinhardt/ Petrik)	*Privat:* Abgrenzung		*Öffentlich:* Austausch	*Institutionell:* Koordination	*Systemisch:* Meta-Analyse	
	Person- und Bedürfnisorientierung, unbegründetes Alltagsverständnis		Akzeptanz öffentlicher Probleme & fremder Interessen	Verfahrensorientierte & konzeptionelle Betrachtung	Theorie- & methodengeleitete Reflexion mikro- und makropolitischer Konflikte	
	(Mikroebene)		*(Mesoebene)*	*(Makroebene)*	*(Metaebene)*	

Tab. 2: *Das Verhältnis von moralischer Urteils- und politischer Bewusstseins-Entwicklung*

3. Das *institutionelle Niveau* ist an ein Verständnis für die Notwendigkeit personen- und gruppenübergreifender Regeln und Institutionen gekoppelt. Demokratische Verfahren werden als Voraussetzung für die friedliche und allgemeinverbindliche Konfliktlösung angesehen. Die *Koordination* verschiedener Interessen steht im Mittelpunkt. Bezug zu Kohlberg: Einerseits kann bereits ein konventionell-immanentes Verständnis des politischen Systems dieses politische Niveau erreichen. Andererseits weist ein demokratisch verfasstes System immer auch über bestehende Konventionen hinaus: Es handelt sich um ein lernendes, sich selbst wandelndes System. Ein elaboriertes institutionelles Niveau reicht daher in postkonventionelle Denkweisen hinein.

4. Das *systemische Niveau* bezeichnet die analytische und kritische Meta-Betrachtung des privaten, öffentlichen und institutionellen Geschehens. Es handelt sich um die kognitive Verdichtung gesellschaftlicher Operationen zu bestimmten Konflikt-, Haltungs-, Handlungs- und Systemtypen, um sozialwissenschaftliche Theoriebildung. Ein elaboriertes systemisches Niveau, das in der Schule nur bedingt zu erreichen ist, würde auch das Wissen um die Generierung und Angemessenheit des jeweils genutzten Wissens einbeziehen. Bezug zu Kohlberg: Ob die Ebene methodischer Wissensgenerierung erst auf der 6.

Kohlbergstufe erreicht werden kann, die empirisch kaum nachweisbar ist, ist zu bezweifeln. IJzendoorn (1980) z. B. unterteilt sein „kritisches politisches Bewusstsein" nicht weiter in Unterstufen.

Wir bezeichnen die vier politischen Niveaus als „entwicklungslogisch", weil wir auf Basis bisheriger Befunde davon ausgehen, dass niedrige Niveaus durchlaufen werden müssen, um hohe zu erreichen (Invarianz). Mit der modernen Kohlbergforschung lässt sich die sogenannte Konsistenz der Stufen nicht aufrechterhalten (vgl. Beck & Parche-Kawik, 2004). Individuen können sehr wohl situativ bedingt auf einem niedrigeren Niveau urteilen, als sie kognitiv dazu in der Lage wären. Auch in der naturwissenschaftlichen Konzeptwechselforschung werden Niveaus als *kontextabhängige Urteilsermöglichungen* aufgefasst, die Regressionen unterworfen sind (vgl. Niedderer, 1999). Die Bezeichnung „entwicklungslogisch" versteht sich insofern auch als Gegensatz zu streng altersbedingten Stufen. Vielmehr gibt es erste empirische Evidenzen, dass im Politikunterricht zumindest die drei ersten Niveaus stets zu finden sind. Der Vergleich zweier Unterrichtsstunden (9. Klasse) zum Thema „Darf Pinochet im Nachhinein für seine Taten während der chilenischen Diktatur bestraft werden?" (vgl. Kuhn, Knittel, Kroll & Massing, 2003) zeigt: Beide Klassen machen im Verlauf der Konfliktanalyse – angesichts des emotionalen Themas – eine (unterschiedlich intensive) Entwicklung von vorpolitisch-moralisierenden über konventionell-rechtlichen zu politisch-rechtsverändernden Betrachtungsniveaus durch. Auch die bisherigen Dorfgründungen zeigen noch für die gymnasiale Oberstufe ein produktives Neben- und Gegeneinander privater, öffentlicher, institutioneller und systemischer Sichtweisen.

Das Modell der Fachgruppe Sozialwissenschaften weist also zwei Graduierungsparameter auf: Zum einen modelliert es einen inhaltlichen Lernweg von subjektiv-privaten zu systemisch-sozialwissenschaftlichen Sichtweisen auf Gesellschaft. Zum anderen nimmt damit die formale Komplexität des Gegenstands ähnlich zu wie in Weißenos Modell. Ich schlage dieses zweite Graduierungsmodell vor, weil es das erste, formale Modell um die politische Inhaltsdimension erweitert.

3. Operationalisierung der Urteilskompetenz als politische Grundorientierung

Das entwickelte Werturteil muss über eine egozentrische Wertrationalität hinaus gehen, also verallgemeinerungsfähig sein. Eine politische Positionierung erfolgt stets in einem Möglichkeitsraum kontroverser Werte. Bewertungsmaßstab sind die elementaren Auslegungen des Freiheits-, Gleichheits- und Solidaritätsbegriffs, die um die Ausgestaltung der Demokratie konkurrieren und die Dynamik gesellschaftlicher Weiterentwicklung bestimmen. Diese Maßstäbe scheinen sich jedoch historisch aufgelöst zu haben: Das eindimensionale Links-Rechts-Schema wirkt nach dem kalten Krieg angekratzt bis obsolet. Zwar reicht dieses Schema tatsächlich nicht zur Klassifikation politischer Urteile aus. Doch das hat nichts mit dem Untergang des Realsozialismus als angeblichem „Ende der Geschichte" (Fukuyama) zu tun, sondern damit, dass dieses Modell die Konfliktlinien der Gesellschaft noch nie differenziert genug abbilden konnte.

Politisierungstypen im Lehrstück „Dorfgründung"

Aus der *Milieuforschung* wissen wir, dass bestimmte Lebenslagen, Arbeitsverhältnisse und Zugänge zu kulturellem Kapital unserer Werte prägen. Die *Cleavagetheorie* (v. a. die Wertewandel-, Ideologie- und Parteienforschung; vgl. Kaina & Römmele, 2009) zeigt, zu welchen gesellschaftlichen und politischen Hauptkonfliktlinien sich kontroverse Wertvorstellungen verdichten. Das von vielen Forscher/innen als Synthese betrachtete Kitschelt-Modell wurde entwickelt, um die neuen demokratischen Parteien, die sich nach dem Mauerfall in Osteuropa entwickelt haben, ideengeschichtlich einzuordnen (vgl. Kitschelt, 1992). Kitschelt geht von zwei prägenden gesellschaftlichen Konfliktlinien aus: Der „klassische" Links-Rechts-Konflikt (z. B. des kalten Krieges) betrifft den Gegensatz aus marktlogischen, „freiheitlichen" und politisch gesteuerten, „Gleichheit" anstrebenden Varianten der Verteilung gesellschaftlichen Reichtums. Daneben existiert der Konflikt aus autoritären und libertären bzw. postmateriellen Vorstellungen der Organisation und des Aufbaus einer funktionierenden Gesellschaft. Zusammen bilden diese beiden Konfliktlinien einen „politischen Kompass" mit einer (im weiteren Sinn) wirtschaftspolitischen und einer (im weiteren Sinn) gesellschaftspolitischen Achse. Kitschelt spricht von der „distributiven" und der „prozeduralen" Dimension. Die Felder des Koordinatensystems beheimaten vier politische Grundorientierungen. Damit ergibt sich ein politischer Kompass. Hier meine angepasste Variante:

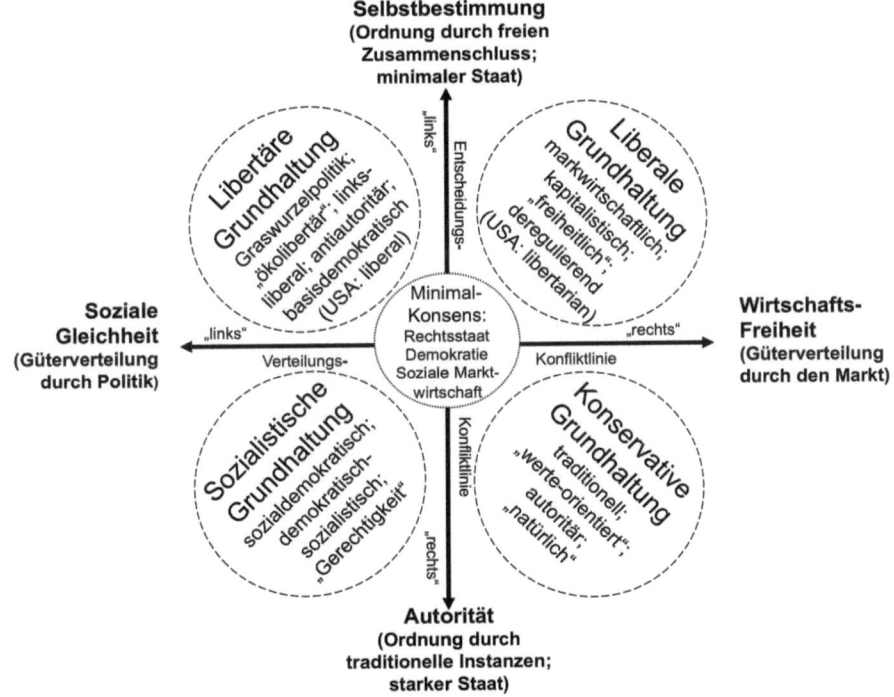

Abb. 2: Der Kompass der politischen Grundorientierungen (Petrik 2007, S. 200)

Die liberale, libertäre (bzw. anarchistische), sozialistische und konservative Haltung hat schon der Wissenssoziologe Karl Mannheim 1929 (1952) als die relevanten „historisch-sozialen Bewusstseinstypen" beschrieben, die – historisch variabel und z. T. als Mischformen – bis heute individuelle Orientierungen, soziale Bewegungen und politische Parteien prägen. Sie teilen sich im Modell jeweils einen Pol. Den notwendigen Handlungsrahmen dieses Ideenstreits bildet der demokratische Verfahrenskonsens. Dieser ist im politischen Kompass als demokratische Entscheidungsfindung, Rechtsstaat und soziale Marktwirtschaft gekennzeichnet, als Grundlage, die jedes Gesellschaftskonzept auf seine Weise variiert bzw. zuspitzt. Es geht also nicht um die *undemokratischen Potenziale*, die *jede* der vier Orientierungen historisch hervorgebracht hat: Manchester-Liberalismus (ohne soziale Sicherung), Anarchistisches (Bomben-)Chaos, Stalinismus und Nationalsozialismus.

Die Extrempole beider Konfliktlinien stellen „ultimative Werte" dar. Es sind Endpunkte der graduellen Positionierungsmöglichkeiten zu politischen Grundfragen, die *jede* Gesellschaft regeln muss:

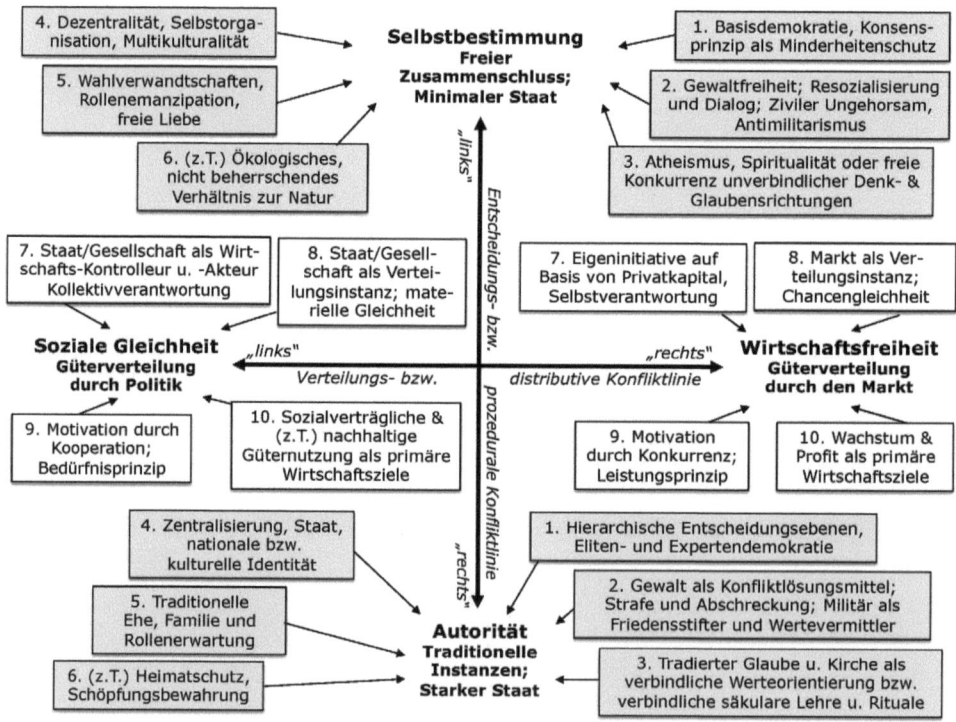

Abb. 3: Ultimative Werte als Horizont des politischen Urteils

1. *Entscheidung*: Welche Instanzen entscheiden mit welchen Verfahren?
2. *Konfliktlösung*: Wie werden Regelverstöße geahndet und (inter-) nationale Konflikte gelöst?
3. *Wertebasis*: Welche religiösen Glaubensformen und säkularen Lehren werden besonders gefördert?
4. *Inklusion*: Wie viel politische Macht erhalten kulturelle Minderheiten und Regionen?
5. *Privatleben*: Welche Formen privaten Zusammenlebens werden besonders gefördert?
6. *Natur*: Wie stark darf das Wirtschaften die natürlichen Lebensgrundlagen verändern?
7. *Besitzverhältnisse*: Wer sind die übergeordneten Wirtschaftsakteure und -kontrolleure?
8. *Güterverteilung*: Wer entscheidet nach welchen Kriterien über die Verteilung von Gütern, Reichtum und Einkommen?
9. *Wirtschaftsprinzipien*: Welche Grundsätze bestimmen und motivieren wirtschaftliches Handeln?
10. *Wirtschaftsziele*: Nach welchen Kriterien wird wirtschaftlicher Erfolg gemessen?

Die Übersicht in Abbildung 3 zeigt damit die wesentlichen Items zur Operationalisierung des politischen Werturteils, nummeriert nach den zehn politischen Grundfragen.

Die Einschränkung „z. T." bei manchen Positionen bezieht sich auf spezifische Differenzen zwischen zwei Orientierungen, die sich einen Pol teilen: So vertritt der Konservatismus einen heimatverbundenen Umweltschutz, während der Sozialismus eher dem liberalen Wachstumsbegriff folgt. Für die libertäre Auffassung von Selbstbestimmung ist direkte Demokratie unabdingbar, aus liberaler Sicht sind dagegen Repräsentant/inn/en notwendig.

Das Modell legt Individuen nicht auf eine eindeutige Orientierung fest. Nur die Urteils-Tendenz wird als Grundorientierung bezeichnet, sie kann themenabhängig durchaus abweichen. Sonst gäbe es keine libertären Industriearbeiter/innen, sozialistische Unternehmer/innen, christliche Sozialist/inn/en und im staatlichen Bildungssystem arbeitende Marktbefürworter/innen. Die mit bestimmten Lebenslagen einhergehenden Werteorientierungen bilden einen potenziell frei verfügbaren Wertefundus aus. Doch der Zugang ist nach wie vor, wie die Milieuforschung zeigt, stark an die soziale Lage gebunden.

4. Operationalisierung der Konfliktlösungskompetenz als Argumentationsfähigkeit

Das demokratische System ist „deliberativ", d. h. Konflikte werden durch theoretisch gleichberechtigte Partner argumentativ ausgehandelt. Argumentation ist das genuin demokratische Verfahren, um Verbindlichkeit herzustellen und damit die zentrale Kulturtechnik der politischen Bildung. Eine Lernprogression der Konfliktfähigkeit heißt den Anteil des „verständigungsorientierten" *Arguing* zuungunsten des „strategisch-zweckrationalen" *Bargaining* zu erhöhen. Mithilfe des Argumentationsmodells Toulmins lassen sich verschiedene Realisierungsstadien von Argumentationen differenzieren.

Die strittige *These* ist der Konfliktanlass. Sie wird auch *Konklusion* genannt, da sie nicht nur zu Beginn einer Auseinandersetzung als Behauptung auftritt, sondern auch als

Schlussfolgerung einer Argumentation. Die Kunst der Argumentation besteht darin, kollektiv strittige Aussagen plausibel mit kollektiv unstrittigen Aussagen (*Argument/Begründung/Datum*) zu verknüpfen. Die plausible Verknüpfung bezeichnet Toulmin als *Garanten*; in der Argumentationsforschung hat sich der Begriff *Schlussregel* durchgesetzt. Argumentationsforscher unterscheiden neun „Großklassen" plausibler Schlussmuster (vgl. Kienpointner, 1996), die sich zu sechs Gruppen komprimieren lassen: 1. Definitionen und Begriffseinordnungen, 2. Kausalbeziehungen, 3. Zweck-Mittel-Relationen und Folgen, 4. illustrierende oder exemplarische Beispiele, 5. Vergleiche und Analogien und 6. Autoritätsbezüge.

Die Begründung der formalen Schlussregel (Warum sollte x allgemein akzeptiert werden?) verweist auf tieferliegende inhaltliche, oft implizite „Begründungen der Begründung". Diese nennt Toulmin *Stützung*, hierfür wird auch der Begriff *Prämisse* (gedankliche Voraussetzung) verwendet. Prämissen können Brückenprinzipien bergen, die eine Koordination divergierender Thesen erlauben (vgl. Miller 1986, S. 192). Kontroverse Argumentation erzeugt Perturbationen (Piaget), die wiederum Konzeptwechsel auslösen können. In Gruppendiskussionen mit Kindern und Jugendlichen lassen sich vier Realisierungsstadien von Argumentationen rekonstruieren (vgl. Miller 1986, S. 75ff. u. 188ff.). Diese operationalisieren zugleich die vier Stufen der politischen Graduierung für die Konfliktlösungskompetenz:

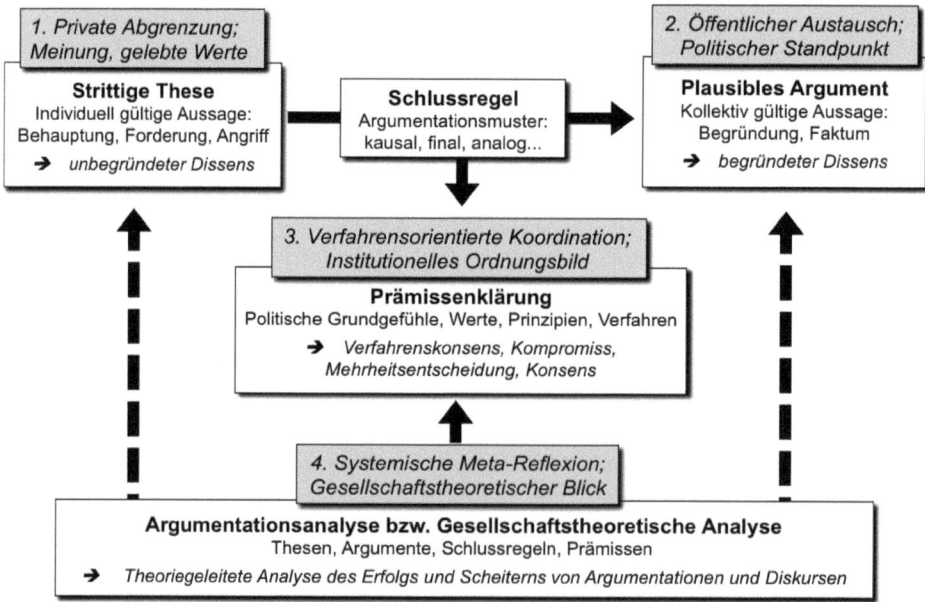

Abb. 4: Entwicklung der Konfliktlösungs- und Urteilskompetenz als Argumentationsfähigkeit

- Niveau 1: Egozentrische, vor-argumentative Perspektive: Meinungsbehauptungskämpfe ohne deutliche Thesen oder/und Begründungen oder Konfliktflucht (*private Abgrenzung*)
- Niveau 2: Wechselseitige Perspektiven-Abgrenzung: Rechtfertigung von Aussagen durch Argumentation, Prüfung der Argumente auf Haltbarkeit (Fakten, Wahrscheinlichkeit) und Relevanz (angemessene Schlussregeln); begründeter Dissens (*öffentlicher Austausch*)
- Niveau 3: Subjektive Perspektiven-Koordination: Kohärenzprüfung der kontroversen Argumentationen, Entdeckung von Brückenprinzipien (Prämissen, Verfahren), die einen Konsens oder Kompromiss erlauben (*institutionelle Koordination*)
- Niveau 4: Objektive Perspektiven-Koordination: Prüfung der formalen Gültigkeit der Diskussion; theoriebasierte Reflexion der Operationen der vorausgehenden Niveaus (These aufstellen, Begründungen finden, Prämissen freilegen und koordinieren), um daraus das Scheitern oder den Erfolg von Auseinandersetzungen zu erklären (*systemische Meta-Reflexion*)

Analog zur *formalen* Argumentations- bzw. Konfliktlösungsfähigkeit lässt sich das Niveau des *inhaltlichen* politischen Urteils bestimmen:

- Niveau 1: Meinung oder gelebte (tendenziell liberale, konservative, libertäre oder sozialistische) Grundhaltung; Ignoranz oder Abwertung konträrer Grundhaltungen
- Niveau 2: Begründeter politischer Standpunkt, der (liberale, konservative, libertäre oder sozialistische) Gegenstandpunkte nachvollziehen und akzeptieren kann
- Niveau 3: Institutionelles Ordnungsbild, das die praktisch-politische Umsetzung der eigenen Orientierung vor dem Hintergrund gegenläufiger (liberaler, konservativer, libertärer oder sozialistischer) Systemvorstellungen reflektieren kann
- Niveau 4: Gesellschaftstheoretischer Blick, der wissenschaftliche Befunde zu kontroversen Gestaltungsmöglichkeiten der Demokratie einbezieht (z. B. Cleavage-Forschung).

Damit ergibt sich der in Abbildung 4 zu sehende graduelle Zusammenhang aus dem politischen Werturteil und seiner formal-argumentativen Performanz in kontroversen Situationen.

5. Erhebungsrahmen und Auswertungsmethodik

Den Untersuchungsraahmen bildet die vielfach in Schule und Lehrerbildung eingesetzte, ca. 25-stündige genetische Lernumgebung „Dorfgründung" (vgl. Petrik, 2007; 2010): Schüler/innen besiedeln ein imaginäres verlassenes Bergdorf und werden veranlasst zu klären, wie sie Entscheidungen treffen, Güter verteilen, wirtschaftliche Prozesse organisieren, plurale Sinnvorstellungen in *einen* Kirchenraum integrieren wollen usw. Die traditionell ungleichen Dorfstrukturen (Ober-, Mittel- und Unterschicht) sind zwar noch sichtbar, die Schüler/innen können sie jedoch frei gestalten. Sie entdecken dabei ihre latenten Wertorientierungen, lernen sie zu politischen Grundorientierungen auszubauen, argumentativ auszuhandeln und mit demokratischen Verfahren zu koordinieren. Schließlich üben sie den schwierigen Transfer erworbenen Wissens auf aktuelle makropolitische Fälle.

Die Simulation basiert auf einem Forschungsdesign zur Erhebung der altersbedingten Entwicklung des politischen Bewusstseins (vgl. Adelson, 1977; IJzendoorn, 1980). Mit halbstrukturierten Interviews wurden Jugendliche gefragt, wie sie sich einen gesellschaftlichen Neuanfang auf einer Insel vorstellen. Dabei wurden sie mit fiktiven Situationen konfrontiert (Krankheiten, Armut usw.) für die sie politische Lösungen finden mussten. Inselsettings werden eingesetzt, um politische Einstellungen unabhängig von tagespolitischem Wissen und parteipolitischen Präferenzen zu erheben. Zur Untersuchung der Urteils- und Konfliktlösungskompetenz habe ich zwei entscheidende Erweiterungen vorgenommen: Erstens ersetze ich die individuelle Interview-Situation durch ein interaktives Setting. Zweitens gebe ich mit dem verlassenen Dorf (veränderbare) institutionelle Strukturen vor, die eine Beschäftigung mit politischen Grundfragen intrinsisch anregen sollen.

Didaktisch liegt der Dorfgründung das genetische Prinzip Wagenscheins zugrunde, das wiederum auf Piagets genetischem Strukturalismus fußt. Das genetische Verfahren gilt als fruchtbar, weil es Lernende in die Dynamik der Wissens-Konstruktion verwickelt, indem es wissenschaftliche Phänomene in einem ungelösten, irritierenden Entwicklungsstadium präsentiert, das Neugier weckt, Alltagsdeutungen anregt und Entwicklungsehrgeiz herausfordert (vgl. Oerter & Montada, 2002, S. 440). Das Dorf repräsentiert ein elementares politisches Stadium, eine politische Ursprungssituation, die zu ihrer Regelung auffordert. Schüler/innen können hier zentrale politische Analyse- und Urteils-Kategorien entdecken und über Analogiebildung und reflektierten Transfer auf den politischen Makrokosmos (Staat) übertragen lernen. Der typische Lernweg, den bisherige Dorfgründungen zeigen, lässt sich mit Piaget, wie in Abbildung 6 dargestellt, beschreiben (vgl. ähnlich Breit & Eckensberger, 2004).

Die näräumlich-interpersonale Dorfgründung ermöglicht einen Zugang zum Institutionell-Politischen, indem sie Deutungskrisen und Handlungsschwierigkeiten (z. B. destruk-

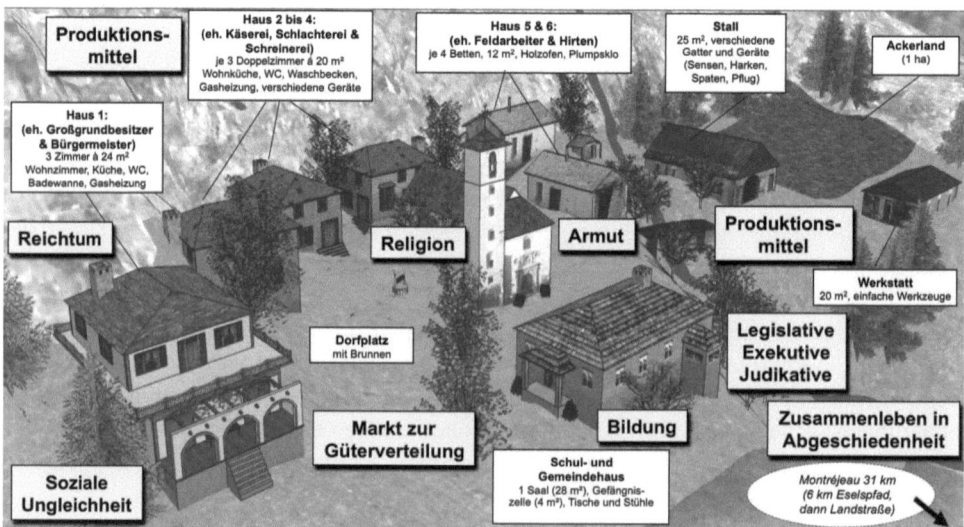

Abb. 5: Das Dorfszenario als elementarer politischer Mikrokosmos

Politisierungstypen im Lehrstück „Dorfgründung" 177

tive Wertekonfrontation) erzeugt, die wiederum durch elementare politische Einsichten (Diskussionsregeln, demokratische Entscheidungsverfahren, argumentative Grundlagen politischer Grundorientierungen) positive kollektive Erfahrungen ermöglichen. Der entlastende Sinn von Regelungen und Institutionen zeigt sich also schon im Nahraum. Piaget zufolge sind interpersonale Orientierungsräume der Ort, an dem Wahrnehmungs- und Handlungskonzepte ihre „Eignungsprüfung" und „Elaborierung" erfahren, an dem vorrangig Akkommodation stattfindet, weil die systemischen Zusammenhänge bereits vertraut oder überschaubar sind. Die so erworbenen Erkenntnisse erleichtern zunächst die Annäherung an makropolitische Gegebenheiten über Assimilation. Die einmal an einfachen Exempeln gewonnene Urteils-Sicherheit muss jedoch beim Übergang zu transpersonalen Räumen auf ein neues Argumentationsniveau gehoben, angepasst und stabilisiert werden (erneute Akkommodation).

Zur Entwicklung einer ersten Heuristik von Politisierungstypen wurden zwei Dorfgründungen (Jahrgänge 8 und 13) videografiert und teilweise transkribiert. Der 13er-GMK-Kurs als besonders heterogener Fall dient als Ausgangspunkt für eine Typenbildung. Diese Typologie soll in parallelen Dorfgründungen (zunächst in Frankreich und den USA) angewendet und ausgebaut werden. Die Daten-Interpretation erfolgt im Rahmen der Dokumentarischen Methode als turn-by-turn Argumentationsanalyse (s. o.). Fast alle Schüler/innen des 13er-Kurses wurden einer solchen Argumentationsanalyse durch das Lehrstück hindurch unterzogen. Dabei wurde die formal-argumentative Qualität der Beiträge, ihre inhaltliche Orientierung sowie deren Veränderung (Konzeptwechsel) ermittelt. Eine Triangulation erfolgte durch den Abgleich der Interpretationen mit a) den anfänglichen Wunschäußerungen der Schüler/innen an das Dorf, b) ihren individuellen politischen Po-

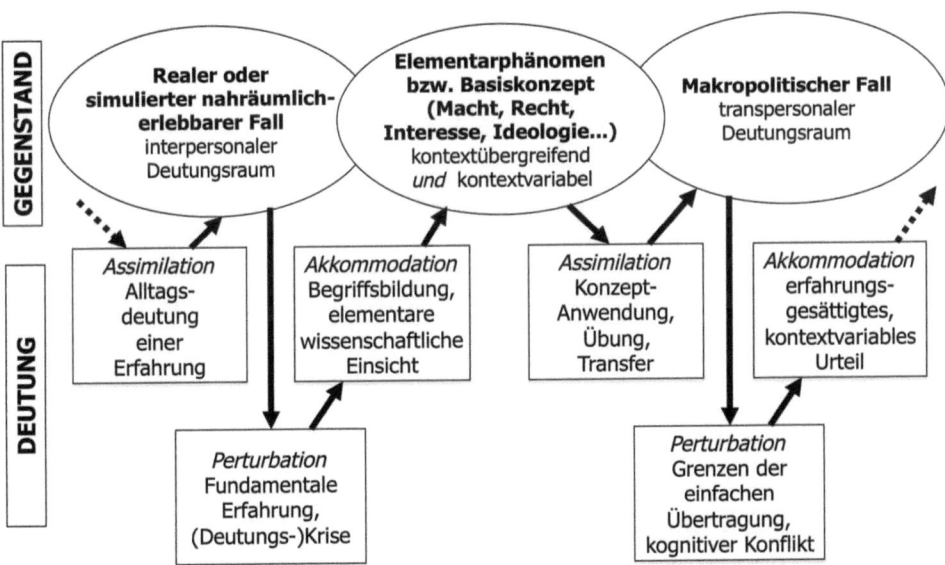

Abb. 6: Der genetische Lernweg von der Mikro- zur Makrowelt (Petrik 2007, S. 131)

sitionierungen, c) ihren abschließenden individuellen Lernprozessreflexionen (schriftlich und im stimulated recall) und d) z. T. mit nachträglichen problemzentrierten Interviews (nach A. Witzel). Für alle Schüler/innen wurde schließlich ein Lernprozess-Porträt erstellt, das ihren jeweiligen Bildungsgang durch das Lehrstück beschreibt. Durch interne Fallvergleiche (maximale Kontraste) sowie die Gruppierung verwandter Bildungsgänge (minimale Kontraste) und deren Verallgemeinerung wurden dann Typen gebildet (vgl. Kelle & Kluge, 2009). Die vier Argumentationsstufen und die vier Grundorientierungen ergeben einen zweidimensionalen Merkmalsraum, wobei ein Typus nicht immer eindeutig einem Feld zugeordnet werden kann. Hier ein verkürzter Überblick:

	1. Privat	2. Öffentlich	3. Institutionell	4. Systemisch
Liberal	Initiale Politisierung	Verfahrensorientierte Ordnungsbildsuche		
Konservativ	Politikskeptische Traditionsloyalität			
Libertär	Emotionale linke Opposition		Moderierende libertäre Opposition	
Sozialistisch				

Tab. 3: Merkmalsraum für Politisierungstypen

6. Argumentationsanalyse und Typenbildung am Beispiel des Schülers Martin

Martin sorgt in der ersten Dorfversammlung dafür, dass eine heftige Kontroverse um die Verteilungsfrage entbrennt. Er kritisiert die bis dahin latente kollektive Prämisse „Jeder behält, was er erwirtschaftet hat" – also das liberale Leistungsprinzip:

72. Martin: ... Ja, ich finde auch [...], dass das, was wir im Dorf haben, was wir im Dorf erwirtschaften, eher allen gehört, und das auf dem Markt irgendwie verkaufen, aber dass wir nicht innerhalb der Gemeinschaft noch tauschen, weil das ist irgendwie albern, finde ich, weil wenn wir schon 'ne Gemeinschaft sind, dann müssen wir jeder ein Eigentum an erwirtschafteten Sachen haben ...

Martin greift die latente kollektive Prämisse nicht direkt an, sondern stellt seine These als Gegenforderung auf: Statt Eigenes zu tauschen soll alles allen gehören. Seine Begründung besteht aus einer emotionalen Bewertung („albern") und einer faktischen Feststellung („wir sind eine Gemeinschaft"). Die Zuschreibung „albern" verstärkt seine These emotional, ist jedoch keine schlüssige Begründung, weil selber strittig und dürfte zudem seine Gegner/innen verärgern. Das Faktum „Gemeinschaft" bildet zwar ein haltbares, aber kein in dieser Gemeinschaft relevantes Argument: Es ist durch eine autoritativ-normative Schlussregel verbunden, die sich mit „ist doch klar, dass" explizieren lässt. Diese würde jedoch nur anerkannt, wenn die zugrundeliegende Prämisse „Wenn man in einer Gemeinschaft lebt, dann muss man teilen" von allen geteilt würde. Eine weitere Begründung fehlt und so reduziert sich seine Argumentation auf eine schlichte, stark emotionalisierte Gegenbehauptung.

Politisierungstypen im Lehrstück „Dorfgründung"

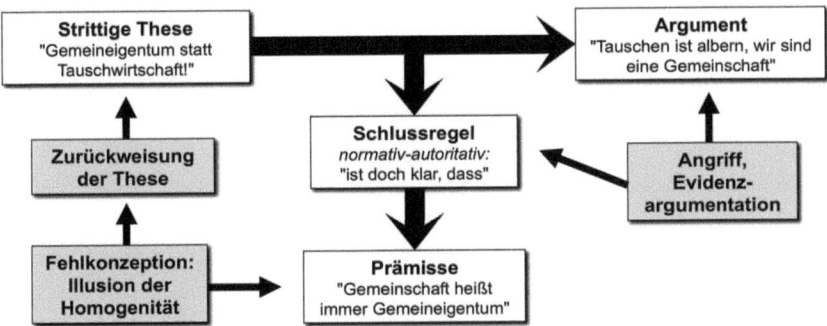

Abb. 7: Martins unterliegende Argumentation auf Niveau 1

Martins Haltung lässt sich durch die Rekonstruktion seiner Prämisse klären. Da seine Vorstellung einer solidarischen Gemeinschaft der Gleichen nicht kollektiv akzeptiert wird, reagiert er zunächst irritiert, dann zunehmend genervt. Sein politisches Denken verhakt sich in der „Illusion der Homogenität von Interessen" (vgl. Reinhardt, 2003). Er vertritt die Fehl-Vorstellung, im Kontext einer gleichaltrigen Dorfgemeinschaft existierte kein antagonistischer Zustand, der Argumentation erfordere, sondern es gäbe nur kollektiv geteilte Grundwerte. Die Folge ist, dass seine Beiträge nicht einmal als formal gültige, legitime Argumente ernst genommen werden, geschweige denn seine Prämissen verstanden. Und der Gruppe gelingt weder eine wechselseitige Abgrenzung noch eine Koordination von Perspektiven:

Martin steht also vor der Herausforderung, seine libertäre Gleichheitsvorstellung mit plausiblen Argumenten zu versehen. Dies gelingt ihm später zunehmend, allerdings mit zahlreichen Rückfällen in sein vor-argumentatives Anfangsstadium. Ähnlich ergeht es der ebenfalls libertär orientierten Andrea. Zwar beginnt sie auf Niveau 2, jedoch will auch ihr keine Koordination der konträren Perspektiven gelingen: Sie beharrt auf ihren Forderungen und beschuldigt die liberal und konservativ orientierten Dorfbewohner/innen, politisch unreflektiert zu sein. Zwar verlässt Martin die Dorfgründungssimulation weniger frustriert als Andrea. Er registriert sogar explizit seinen Zuwachs an Konfliktlösungskompetenz. Dennoch ordne ich beide Schüler/innen einem Typus zu: Sie vereint eine libertär-oppositionelle Haltung, die sich „objektiv" im Recht glaubt und infolgedessen an Konfliktfähigkeit und Werte-Selbstreflexion einbüßt. Die aus Gleichheitsvorstellungen geborene „Ent-Täuschung" über den faktischen Pluralismus in Entscheidungs- und Verteilungsfragen prägt diesen Typus.

7. Acht Politisierungstypen als erste Heuristik

Acht Prototypen, die noch nahe an individuellen Bildungsgängen sind, bilden den bisherigen Analysestand. Die Kurzdarstellungen zeigen Lernschwierigkeiten und Entwicklungspotenziale. Ihre Bezeichnung beginnt mit einem Adjektiv, das das jeweilige Argumentationsniveau, also die Konfliktlösungskompetenz andeutet. „Emotional", „politikskeptisch", „initial" und „autoritätssuchend" stehen für Varianten tendenziell privater Herangehensweisen. Die Kennzeichnung „emotional" bedeutet dabei nicht, dass auf höheren

Niveaus Emotionen keine Rolle mehr spielen, sie *dominieren* nur nicht mehr das Urteil. „Verfahrensorientiert", „moderierend" und „koordinierend" stehen für institutionelle Argumentationen. „Pragmatisch" meint eine tolerante, wenn auch teils unterkomplex argumentierende öffentliche Haltung, intellektuell" die Fähigkeit, auf dem systemischen Meta-Niveau zu argumentieren.

Das Substantiv der Typenbezeichnung steht jeweils für die inhaltliche Orientierung, also das Wert-Urteil. „Opposition" bezeichnet libertäre oder sozialistische, subjektiv auf Systemveränderung abzielende Einstellungen, die Jugendliche häufig (noch) nicht scharf trennen. „Traditionsloyalität" weist auf konservative Verbundenheit zu althergebrachten gesellschaftlichen Werten hin. „Systemloyalität" soll liberale Affinitäten zum systemischen Status Quo (v. a. Leistungs- und Repräsentationsprinzip) ausdrücken, „Politisierung" erstmalige Positionierungsversuche. Die Beschreibung enthält den argumentativen und positionellen Ausgangspunkt, mögliche Fehlkonzeptionen (nach Reinhardt, 2003), deren Ursachen (falls ermittelbar) und Folgen für den Lernprozess sowie empfehlenswerte nächste Lern-Schritte.

1. Emotionale linke Opposition
Inhaltlich explizit auf libertäre Werte festgelegt, mit (z. T. frustbedingten) autoritär-sozialistischen Anwandlungen. Besonders emotional verankerte Grundhaltung, durch „Illusion der Homogenität" politischer Werte hohes Frustpotenzial gegenüber dem „Unverständnis" der anderen. Problem: Selbstausschaltung durch undemokratisches Verhalten. Aufgabe: Pluralismus-Akzeptanz und argumentieren lernen. (Niveau 1–2)

2. Verfahrensorientierte Ordnungsbildsuche
Politisch unentschieden mit offener (z. T. gefühlt linker) Tendenz. Eigene Werteorientierung als verhandlungsoffene Ausgangshypothese, verhandlungsorientierter, kompromissbereiter Stil. Folge: Gemeinschaftlicher Suchprozess, Argumentation, Akzeptanz des Pluralismus, dadurch Möglichkeit der eigenen Standpunktänderung groß. Tendenz zum Liberalismus als „effizient", „pluralistisch", „individualistisch" und „leistungsgerecht". Problem: Eventuell zeitweilig starres Festhalten an neugewonnener Orientierung. Auch Schwankungen, innere Koordination zwischen zwei Grundorientierungen. Aufgabe: Anfängliche Offenheit auf höherem Argumentationsniveau wiederherstellen. (Niveau 2–3)

3. Politikskeptische Traditionsloyalität
Politisch desinteressiert, mit latent konservativer Tendenz. Familienähnliche, harmonistische Gemeinschafts- und traditionelle Normorientierung. Der Status Quo wird als „natürlich" vorausgesetzt und braucht keine Rechtfertigung. Problem: keine Begründungsnotwendigkeit, kein Verständnis für Grundsatzdebatten, kein politischer Handlungsbedarf: Illusion der Homogenität, der persönlichen Autonomie und der Naturhaftigkeit des Politischen. Aufgabe: „Selbstinterpretation auf der Stufe der Ideen" (K. Mannheim), also die bewusste Aneignung konservativer Argumentationsfiguren zur rationalen Selbst-Rechtfertigung. (Niveau 1–2)

4. Moderierende (libertäre) Opposition
Verfahrensorientierte Steuerungslust mit dem Ziel, allen gleichermaßen Gehör zu verschaffen. Konfliktlösungskompetenz ist als Moderationsfähigkeit hoch entwickelt und zeigt sich stärker als Urteilskompetenz. Problem: Sinnvolle persönliche Zurückhaltung kann zur Taktik gegen Angreifbarkeit pervertieren, Geschäftsordnungstricks können Entscheidungen indirekt beeinflussen. Aufgabe: den eigenen Standpunkt direkter einbringen. (Niveau 3–4)

5. Selbstdistanziert-intellektuelle Opposition
Linke, hier libertäre Haltung, die als vernünftig angenommen wird, ohne sie stark emotional zu verankern. Provoziert nicht, lässt sich nicht provozieren. Kommunikationsprobleme höchstens durch zu komplexe Argumentation. Problem: fehlende Identifizierung, teilweise intellektueller Zynismus. Aufgabe: sich einlassen, angreifbar machen. (Niveau 3–4)

6. Pragmatische Systemloyalität
Großes Bedürfnis nach Struktur durch demokratische Regelungen und Moderator/inn/en, die insbesondere zurückhaltenderen Schüler/inne/n zu größeren Redeanteilen verhelfen. Große Affinität zu den liberalen Grundlagen des demokratischen Systems. Problem: Häufiger Ruf nach schnellen Lösungen ohne ausreichende Auseinandersetzung, bis hin zur Konfliktflucht. Aufgabe: Akzeptanz der Komplexität politischer Probleme. (Niveau 1–2)

7. Initiale (systemloyale) Politisierung
Die kontroverse Interaktion mit Mitschüler/inne/n provoziert erstmalig ein explizites Nachdenken über den eigenen Standpunkt und fordert Begründungen ein. Starke inhaltliche Orientierung an befreundeten Mitschüler/inne/n, oft intuitive Sympathie für den Liberalismus. Problem: Erstaunen und teilweise Einschüchterung durch die kontroverse Dynamik des Politischen. Aufgabe: Eigenständigkeit im politischen Denken entwickeln. (Niveau 1–2)

8. Autoritätssuchende Systemloyalität
Liberales oder konservatives Grundgefühl verbunden mit starker persönlicher Zurückhaltung und enormem Bedürfnis nach Lern-Unterstützung, Richtungsweisung und Moderation durch den/die Lehrer/in sowie geschlossene Aufgabenstellungen. Problem: Typus mit größter Schwierigkeit in schülerzentrierter, handlungsorientierter Lernumgebung. Aufgabe: Demokratische Debatten im Kleinen schätzen lernen, Argumentationssicherheit entwickeln. (Niveau 1)

Fazit: Der dialektische Zusammenhang aus Urteils- und Konfliktfähigkeit

Im Sinne qualitativer Forschung ergeben sich folgende Hypothesen für weitere Studien: Die meisten Schüler/innen fühlen sich durch das anfänglich hoch-emotionale, destruktive Gegeneinander erstens veranlasst, ihre Konfliktfähigkeit zu verbessern und bescheinigen diese Verbesserung auch dem Kurs insgesamt. Zweitens fühlen sich die meisten subjektiv sicherer im Verständnis eigener und fremder Positionen. Im Sinne Karl Mannheims „seinskongruente" (gesellschaftsloyale) Typen (3, 6, 8) und „seinstranszendente" (gesellschaftskritische) Typen (1, 4, 5) fordern sich gegenseitig zur argumentativen Entwicklung heraus. Selbst formal wahlmündige Schüler/innen, die jahrelang Politikunterricht genossen haben, können durch die Dorfgründung *erstmals* politisiert, zu einem wertebasierten Standpunkt angeregt werden (Typ 7). In diesem Phänomen spiegelt sich deutlich die politikdidaktische Vernachlässigung des Werturteils. Doch es sind auch „backfire"-Effekte zu beobachten: Ab einem gewissen Maß an mitgebrachter Konfliktscheu fördern die heftigen Auseinandersetzungen eine Rückzugstendenz und verhindern die Selbstreflexion des eigenen Standpunkts (Typ 8). Hier zeigt sich der dialektische Zusammenhang aus Konfliktfähigkeit und Urteilsbildung: Beide Fähigkeiten fördern und blockieren sich gegenseitig. Insbesondere der konfliktscheue Typus muss in späteren Dorfgründungen a) stärker eingebunden werden und b) durch regelmäßige stimulated recalls zur Reflexion seiner „Schweige-Motive" animiert werden. In bisherigen gymnasialen Dorfgründungen waren links- und rechtsautoritäre Standpunkte eher in der Minderheit. Die Frage der jugendlichen Stellung zum (durch Klimawandel und Finanzkrise wieder verstärkt öffentlich debattierten) starken Staat soll einen Schwerpunkt weiterer Studien in anderen Schulformen und Ländern bilden.

Im Unterricht muss der heuristische Blick auf typische Politisierungswege mit aller Vorsicht erfolgen. Er soll Individuen nicht stigmatisieren, sondern Sensibilität für die (zumindest individuelle) Sinnhaftigkeit jeglicher Schüleräußerung wecken. Das Wissen um Entwicklungsaufgaben ermöglicht angepasste didaktische Handlungsstrategien. Lehrer/innen können solche Lernbedürfnisse entweder direkt aufgreifen (Vorschlag einer Rednerliste, Wechsel zur Kleingruppen- oder Auswertungsdiskussion, argumentative Unterstützung einer Minderheitenposition) oder in offenen Lernumgebungen szenario-immanente Maßnahmen anregen, zum Beispiel einen anonymen Beschwerdebriefkasten. Sie müssen in (zumeist scheinbar) politisch homogenen Lerngruppen die Advocatus-Diavoli-Position einnehmen und (z. B. per Rollenspiel) Gegenpositionen einführen, die den (Schein-) Konsens in politische Dynamik verwandeln. So wird das Kontroversitätsgebot der Politikdidaktik erfüllt.

Literatur

Adelson, J. (1977): Die politischen Vorstellungen des Jugendlichen in der Frühadoleszenz. In: Döbert R.; Habermas J. & Nunner-Winkler G. (Hrsg.): Entwicklung des Ichs. Köln: Kiepenheuer & Witsch, S. 272–293.

Beck, K. & Parche-Kawik, K. (2004): Das Mäntelchen im Wind? Zur Domänespezifität moralischen Urteilens. In: Zeitschrift für Pädagogik 50, S. 244–265.

Behrmann, G. C.; Grammes, T. & Reinhardt, S. (2004): Politik: Kern-Curriculum Sozialwissenschaften in der gymnasialen Oberstufe. In: Tenorth, H.-H. (Hrsg.): Kerncurriculum Oberstufe II. Weinheim: Beltz, S. 322–406.

Biedermann, H. & Reichenbach, R. (2009): Die empirische Forschung der politischen Bildung und das Konzept der politischen Urteilskompetenz. In: Zeitschrift für Pädagogik 6, S. 872–886.

Breit, H. & Eckensberger, L. H. (2004): Demokratieerziehung zwischen Polis und Staat. In: Dipf informiert 6, S. 6–11.
Conover, P. J.; Searing, D. D. & Crewe, I. M. (2002): The deliberative potential of political discussion. British Journal of Political Science, 32, S. 21–62.
Fend, H. (1991): Identitätsentwicklung in der Adoleszenz. Lebensentwürfe, Selbstfindung und Weltaneignung in beruflichen, familiären und politisch-weltanschaulichen Bereichen. Bern/Stuttgart/Toronto: Huber.
Gille, M.; Krüger, W. & de Rijke, J. (2000): Politische Orientierungen. In: Gille, M. & Krüger, W. (Hrsg.): Unzufriedene Demokraten. DJI-Jugendsurvey 2. Opladen: Leske + Budrich, S. 205–266.
GPJE (Hrsg.) (2004): Nationale Bildungsstandards für den Fachunterricht in der politischen Bildung an Schulen. Schwalbach am Taunus: Wochenschau.
Grammes, T. (1998): Kommunikative Fachdidaktik. Politik – Geschichte – Recht – Wirtschaft, Opladen: Leske + Budrich.
Hess, D. & Ganzler, L. (2007): Patriotism and ideological diversity in the classroom. In: Westheimer, J. (Hrsg.): Pledging Allegiance: The Politics of Patriotism in America's Schools. New York: Teachers College Press, S. 131–138.
IJzendoorn, M. H. v. (1980): Moralität und politisches Bewusstsein. Eine Untersuchung zur politischen Sozialisation. Weinheim/Basel: Beltz.
Kaina, V. & Römmele, A. (Hrsg.) (2009): Politische Soziologie. Ein Studienbuch. Wiesbaden: VS-Verlag.
Kelle, U. & Kluge, S. (2009): Vom Einzelfall zum Typus. Wiesbaden: VS-Verlag.
Kienpointner, M. (1996): Vernünftig argumentieren. Regeln und Techniken der Diskussion. Reinbek: Rowohlt.
Kitschelt, H. (1992): The Formation of Party Systems in East Central Europe. Politics & Society 20/1, S. 7–50.
Kohlberg, L. (1995): Psychologie der Moralentwicklung. Frankfurt am Main.: Suhrkamp.
Körber, A. (2007): Graduierung: Die Unterscheidung von Niveaus der Kompetenzen historischen Denkens. In: Körber, A.; Schreiber, W. & Schöner, A. (Hrsg.): Kompetenzen historischen Denkens. Ein Strukturmodell als Beitrag zur Kompetenzorientierung in der Geschichtsdidaktik. Neuried: ars una, S. 415–472.
Kuhn, H.-W.; Knittel, B.; Kroll, K. & Massing, P. (2003): Urteilsbildung im Politikunterricht. Ein multimediales Projekt. Schwalbach am Taunus: Wochenschau.
Mannheim, K. (1952): Ideologie und Utopie. 3., verm. Aufl. Frankfurt am Main: Schulte-Bulmke.
Manzel, S. (2007): Kompetenzzuwachs im Politikunterricht. Ergebnisse einer Interventionsstudie zum Kernkonzept Europa. Münster u. a.: Waxmann.
Miller, M. (1986): Kollektive Lernprozesse. Studien zur Grundlegung einer soziologischen Lerntheorie. Frankfurt am Main: Suhrkamp.
Niedderer, H.: (1999): Physiklernen und kognitive Entwicklung. In: Deutsche Physikalische Gesellschaft (Hrsg.): Didaktik der Physik. Physikertagung 1999 Ludwigsburg. Bad Honnef: DPG 1999: S. 33–48.
Niemi, N. S. & Niemi, R. G. (2007): Partisanship, participation, and political trust as taught (or not) in high school history and government classes. Theory and Research in Social Education, 35, 1, S. 32–61.
Nyhan, B. & Reifler, J. (2010): When corrections fail: The Persistence of Political Misperceptions. In: Polit Behav 32, S. 303–330.
Oerter, R. & Montada, L. (Hrsg.) (2002): Entwicklungspsychologie. 5. vollst. üb. Aufl. Weinheim u. a.: Beltz.

Petrik, A. (2010): Regiebuch zum Lehrstück Dorfgründung. Eine praxiserprobte Simulation zur Einführung in das demokratische System, politische Theorien, Debattieren und Urteilsbildung sowie in handlungsorientierte Methoden. Für Sek. I u. Sek. II. Mit CD-ROM. Schwalbach am Taunus: Wochenschau.

Petrik, A. (2007): Von den Schwierigkeiten, ein politischer Mensch zu werden. Konzept und Praxis einer genetischen Politikdidaktik. Studien zur Bildungsgangforschung Bd. 13. Opladen u. a.: Budrich.

Reinhardt, S. (2003): Irrige Alltagsvorstellungen im Politikunterricht. Fehlverstehen als Bedingung politischen Lernens? In: Gesellschaft – Wirtschaft – Politik 4, S. 499–505.

Reinhardt, S. & Tillmann, F. (2001): Politische Orientierungen Jugendlicher. Ergebnisse und Interpretationen der Sachsen-Anhalt-Studie „Jugend und Demokratie". In: Aus Politik und Zeitgeschichte B 45, S. 3–13.

Reitschert, K. & Hössle, C. (2007): Wie Schüler ethisch bewerten. Eine qualitative Untersuchung zur Strukturierung und Ausdifferenzierung von Bewertungskompetenz in bioethischen Sachverhalten bei Schülern der Sek. I. In: Zeitschrift für Didaktik der Naturwissenschaften; Jg. 13, S. 125–143.

Schelle, C. (2003): Politisch-historischer Unterricht hermeneutisch rekonstruiert. Von den Ansprüchen Jugendlicher, sich selbst und die Welt zu verstehen. Bad Heilbrunn: Klinkhardt.

Schneekloth, U. (2002): Demokratie, ja – Politik, nein? Einstellungen Jugendlicher zur Politik. In: Deutsche Shell (Hrsg.): Jugend 2002. Frankfurt am Main: Fischer, S. 91–138.

Torney-Purta, J.; Lehmann, R.; Oswald, H. & Schulz, W. (2001): Citizenship and education in twenty-eight countries. Civic knowledge and engagement at age fourteen. Amsterdam: IEA.

Trautmann, M. (Hrsg.) (2004): Entwicklungsaufgaben im Bildungsgang. Wiesbaden: VS-Verlag.

Weißeno, G. (Hrsg.) (2008): Politikkompetenz. Was Unterricht zu leisten hat. Bonn: BpB.

Weißeno, G.; Detjen, J.; Juchler, I.; Massing, P. & Richter, D. (2010): Konzepte der Politik – ein Kompetenzmodell. Schwalbach am Taunus: Wochenschau.

Henning Rossa *(Universität Paderborn)*

Prozessorientierte Untersuchung der Validität von Testaufgaben zum fremdsprachlichen Hörverstehen[1]

Kompetenzorientierung des Lehrens und Lernens: Implikationen für die empirische Fremdsprachendidaktik

Aus den Forderungen nach Ergebnisorientierung, Rechenschaftslegung und Systemmonitoring, die vermehrt an das Lehren und Lernen in der Schule gestellt werden, ergibt sich zwangsläufig auch für den Fremdsprachenunterricht eine verstärkte Aufmerksamkeit für die Versuche, die Ergebnisse schulischen Lernens zu erfassen. Längst werden standardisierte Kompetenztests eingesetzt, um zu überprüfen, inwiefern die Ziele, z. B. in Form von Bildungsstandards, erreicht werden. Es muss daher ein vornehmliches Ziel der Fremdsprachendidaktik werden, die Erfassung fremdsprachlicher Kompetenzen durch Testaufgaben kritisch zu begleiten und die Validität und Angemessenheit der entsprechenden Messinstrumente empirisch zu überprüfen. Der vorliegende Beitrag berichtet von einer Studie zur Konstruktvalidität eines Hörverstehenstests in der Fremdsprache Englisch, der in der Schulleistungsstudie DESI (Nold & Rossa, 2007; Nold, Rossa & Hartig, 2008) eingesetzt wurde. Die zentrale Forschungsfrage der Studie lautet: Inwiefern gelingt es den Testaufgaben, die Hörverstehensfähigkeit in der Fremdsprache Englisch zu erfassen?

Forschungsdesiderata

Die Forschungsgegenstände der Studie – das Hörverstehen und die Validität von Sprachtestaufgaben – nehmen im wissenschaftlichen Diskurs Positionen ein, die jeweils von einem starken Widerspruch gekennzeichnet sind: Ihre zentrale Bedeutung für den Spracherwerb einerseits und für die Qualitätssicherung in der Sprachtestentwicklung andererseits wird zwar betont, aber diese Wertschätzung schlägt sich nicht in entsprechenden Forschungsanstrengungen in empirischen Untersuchungen nieder. So klagt Samuel Messick, auf dessen Arbeiten die gegenwärtige Theoriebildung zur Validität in der Sprachtestforschung aufbaut: „Many test makers acknowledge a responsibility for providing general validity evidence of the instrumental value of a test but very few actually do it" (Messick, 1992, S. 89). In einer neueren Publikation bestätigt Weir diesen deprimierenden Zustand (Weir, 2005, S. 11). Bachman und Alderson konstatieren im Vorwort zu Bucks grundlegender Arbeit zum Hörverstehen ein ähnliches Paradox: „The assessment of listening abilities is one of the least understood, least developed and yet one of the most important areas of language testing and assessment." (Buck, 2001, S. X)

Die Gründe für die mangelhafte Erforschung dieser beiden Forschungsgegenstände liegen auf der Hand: Das Hörverstehen wird als konstruktiver Prozess verstanden, der sich größtenteils auf automatisierte mentale Operationen stützt und einer direkten Beobach-

---
[1] Dieser Beitrag besteht aus der erweiterten und überarbeiteten Fassung von Rossa 2010.

tung entzieht, während das Konzept der Validität in den letzten dreißig Jahren von Vertretern der Psychologie, der Bildungsforschung und der Sprachtestentwicklung zu einem umfassenden und gleichsam in seiner Komplexität nicht erfassbaren Konstrukt entwickelt wurde, das neben Fragen zur Gültigkeit von Kompetenzmessungen und der Interpretation von Testergebnissen auch die Einbettung von Tests in soziale Kontexte berücksichtigt (vgl. Bachman, 2004, 2005; Chapelle, 1998; Kane, 2001; Kunnan, 2000; Messick, 1989, 1996; Mislevy, 1996). Die inhaltliche Aufladung der Validität folgt der Einsicht, dass Sprachtests machtvolle Instrumente sind, deren Einsatz sich auf gesellschaftliche Prozesse auswirkt Lynch, 1997; Shohamy, 2001). Aber selbst die Befürworter einer solchen Ausweitung des Validitätsbegriffs äußern Verständnis dafür, dass man zu der Auffassung kommen mag, diese Konzeption mache die Erforschung der Validität zu einer im Grunde unlösbaren Aufgabe: „Understanding the social function of tests can be seen by many authors as introducing an unmanageable aspect into language testing research, opening a Pandora's box of issues with no chance of practical resolution" (McNamara & Roever, 2006, S. 40–41). Wie lassen sich die relevanten Orientierungspunkte für die Validierung eines Tests angesichts dieses Dilemmas zusammenfassen? Die gegenwärtigen Arbeiten zur Validität dokumentieren bei unterschiedlichen Schwerpunktsetzungen Einigkeit im Bezug auf drei zentrale Thesen:

1. Die Überprüfung der Validität eines Tests stützt sich auf mehrere Argumente, die im Verlauf von Testentwicklung, -anwendung und -interpretation gesammelt werden.
2. Unter Berücksichtigung der Wechselwirkungen von Testinterpretationen und deren Konsequenzen kann die Untersuchung der Validität eines Tests niemals vollständig sein und wird daher als andauernder Kreislauf von Forschung und Entwicklung begriffen.
3. Das Forschungsfeld der Validierung von Tests umfasst drei Ebenen:

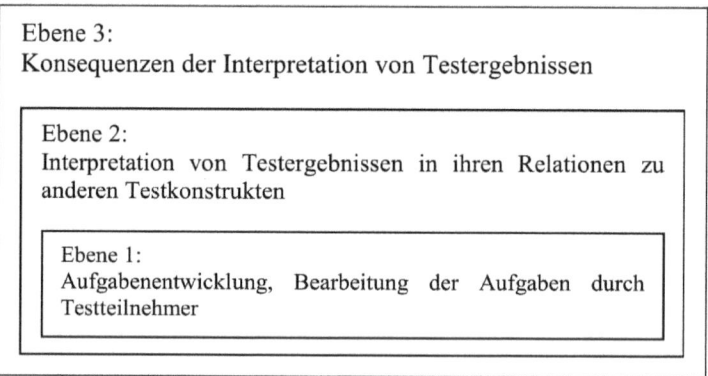

Abb. 1: Drei Ebenen der Validierung

Aktuelle Arbeiten des Psychometrikers Borsboom und seiner Kollegen (Borsboom, van Heerden & Mellenbergh, 2004; Borsboom & Mellenbergh, 2007) beklagen das Ausufern der möglichen Quellen von Argumenten für und wider die Testvalidität und bieten eine stark fokussierte Definition des Gütekriteriums an, die eine forschungspraktische Umsetzung unterstützen soll: „A test is valid for measuring an attribute if and only if (a) the attribute exists and (b) variations in the attribute causally produce variations in the outcomes of the measurement procedure" (Borsboom, van Heerden & Mellenbergh, 2004, S. 1061).

Die Notwendigkeit für diese Fokussierung ergibt sich aus einer Kritik der vorherrschenden Theoriebildung zur Validität. Bislang herrscht zwar grundlegende Einigkeit darüber, dass die Konstruktvalidität – die Frage, inwiefern es den Testaufgaben gelingt, die Fähigkeit zu erfassen, die der Test zu messen vorgibt – den Kern der (Test-)Validität ausmacht (Cronbach & Meehl, 1955; Messick, 1989; Bachman, 2004). Studien zur Konstruktvalidität erforschen aber in der Regel nicht etwa die erste Ebene, die Interaktion von Testteilnehmern[2] und den Anforderungen der Aufgaben, sondern vornehmlich die zweite Ebene der theoretisch modellierten Interpretation von Testergebnissen. Dies geschieht auf der Grundlage von vage postulierten Beziehungen, welche die zur Analyse anstehenden Testergebnisse mit anderen Fähigkeitskonstrukten und entsprechenden Testergebnissen aufweisen sollen (vgl. Borsboom, Cramer, Kievit, Zand Scholten & Franic, 2009, S. 166). Die Autoren bezweifeln den Wert solcher Validierungsstudien, da sie sich auf statistische Beziehungen zwischen Konstrukten in nomologischen Netzwerken stützen, die den Anforderungen einer empirischen Überprüfung nicht genügen und zudem nicht den eigentlichen Kern der Konstruktvalidität betreffen (vgl. ebd., S. 137). Borsboom et al. empfehlen, im Rahmen einer Validierung die Prozesse zu untersuchen, in denen das erfasste Konstrukt die Testergebnisse der Testteilnehmer bestimmt:

What needs to be tested is not a theory about the relation between the attribute measured and other attributes but a theory of response behavior. Somewhere in the chain of events that occurs between item administration and item response, the measured attribute must play a causal role in determining what value the measurements outcomes will take; otherwise, the test cannot be valid for measuring the attribute. (Borsboom, van Heerden & Mellenbergh, 2004, S. 1062)

Prozessorientierte Konstruktvalidierung: Forschungsdesign

Die Studie, die in diesem Beitrag vorgestellt wird, nutzt die Konzeption von Borsboom et al. als Ausgangspunkt für das Forschungsdesign einer prozessorientierten Validierung. Das Ziel dieser Form der Untersuchung der Konstruktvalidität ist es, die mentalen Prozesse der Testteilnehmer zu erfassen, während sie Testaufgaben bearbeiten, um die evozierten mentalen Operationen mit den theoretisch modellierten Prozessen zu vergleichen, die den Hintergrund des für die Testaufgaben spezifizierten Fähigkeitskonstrukts bilden. Ausgehend von diesem Forschungsziel knüpft die Studie folglich an Arbeiten zu Prozessen und Strategien des Hörverstehens an (Buck, 1991, 1992, 2001; Ross, 1997; Rost, 2002; Vandergrift, 2003), orientiert sich an Untersuchungen zur Perspektive der Testteilnehmer und ihrer Strategien beim Bearbeiten von Tests (Cohen, 2000, 2007; Shohamy, 2001) und stützt sich auf die forschungsmethodischen Empfehlungen von Arbeiten zur Untersuchung kognitiver Prozesse anhand von introspektiven verbalen Daten, sogenann-

---
2 Aus Gründen der besseren Lesbarkeit wird durchgängig das männliche Genus der Begriffe ‚Testteilnehmer' sowie ‚Informant' benutzt, gemeint sind in beiden Fällen sowohl Schülerinnen als auch Schüler.

ter Lautdenkprotokolle (Ericsson, 2003; Ericsson & Simon, 1993; Haastrup, 1987; Van Someren, Barnard & Sandberg, 1994).

Die Studie ergänzt die quantitativen Analysen der Testergebnisse und Aufgaben sowie ihrer schwierigkeitsbestimmenden Merkmale durch qualitative Daten, die in der Verbindung mehrerer introspektiver Fallstudien kontrastierend analysiert werden. Da zu vermuten ist, dass sich Unterschiede hinsichtlich der in der Testsituation aktivierten Prozesse am deutlichsten bei Fremdsprachenlernerinnen und -lernern auf unterschiedlichen Stufen der Entwicklung ihrer fremdsprachlichen Kompetenz[3] beobachten lassen, wurde für die Stichprobenziehung die Methode des absichtsvollen und zufälligen Samplings von Extremfällen (erste Stichprobe N = 121, *subsample* für die Erhebung verbaler Daten N = 18) nach Patton (1990, S. 169) gewählt. Aus den Forschungszielen der prozessorientierten Konstruktvalidierung wurden daraufhin die folgenden Forschungsfragen abgeleitet:

1. Welche mentalen Prozesse (kognitive, metakognitive und affektive Strategien) setzen Testteilnehmer ein, um die Aufgaben des Tests ‚Hörverstehen Englisch' zu lösen?
2. Wie unterscheiden sich Testteilnehmer niedriger und hoher allgemeiner fremdsprachlicher Kompetenz hinsichtlich der mentalen Prozesse beim Bearbeiten von Hörverstehensaufgaben?
3. Wie unterscheiden sich die mentalen Prozesse beim Verstehen verschiedener Textsorten (Dialog/Radioreportage) und beim Bearbeiten verschiedener Aufgabenformate (Multiple-Choice/mündliche Zusammenfassung in der Muttersprache)?
4. Inwiefern bilden die durch die Aufgaben evozierten mentalen Prozesse relevante Elemente des Testkonstrukts ‚Hörverstehen Englisch' ab?
5. Inwiefern ist die erfolgreiche Lösung der Aufgaben vom Einsatz konstruktrelevanter Prozesses abhängig?

Diese Forschungsfragen spiegeln in ihrer Zielrichtung und relativen Offenheit die spezifischen Bedingungen eines qualitativen Forschungsansatzes wider. An ihrer inhaltlichen Fokussierung lässt sich allerdings erkennen, dass die Entwicklung der Fragen auf theoretisch und empirisch gestützten Vorannahmen beruht, die im Folgenden in der Reihenfolge der Forschungsaufgaben, auf die sie sich beziehen, aufgelistet sind:

1. Testteilnehmer nutzen während der Bearbeitung der Testaufgaben kognitive, meta-kognitive und affektive Strategien, die ihrerseits kognitive Prozesse kontrollieren.
2. Testteilnehmer niedriger und hoher allgemeiner fremdsprachlicher Kompetenz nutzen Strategien und Prozesse aufgrund ihres unterschiedlich ausgeprägten fremdsprachlichen Wissens auf verschiedene Weise und mit ungleichem Erfolg.
3. Unterschiedliche Textsorten und Testformate, die Gegenstand der Untersuchung sind, haben einen Einfluss auf die Art der evozierten Prozesse.

---

3 Zur Erfassung dieser Variable wurden die Testergebnisse des DESI-Moduls Textrekonstruktion genutzt.

4. Das Testkonstrukt offenbart sich in den Anforderungen der Aufgaben, so dass die kognitiven Prozesse der Testteilnehmer bei der erfolgreichen Bewältigung der Aufgaben den im Konstrukt angenommenen Prozessen gleichen.
5.1 Der beobachtbare Grad des Erfolgs bzw. Scheiterns bei der Bearbeitung der Aufgaben macht die Ausprägung des Testkonstrukts auf Seiten der Testteilnehmer messbar.
5.2 Der Einsatz konstruktirrelevanter Prozesse führt in der Regel nicht zu einer erfolgreichen Aufgabenlösung.

Es handelt sich bei diesen Vorannahmen – Miles und Huberman (2002) empfehlen für qualitative Forschungsdesigns den Begriff ‚Proposition' – streng genommen nicht um Hypothesen, wie sie in einem quantitativ orientierten Forschungsdesign a priori expliziert werden müssen. Die ‚Propositionen' sollen transparent machen, mit welcher theoretischen Perspektive der Forscher sich den Forschungsgegenständen nähert. Im Prozess der Datenanalyse werden die Propositionen hinsichtlich ihrer Gültigkeit überprüft und im Lichte neuer Erkenntnisse erweitert und verändert (vgl. Maxwell, 2005, S. 70). Ein weiteres Forschungsziel ergibt sich aus dem psychometrischen Messmodell für die DESI-Hörverstehensaufgaben. Dieses Modell nimmt an, dass der Erfolg bei der Lösung eines Testitems von der Interaktion zwischen verfügbaren Kompetenzen auf Seiten des Testteilnehmers und den spezifischen Anforderungen der Aufgabe abhängt (vgl. Bachman, 2002). Eine Studie zu den mentalen Prozessen der Testteilnehmer sollte deren Perspektiven auch als Datenquelle in der empirischen Untersuchung der Anforderungen und Schwierigkeiten der Aufgaben begreifen. Mit Rücksicht auf den begrenzten Rahmen dieses Beitrags sollen im Folgenden jedoch nur vorläufige Ergebnisse berichtet und diskutiert werden, die für das primäre Forschungsziel der prozessorientierten Konstruktvalidierung relevant sind. Für beide Forschungsziele ist eine detaillierte Darstellung forschungsmethodologischer Überlegungen und deren praktischer Umsetzung in der Datenerhebung und qualitativen Datenanalyse bereits publiziert worden (vgl. Rossa, 2009).

Qualitative Analyse der Prozessdaten zur Aufgabenbearbeitung

Die Analyse der Lautdenkprotokolle orientiert sich an den Arbeiten von Green (1998) zur *verbal protocol analysis* und an Cohen (2007), die beide für die Sprachtestforschung Empfehlungen bezüglich der Segmentierung der Protokolle auf Propositionsebene und für die Entwicklung eines Kodierschemas geben. Die erfassten kognitiven Prozesse wurden in der Datenanalyse in Beziehung zu relevanten Elementen des Testkonstrukts gesetzt. Der explorative Ansatz der hier vorgestellten Studie legt eine induktive Kategoriengewinnung nahe, im Kern zielt das Forschungsvorhaben jedoch auf einen Vergleich theoretisch modellierter Prozesse mit dem tatsächlichen Einsatz von Wissensbeständen und Strategien in der Testsituation. Die Kodierung der kognitiven und metakognitiven Prozesse und Strategien, die sich in den Lautdenkdaten identifizieren lassen, folgt daher den Kategorien der Modelle, die zur Entwicklung des Testkonstrukts genutzt worden waren: Buck (2001), Rost (2002), Ross (1997) und Vandergrift (2003) zum Hörverstehen, Kintsch (1998) zum Textverstehen. Zusätzlich zeigen sich in den verbalen Daten affektive Strategien, die in Kombination mit metakognitiven Strategien das sich entwickelnde

Verständnis des Hörtextes und die Selbsteinschätzung, ob der Testteilnehmer die Aufgabe wohl richtig wird lösen können, begleitend überprüfen, reflektieren und unterstützen.[4]

Die Analyse der Lautdenkdaten liefert im Bezug auf die erste Forschungsfrage einen Überblick über die erfassten Prozesse und Strategien, die in Form eines Prozessmodells die grundlegenden mentalen Operationen der Testteilnehmer während der Bearbeitung der DESI-Hörverstehensaufgaben darstellen (siehe Abbildung 2). Bei den Elementen des Modells, die in Textfeldern mit durchgehendem Rahmen dargestellt sind, handelt es sich um relevante Aspekte des Fähigkeitskonstrukts, das sich auf die Sprachverwendung in authentischen Kontexten bezieht und die Entwicklung der Aufgaben bestimmt hat.

Die Lautdenkprotokolle offenbaren, dass sich die Informanten bei der Aufgabenbearbeitung auf kognitive Prozesse der Laut- und Worterkennung sowie deren semantischer und pragmatischer Analyse stützen. Die syntaktische Analyse hingegen wird nicht bewusst nachvollzogen und verbalisiert. Dies wird durch die Klammern um den theoretisch angenommenen Prozess des *parsing* dokumentiert. Im Sinne des Konstruktions-Integrations-Modells von Kintsch (1998) nutzen die Testteilnehmer die entnommenen Informationen, um mentale Modelle des Hörtextes zu entwickeln. Die Testteilnehmer verbalisieren ganze Propositionen und Fragmente von Propositionen, die sie im Arbeitsgedächtnis behalten. Diese Propositionen und Fragmente sind unter Annahme des Modells von Kintsch als die Elemente der mentalen Verstehensrepräsentation zu begreifen, die die Testteilnehmer bereits in ihr aktuelles mentales Modell integriert haben und deren Relevanz, Wahrheitsgehalt und Plausibilität sie hinsichtlich der Aufgabenstellung und der Antwortoptionen überprüfen.

Diejenigen Propositionen und Fragmente, die die Testteilnehmer erkennen, können sie in Verbindung mit ihrem Weltwissen in Form von Skripten (Schank & Abelson, 1977) und Schemata (Anderson, 1978) für die Entwicklung weiterer Propositionen, sogenannter Inferenzen, nutzen. Solche Schlussfolgerungen treten in den Lautdenkprotokollen in zwei unterschiedlichen Formen auf. Die erste Kategorie beschreibt Inferenzen, die anaphorische Verbindungen zwischen Propositionen erschließen (*bridging inferences*, vgl. Graesser, Singer & Trabasso, 1994). Die zweite Kategorie umfasst Inferenzen, die die Kohärenz des sich entwickelnden mentalen Modells, in vielen Fällen auch motiviert durch bewusst wahrgenommene Verständnislücken, mit Hilfe logischer und elaborierter Interpretationen verstärken sollen (vgl. Graesser, Wiemer-Hastings & Wiemer-Hastings, 2001; McKoon & Ratcliff, 1986). Die Propositionen, die die Testteilnehmer durch Inferenzen konstruieren, können kongruent oder inkongruent mit den – aus Sicht der Testentwickler – eindeutigen Sinnzusammenhängen des Hörtextes sein. Je mehr inkongruente Propositionen die Testteilnehmer in ihr Modell integrieren, desto schwerer fällt ihnen die Bearbeitung der Aufgaben.

---

4 Das gesamte Kodierschema umfasst mehr als 90 Kategorien (vgl. Rossa, in Vorbereitung), die grundlegenden Kategorien werden in einer anderen Publikation (Rossa, 2009) erläutert.

Untersuchung der Validität von Testaufgaben zum fremdsprachlichen Hörverstehen

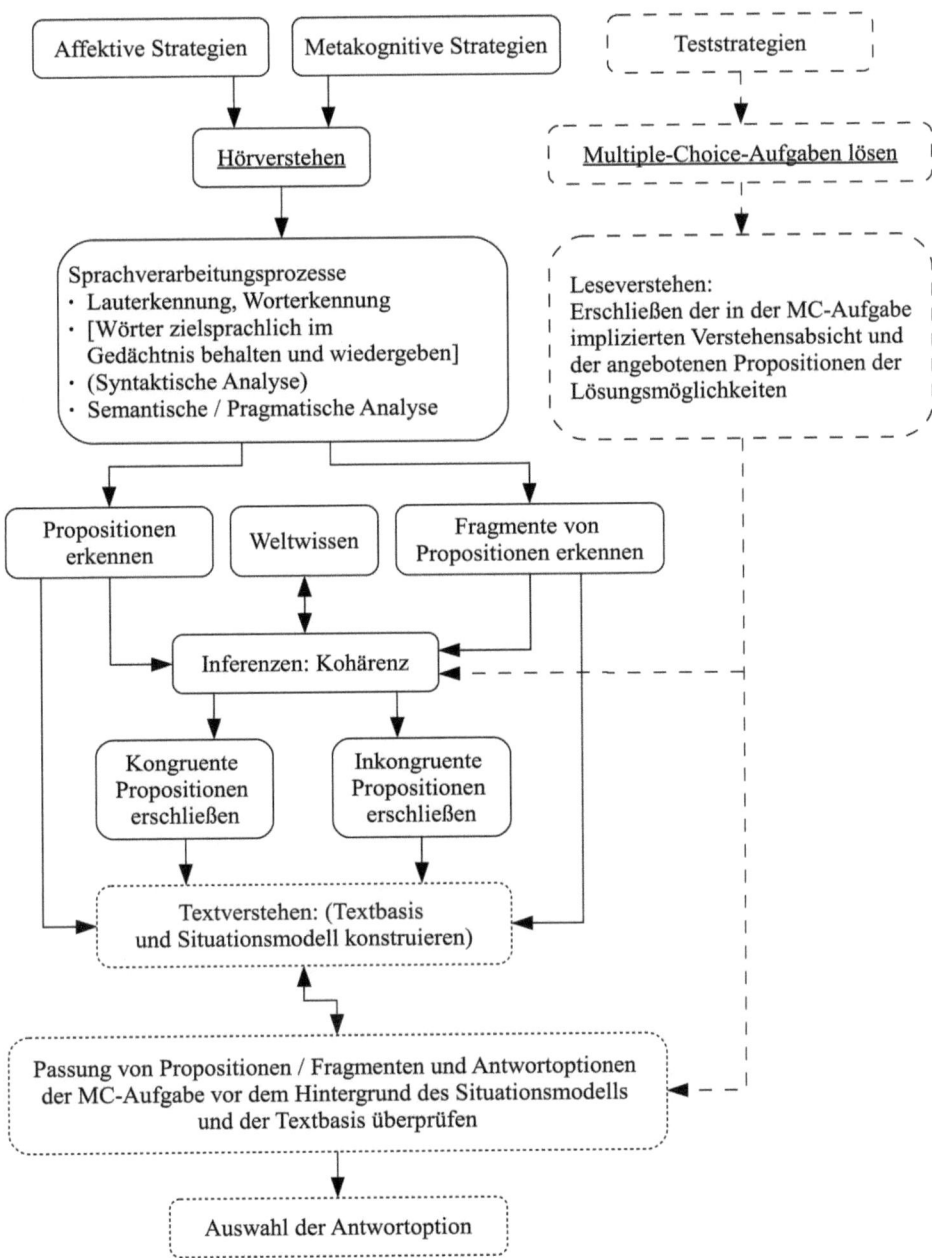

Abb. 2: Modell kognitiver Operationen beim Bearbeiten der DESI-Hörverstehensaufgaben

Die Lautdenkprotokolle beginnen, direkt nachdem der Hörtext vollständig abgespielt wurde, in der Regel mit dem Lesen der Aufgabenstellung. Die Daten zeigen, dass die Bearbeitung der Aufgaben so unmittelbar nach Hören des Textes die Testteilnehmer vor die Herausforderung stellt, die veränderlichen und flüchtigen und zugleich noch in der Entwicklung befindlichen (Zwischen-)Ergebnisse ihrer Textverstehensprozesse im Gedächtnis zu behalten und im Sinne der Aufgabenstellung selektiv hinsichtlich relevanter Propositionen zu analysieren und die mentalen Modelle gegebenenfalls zu überprüfen und zu modifizieren. Da die Informanten in der Regel nur die Propositionen verbalisieren, die sie als relevant für die Auswahl einer Lösung zu der Aufgabe ansehen, werden die theoretisch angenommenen übergeordneten Strukturen – das Situationsmodell und die Textbasis – im Modell durch unterbrochene Striche dargestellt.

Die hier vorgestellten Ergebnisse beziehen sich auf acht Multiple-Choice-Aufgaben mit drei Antwortoptionen, denen je ein kurzer Dialog vorangestellt ist. Die Testteilnehmer haben die Gelegenheit, den Text ein zweites Mal anzuhören, somit ergeben sich pro Aufgabe und Testteilnehmer maximal zwei Versuche, die Aufgabe zu lösen. Bei jedem Versuch (N = 167) wurde das Antwortverhalten (keine Auswahl, falsche Option ausgewählt, richtige Option ausgewählt) erfasst und die mentalen Operationen vor dem Antwortverhalten wurden kodiert. Ein positiver Befund zur Validität der Aufgaben, der sich aus der Möglichkeit der Revision der Aufgabenlösung ergibt, besteht darin, dass nur fremdsprachlich weniger kompetente Testteilnehmer nach einer korrekten Lösung im ersten Versuch diese nach dem zweiten Hören zugunsten einer falschen Antwortoption verändern.

Selbst eine grobe Analyse der Lautdenkdaten macht deutlich, dass sich ein signifikanter Anteil der mentalen Operationen nicht auf den Kern des Fähigkeitskonstrukts beziehen lässt, sondern vielmehr durch das Aufgabenformat Multiple-Choice bestimmt wird. Im Rahmen der prozessorientierten Konstruktvalidierung stellt sich die Frage, inwiefern diese konstruktirrelevanten Prozesse die wahre Ausprägung des Testkonstrukts auf Seiten der Testteilnehmer verschleiern oder überlagern (vgl. Haladyna & Downing, 2004; Van der Veen, Huff, Gierl, McNamara, Louwerse & Graesser, 2007, S. 140). Die Untersuchungen von Cohen (2000, 2007) liefern für diese Teststrategien entsprechende Kategorien. Im Modell sind diese Prozesse ebenfalls durch unterbrochene Striche gekennzeichnet. Die zentralen Verarbeitungsschritte, die sowohl Prozesse des Textverstehens als auch die Auswahl der Antwortoption in der Multiple-Choice-Aufgabe beeinflussen, sind das Erschließen der in den Multiple-Choice-Aufgaben implizierten Verstehensabsichten (z. B. das Verstehen von Hauptgedanken, Details oder implizit vermittelter Informationen) und der in den Antwortoptionen angebotenen Propositionen. Die Multiple-Choice-Aufgabe fordert demnach von den Testteilnehmern (konstruktirrelevante) Leseverstehensfähigkeiten als Vorbedingung für die Demonstration ihrer Hörverstehensfähigkeiten.

Zusätzlich zu konstruktrelevanten und konstruktirrelevanten Prozessen wurden bei der explorativen Datenanalyse Phänomene identifiziert, die nicht im Testkonstrukt berücksichtigt wurden, aber dennoch charakteristisch für die Verarbeitungsprozesse sind, die durch die Aufgaben elizitiert werden. Solche Kategorien kognitiver, metakognitiver und affektiver Strategien wurden induktiv gewonnen und zur Kodierung der betreffenden Stellen in den Protokollen genutzt. Eine Strategie, die Informanten beider Fähigkeitsniveaus einsetzen, besteht beispielsweise darin, Fragmente von Propositionen zielsprachlich im Gedächtnis zu behalten und während der Bearbeitung der Aufgaben zu verbalisieren. Diese Strategie der Verarbeitung des Hörtextes ist im Modell durch zwei eckige Klammern markiert. In den Äußerungen der Testteilnehmer ist zu erkennen, dass sie ihr eigenes Textverständnis in Frage stellen, wenn es aus ihrer Sicht keine Bezüge zu den Antwortoptionen der Aufgabe enthält. In diesen Fällen vertrauen sie auf die Relevanz dieser annähernd lautgemäßen zielsprachlichen Erinnerungsfragmente, die sie zwar in den seltensten Fällen in Beziehung zu anderen Propositionen im Text setzen können, von denen sie aber dennoch Hinweise auf die Lösung einer Aufgabe erhoffen. In einzelnen Fällen gelingt es Testteilnehmern, derartige Fragmente mit der korrekten Lösung in Verbindung zu bringen, obwohl sie offensichtlich nicht über ein Verständnis der Textpropositionen verfügen, auf die sich die richtige Antwortoption bezieht. Die Validität dieser einzelnen Aufgaben ist angesichts dieser Lösungsprozesse deutlich in Frage zu stellen.

Die Testteilnehmer verstehen die Aufgabe als Erweiterung des Hörtextes und verändern ihr eigenes Verständnis im Lichte der Informationen, die sie dem Aufgabenstamm entnehmen. So trägt das Leseverstehen der in der Aufgabe dargebotenen Propositionen zu weiteren Inferenzen bei, die wiederum in das sich entwickelnde mentale Modell des Hörtextes integriert werden müssen. Schwächere Testteilnehmer lassen sich von den Informationen in den Aufgaben stärker leiten und stellen die Wahrheit der Informationen, die sie aus dem Hörtext entnehmen konnten, in Frage. Je labiler die mentalen Modelle der Testteilnehmer sind, desto stärker werden ihre kognitiven Prozesse von Versuchen geprägt, ausgehend von ihrem Verständnis der Aufgabenstellung auf Inhalte des Hörtextes zu schließen. Für die Gruppe dieser Testteilnehmer leidet in diesen Fällen die Validität der Aufgaben ganz offensichtlich. Es gelingt den Aufgaben nicht, das fragmentarische Verständnis der Testteilnehmer zu erfassen. Andererseits ist zu beobachten, dass die Testteilnehmer mit Hilfe dieser konstruktirrelevanten Prozesse in der Regel nicht in der Lage sind, die Aufgaben korrekt zu lösen. Dies ist wiederum als Validitätsargument für den Hörverstehenstest einzuschätzen.

Quantitative Analyse der Zusammenhänge zwischen konstruktrelevanten Prozessen

Die qualitative Analyse fördert auf der Ebene der einzelnen Aufgaben Argumente für und wider die Validität zu Tage. Zusätzlich bietet die Kodierung der kognitiven Prozesse die Möglichkeit, Zusammenhänge zwischen konstruktrelevanten Prozessen, dem Antwortverhalten und der Samplingvariable ‚Allgemeine fremdsprachliche Kompetenz' auch aus einer quantitativen Perspektive zu überprüfen und mit Blick auf die Forschungsfragen zu interpretieren. Zu diesem Zweck wurden Chi-Quadrat-Unabhängigkeitstests (vgl. Pearson, 1900; Janssen & Laatz, 2009, S. 262–268) durchgeführt, deren Ergebnisse im Folgenden diskutiert werden. Der Chi-Quadrat-Unabhängigkeitstest nimmt als Nullhypothese H0 an, dass zwischen zwei Variablen kein Zusammenhang bestehe, und stellt dieser eine Gegenhypothese H1 gegenüber, die annimmt, dass ein solcher Zusammenhang bestehe. Üblicherweise wird das Signifikanzniveau, ab dem H1 angenommen werden kann, bei 5%-Irrtumswahrscheinlichkeit festgelegt. Die folgenden Tabellen zeigen zunächst die Anzahl der Ausprägungen der Variablen (Tabelle 1a, 2a usw.). In der jeweils folgenden Tabelle (Tabelle 1b, 2b usw.) ist die Überprüfung der Signifikanz des Zusammenhangs zwischen den jeweiligen Variablen durch den Chi-Quadrattest dokumentiert.

In den Tabellen 1 bis 3 zeigen sich signifikante Zusammenhänge zwischen konstruktrelevanten Prozessen (Richtige Aufgabenlösung, Inferenzen generieren, Schlüsselinformationen verstehen) und der allgemeinen fremdsprachlichen Kompetenz. Die Variablen der konstruktrelevanten Prozesse wurden mit Ausnahme der richtigen Aufgabenlösung für jeden Lösungsversuch so umkodiert, dass der Wert 1 auch mehrfaches Auftreten der Variable einschließt. Für die Variablen ‚Richtige Aufgabenlösung' und ‚Inferenzen generieren' sind die Zusammenhänge mit der fremdsprachlichen Kompetenz als statistisch hochsignifikant einzuschätzen. Die Befunde deuten mit Bezug auf die erste Forschungsfrage an, dass sich Testteilnehmer auf verschiedenen Niveaus der Entwicklung ihrer fremdsprachlicher Kompetenz hinsichtlich der Fähigkeit unterscheiden, unter den Bedingungen der Hörverstehensaufgaben konstruktrelevante Prozesse zu realisieren. Im Testkonstrukt der DESI-Hörverstehenstests wird angenommen, dass die Schülerinnen und Schüler auf automatisiertes Sprachwissen zurückgreifen müssen, um den flüchtigen Hörtext dekodieren zu können. Es ist zu vermuten, dass es zwischen dem Aufbau automatisierten Sprachwissens und dem allgemeinen Erwerb fremdsprachlicher Kompetenz einen engen Zusammenhang gibt. Dieser Zusammenhang könnte einen Erklärungsansatz für die hier berichteten Unterschiede zwischen Testteilnehmern der Stichproben „HI" und „LO" bieten.

Tabelle 4 zeigt, dass für das Verstehen lokaler Propositionen, die nicht den Kern der Aufgabe ausmachen, kein Zusammenhang mit der fremdsprachlichen Kompetenz bestätigt werden kann. Die qualitative Analyse bekräftigt diesen Befund, der sich mit dem Phänomen verknüpfen lässt, dass Testteilnehmer der Gruppe „LO" dazu neigen, die wenigen Propositionen zu aktivieren, die sie verstehen konnten, auch wenn diese nicht ausreichen, um die Aufgabe korrekt zu lösen. Testteilnehmer der Gruppe „HI" verbalisieren andererseits nur die Propositionen, die aus ihrer Sicht relevant sind. Dies gilt vor allem dann, wenn sie sich ihrer Sache sehr sicher sind. Im Ergebnis dokumentieren sie weniger oft, welche lokalen Propositionen sie möglicherweise ebenfalls verstanden, aber für irrelevant erachtet haben.

Tabelle 5 und Tabelle 6 berichten Ergebnisse zu zwei zentralen Elementen des Testkonstrukts, die in Thesenform folgendermaßen lauten: Die richtige Aufgabenlösung erfordert, das die Testteilnehmer in ihrem mentalen Modell des Hörtextes die Schlüsselinformationen aktivieren können, auf die die Aufgabe sich bezieht (vgl. Tab. 5). Die richtige Aufgabenlösung erfordert inferierendes Verstehen (vgl. Tab. 6). Für beide konstruktrelevanten Variablen lassen sich statistisch hochsignifikante Zusammenhänge mit der Auswahl der richtigen Antwortoption feststellen, was als Hinweis auf die grundsätzliche Konstruktvalidität der Hörverstehensaufgaben interpretiert werden kann.

		Group		Total
		LO	HI	
Correct Option	0	51	18	69
	1	36	62	98
Total		87	80	167

Tab. 1a: Richtige Aufgabenlösung/Allgemeine Sprachkompetenz

	Value	df	Asymp. Sig. (2-sided)
Pearson Chi-Square	22,427a	1	,000
N of Valid Cases	167		

Tab. 1b: Chi-Quadrat Test (Richtige Aufgabenlösung/Allgemeine Sprachkompetenz)

		Group		Total
		LO	HI	
Inference	0	50	22	72
	1	37	58	95
Total		87	80	167

Tab. 2a: Inferenzen/Allgemeine Sprachkompetenz

	Value	df	Asymp. Sig. (2-sided)
Pearson Chi-Square	15,264a	1	,000
N of Valid Cases	167		

Tab. 2b: Chi-Quadrat Test (Inferenzen/Allgemeine Sprachkompetenz)

		Group		Total
		LO	HI	
Recall NI Propositions	0	55	35	90
	1	32	45	77
Total		87	80	167

Tab. 3a: Verstehen der Schlüsselinformationen/Allgemeine Sprachkompetenz

	Value	df	Asymp. Sig. (2-sided)
Pearson Chi-Square	6,357a	1	,012
N of Valid Cases	167		

Tab. 3b: Chi-Quadrat Test (Verstehen der Schlüsselinformationen/ Allgemeine Sprachkompetenz)

		Group		Total
		LO	HI	
Recall Local	0	44	39	83
	1	43	41	84
Total		87	80	167

Tab. 4a: Verstehen lokaler Propositionen/Allgemeine Sprachkompetenz

	Value	df	Asymp. Sig. (2-sided)
Pearson Chi-Square	,056a	1	,814
N of Valid Cases	167		

Tab. 4b: Chi-Quadrat Test (Verstehen lokaler Propositionen/Allgemeine Sprachkompetenz)

		Correct Option		Total
		0	1	
Recall NI Propositions	0	51	39	90
	1	18	59	77
Total		69	98	167

Tab. 5a: Richtige Aufgabenlösung/Verstehen der Schlüsselinformationen

	Value	df	Asymp. Sig. (2-sided)
Pearson Chi-Square	18,967a	1	,000
N of Valid Cases	167		

Tab. 5b: Chi-Quadrat Test (Richtige Aufgabenlösung/Verstehen der Schlüsselinformationen)

		Correct Option		Total
		0	1	
Inference	0	44	28	72
	1	25	70	95
Total		69	98	167

Tab. 6a: Richtige Aufgabenlösung/Inferenzen

	Value	df	Asymp. Sig. (2-sided)
Pearson Chi-Square	20,452a	1	,000
N of Valid Cases	167		

Tab. 6b: Chi-Quadrat Test (Richtige Aufgabenlösung/Inferenzen)

Ausblick

Der Beitrag skizziert ausgehend von einer stark fokussierten Definition der Validität von Sprachtestaufgaben das Forschungsdesign einer prozessorientierten Konstruktvalidierung von Aufgaben zum fremdsprachlichen Hörverstehen. Es wird deutlich, dass sich die Studie mit drei vernachlässigten Aspekten der Fremdsprachenforschung beschäftigt: Die empirische Erforschung der Konstruktvalidität auf der basalen Ebene der Prozesse der Aufgabenbearbeitung, das Hörverstehen als Aschenputtel unter den Fähigkeiten und Fertigkeiten, die in der (Zweit-)Spracherwerbsforschung diskutiert werden (vgl. Nunan 1997, S. 47) und schließlich die Perspektive der Testteilnehmer in der Sprachtestforschung. Die vorläufigen Ergebnisse der Konstruktvalidierung basieren auf der qualitativen Analyse verbaler Daten. Ein deskriptives Ergebnis nimmt die Form eines Prozessmodells zu den mentalen Operationen der Testteilnehmer während der Aufgabenbearbeitung an. Eine Analyse auf der Ebene einzelner Aufgabe macht deutlich, wie konstruktirrelevante Prozesse durch das Aufgabenformat Multiple-Choice bestimmt werden. Dies führt bei einzelnen Aufgaben dazu, dass Testteilnehmer die richtige Antwortoption auswählen, obwohl sie nur Fragmente der relevanten Propositionen dekodieren konnten. Die Validität dieser Aufgaben ist in Frage zu stellen.

Die quantitative Überprüfung von Zusammenhängen zwischen konstruktrelevanten Prozessen und der allgemeinen fremdsprachlichen Kompetenz sowie der Auswahl der richtigen Antwortoption deutet an, dass es den Aufgaben insgesamt gelingt, relevante Aspekte des Testkonstrukts zu erfassen.

Eine weitergehende qualitative Analyse der Prozesse und Strategien, die Testeilnehmer auf dem Weg zu ergebnislosen, fehlerhaften und erfolgreichen Aufgabenlösungen offenbaren, wird es erlauben, die Konstruktvalidität der DESI-Hörverstehensaufgaben noch differenzierter zu verstehen, als es im Rahmen dieses Beitrags möglich ist. Von besonderem Interesse für die prozessorientierte Konstruktvalidierung wäre beispielsweise ein Vergleich der Daten zu den mentalen Modellen der Testteilnehmer, die mit einer mündlichen Zusammenfassung erhoben wurden, mit den mehr oder weniger erfolgreichen Prozessen der Testteilnehmer bei der Bearbeitung der Multiple-Choice-Aufgaben.

Literatur

Anderson, R. C. (1978): Schema-Directed Processes in Language Comprehension. In: Lesgold, A. M.; Pellegrino, J. W.; Fokkema, S. D. & Glaser, R. (Hrsg.): Cognitive Psychology and Instruction. New York: Plenum, S. 67–82.

Bachman, L. F. (2002): Some reflections on task-based language performance assessment. Language Testing, 19 (4), S. 453–476.

Bachman, L. F. (2004): Statistical analyses for language testing. Cambridge: Cambridge University Press.

Bachman, L. F. (2005): Building and supporting a case for test use. Language Assessment Quarterly, 2, S. 1–34.

Buck, G. (1991): The testing of listening comprehension: An introspective study. Language Testing, 8 (1), S. 67–91.

Buck, G. (1992): Listening Comprehension: Construct Validity and Trait Characteristics. Language Learning, 42 (3), S. 313–357.
Buck, G. (2001): Assessing Listening. Cambridge: Cambridge University Press.
Borsboom, D.; Cramer, A. O. J.; Kievit, R. A.; Zand Scholten, A. & Franic, S. (2009): The end of construct validity. In: Lissitz, R. W. (Hrsg.): The concept of validity: Revisions, new directions, and applications. Charlotte, NC: Information Age Publishers, S. 135–170.
Borsboom, D. & Mellenbergh, G. (2007): Test validity in cognitive assessment. In: Leighton, J. & Gierl, M. (Hrsg.): Cognitive diagnostic assessment for education: Theory and applications. Cambridge: Cambridge University Press.
Borsboom, D.; Van Heerden, J. & Mellenbergh, G. (2004): The Concept of Validity. In: Psychological Review 111 (4), S. 1061–1071.
Chapelle, C. A. (1998): Construct definition and validity inquiry in SLA and research. In: Bachman, L. F. & Cohen, A. D. (Hrsg.): Interfaces between second language acquisition and language testing research. Cambridge: Cambridge University Press, S. 32–70.
Cohen, A. D. (2000): Exploring Strategies in Test-Taking: Fine-Tuning Verbal Reports from Respondents. In: G. Ekbatani & H. Pierson (Hrsg.), Learner-Directed Assessment in ESL. Mahwah, NJ: Lawrence Erlbaum Associates, S. 127–150.
Cohen, A. D. (2007): The coming of age for research on test-taking strategies. In: Fox, J.; Weshe, M.; Bayliss, D.; Cheng, L.; Turner, C. & Doe, C. (Hrsg.): Language testing reconsidered. Ottawa: Ottawa University Press, S. 80–111.
Cronbach, Lee J. & Meehl, Paul E. (1955): Construct validity in psychological tests. In: Psychological Bulletin 52 (1), S. 281–302.
Ericsson, K. A. (2003): Valid and Non-reactive Verbalization of Thoughts during Performance of Tasks: Toward a Solution to the Central Problems of Introspection as a Source of Scientific Data. In: Journal of Consciousness Studies, 10 (9–10), S. 1–18.
Ericsson, K. A. & Simon, H. A. (1993): Protocol Analysis: Verbal Reports as Data. Revised Edition. Cambridge, MA: MIT Press.
Graesser, A. C.; Singer, M. & Trabasso, T. (1994): Constructing inferences during narrative text comprehension. In: Psychological Review, 101, S. 371–395.
Graesser, A. C.; Wiemer-Hastings, P. & Wiemer-Hastings, K. (2001): Constructing inferences and relations during text comprehension. In: Sanders, T.; Schilperoord, J.; Spooren, W. (Hrsg.): Text representation: Linguistic and psycholinguistic aspects. Amsterdam: Benjamins, S. 249–271.
Green, A. (1998): Verbal Protocol Analysis in Language Testing Research: A Handbook. Cambridge: Cambridge University Press.
Haastrup, K. (1987): Using Thinking Aloud and Retrospection to Uncover Learners' Lexical Inferencing Procedures. In: Faerch, C. & Kasper, G. (Hrsg.): Introspection in Second Language Research. Clevedon, Avon: Multilingual Matters, S. 197–212.
Haladyna, T. M. & Downing, S. M. (2004): Construct-irrelevant variance in high-stakes testing. In: Educational Measurement: Issues and Practice, 23 (1), S. 17–27.
Janssen, J. & Laatz, W. (2009): Statistische Datenanalyse mit SPSS: Eine anwendungsorientierte Einführung in das Basissystem und das Modul Exakte Tests. 7. Auflage. Berlin: Springer.
Kane, M. (2001): Current concerns in validity theory. In: Journal of Educational Measurement, 38(4), S. 319–342.
Kintsch, W. (1998): Comprehension. A paradigm for cognition. Cambridge: Cambridge University Press.
Kunnan, A. J. (2000): Fairness and justice for all. In: Kunnan, A. J. (Hrsg.): Fairness and validation in language assessment. Cambridge: Cambridge University Press. S. 1–14.
Lynch, B. K. (1997): search of the ethical language test. In: Language Testing, 14, S. 315–327.
Maxwell, J. A. (2005): Qualitative research design: An interactive approach. Thousand Oaks, CA: Sage.

McNamara, T. F. & Roever, C. (2006): Language testing. The social dimension. Malden MA: Blackwell Publishers (Language Learning Monograph Series).

McKoon, G. & Ratcliff, R. (1986): Inferences about predictable events. In: Journal of Experimental Psychology: Learning, Memory and Cognition, 12, S. 82–91.

Messick, S. (1989): Validity. In: Linn, R. L. (Hrsg.): Educational measurement (3rd ed.). New York: American Council on Education & Macmillan, S. 13–103.

Messick, S. (1992): Validity of test interpretation and use. In: Alkin, M. C. (Hrsg.): Encyclopedia of educational research. New York: Macmillan, S. 88–98.

Messick, S. (1996): Validity and washback in language testing. In: Language Testing, 13(3), S. 241–256.

Miles, M. B. & Huberman, A. M. (2002): Reflections and advice. In: Huberman, A. M. & Miles, M. B. (Hrsg.): The qualitative researcher's companion. Thousand Oaks, CA.: Sage, S. 393–398.

Mislevy, R. J. (1996): Test theory reconceived. In: Journal of Educational Measurement, 33(4), S. 379–416.

Nold, G. & Rossa, H. (2007): Hörverstehen. In: Beck, B. & Klieme, E. (Hrsg.): Sprachliche Kompetenzen. Konzepte und Messung – DESI-Studie (Deutsch-Englisch-Schülerleistungen International). Weinheim: Beltz, S. 178–196.

Nold, G.; Rossa, H. & Hartig, J. (2008): Hörverstehen Englisch. In: DESI-Konsortium (Hrsg.): Unterricht und Kompetenzerwerb in Deutsch und Englisch. Ergebnisse der DESI-Studie. Weinheim: Beltz, S. 120–129.

Nunan D. (1997): Listening in Language Learning. In: The Language Teacher. 21 (9), S. 47–51.

Patton, M. Q. (1990): Qualitative evaluation and research methods: 2nd edition. Newbury Park, CA: Sage.

Pearson, K. 1900: On the Criterion that a Given System of Deviations from the Probable in the Case of a Correlated System of Variables is such that it Can Reasonably Be Supposed to have Arisen from Random Sampling. In: Philosophical Magazine 5 (50), S. 157–175.

Ross, S. (1997): An Introspective Analysis of Listener Inferencing on a Second Language Listening Test. In: Kasper, G. & Kellerman, E. (Hrsg.): Communication Strategies: Psycholinguistic and Sociolinguistic Perspectives. Harlow: Addison Wesley Longman, S. 216–237.

Rossa, H. (2009): Was messen Hörverstehensaufgaben? Ansätze zur Konstruktvalidierung von Sprachtestaufgaben als Beitrag zur Qualitätssicherung in der Kompetenzforschung. In: Aguado, K.; Schramm, K. & Vollmer, H. J. (Hrsg.): Fremdsprachliches Handeln beobachten, messen und evaluieren. Neue methodische Ansätze der Kompetenzforschung und Videographie. Frankfurt am Main: Peter Lang, S. 119–152.

Rossa, H. (2010): Explorative Untersuchung der Konstruktvalidität von Testaufgaben zum fremdsprachlichen Hörverstehen. In: Altmayer, Claus; Mehlhorn, Grit; Neveling, Christiane; Schlüter, Norbert & Schramm, Karen (Hrsg.): Grenzen überschreiten: sprachlich – fachlich – kulturell. Dokumentation zum 23. Kongress für Fremdsprachendidaktik der Deutschen Gesellschaft für Fremdsprachenforschung. Hohengehren: Schneider, S. 279–291.

Rossa, H. (in Vorbereitung): Die Konstruktvalidität von Testaufgaben zum fremdsprachlichen Hörverstehen. Dissertation, Technische Universität Dortmund.

Rost, M. (2002): Teaching and Researching Listening. Harlow: Pearson Education.

Schank, R. C. & Abelson, R. P. (1977): Scripts, plans, goals and understanding: An inquiry into human knowledge structures. Oxford: Lawrence Erlbaum.

Shohamy, E. (2001): The Power of Tests: A Critical Perspective on the Uses of Language Tests. Harlow: Pearson.

Vandergrift, L. (2003): Orchestrating Strategy Use: Toward a Model of the Skilled Second Language Listener. In: Language Learning, 53 (3), S. 463–496.

Van der Veen, A.; Huff, K.; Gierl, M.; McNamara, D. S.; Louwerse, M. & Graesser, A. (2007): Developing and validating instructionally relevant reading competency profiles measured by the critical reading section of the SAT Reasoning Test. In: McNamara, D. S. (Hrsg.): Reading comprehension strategies. Theories, interventions, and technologies. New York: Erlbaum, S. 137–172.

Van Someren, M. W.; Barnard, Y. F. & Sandberg, J. A. (1994): The Think Aloud Method: A Practical Guide to Modelling Cognitive Processes. London: Academic Press.

Weir, C. J. (2005): Language Testing and Validation. An Evidence-Based Approach. New York: Palgrave Macmillan.

Johanna Schockemöhle *(Hochschule Vechta)*

Regionales Lernen – Kompetenzen fördern und Partizipation stärken.
Zur Wirksamkeit des außerschulischen Lernens in der Region

Abstract

Ausgehend von einem hohen didaktischen Potenzial des außerschulischen Lernens in der Region und unter der Zielstellung, die Partizipation von Erwachsenen, Jugendlichen sowie Kindern auf regionaler Ebene zu fördern, wird im Rahmen dieser Forschungsarbeit ein Konzept des Regionalen Lernens entwickelt, in der Praxis erprobt und evaluiert. Die Evaluationsergebnisse belegen, dass handlungsorientiertes Lernen in der Region Kompetenzentwicklung und regionale Identitätsbildung gleichsam unterstützt und somit wirksam zur Partizipationsfähigkeit beitragen kann.

Einleitung

Ziel der Evaluationsstudie ist es, empirisch zu überprüfen, inwieweit gezielt strukturierte Bildungsmaßnahmen dazu beitragen können, die Partizipationsfähigkeit von Schülerinnen und Schüler in der Region im Sinne des Leitbildes der nachhaltigen Entwicklung zu fördern. Dazu wurde im Rahmen der Arbeit das didaktisch-methodische Konzept des Regionalen Lernens 21+ entwickelt, in der Praxis erprobt und evaluiert. Die Bezeichnung „Regionales Lernen 21+" erfolgte, um die dem Konzept zu Grunde liegende Zukunftsorientierung auszudrücken.

Vorgehensweise und Ergebnisse der Evaluationsstudie sollen hier vorgestellt und diskutiert werden.

Vorab bedürfen jedoch das diesem Beitrag zu Grunde liegende Verständnis des Regionsbegriffes sowie die Fokussierung der regionalen Ebene eine kurze Begründung. So wird der Begriff Region nach Blotevogel (1996, S. 57) gedeutet: Regionen sind demnach eher als mentales soziales Konstrukt denn als physischer (Teil-)Raum aufzufassen. Sie werden durch politisches, ökonomisches, soziales und kulturelles Handeln vom Menschen konstruiert und subjektiv erschlossen und interpretiert. Ihr erdräumlicher Bezug ist daher schwer abzugrenzen, diskontinuierlich und heterogen, auch wenn die individuelle Wahrnehmung der Region von der sozialen Kommunikation stark gelenkt wird.

Unabhängig davon, dass der Begriff Region nicht präzise zu fassen ist, birgt die Region ein hohes pädagogisches Potenzial in Bezug auf Kompetenzerwerb und -entwicklung:

> *Das Lernen an regionalen Lernorten ermöglicht originale Begegnungen, unmittelbare, persönliche Erlebnisse und das Sammeln von Primärerfahrungen. In Verknüpfung mit handlungsorientierten Lernen unterstützt die Originalbegegnung vor Ort das „Begreifen" komplexer Wirklichkeitszusammenhänge sowie den Transfer neuer Erkennt-*

nisse in die Alltagswelt der Schülerinnen und Schüler (Salzmann, Mayer & Baeumer, 1995; Volkmann, 1992).

Partizipative Lernaktivitäten im Nahraum der Schule tragen zur Stärkung der sozialen Interaktionen in der eigenen Lebenswelt bei und rücken die Region insgesamt als Erlebnis-, Erfahrungs-, Erkundungs- und Handlungsraum in das Bewusstsein der Schülerinnen und Schüler. Dies erscheint besonders relevant im Hinblick auf die wachsende Bedeutung der Region aus politischer, gesellschaftlicher und wirtschaftlicher Perspektive (Blotevogel, 1996; Focali, 2007). So konzentrieren sich Entscheidungs- und Handlungsprozesse zunehmend auf der regionalen Ebene, womit gleichzeitig die Relevanz der Region für eine nachhaltige Entwicklung steigt (Greif, 2000).

Forschungsstand und Theorie

Das im Rahmen der Arbeit entwickelte Konzept des Regionalen Lernens 21+ integriert in den herkömmlichen regionalen Ansatz nach Salzmann et al. (1995) Ziele, Inhalte, Methoden der Bildung für nachhaltige Entwicklung (BNE) sowie deren Darlegungen zum Stellenwert der originalen und medialen Begegnung, zu didaktischen Prinzipien sowie zur Gestaltung der Lernumgebung (de Haan, 2002, 2006). Das entwickelte Konzept bewegt sich mit seinen Aussagen zu diesen Kriterien im Spannungsfeld zwischen den konzeptionellen Unterschieden und Gemeinsamkeiten des Regionalen Lernens nach Salzmann et al. einerseits und der Bildung für nachhaltige Entwicklung (BNE) andererseits.

Dabei werden die zentralen Zielkategorien sowohl der BNE als auch des Salzmann'schen Ansatzes – Gestaltungskompetenz und regionale Identität – übernommen und miteinander verknüpft (vgl. Abb. 1). Dem liegt die Auffassung zu Grunde, dass regionale Identitätsbildung und der Erwerb von Gestaltungskompetenz enge Wechselbeziehungen aufweisen im Hinblick auf ein sich gegenseitiges Bedingen und Verstärken in der regionalen Partizipation. Gleichsam wird davon ausgegangen, dass beide Zielkategorien erst zusammen eine umfassende regionale Partizipationsfähigkeit bilden – für diese Annahme konnten auch in der Literatur entsprechende Hinweise gefunden werden (BLK, 1999, S. 20; Deichmann, 2002, S. 24; Meyer, 1996, S. 167).

Die Konstrukte „Gestaltungskompetenz" und „regionale Identität" werden im Konzept des Regionalen Lernens 21+ im Wesentlichen nach den Vorarbeiten von Harenberg und de Haan (BLK, 1999; Programm Transfer-21, 2007) sowie Bauer (1997) und Weichhart (1990, 1999) operationalisiert und in Anlehnung an die sozialpsychologische Dreikomponententheorie einer kognitiven, affektiven sowie aktionalen Ebene zugeordnet. Das auf diese Wiese strukturierte normative Komponentenmodell des Regionalen Lernens 21+ dient als Grundlage für die anschließende Wirkungs- und Konzeptevaluation (vgl. Abb.1).

Welche Konsequenz hat die Zielstellung des Regionalen Lernens 21+ auf die daran anknüpfende Konzeption der Lernvorhaben? Neben notwendigen auf den Inhalt bezogenen Selektions- und Steuerungskriterien sind es vor allem methodische Aspekte, die bei der Gestaltung der Lernvorhaben berücksichtigt werden müssen. Diese erschließen sich aus der Beachtung der didaktischen Prinzipien der Originalbegegnung sowie des handlungsorientierten Lernens im fachübergreifenden Kontext. Um sie deutlich zu kennzeichnen sollen hier die wesentlichen Merkmale des handlungsorientierten Lernens nach Gudjons (2008) und Wöll (1998) kurz genannt werden:

- Ganzheitliches Lernen
- Selbstständigkeit und Selbsttätigkeit im Lernen
- Zielgerichtetes und planvolles Lernen, das auf das Erstellen eines Handlungsproduktes ausgerichtet ist
- Orientierung an den Erfahrungen, Interessen und Neigungen der Teilnehmer sowie an deren alltäglichen bzw. künftigen Handlungssituationen
- Öffnung der Bildungsinstitution über das Lernen in realen Problemsituationen
- Präsentation und Diskussion des Handlungsproduktes in der Öffentlichkeit bzw. in der Bildungsinstitution
- Reflexion von Handlungszielen, -ablauf und -folgen sowie deren Bewertung
- Transfer der gewonnenen Erkenntnisse auf Situationen im Alltag/im Unterricht.

Die im Regionalen Lernen 21+ eingesetzten handlungsorientierten Methoden basieren auf Partner- oder Gruppenarbeit als Sozialformen und verschiedene, für jede Zielgruppe adäquat auszuwählende Aktionsformen wie zum Beispiel Erkundung, Projekt, Stationenlernen, didaktische Spiele, Experimente oder Szenariotechnik. Die Durchführung der

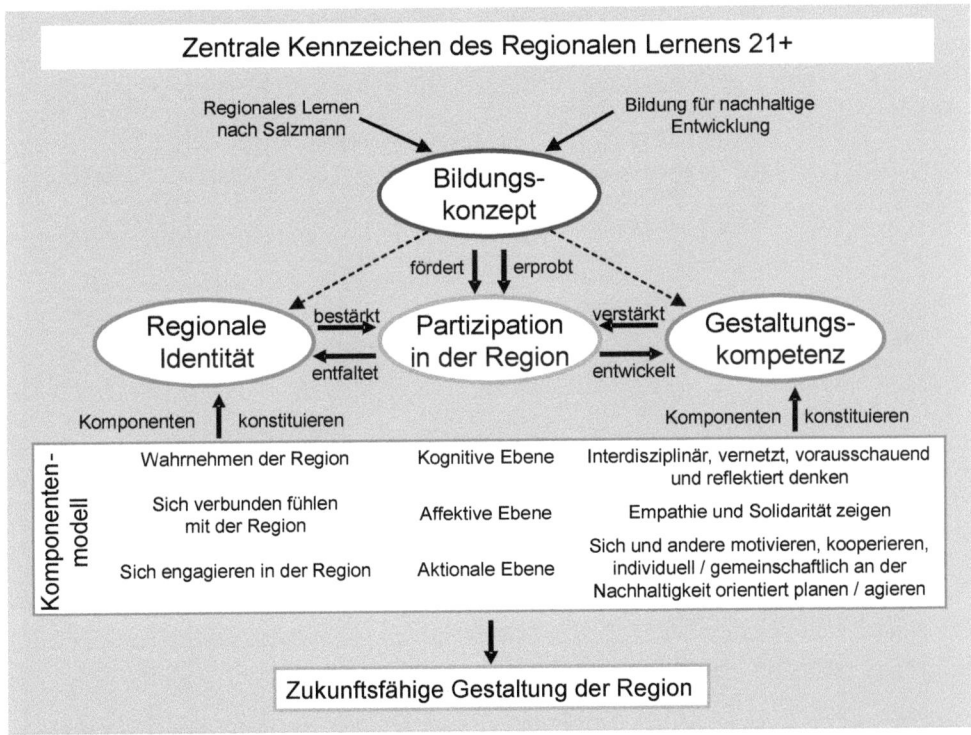

Abb. 1: Zentrale Kennzeichen des Regionalen Lernens (Quelle: Schockemöhle, 2009)

Lernvorhaben an regionalen Lernorten wie einem Handwerksbetrieb oder in einem Wohnviertel der Stadt umfasst eine Zeitdauer von drei oder vier Stunden bis zu mehreren Tagen zusätzlich einer Vor- und Nachbereitung.

Der Fokus des Regionalen Lernens 21+ auf handlungsorientierte Methoden wird durchaus von verschiedenen Seiten als Erfolg versprechend und effektiv im Hinblick auf die Zielsetzung bewertet (Dyment, 2008, S. 241ff., Hart, 2008, S. 19ff., Læssøe, 2008, S. 144ff., Nagel, Kern & Schwarz, 2006, S. 35; Schusler & Krasny, 2008, S. 268ff.). Doch weist Meyer (2004, S. 80ff.) darauf hin, dass die Wirksamkeit handlungsorientierten Lernens bisher nur in Ansätzen empirisch untersucht sei. Daher sollen anhand der Evaluationsstudie empirisch ermittelte Aussagen zur Wirksamkeit der Handlungsorientierung im Regionalen Lernen 21+ getroffen werden.

Methode

Um sowohl die Wirksamkeit des Regionalen Lernens 21+ hinsichtlich seiner Zielsetzung als auch Bedingungen einer erfolgreichen Umsetzung empirisch zu überprüfen, beruht die Evaluationsstudie auf einem triangulativen Verfahren (vgl. Abb. 2). Die Triangulation von Methoden zielte darauf, im Sinne der Komplementarität Daten zu erzeugen, die

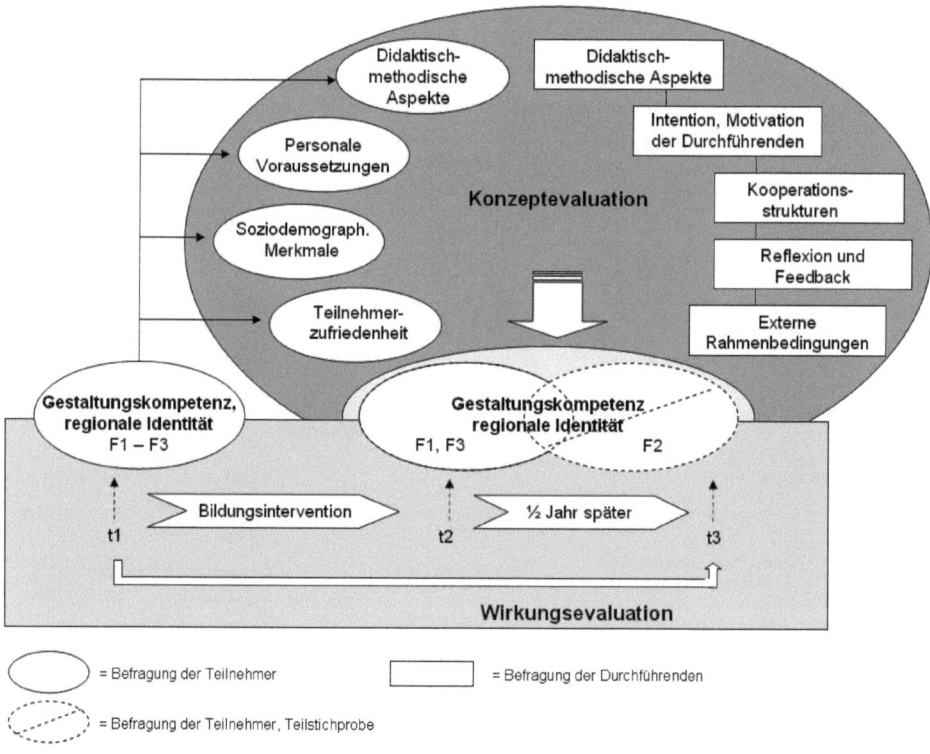

Abb. 2: Untersuchungsdesign der Evaluationsstudie (Quelle: Schockemöhle, 2009, in Anlehnung an Bittner, 2003)

sich gegenseitig ergänzen und vertiefte Interpretationen ermöglichen. Im Rahmen der Wirkungsevaluation – die die Messung und Bewertung des Regionalen Lernens 21+ hinsichtlich seines Vermögens, Partizipation über die Förderung der Kompetenzentwicklung und der regionalen Identitätsbildung zu unterstützen, umfasst – wurde eine quantitative Befragung von 2.134 Teilnehmern an regionalen Bildungsmaßnahmen durchgeführt. Der Fragebogenstudie liegt ein Zweigruppen-Pretest-Post-Test-Plan zu Grunde; sie richtet sich an Erwachsene (ab 17 Jahre), Jugendliche (13–16 Jahre) und Kinder (9–12 Jahre).

Als Gruppierungsfaktor für die Bildung der Versuchs- und Kontrollgruppen in jeder Altersgruppe diente der Grad der Handlungsorientierung der evaluierten Maßnahmen: Teilnehmer an Veranstaltungen mit einem im Sinne des Regionalen Lernens 21+ sehr hohen Grad an Handlungsorientierung stellten die Versuchsgruppe. Teilnehmer an Veranstaltungen, in denen kaum Elemente des handlungsorientierten Lernens vertreten waren, bildeten die Kontrollgruppe.

Um im Rahmen der Konzeptevaluation Bedingungen zu bestimmen, die sich als besonders förderlich für eine erfolgreiche Umsetzung des Regionalen Lernens 21+ erwiesen haben, wurden die Durchführenden der Bildungsmaßnahmen sowohl quantitativ begleitend zu jeder evaluierten Maßnahme als auch qualitativ in Form eines Leitfadeninterviews befragt. Insgesamt nahmen 18 Personen an der Interviewstudie teil.

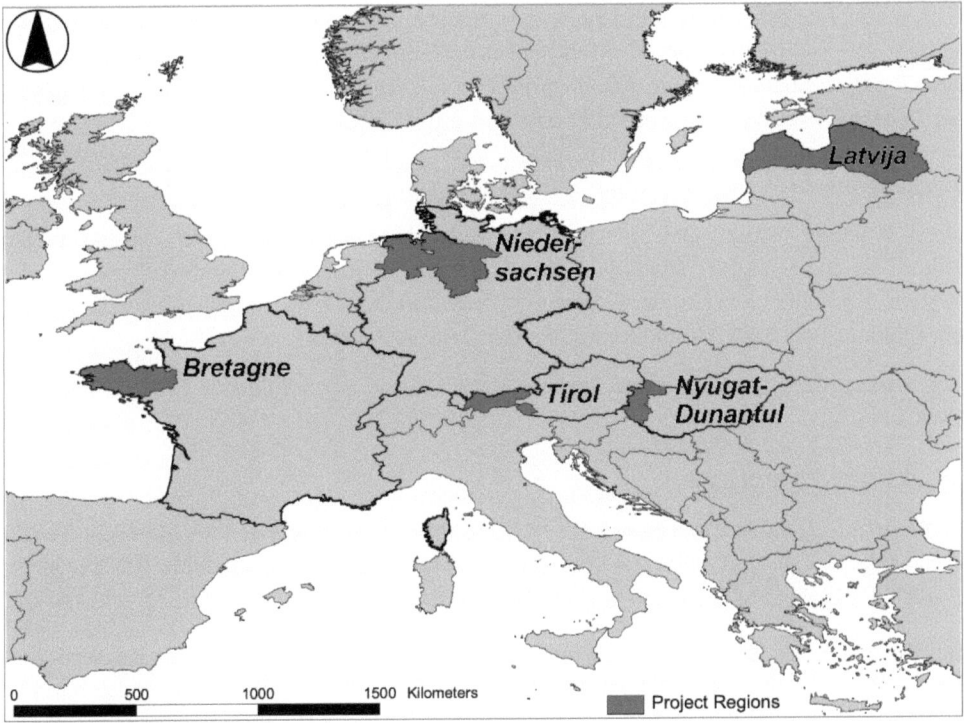

Abb. 3: Die am europäischen Vorhaben „ALICERA" beteiligten Projektregionen (Quelle: Schockemöhle, 2007)

Sowohl die Entwicklung von Lernvorhaben auf Basis des Konzeptes des Regionalen Lernens 21+ als auch deren praktische Erprobung fanden innerhalb des EU-Projektes „ALICERA" (Action Learning for Identity and Competence in European Rural Areas; Schockemöhle 2007, S. 6–11) im Feld, das heißt, in der Praxis des außerschulischen regionalen Lernens statt (vgl. Abb. 3). Die inhaltliche Ausrichtung der Lernvorhaben orientierte sich exemplarisch am Thema Landwirtschaft und Ernährung. Die Evaluierung zufällig ausgewählter Lernvorhaben erfolgte im Zeitraum August 2006 bis Februar 2007.

Ergebnisse

Die Ergebnisse der Fragebogenstudie belegen, dass Regionales Lernen 21+ im Hinblick auf die gesetzten Ziele äußerst wirksam ist. In allen gemessenen Merkmalen (Komponenten der regionalen Identität und Gestaltungskompetenz, vgl. Abb. 1) weisen die Versuchsgruppen Altersstufen übergreifend nach der Maßnahme signifikante positive Veränderungen auf. Einzige Ausnahme stellen die Merkmalsausprägungen auf aktionaler Ebene bei Kindern dar, die sich nur geringfügig durch Regionales Lernen 21+ steigern lassen (messtechnisch bedingter Untersuchungsfehler durch zu geringe Itemanzahl und geringen Schwierigkeitsgrad). In den Kontrollgruppen treten sowohl geringe positive wie auch geringe negative Veränderungen auf, die sich zumeist nicht auf signifikantem Niveau bewegen.

Der direkte Vergleich der Merkmalsausprägungen nach der Intervention zwischen Versuchs- und Kontrollgruppen indiziert, dass mehrheitlich die Teilnehmer am Regionalen Lernen 21+ signifikant stärkere Merkmalsausprägungen aufweisen als die Kontrollgruppen. Parallel dazu deutet die Effektstärke (nach Cohen) ein deutlich stärkeres Ausmaß der Wirkung bei 21+-Maßnahmen an als bei Lernvorhaben mit geringer Handlungsorientierung. Insgesamt stellt sich damit heraus, dass der Grad der Handlungsorientierung eines Lernvorhabens starken Einfluss auf die Maßnahmenwirksamkeit ausübt.

Diese Aussage soll am Beispiel der gemessenen Veränderungen in den Ausprägungen kognitiver und affektiver Merkmale der regionalen Identität (Wahrnehmen/Erkennen der Region, Verbundenheit mit der Region; gebündelt in der Testskala „Kognition & Affektion_regionalspezifisch") konkretisiert werden (vgl. Abb. 4).

Zur Wirksamkeit des Regionalen Lernens „21+" wurde zuvor folgende Hypothese aufgestellt:

Wirkungs-Hypothese 1

Regionales Lernen 21+ bewirkt kurzfristig stärkere Ausprägungen im Merkmal Kognition & Affektion_regionalspezifisch als eine außerschulische regionale Bildungsmaßnahme mit einem geringeren Grad an Handlungsorientierung (H1: M2 VG < M2 KG).

Beschreibung der Ergebnisse nach Abbildung 5: Der Mittelwert (M) bei Kindern zum Messzeitpunkt t2 liegt in der Versuchsgruppe (VG) bei M2 = 1,26, in der Kontrollgruppe (KG) bei M2 = 1,56. Die Differenz beträgt Mdiff VG-KG = -0,2987 bei einem annähernd gleichen Ausgangswert zum Messzeitpunkt t1. Dieses Ergebnis ist mit $p = 0,042$ signifikant. Anders ist die Situation in der Jugend-Stichprobe: Hier ist mit $p = 0,224$ kein eindeuti-

Regionales Lernen – Kompetenzen fördern und Partizipation stärken.

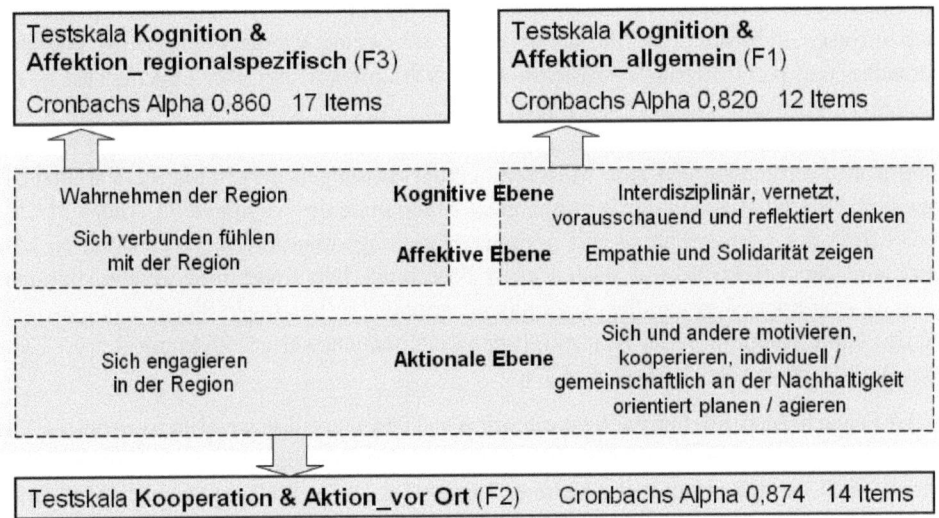

Abb. 4: *Normatives Komponentenmodell der Zielkategorien des Regionalen Lernens 21+ und empirisch gesicherte Testskalen (Quelle: Schockemöhle, 2009)*

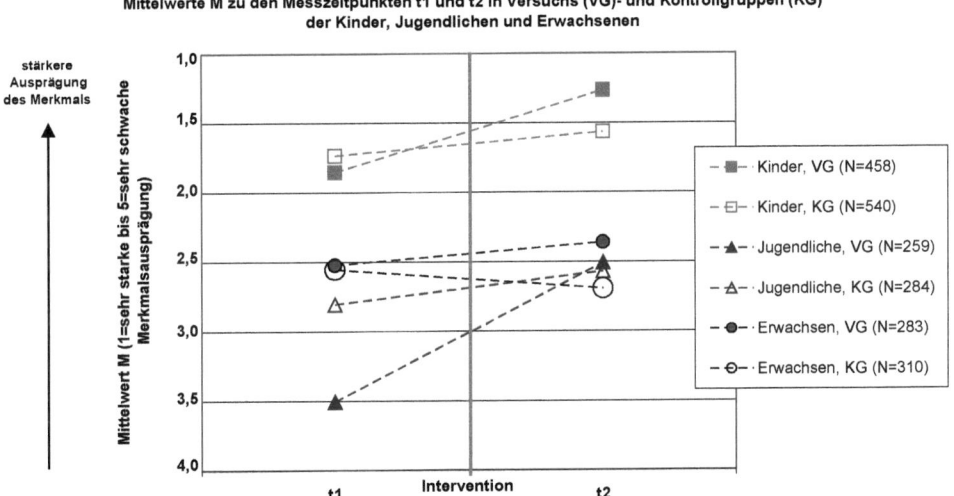

Abb. 5: *Wirkung des Regionalen Lernens 21+ auf Ausprägungen in „Kognition & Affektion_regionalspezifisch (Quelle: Schockemöhle, 2009)*

ger Unterschied zwischen Versuchs- und Kontrollgruppe in den Merkmalsausprägungen nachzuweisen. Allerdings ist hier anzumerken, dass keine Varianzhomogenität zwischen Versuchs- und Kontrollgruppe hinsichtlich der Variable vorliegt. Der Levene-Test ist mit p = 0,003 signifikant. Die auffällig hohen Standardabweichungen (standard deviation) von SD = 1,28 in der Versuchsgruppe und SD = 1,13 in der Kontrollgruppe sowie der auffällig hohe Mittelwertunterschied zum Messzeitpunkt t1 bestätigen gleichfalls die Varianzheterogenität. Um das Ausmaß der Wirkung einer Maßnahme des Regionalen Lernens 21+ mit dem Effekt des Lernvorhabens mit geringer Handlungsorientierung vergleichen zu können, wird die Effektstärke d nach Cohen berechnet. Die Ergebnisse zeigen, dass mit d = 0,63 eine hohe Wirkung des Regionalen Lernens 21+ bei Jugendlichen nachgewiesen werden kann, während in der Kontrollgruppe kein nennenswerter Effekt mit d = 0,12 vorliegt (vgl. Bortz & Döring 2006, S. 627).

In der Erwachsenen-Stichprobe liegt ein mit p = 0,014 signifikanter Mittelwertunterschied zwischen Versuchs- und Kontrollgruppe vor. Bemerkenswert ist hier, dass in der Kontrollgruppe nach der Intervention ein höherer Mittelwert (M2 = 2,69) als vor der Maßnahme (M1 = 2,55) auftritt und damit die Bildungsintervention kontraproduktiv gewirkt hat (zu interpretieren als ein die Veranstaltung ablehnendes Antwortverhalten beim Post-Test zum Zeitpunkt t2).

Zusammenfassend kann für teilnehmende Kinder und Erwachsene die Wirkungs-Hypothese 1 angenommen, während sie für Jugendliche verworfen werden muss. Dennoch kann ein weitaus größerer Effekt in der Versuchs- als in der Kontrollgruppe der Jugendlichen festgestellt werden.

Wirkungs-Hypothese 2

Die Teilnahme an einer Bildungsmaßnahme des Regionalen Lernens 21+ bewirkt kurzfristig starke Veränderungen im Merkmal Kognition & Affektion_regionalspezifisch (H1: M1 > M2).

Im Hinblick auf Merkmalsveränderungen in Kognition & Affektion_regionalspezifisch können in allen Stichproben hochsignifikante Ergebnisse in den Versuchsgruppen nachgewiesen werden: Bei Kindern ändert sich der Mittelwert von M1 = 1,8529 auf M2 = 1,2647 (p = 0,000), bei Jugendlichen reduziert sich der Mittelwert von M1 = 3,5079 auf M2 = 2,5079 (p = 0,000), Erwachsene weisen vorher einen Mittelwert von M1 = 2,5226 und anschließend einen Mittelwert von M2 = 2,3604 auf (p = 0,003). In allen drei Zielgruppen bewirkt Regionales Lernen „21+" demnach stärkere Ausprägungen in der Wahrnehmung der Region und der regionalen Verbundenheit. Die Wirkungs-Hypothese 2 wird demgemäß angenommen. Besonders die jugendliche Altersgruppe wird sehr wirksam mit der Maßnahme angesprochen: Sie weist mit Mdifft = 1,00 die größte Merkmalsveränderung auf, wobei angemerkt werden muss, dass die Merkmalsausprägung im Vorfeld der Maßnahme auffällig schwach war. Dabei liegen die prägnanten Unterschiede im Antwortverhalten vorher – nachher, gemessen an den Antworthäufigkeiten je Skalenpunkt, insbesondere im kognitiven Bereich. Das heißt, bezogen auf Aussagen zu Kenntnissen in der Region verschieben sich nach der Maßnahme mehr Antworten in die gewünschte Richtung als bei Aussagen zur Verbundenheit mit der Region. Dies betrifft auch das Antwortverhalten der Kinder und Erwachsenen. Im affektiven Segment können zwar ebenfalls angestrebte Veränderungen erzielt werden, doch liegen diese auf einem geringeren Niveau als im kognitiven Bereich.

Einfluss personaler Voraussetzungen

Die personalen Voraussetzungen der Probanden im Hinblick auf Gestaltungskompetenz und regionale Identität wurden unmittelbar vor der Veranstaltung erfasst, um zu überprüfen, ob die Stärke der Merkmalsausprägungen im Vorfeld der Lernvorhaben Einfluss auf die Maßnahmenwirksamkeit ausübt. Dazu wurden in jeder Altersgruppe die Hilfsvariablen X_split1, X_split2 und X_split3 gebildet. Diese Variablen beruhen auf einer Frequenzanalyse. Die Splits sind dreifach abgestuft und enthalten je das untere, mittlere und obere Terzil der jeweiligen Versuchs- und Kontrollgruppe in Abhängigkeit einer schwachen (split3), mittleren (split2) oder starken (split1) Ausprägung in den entsprechenden Variablen seitens der Probanden. Die quantitativ erzeugte Datenlage weist eindeutig darauf hin, dass die Stärke der Merkmalsausprägungen, welche die Teilnehmer bereits im Vorfeld einer Maßnahme aufweisen, einen starken Einfluss auf die Wirksamkeit der 21+-Vorhaben ausübt. So werden Altersstufen und Variablen übergreifend Teilnehmer mit mittleren bis schwachen Merkmalsausprägungen effektiver durch die Lernvorhaben gefördert als Teilnehmer, die sich schon vor der Maßnahme durch eine hohe Gestaltungskompetenz und starke regionale Identität auszeichnen. Diese verhältnismäßig erfolglose Ansprache der „kompetenten" Teilnehmer zeigt sich darin, dass in diesem Personenkreis nach der Maßnahme nur geringe positive Merkmalsveränderungen festzustellen und teilweise sogar negative Merkmalsveränderungen zu messen sind (vgl. Abb. 6). Da nicht anzunehmen ist, dass die Bildungsmaßnahmen den Verlust oder das Einbüßen von Fähigkeiten, Fertigkeiten, Einstellungen etc. und damit die hier gemessenen schwächeren Merkmalsausprägungen verursachen, ist eher davon auszugehen, dass die Veranstaltungen Langeweile, Unmut und Ablehnung seitens der merkmalsstarken Teilnehmer auslösten, was sich im Antwortverhalten während der schriftlichen Befragung niedergeschlagen hat.

Einschätzung der Maßnahmenwirksamkeit seitens der Interviewpartner

Diese und weitere Ergebnisse der Fragebogenstudie wurden den Daten der Interviewstudie gegenübergestellt. Es ist festzustellen, dass sich die Antworten der Durchführenden der Lernvorhaben (vgl. Abb. 7) nur teilweise mit den Ergebnissen der Teilnehmerbefragungen decken. So attestieren die Interviewpartner der didaktischen Struktur – und somit auch dem Grad der Handlungsorientierung – einen hohen Einfluss auf die Maßnahmenwirksamkeit zu. Dabei ist anzumerken, dass diese Erkenntnis sich kaum in der Praxis niederschlägt. Nach Aussagen der Interviewpartner wird handlungsorientiertes Lernen eher selten umgesetzt; Führungen und Fragen geleitete Unterrichtsgespräche dominieren als Unterrichtsformen in den außerschulischen regionalen Lernvorhaben.

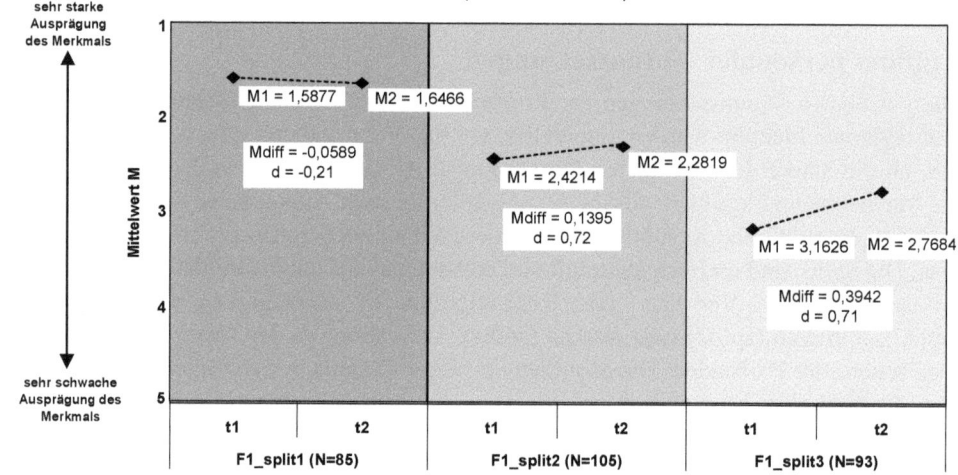

Abb. 6: Ausprägungen in Kognition & Affektion_allgemein vor (t1) und nach (t2) der Maßnahme in der gesplitteten Versuchsgruppe der Erwachsenen (ab 17 Jahre) (Quelle: Schockemöhle, 2009)

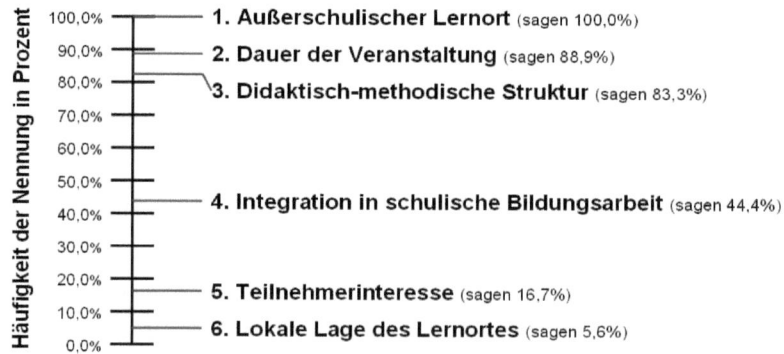

Abb. 7: Auf die Maßnahmenwirksamkeit Einfluss ausübende Faktoren nach Aussagen der Interviewpartner (Quelle: Schockemöhle, 2009)

Größtenteils stellen die Daten der Interviewstudie jedoch eine Ergänzung der quantitativ erzeugten Ergebnisse dar. Zum Teil widersprechen sie sich auch. Dies betrifft vor allem den Einfluss des außerschulischen Lernortes, also den Einfluss der originalen Begegnung an sich auf die Maßnahmenwirksamkeit. Alle Interviewpartner zeigen sich davon überzeugt, dass das persönliche, unmittelbare und intensive Erleben an regionalen Lernorten wie dem Landwirtschaftsbetrieb bereits starke Merkmalsveränderungen auslöst. Die Ergebnisse der Fragebogenstudie relativieren diese Einschätzung, indem sie eindeutig belegen, dass Lernen vor Ort nur in Kombination mit handlungsorientiertem Lernen im Sinne der gesetzten Ziele effektiv ist.

Bewertung des Konzeptes Regionalen Lernens 21+

Auf der Basis der Evaluationsergebnisse und anhand der Kriterien der Konzeptentwicklung soll nun eine Bewertung des Konzeptes erfolgen. Es sollen Aussagen getroffen werden, ob das theoretisch erarbeitete Konzept bestätigt werden kann oder zumindest in Teilen modifiziert werden muss. An dieser Stelle kann nur eine Auswahl des Erkenntnisgewinns dargestellt werden.

Bewertung der Ziele: Lernvorhaben, die auf der Basis des Konzepts des Regionalen Lernens 21+ entwickelt wurden, vermögen erfolgreich Gestaltungskompetenz und regionale Identität bei Teilnehmern in allen Altersstufen zu fördern. Jüngere Teilnehmer weisen dabei eher stärkere Merkmalsveränderungen auf als erwachsene Teilnehmer. Zudem findet die Auffassung über die engen Wechselbeziehungen zwischen regionaler Identitätsbildung und dem Erwerb von Gestaltungskompetenz über Korrelationstests eine empirische Bestätigung. Hinsichtlich des Einflusses personaler Voraussetzungen auf die Zielerreichung ist festzustellen, dass das Konzept bisher nicht ausreichend eine differenzierte Förderung der Teilnehmer berücksichtigt. Entsprechende Präzisierungen sind vorzunehmen und Anregungen für Differenzierungen zum Beispiel im Hinblick auf Ziele, Inhalte und Methoden zu geben.

Bewertung der Methoden: Die theoretische Fokussierung auf handlungsorientierte Methoden erweist sich als berechtigt. Der Grad der Handlungsorientierung übt sehr hohen Einfluss auf den Maßnahmenerfolg aus. Die in diesem Zusammenhang ermittelte Diskrepanz zwischen Theorie und Praxis darf nicht zur Aufweichung des Konzeptes führen, sondern vielmehr dazu veranlassen, dass vermehrt Anstrengungen unternommen werden, dem handlungsorientierten Lernen mehr Gewicht in der Praxis des außerschulischen regionalen Lernens zu verschaffen.

Bewertung des Stellenwerts der originalen Begegnung: Die originale Begegnung wird im Konzept als Einflussfaktor überschätzt. Die Evaluationsergebnisse zeigen deutlich, dass das unmittelbare, persönliche Erleben in seiner Intensität mit einer aktiven Selbstaneignung verbunden ist und daher sein Potenzial nur in Kombination mit handlungsorientiertem Lernen entfaltet. Eine Modifizierung des Konzeptes ist notwendig, indem die Notwendigkeit der zielgerichteten Gestaltung der Originalbegegnung betont wird. Die Entwicklung und Verbreitung von Lehr- und Lernmaterialien, die u. a. selbsttätiges und selbstständiges Lernen vor Ort fördern, erscheint sinnvoll.

Ausblick

Diese und weitere Bewertungen münden in einem Prozess der Bündelung und Verdichtung in thesenhafte Leitlinien des Regionalen Lernens 21+, die die Funktion von Qualitätskriterien innehaben. Hervorzuheben ist hier beispielsweise, dass Regionales Lernen nur dann erfolgreich den Erwerb von Gestaltungskompetenz und regionale Identitätsbildung, wenn das Lernen vor Ort sich an den didaktisch-methodischen Prinzipien der Handlungs- und Problemorientierung sowie System- und Situationsorientierung ausrichtet und Teilnehmer entsprechend ihrer bereits vorliegenden Ausprägung von Gestaltungskompetenz und regionaler Identität differenziert gefördert werden.

Leitlinien wie diese stehen vor allem für die Verbreitung des in der vorgestellten Arbeit erzielten Erkenntnisgewinns in der Praxis des außerschulischen regionalen Lernens zur Verfügung. Zusammen mit weiteren noch zu entwickelnden Lehr- und Lernmaterialien, die die Aspekte der Differenzierung und Handlungsorientierung gezielt aufgreifen, sowie mit Messinstrumenten, die die Selbstevaluation von Lernvorhaben ermöglichen, sollen die Leitlinien eingehen in eine „Werkzeug-Kiste", die Durchführende entsprechender Lernvorhaben nutzen können. Auf diese Weise soll der Transfer der Ergebnisse in die Praxis unterstützt werden.

Hinsichtlich der Bedeutung des Erkenntnisgewinns für die künftige empirische Lehr- und Lernforschung lassen sich mehrere inhaltliche und methodische Implikationen aufzeigen:

Die Evaluationsergebnisse weisen zum einen auf eine Lücke im allgemeinen Feld der Bildungsforschung hin. So liegen keine aktuellen Studien zur Integration des außerschulischen regionalen Lernens in die formale wie non-formale Bildungsarbeit vor. Wenn Lernen in der Region jedoch seinen Beitrag zum lebenslangen Lernen effektiv gestalten will, sind Informationen über das Ausmaß der bisherigen Integration, über Barrieren und Chancen sowie über Best-Practice-Modelle der Integration unverzichtbar.

Im Bereich der Kompetenzforschung deutet diese Studie ebenfalls weiteren Forschungsbedarf an. So stellt die Überprüfung des Beitrages des Regionalen Lernens 21+ zur Entwicklung einer umfassenden Lernkompetenz – und hier insbesondere das durch Originalbegegnungen und soziale Interaktionen in der Region initiierte bewusste Erkennen personaler und sozialer Verhaltensdispositionen – eine Aufgabe anschließender Untersuchungen dar.

Im Rahmen der Erforschung der Entstehungs- und Entwicklungsbedingungen von Handlungskompetenz als eine Zielkategorie schulischer Bildung im Allgemeinen und der Umweltbildung und BNE im Besonderen ist näher zu untersuchen, welche das tatsächliche Verhalten beeinflussenden Faktoren – neben Wissen und Einstellungen – durch Bildungsmaßnahmen verändert werden können. Interessant erscheint hier die Motivation als Faktor(-enbündel) näher zu untersuchen und zu ermitteln, wie Lernvorhaben didaktisch strukturiert sein müssen, um gewünschte Veränderungen in der Handlungskompetenz der Schüler zu bewirken (vgl. Otero & Mira, 2003; Gooch et al., 2008; Simovska 2008, S. 65ff.).

Da die Erforschung der Veränderungen von Gestaltungskompetenz und regionaler Identität bei Lernenden in der vorliegenden empirischen Studie in einem relativ grobem Raster erfolgte, erscheint es künftig notwendig, die Dimensionen und Ausprägungsstufen der einzelnen Komponenten der Gestaltungskompetenz und regionaler Identität vertieft zu erforschen, um detaillierte Erkenntnisse für eine Optimierung und Differenzierung der altersspezifischen Förderung von Teilnehmern zu erhalten (vgl. Jensen & Schnack, 1997; Nikel & Reid, 2006, S. 137–142).

Der belegte Zusammenhang zwischen regionaler Identität und Gestaltungskompetenz verlangt nach weiterer Forschung im Hinblick auf die Fragestellung, ob aufgrund des nachgewiesenen Rückkopplungseffektes Gestaltungskompetenz im Regionalen Lernen 21+ effektiver gefördert werden kann als im Rahmen von Bildungskonzepten, die keinen Bezug auf die Region nehmen (vgl. Chawla, 2008, S. 99).

Literatur

Bauer, T. (1997): Regionale Medien als Spiegel regionalen Bewusstseins. Eine empirische Untersuchung zur Mediennutzung und zum aktionsräumlichen Verhalten im Landkreis Neumarkt. Regensburg: Lehrstuhl für Wirtschaftsgeographie, Universität Regensburg.

Bittner, A. (2003): Außerschulische Umweltbildung in der Evaluation. Wirkungen kurzzeitpädagogischer Maßnahmen auf Umwelt- und Naturschutzinteressen von Schülerinnen und Schüler der Sekundarstufe I. Hamburg: Kovač.

BLK – Bund-Länder-Kommission für Bildungsplanung und Forschungsförderung (Hrsg.) (1999): Bildung für eine nachhaltige Entwicklung. Gutachten zum Programm von Gerhard de Haan und Dorothee Harenberg, FU Berlin. In: Materialien zur Bildungsplanung und Forschungsförderung, H. 72. Bonn.

Blotevogel, H. (1996): Auf dem Weg zu einer ‚Theorie der Regionalität': Die Region als Forschungsobjekt der Geographie. In: Brunn, G. (Hrsg.): Region und Regionsbildung in Europa. Baden-Baden: Nomos Verlagsgesellschaft, S. 44–68.

Bortz, J. & Döring, N. (2006): Forschungsmethoden und Evaluation für Human- und Sozialwissenschaftler, Berlin/Heidelberg: Springer.

Chawla, L. (2008): Participation and the Ecology of Environmental Awareness and Action. In: Reid, A.; Jensen, B. B.; Nikel, J. & Simovska, V. (Hrsg.): Participation and Learning. Perspectives on Education and the Environment, Health and Sustainability, Dordrecht:Springer, S. 98–110.

Deichmann, C. (2002): Demokratische politische Identität als Ziel einer fächerübergreifenden politischen Bildung. In: Thüringer Institut für Lehrerfortbildung, Lehrplanentwicklung und Medien (Hrsg.): Identität. Bad Berka, S. 8–24.

Dyment, J. E. (2008): Student Participation in School Ground Greening Initiatives in Canada: Reflections on Research Design, Decisions and Key Findings. In: Reid, A.; Jensen, B. B.; Nikel, J. & Simovska, V. (Hrsg.): Participation and Learning. Perspectives on Education and the Environment, Health and Sustainability, Dordrecht: Springer, S. 241–255.

Erikson, E. H. (1989): Identität und Lebenszyklus. Frankfurt am Main: Suhrkamp.

Flath, M. (2007): Der didaktisch-methodische Ansatz des „Rural Action Learning". In: Institut für Strukturforschung und Planung in agrarischen Intensivgebieten, Hochschule Vechta (Hrsg.): Regionales Lernen in ländlichen Räumen Europas. Vechta, S. 31–42.

Focali, E. (2007): Pädagogik in der globalisierten Moderne. Ziele, Aufgaben und Funktion von Pädagogik im Spannungsfeld von Globalisierung und Regionalisierung. Münster u. a.: Waxmann.

Gooch, M.; Rigano, D.; Hickey, R. & Fien, J. (2008): How do Primary Pre-Service Teachers in an Regional Australian University Plan for Teaching, Learning and Acting in Environmentally Responsible Ways? In: Environmental Education Research, 14 (2), S. 175–186.

Greif, M. (2000): Von der lokalen zur regionalen Nachhaltigkeit. Die Ausweitung lokaler Agenda 21-Prozesse auf die regionale Ebene am Beispiel der Region ‚Oldenburg und Umland'. Oldenburg: Bibliotheks- und Informationssystem der Universität Oldenburg.

Gudjons, H. (2008): Handlungsorientiert lehren und lernen. Schüleraktivierung, Selbsttätigkeit, Projektarbeit. Bad Heilbrunn: Klinkhardt.

De Haan, G. (2002): Die Kernthemen der Bildung für eine nachhaltige Entwicklung. In: Zeitschrift für internationale Bildungsforschung und Entwicklungspädagogik 25 (1), S. 13–20.

De Haan, G. (2006): The BLK ‚21' programme in Germany: a ‚Gestaltungskompetenz'-based model for Education for Sustainable Development. In: Environmental Education Research, 12 (1), S. 19–32.

Hart, R. A. (2008): Stepping back from ‚The Ladder': Reflections on a Model of Participatory Work with Children. In: Reid, A.; Jensen, B. B.; Nikel, J. & Simovska, V. (Hrsg.): Participation and Learning. Perspectives on Education and the Environment, Health and Sustainability, Dordrecht: Springer, S. 19–31.

Jensen, B. B. & Schnack, K. (1997): The action competence approach in environmental education. In: Environmental Education Research 2 (3), S. 163–178.

Lalli, M. (1989): Stadtbezogene Identität. Theoretische Präzisierung und empirische Operationalisierung. Darmstadt: Institut für Psychologie der Technischen Hochschule Darmstadt.

Læssøe, J. (2008): Participation and Sustainable Development: The Role and Challenges of Mediating Agents. In: Reid, A.; Jensen, B. B.; Nikel, J. & Simovska, V. (Hrsg.): Participation and Learning. Perspectives on Education and the Environment, Health and Sustainability. Dordrecht: Springer, S. 144–158.

Meyer, C. (1996): Umwelterziehung im authentischen Handlungskontext. Zur theoretischen Fundierung und Evaluation regionalen Lernens. Frankfurt am Main: Peter Lang.

Meyer, H. (2004): Was ist guter Unterricht? Berlin: Cornelson.

Nagel, U.; Kern, W. & Schwarz, V. (2006): Beiträge zur Festlegung von Kompetenzen und Standards für die Bildung für Nachhaltige Entwicklung – unter den Aspekten Umweltbildung, Gesundheitsbildung und Globales Lernen. Schlussbericht. URL: http://www.phzh.ch/dotnetscripts/ForschungsDB/Files/167/BNE_ Schlussbericht.pdf (23.06.2008).

Nikel, J. & Reid, A. (2006): Environmental education in three German-speaking countries: tensions and challenges for research and development. In: Environmental Education Research, 12, (1), S. 129–148.

Otero, M. D. L. & Mira, R. G. (2003): Action competence in environmental education. In: Mira, R. G.; Camesellle, J. M. S. & Martinez, J. R. (Hrsg.): Culture, Environmental Action and Sustainability. Göttingen: Hogrefe.

Programm Transfer-12, Koordinierungsstelle FU Berlin, Haan, G. de (Hrsg.) (2007): Orientierungshilfe Bildung für nachhaltige Entwicklung in der Sekundarstufe I. Begründungen, Kompetenzen, Lernangebote. Berlin.

Salzmann, Ch.; Mayer, C. & Baeumer, H. (1995): Theorie und Praxis des regionalen Lernens. Umweltpädagogische Impulse für außerschulisches Lernen. Das Beispiel des Regionalen Umweltbildungszentrum Lernstandort Noller Schlucht. Frankfurt am Main: Peter Lang.

Schockemöhle, J. (2007): Das Project ALICERA – Ziele, Methoden, Ergebnisse. In: Institut für Strukturforschung und Planung in agrarischen Intensivgebieten (ISPA), Hochschule Vechta (Hrsg.): Regionales Lernen in ländlichen Räumen Europas. Vechta, S. 6–14.

Schockemöhle, J. (2009): Außerschulisches, regionales Lernen als Bildungsstrategie für eine nachhaltige Entwicklung, Nürnberg (in Vorbereitung).

Schusler, T. M. & Krasny, M. E. (2008): Youth Participation in Local Environmental Action: An Avenue for Science and Civic Learning? In: Reid, A.; Jensen, B. B.; Nikel, J. & Simovska, V. (Hrsg.): Participation and Learning. Perspectives on Education and the Environment, Health and Sustainability. Dordrecht: Springer, S. 268–284.

Simovska, V. (2008): Learning in and as Participation: A Case Study from Health-Promoting Schools. In: Reid, A.; Jensen, B. B.; Nikel, J. & Simovska, V. (Hrsg.), Participation and Learning. Perspectives on Education and the Environment, Health and Sustainability. Dordrecht: Springer, S. 61–80.

Volkmann, H. (1992): Handlungsorientierung im Erdkundeunterricht. In: geographie heute, 13 (100), S. 70–75.

Weichhart, P. (1990): Raumbezogene Identität. Bausteine zu einer Theorie räumlich-sozialer Kognition und Identifikation. In: Erdkundliches Wissen, Heft 102. Stuttgart: Franz Steiner, S. 16-19.

Weichhart, P. (1999): Die Räume zwischen den Welten und die Welt der Räume. Zur Konzeption eines Schlüsselbegriffs der Geographie. In: Meusburger, P. (Hrsg.): Handlungszentrierte Sozialgeographie. Benno Werlens Entwurf in kritischer Diskussion. Stuttgart: Franz Steiner, S. 67–94.

Wöll, G. (1998): Handeln. Lernen durch Erfahrung: Handlungsorientierung und Projektunterricht. Baltmannsweiler: Schneider.

Erich Starauschek *(PH Ludwigsburg)*

Hat die physikalische Sachstruktur einen Einfluss auf das Lernen von Physik?[1]

Stand der Physikdidaktik:
Eine kurze essayistische Einführung auch für Nichtphysikdidaktiker

Sowohl das Physiklernen als auch das Physiklehren gelten trotz aller physikdidaktischen Forschungsbemühungen der letzten 40 Jahre noch immer als schwieriges Unterfangen. Die internationalen Vergleichsstudien zeigen allerdings, dass einige Länder – z. B. das inzwischen legendäre Finnland – in ihren Physikvermittlungsbemühungen erfolgreicher als andere vergleichbare Länder sind. Will jedoch ein Praktiker die den Erfolg bestimmenden Faktoren identifizieren, um daraus Schlussfolgerungen für den eigenen Unterricht zu ziehen, so wird er auf eine Vielzahl von höchst unterschiedlichen Antwortbündeln stoßen, die von allgemeinen pädagogischen Empfehlungen bis hin zu Details zur gegenständlichen Gestaltung der Unterrichtsräume reichen. Spezifische Aussagen zum Physikunterricht finden sich hingegen selten.[2]

Die Brisanz dieser eher nüchternen Bilanz, die im augenblicklich dynamischen Wachstum der physikdidaktischen Forschung eher in Vergessenheit geraten scheint, zeigt sich im Kontrast zu anderen Fächern. So wissen wir z. B. im Großen und Ganzen, wie in der Elementar- und Primarstufe der Erwerb der grundlegenden Kulturtechniken Lesen, Schreiben und Rechnen mit einem ausreichenden Standard gefördert und vermittelt werden kann, und welche Rolle etwa das Elternhaus beim Leseerwerb spielt. Hingegen weiß die Physikdidaktik bis heute nicht, wie grob gesagt „das Experiment" lernfördernd in den Unterricht eingebettet werden kann (Hofstein & Lunetta, 1982, 2004). Der Physikunterricht ist, unabhängig von seinem normativen Anspruch, sei es das Primat der naturwissenschaftlichen Bildung oder das der *scientific literacy*, nicht annähernd erfolgreich: Es entsteht der „Eindruck eines massiven Scheiterns" (Merzyn, 2008, S. 139).

Gleichzeitig kann die historische Entwicklung des Physikunterrichts auch als eindrucksvolle Erfolgsgeschichte gedeutet werden: Die vorwiegend speziellen und durch Reduktion schwer zugänglichen Fragen der Physik, die im Grunde quer zur Alltagswelt liegen, ermutigen „eine kleine Restmannschaft (…) sich in der gymnasialen Oberstufe noch weiter mit diesen Fächern (Physik und Chemie, E. S.) zu beschäftigen" (Merzyn, 2008, S. 139). Aus dieser Restmannschaft rekrutiert sich in der Regel der wissenschaftliche Nachwuchs. Das „Scheitern des Physikunterrichts" betrifft also die Mehrheit der Schülerinnen und Schüler, die das Fach Physik nicht studieren.

---

1 Eine frühere Version dieses Artikels ist im Tagungsband der GDCP 2009 erschienen: Starauschek, E. (2010). Hat die physikalische Sachstruktur einen Einfluss auf das Lernen von Physik? In: Höttecke, D. (Hrsg.): Entwicklung naturwissenschaftlichen Denkens zwischen Phänomen und Systematik. Berlin: LIT-Verlag, S. 36–55.

2 Im Augenblick versucht eine Videostudie im Dreiländervergleich dem finnischen Physikunterricht auf die Spur zu kommen (Geller et al., 2007).

Es wird hier nicht das Ziel verfolgt, mögliche Antworten auf die Frage nach den Ursachen für gelingenden – oder eben auch scheiternden – Physikunterricht zu diskutieren. Die Unterrichtsforschung der letzten zwanzig Jahre (z. B. Helmke, 2003) und ihre fachdidaktisch orientierten Zweige (z. B. Pauli & Reusser, 2006 für den Mathematikunterricht) haben eine Reihe von Merkmalen für guten Unterricht nachgewiesen. Eine Reihe vielversprechender Unterrichtsansätze aus der Physikdidaktik, die zumindest unter kontrollierten Bedingungen und bei Erprobungen zu Lernerfolgen führen, und Videoaufnahmen von erfolgreichem Unterricht liegen vor. Inzwischen sind in der Physikdidaktik einige wichtige Faktoren oder Variablen für gelingenden Unterricht identifiziert (z. B. Duit, 2006, S. 88), die über allgemeine Aussagen hinausgehen, und spezifisch physikdidaktisch ausgeprägt sind, z. B. das Anknüpfen an Schülervorstellungen und die Konstruktion kognitiv anregender Aufgaben.

Was der Physikdidaktik fehlt, sind tragfähige, erprobte und akzeptierte Modelle oder zumindest Teilmodelle von Physiklernprozessen, mit denen verlässlich Auswirkungen von Physikunterricht oder anderer, auch nichtintentionaler, sozialisationsgesteuerter, lebensweltlicher, informeller Lernumgebungen, in denen Physiklernen stattfindet, auf Populations-, auf Klassen- und auf Individualebene vorhersagen können. Die von der Unterrichtsforschung vorgeschlagenen theoretischen Rahmen (z. B. Helmke, 2003, S. 42) weisen einen hohen Komplexitätsgrad auf und erreichen – wie mir scheint – nicht die Qualität von Modellen, mit denen sich Lernerfolg in der Domäne Physik zuverlässig vorhersagen lässt. Von der Zuverlässigkeit der Vorhersagen physikalischer Modelle sind sie noch weit entfernt. Möglicherweise ist dies aus Gründen, die in der Natur der Sache liegen, auch nur in einer Näherung möglich. Zwar liegen Studien vor, die varianz- oder pfadanalytisch Zusammenhangshypothesen testen und allgemeine Faktoren des Lernerfolgs identifizieren – so kommt z. B. Hattie (2003) zu dem einfachen Ergebnis, dass die entscheidenden Bedingungen für den Lernerfolg Intelligenz und Vorwissen der Lernenden sowie Lehrer- und Unterrichtsmerkmale sind – aber auch hier fehlen z. B. auf der Individualebene verlässliche Logit- oder Probit-Modelle, in denen wesentliche Prädikatoren des Unterrichts[3] identifiziert und verrechnet werden, um z. B. vorherzusagen, ob ein Schüler gerne Physik lernt und einen Beruf im naturwissenschaftlich-technischen Feld ergreift.

Lässt sich aus der physikalischen Modellbildung etwas über die Fachdidaktische lernen? Eine der entscheidenden Besonderheiten der physikalischen Modellbildung liegt in der „Sparsamkeit", der Reduktion der Beschreibung: Die Physik sucht zuerst das einfachste oder auch mehrere einfache Modelle, mit denen sich die wesentlichen Züge eines Zusammenhanges beschreiben lassen. Diese einfachsten Modelle können dann durch Verfeinerungen weiter entwickelt werden, bis die Vorhersagen des Modells möglichst gut mit den gemessenen Werten übereinstimmen. Die in sich plausiblen Rahmenmodelle für Unterricht oder auch für Schulsysteme scheinen hingegen darauf abzuzielen, Lernprozesse in ihrer Komplexität zu erfassen und abzubilden. Hier zeigt sich ein wirkliches oder scheinbares Dilemma. Denn es ist eine offene Frage, ob es einfachste und ökonomische Modelle – vergleichbar mit denen der Physik – gibt, die zentrale Mechanismen von Unterricht

---
3 Soziologische Prädikatoren wie der sozioökonomische Status sind dagegen bekannt.

beschreiben. So zeigen z. B. die Untersuchungen zum Mathematikunterricht über den Satz das Pythagoras (Hugener et al., 2006) eher ein Vielzahl kleiner Faktoren, die den Unterricht beeinflussen.

Gegen einfachste Modelle spricht die inzwischen akzeptierte Einschätzung, dass es *das Eine*, auf einen oder wenige Faktoren reduzierte, erfolgreiche und verbindliche Modell guten Unterrichts nicht gibt: „Guter Unterricht ist niemals dogmatisch, folgt niemals starren methodischen Prinzipien, sondern muss immer eine Balance darstellen" (Helmke 2003, S. 238). Schon die ersten großen Unterrichtsstudien, etwa die SCHOLASTIK-Studie (z. B. Weinert & Helmke, 1996) machen deutlich, dass guter Unterricht eine Varianz in den ihn beschreibenden Variablen aufweist. Die Unterrichtsvariablen spannen einen weiten Raum auf, der vielfältige Kombinationen von Ausprägungen der Unterrichtvariablen umfasst, die zu guten Lernergebnissen führen. Damit gibt es *den* ‚guten Unterricht' nicht; wohl aber den schlechten, wenn bestimmte notwendige Bedingungen nicht erfüllt sind. So ist z. B. eine ausreichende Strukturierung notwendig, um Unterrichtserfolge wahrscheinlich zu machen.

Obwohl nach dem bisherigen Stand eher multifaktorielle Modelle zur Beschreibung von Unterrichtsgeschehen zu favorisieren sind, lässt sich durchaus fragen, ob sich nicht Unterrichtsmodelle denken lassen, in denen wenige Variablen Effekte ausreichend aufklären, wenn bestimmte notwendige Voraussetzungen, wie z. B. die Berücksichtigung der Schülervorstellungen oder sinnstiftender Kontexte, gegeben sind.

So ist z. B. die von den Lernenden ‚effektiv genutzte' Unterrichtszeit eine zentrale Variable für die Erklärung von Lernerfolg. Dies ist eine schwer zu messende Variable, die zum einen mit dem Unterrichtsangebot und der realen Unterrichtszeit korrelieren wird, und zum anderen über ATI-Effekte von Personenmerkmalen abhängt. Grundsätzlich könnte es möglich sein, auch im komplexen Bildungs- und Lehr-Lern-Geschehen idealisierte, einfache, ökonomische Modelle oder Teilmodelle zu generieren, mit denen sich die wesentlichen Züge eines Zusammenhanges beschreiben lassen. Ein Resultat, das einen neuen, vereinfachten Blick auf die Dimension Unterrichtszeit erlaubt, liefert eine Studie von Trendel, Wackermann & Fischer, (2007): Der zeitliche Rahmen einer Schulstunde mit 45 Minuten ist für die Vernetzung von neuem mit bekanntem Wissen sowie für den Wissenstransfer mit großer Wahrscheinlichkeit eher zu kurz. Selbst guter Physikunterricht wird durch organisatorische Rahmenbedingungen erschwert.

Ein essentielles Ergebnis der physikdidaktischen Forschung ist die Identifizierung der bereits erwähnten Schülervorstellungen. In der Physikdidaktik besteht der breite Konsens, dass beim Erwerb physikalischer Konzepte physikspezifische und stabil verankerte Alltagsvorstellungen berücksichtigt werden müssen, um physikalische Konzepte zu vermitteln (z. B. Duit, 1995). Dieses Ergebnis hat sich in vielen, auch methodisch unterschiedlichen Studien und Untersuchungen zwischen den 70er und 90er Jahren des letzten Jahrhunderts immer wieder gezeigt. Hierzu im Kontrast steht die ernüchternde Diagnose, dass diese Erkenntnisse bislang nur unzureichend in die Physikunterrichtspraxis eingeflossen sind.

In den letzten zehn Jahren hat die physikdidaktische Forschung sowohl national als auch international nach den 1970er und 1980er Jahren einen zweiten Schub erhalten, der insbesonders in Deutschland mit den internationalen Vergleichsstudien zusammenhängt (Zsf. z. B. Sumfleth & Fischer, 2005, Duit, 2006). Die aktuellen Forschungsfelder der Physikdidaktik sind dabei vielfältig (Fraser & Tobin, 1998, Fischer et al., 2003; Abell & Lederman, 2006). Grob lassen sich aus meiner Sicht aktuell drei Rahmenbereiche eingrenzen:

1. Die erwähnte Unterrichtsforschung: Wie wird Physik in der Schule unterrichtet? Wie wirken sich Lehrervariablen auf die Unterrichtsqualität und diese wiederum auf den Wissenserwerb, die Kompetenz- und die Interessenentwicklung der Lernenden aus? Welchen Einfluss haben Lernstrategien und Emotionen? Welches sind spezifisch physikdidaktisch wirksame Instruktionselemente im Unterricht?
2. Fragen der Untersuchung und der Evaluation von Lernprozessen auf (a) Mikro-, (b) Meso- und (c) Makroebene, d. h. (a) individuell und in kleinen Gruppen, (b) auf Klassen- und Schulebene sowie (c) auf Ebene des Bildungssystems als Ganzes.
3. Das Feld der Transferforschung: Wie können physikdidaktische Forschungsergebnisse im Physikunterricht implementiert werden? Wie kann Dissemination gefördert werden? Der dritte Bereich umfasst damit den Fragenkomplex der Lehreraus-, Lehrerfort- und Lehrerweiterbildung.

In der Unterrichtsforschung sind dabei Fragen der Modellierung von Physikunterricht, von Physik-Lehr-Lernprozessen sowie von physikalischen Kompetenzen und Kompetenzentwicklung von besonderer Bedeutung. Die Entwicklung physikalischer Kompetenzmodelle wird zurzeit intensiv vorangetrieben und kontrovers diskutiert (Labudde et al., 2009). Dabei treten Fragen der inhaltlichen Validität auf: Messen Skalen zur physikalischen Kompetenz diese tatsächlich oder wird, zugespitzt gesagt, physikalische Kompetenz nur das genannt, was Tests messen, die den psychometrischen Gütekriterien genügen?

Ein weiteres Feld, um den Physikunterricht zu verbessern, ist die systematische Entwicklung und Evaluation von Lehr-Lern-Arrangements: Welche Orchestrierungen von Unterricht führen zu welchen Lernerfolgen? Welche Strategien im Umgang mit Schülervorstellungen sind bei welchen Themen notwendig? Wie unterstützen externe Repräsentationen den Wissenserwerb und die Problemlösekompetenz? Wie sind kognitiv aktivierende Aufgaben zu gestalten? Ist die Einbettung von fachlichen Inhalten in bedeutsame oder sinnstiftende Kontexte lernförderlich? Welche Bedeutung hat die nature of science für das Physiklernen?

Zwei Themen der physikdidaktischen Forschung, die quer zum bisher benutzten Rahmen liegen, sind in den letzten 10 Jahren stärker hervorgetreten: Zum einen die außerschulischen Lernorte, zum zweiten die Frage der physikalischen Bildung im frühkindlichen Bereich und in der Primarstufe (Zsf. z. B. Eshach, 2006; Möller, 2007). Hierbei ist in Deutschland insbesondere die Frage zu beantworten, wie die naturwissenschaftliche bzw. physikalische Elementar-, Primar- und Sekundarstufenbildung aufeinander abgestimmt werden können.

Einordnung der Fragestellung in die skizzierte physikdidaktische Forschung

Welche Rolle spielt die Eingangsfrage nach dem Einfluss der Sachstruktur auf den Wissenserwerb beim Physiklernen in der aktuellen physikdidaktischen Forschung?

Erstens ist es eine relativ offene Frage, die zwar bei der Entwicklung von Unterricht eine zentrale Rolle einnimmt, aber empirisch bislang nur in Ansätzen untersucht worden ist. Zweitens ist sie für jeden Physikunterricht relevant, der physikalische Konzepte einführt, um Phänomene physikalisch zu erklären. Salopp formuliert: Irgendwann wird im Physikunterricht eine physikalische Erklärung notwendig.

Physikalische Erklärungen eines Sachverhaltes sind in der Regel jedoch nicht eindeutig. Ein Aspekt der Variabilität der Erklärungen ist dabei die physikalische Beschreibung. Die Physik lässt es zu, dass ein Phänomen physikalisch unterschiedlich beschrieben werden kann. Physikalisch sind diese Beschreibungen natürlich äquivalent. In ihren mentalen Repräsentationen und Modellen unterscheiden sie sich jedoch. Der bislang undefinierte Terminus ‚Sachstruktur' wird im nächsten Abschnitt zur ‚physikalischen Sachstruktur' bzw. zum ‚physikalisch-begrifflichen Aspekt der Sachstruktur' präzisiert, um diesem Aspekt gerecht zu werden.

Zuvor sei die historische Perspektive diskutiert, die eine Einordnung der Ausgangsfrage erleichtert: Welche Rolle spielt die Sachstruktur in der Physikdidaktik? Die Physikdidaktik ist, wie aus der allgemeinen Einleitung ersichtlich, eine relativ junge, interdisziplinäre Wissenschaft, die sowohl fachlich-physikalische Inhalte als auch pädagogisch-psychologische Aspekte des Lehrens und Lernens von Physik in gleichen Maßen im Blick haben sollte. Bis in die 1970er Jahre war die Physikdidaktik hingegen eng am Fach und seinen Inhalten orientiert und oft auf eine sogenannte Stoffdidaktik reduziert. Reine Stoffdidaktik geht mit einer Transportvorstellung vom Lehren und Lernen einher. Metaphorisch wird der ‚Stoff' direkt vom Lehrer zum Schüler übertragen. In dieser Sichtweise des Lehrens und Lernens hängt der Lernerfolg auf Lehrerseite von der Qualität seiner Erklärungen, und damit von der Sachstruktur ab. Die ‚Qualität der Erklärung' reduziert sich dabei im Extrem auf ihre physikalisch-fachliche Richtigkeit. Auf Schülerseite sind für den Lernerfolg die Bereitschaft mitzuarbeiten und das ‚geistige Verarbeitungspotenzial' der Lernenden von Bedeutung. Die reine Stoffdidaktik ignoriert, dass der ‚Stoff' von den Lernenden verarbeitet und in die je eigenen Wissensstrukturen integriert werden muss. Diese Einsicht wurde in der Physikdidaktik mit dem konstruktivistischen Paradigma anerkannt: Physiklernen gelingt, wie schon mehrfach erwähnt, demnach nur, wenn die Schülervorstellungen beim Lernprozess berücksichtigt werden. Mit dem konstruktivistischen Paradigma treten auch andere, ‚nicht-fachliche' Variablen in den Fokus, z. B. die Frage nach dem Schülerinteresse und schülergemäßen Themenkontexten. Die Fragen der alten Physikdidaktik nach der Wirkung von Erklärungen und der Neustrukturierung von Inhalten rücken dabei in den Hintergrund der Forschung und Entwicklung. Pointiert gesagt: Hatte die ‚Stoffdidaktik' die Lernprozesse vernachlässigt und ‚die Struktur der Inhalte' unangemessen bevorzugt, so werden im konstruktivistischen Umschwung die nicht-fachlichen Variablen der Lernprozesse überbetont und ‚die Struktur der Inhalte' vernachlässigt.

Fragen der Sachstruktur spielen, wie noch gezeigt wird, auch in konstruktivistischen Lernumgebungen eine wichtige Rolle. Insgesamt sind jedoch die Forschungsarbeiten zur Untersuchung der Wirkung von Sachstrukturen auf den Lernerfolg, im Vergleich zu anderen Fragestellungen, unterrepräsentiert. Dies überrascht, da unter dem Blickwinkel der Schülervorstellungen die Frage nach der Wirkung der Sachstruktur zentral ist: Wie soll ein Unterricht inhaltlich strukturiert sein, der Schülervorstellungen berücksichtigt? In diesem Zusammenhang fragt Wiesner (2006) polemisch: „Schülervorstellungen – eine vergessene Modeströmung der Physikdidaktik?"

Die Frage nach der Sachstruktur ist eine relevante Frage, da sie im Grunde bei jeder Erklärung im Lehr-Lern-Prozess vorkommt. Physikalische Erklärungen können im Physikunterricht nicht vermieden werden, da die Lernenden in der Regel die Physik hinter einem Phänomen nicht einfach von alleine erkennen. Damit wäre noch zu untersuchen und zu klären, welches die Merkmale guter Erklärungen sind. Analog zur Unterrichtsforschung wird es *die Eine* gute Erklärung – noch dazu für alle Lerner – nicht geben. Realistischer ist die Annahme einer Reihe gleichwertiger Erklärungen, die für verschiedene Lerner unterschiedlich geeignet sind.

Präzisierung des Terminus ‚Sachstruktur' – Einführung der Termini ‚physikalische Sachstruktur' und ‚unterrichtliche Sachstruktur'

In der Eingangsfrage nach dem Einfluss der Sachstruktur auf den Wissenserwerb bleibt der Begriff der ‚physikalischen Sachstruktur' bislang unscharf. Mit Hilfe des theoretischen Rahmens der Didaktischen Rekonstruktion (Kattmann et al., 1997) lässt sich das Konstrukt ‚physikalische Sachstruktur' verorten und präzisieren. Bei der Didaktischen Rekonstruktion „werden fachliche Vorstellungen, wie sie in Lehrbüchern und anderen wissenschaftlichen Quellen Ausdruck finden, mit Schülerperspektiven so in Beziehung gesetzt, dass daraus ein Unterrichtsgegenstand entwickelt werden kann." (Kattmann et al., 1997, S. 3):

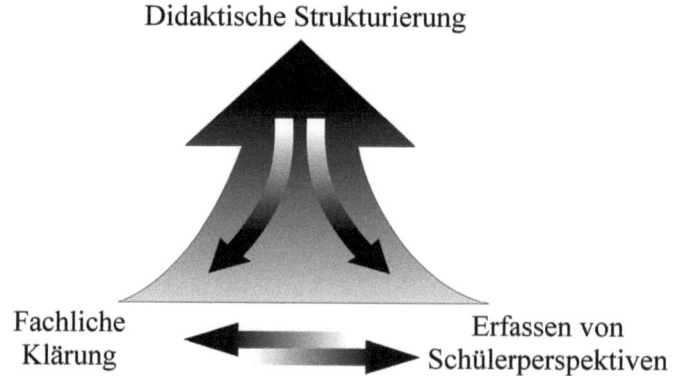

Abb. 1: Fachdidaktisches Triplett: Beziehungsgefüge der Teilaufgaben im Modell der Didaktischen Reduktion (Bild aus: Kattmann et al., (1997))

Duit benutzt in einer späteren, pragmatisch ausgerichteten Arbeit (Duit, 2004) eine Terminologie, in der er die Didaktische Rekonstruktion auf Strukturen bezieht.[4] Aus der Sachstruktur der Physik werden, in fachlicher Klärung über die Elementarisierung, die essentiellen Ideen des jeweils betrachteten physikalischen Inhalts herausgearbeitet, aus dem dann unter der Berücksichtigung der Schülervorstellungen eine Sachstruktur für den Unterricht gestaltet werden soll. Das Wort ‚Struktur' wird dabei unterschiedlich verwendet: Als Sachstruktur der Physik und als didaktische Struktur. Zuerst sei geklärt, was mit der Struktur der Physik oder der physikalischen Sachstruktur gemeint ist. Kattmann et al. (1997) halten dies – für einen ordnenden Rahmen angemessen – offen, „wie sie in Lehrbüchern und anderen wissenschaftlichen Quellen Ausdruck finden." Die Terminologie der Didaktischen Rekonstruktion suggeriert mit diesem Satz, dass es *eine* physikalische Sachstruktur gäbe. Der didaktischen Strukturierung scheint die Vielfalt hingegen inhärent

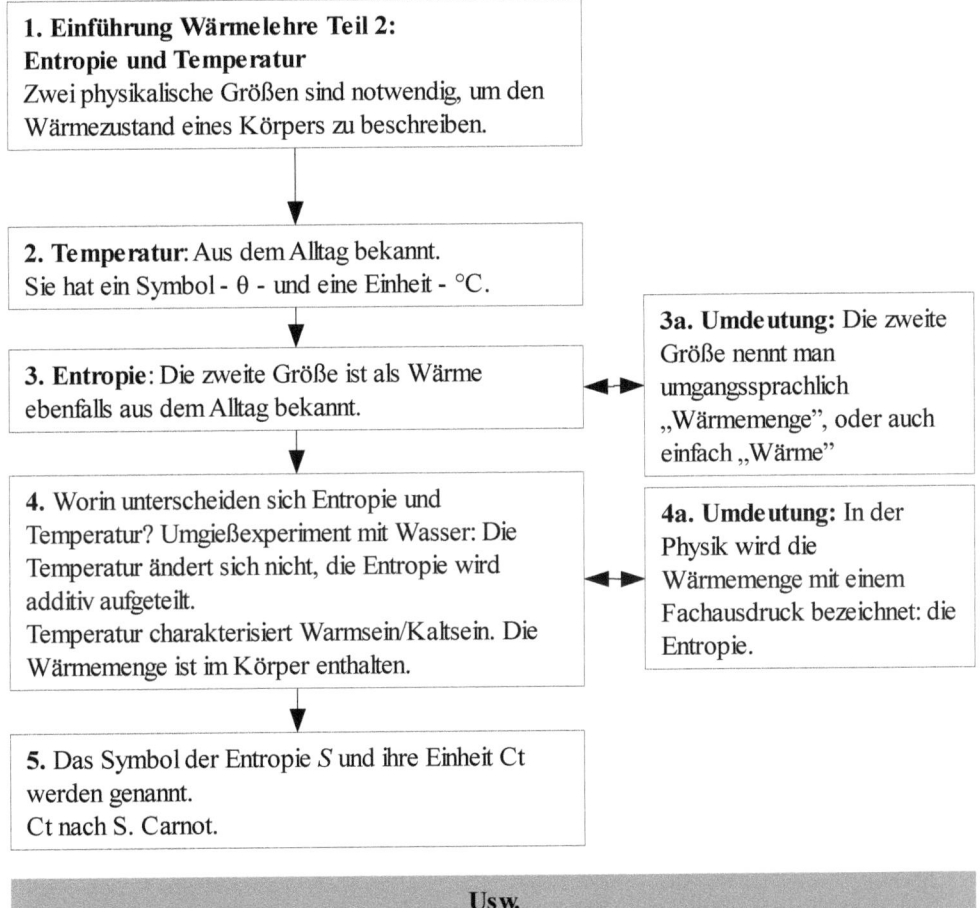

Abb. 2: Ausschnitt aus einem Diagramm der unterrichtlichen Sachstruktur für einen Teil des Lernprogramms zur entropischen Wärmelehre (s. u.)

zu sein, da viele didaktische Wege denkbar sind. Der Vollständigkeit halber sei erwähnt, dass auch von der Struktur der Schülervorstellungen die Rede sein sollte.

In Anlehnung an Duit (2004) und Müller & Duit (2004) wird die didaktische Strukturierung auf konkreten Unterricht fokussiert und von einer unterrichtlichen Sachstruktur gesprochen. Müller & Duit (2004, S. 149) verstehen hierunter die Struktur der Inhalte, die im Unterricht oder bei einem Lehr-Lern-Prozess vermittelt werden; d. h. wann werden im Unterricht welche Aussagen, Begriffe, Prinzipien, Beispiele, Anwendungen, Arbeitsweisen etc. wie verwendet und in welchen Beziehungen stehen sie zueinander? Dabei ist im konkreten Unterricht zwischen der geplanten, idealtypischen und der tatsächlich beobachtbaren Sachstruktur zu unterscheiden. Abbildung 2 zeigt als Beispiel für eine unterrichtliche Sachstruktur einen Teil des im weiteren Verlauf beschriebenen Lernprogramms.

Die Analyse der Strukturen der Physik erlaubt, wie oben schon angedeutet, eine weitere Variation der unterrichtlichen Sachstrukturen unter dem Blickwinkel der verwendeten physikalischen Begriffe und damit auch der physikalischen Größen. Dies ist möglich, da sich gleiche Phänomene oder Phänomenklassen physikalisch unterschiedlich fassen lassen. In der klassischen Mechanik nimmt z. B. in der Regel die Kraft eine zentrale Stellung ein. Die Phänomene der Bewegungen lassen sich aber auch mit einer Mechanik beschreiben, die eine physikalische Größe Kraft nicht verwendet und stattdessen mit Impulsströmen arbeitet (diSessa, 1980; Falk & Herrmann, 1982). Auf der Ebene der symbolischen Repräsentation durch Formelzeichen und mathematische Gleichungen lassen sich die Beschreibungen ineinander überführen und sind damit äquivalent. Experten verwenden in der Regel mehrere, sich begrifflich unterscheidende physikalische Beschreibungen, da deren Problemlösepotenzial variiert.

Durch unterschiedliche physikalische Begriffe haben Novizen dabei verschiedene Möglichkeiten, um an das Vorwissen und damit an die mentalen Repräsentationen anzuknüpfen. Damit kann vom physikalisch-begrifflichen Aspekt der unterrichtlichen Sachstruktur – oder auch kurz von der physikalischen Sachstruktur[5]– gesprochen werden: An einem ersten Beispiel der einfachen Wärmelehre soll, in Konkretisierung der Eingangsfrage, die folgende *Forschungsfrage* untersucht werden:[6]

---

5 Der Terminus Sachstruktur im weiteren Sinn soll dabei mentale Konstruktionen im Kontext einer Autor-Bildtext-Leser-Relation implizieren. Der Autor externalisiert seine mentale Wissensstruktur in Form eines Bildtextes. Über den Bildtext (re-)konstruiert der Leser unter Einbeziehung seines Vorwissens, eine eigene mentale Repräsentation der mentalen Repräsentation des Autors. In diesem Sinn kann vereinfachend von der mentalen Repräsentation der Inhalte eines Textes oder einer Sachstruktur gesprochen werden. Lernen hat in dieser Sichtweise stattgefunden, wenn ein Leser eine dem Inhalt des Textes und damit der mentalen Repräsentation des Autors sich annähernde mentale Repräsentation aufgebaut hat (Schnotz, 1994, S. 18). Die vorgenommene Rekonstruktion ist dabei keine eindeutige Abbildung: Die Grenzen zwischen Verstehen, Irrtum und Missverstehen sind fließend. Der Terminus Sachstruktur bezeichnet also auch eine Menge von Sachstrukturen, die sich im Grad ihrer Verwandtschaft unterscheiden. Dies sei im Folgenden bei den Termini unterrichtliche Sachstruktur und physikalisch-begrifflicher Aspekt der unterrichtlichen Sachstruktur mitgedacht.

6 Zur einfachen Wärmelehre zählt die physikalische Beschreibung der folgenden Basisphänomene: (a) Die „Warmheit" eines Gegenstandes, (b) der Temperaturausgleich zwischen zwei Körpern unterschiedlicher Temperatur, (c) die Abkühlung eines Körpers unter die Umgebungstemperatur, (d) der Zusam-

Beeinflusst der physikalisch-begriffliche Aspekt der unterrichtlichen Sachstruktur den Wissenserwerb in der einfachen Wärmelehre?

Der Kern des Designs zur Beantwortung der Forschungsfrage ist eine Vergleichstudie. Da das Vorwissen eine entscheidende Variable ist, die den Wissenserwerb moderiert, wird auch der Einfluss des Vorwissens der Lernenden untersucht. Um Lehrer- und Unterrichtseffekte soweit wie möglich auszuschließen, arbeiten die Lernenden an Einzelplätzen mit einem linear strukturierten Lernprogramm, das aus einzelnen Seiten mit Bildtexten aufgebaut ist. Die Arbeit mit dem Lernprogramm erfolgt selbstgesteuert, im eigenen Lerntempo.

Die Untersuchung weist auch einen Modellierungsaspekt von Unterricht auf: Die Laborsituation stellt ein vereinfachtes Modell für Unterrichtssituationen dar. Wenn diese Lernumgebung ‚funktioniert', was sich über die Größe der Lernzuwächse heuristisch einschätzen ließe, dann wäre dies ein Schritt zur Komplexitätsreduktion. Die Lernenden könnten sozusagen unbehelligt von den üblichen Störungen und Ablenkungen des Unterrichts ihre Wissensstrukturen aufbauen. Die Aufgabe wäre dann – im Umkehrschluss – nach Veränderungen in der Praxis zu suchen, damit der Lernprozess nicht nur unter Laborbedingungen sondern auch unter Praxisbedingungen möglich wird.

Stand der Forschung zum Einfluss des physikalisch-begrifflichen Aspekts der unterrichtlichen Sachstruktur auf den Wissenserwerb

Insgesamt ist die Datenbasis für die Bewertung der Wirksamkeit von unterrichtlichen Sachstrukturen und ihrer physikalisch-begrifflichen Aspekte für den Aufbau mentaler Repräsentationen schmal. Die zu den verschiedenen Teilgebieten der Schulphysik vorliegenden Untersuchungen stammen überwiegend aus der Münchner Schule um Wiesner:

- Optik (Herdt, 1990; Wiesner, 1995; Weber, 2003)
- E-Lehre (Gleixner, 1998)
- Wärmelehre (Bader 2001; Starauschek, 2002)
- Mechanik (Wilhelm et al.; im Druck)
- Atombegriff Sek. II (Petri & Niedderer, 2001; Budde, 2004)

Die genannten Studien – mit Ausnahme von Petri & Niedderer (2001) und Budde (2004) – vergleichen zwei Arten Physikunterricht mit unterschiedlich physikalisch-begrifflichen Aspekten. Jedoch liegen in den Untersuchungen Konfundierungsproblematiken hinsichtlich der Variable unterrichtliche Sachstruktur und anderer Unterrichtsvariablen vor, sodass nicht mit Sicherheit auf einen Wirkmechanismus geschlossen werden kann. Diese Studien weisen auf einen Einfluss der Sachstruktur auf den Wissenserwerb hin. Starauschek (2002) hat in einer quasiexperimentellen Untersuchung den Physikunterricht in Mechanik, Wärme- und Elektrizitätslehre, der nach Konzepten des Karlsruher Physikkurses (Herrmann, 1998) erteilt wurde, mit traditionellem Physikunterricht verglichen, ohne die Sachstruktur im Unterricht objektiv zu kontrollieren. Die Ergebnisse deuten ebenfalls auf einen Einfluss der physikalischen Sachstruktur auf den Wissenserwerb hin; insbesondere für eine Wärmelehre, die die physikalische Größe Entropie verwendet.

---

menhang zwischen irreversiblen Prozessen und der dabei auftretenden Erwärmung durch Reiben, chemische Reaktionen oder elektrischen Strom. Dabei werden nur flüssige oder feste Körper betrachtet.

Für den Einfluss der physikalisch-begrifflichen Aspekte der Sachstruktur auf den Lernprozess sprechen auch Lernprozessstudien zur Entwicklung des Atombegriffs in der Sekundarstufe II, die auf Resonanzen zwischen den Vorstellungen der Lernenden und bestimmten physikalischen Konzepten hinweisen (Petri & Niedderer, 2001; Budde, 2004). In diesen beiden Studien sind die Fallzahlen jedoch klein.

Ergebnisse der physikdidaktischen Forschung zum Wissenserwerb von Inhalten der Wärmelehre und der Entwicklung von Unterrichtskonzepten zur Wärmelehre

Auch die Wärmephänomene lassen sich auf mehrere Arten physikalisch beschreiben und weisen daher unterschiedliche physikalisch-begriffliche Aspekte auf. Es sollen im Weiteren nur Konzepte einbezogen werden, die zur phänomenologischen Thermodynamik zählen. Beschreibungen mit Teilchenvorstellungen oder mit der statistischen Physik sollen nicht betrachtet werden.

Die Schülervorstellungen zur einfachen Wärmelehre mit thermodynamischen Konzepten sind gut erforscht (Duit, 1986a). Die in der Physikdidaktik hinlänglich bekannten Schwierigkeiten der Lernenden mit Konzepten der traditionellen Wärmelehre, die von der Sekundarstufe bis in die Vorlesungen an den Universitäten reichen (z. B. Rang, 1970, 1981; Duit, 1986a; van Roon, van Sprang & Verdonk, 1994), sollen noch einmal exemplarisch am Begriff der Wärme gezeigt werden: Wird ein Körper erwärmt, so wird ihm in traditioneller Lesart Wärme zugeführt. Die Wärme, die dem Körper zugeführt wurde, ist aber im Allgemeinen nicht in ihm enthalten. Zur Bilanzierung muss die innere Energie des Körpers betrachtet werden. Dies widerspricht der in der Alltagssprache angelegten mengenartigen Vorstellung, die glaubt, dass in einem Körper auch die Wärme enthalten ist, die ihm zugeführt wurde.

Eine frühe Reaktion zur Vermeidung dieser Schwierigkeiten war die Entwicklung einer Wärmelehre ohne die physikalische Größe ‚Wärme', die durch die physikalische Größe Entropie ersetzt wird (Job, 1972). Diese soll im Weiteren kurz die entropische Wärmelehre oder das entropische Konzept heißen. Darüberhinaus finden sich Ansätze, die auf das Wort ‚Wärme' sowohl als physikalische Größe als auch als Fachausdruck verzichten und stattdessen die Größe ‚thermische Energie' verwenden (z. B. Barrow, 1988). Sie sollen im Folgenden energetisch-akalorische Konzepte heißen. In der Studie wird die Wirkung der beiden Konzepte auf den Wissenserwerb verglichen.

Anlage und Design der Studie
Untersuchungsdesign
Die Wirkung der unterschiedlichen physikalisch-begrifflichen Sachstrukturen auf den Wissenserwerb wird mit einem 2x2-Design untersucht und varianzanalytisch ausgewertet (vgl. Tab. 1). Die unabhängigen Variablen sind (1) die unterrichtliche Sachstruktur, mit den Ausprägungen der physikalisch-begrifflichen Aspekte entropische und energetisch-akalorische Wärmelehre, und (2) das themenbezogene Vorwissen in den Ausprägungen hoch versus niedrig. Als abhängige Variable dient der Wissenserwerb. Die Differenzierung des Vorwissens wird durch *split half* mit Hilfe der Pre-Test-Ergebnisse vorgenommen.

	Physikalisch-begrifflicher Aspekt der Sachstruktur	
Themenbezogenes Vorwissen (VW)	Experimentalgruppe 1 Entropische Wärmelehre VW hoch	Experimentalgruppe 2 energetisch-akalorische Wärmelehre VW hoch
	Experimentalgruppe 3 Entropische Wärmelehre VW niedrig	Experimentalgruppe 4 energetisch-akalorische Wärmelehre VW niedrig

Tab. 1

Bislang wurde nur eine Pilotstudie durchgeführt. Der Follow-Up-Test der Pilotstudie ist noch nicht ausgewertet. Es wird also über eine Pre-Post-Untersuchung berichtet. Die Hauptstudie findet zurzeit statt. Nach dem referierten Stand der Forschung ist ein Vorteil für die entropische Wärmelehre zu erwarten.

Operationalisierung der unabhängigen Variablen physikalisch-begrifflicher Aspekt der Sachstruktur
Der entropische und der energetisch-akalorische Ansatz zur einfachen Wärmelehre werden hinsichtlich des Wissenserwerbs miteinander verglichen. Die Ansätze unterscheiden sich damit aus einer formalen Perspektive in der Wahl der physikalischen Größen, mit denen physikalisch äquivalent Phänomene beschrieben werden können. Die entropische Wärmelehre verwendet als zentrale physikalische Größen die Entropie und die Temperatur. Dabei ist die Entropie eine extensive oder mengenartige physikalische Größe, die Temperatur eine intensive physikalische Größe. Der energetisch-akalorische Ansatz führt die thermische Energie und die Temperatur ein.

Die Operationalisierung des physikalisch-begrifflichen Aspekts der Sachstruktur wird in den folgenden Abschnitten genauer gezeigt. Sie beruht auf der Gestaltung von zwei Lernprogrammen, die sich soweit wie möglich nur im physikalisch-begrifflichen Aspekt der Sachstruktur unterscheiden.

Ergänzende Bemerkung

Entropie und thermische Energie sind – abgesehen von ihren unterschiedlichen Erhaltungseigenschaften – streng genommen nicht analog zueinander. Die Entropie ist eine echte extensive Größe, die thermische Energie nicht. Sie ist eine Energieform. Eine Energieform kann nur unter sehr bestimmten Bedingungen wie eine extensive Größe behandelt werden. In der Physikdidaktik ist diese Problematik bekannt.[7] Bei den Erklärungen im Lernprogramm mit dem energetisch-akalorischen Konzept wird, wenn dies physikalisch notwendig ist, wie über eine Energieform gesprochen, jedoch billigend in Kauf genommen, dass die thermische Energie als extensive Größe angesehen wird. Damit ist der Vergleich der beiden Konzepte unter diesen, der Didaktik und der Forschungsfrage geschuldeten Einschränkungen, fair. Die Basisphänomene der Wärmelehre lassen sich mit einigen wenigen Ausnahmen in beiden Konzepten so beschreiben, dass die unterrichtliche Sachstruktur hinreichend ähnlich, sogar weitgehend identisch ist.

Inhalte des Lernprogramms

Folgende Themen der einfachen Wärmelehre werden mit beiden Konzepten erklärt:

(a) Einführung in die Wärmelehre bzw. Einführung der Energie und der thermischen Energie
(b) Die physikalischen Größen Entropie (bzw. thermische Energie) und Temperatur und deren Eigenschaften
(c) Temperaturausgleichsvorgänge: Entropie (bzw. thermische Energie) strömt
(d) Die Wärmepumpe
(e) Die absolute Temperatur
(f) Irreversible Prozesse: Entropieerzeugung bzw. Energiedissipation
(g) Wärmeleitung und Temperaturempfinden: Die Größe des Entropiestromes bzw. des Stromes der thermischen Energie

Die unterrichtliche Sachstruktur folgt im Wesentlichen einer Version der entropischen Wärmelehre für die Sekundarstufe I (Herrmann, 1998). Die Abbildung 2 zeigt einen Teil der unterrichtlichen Sachstruktur für das zweite Thema (b). Die unterrichtliche Sachstruktur kann für die energetisch-akalorische Wärmelehre unter den genannten Einschränkungen übernommen werden. Der entscheidende Unterschied zwischen den beiden Konzepten findet sich bei der Einführung der extensiven Größe: Die Entropie wird beim entropischen Konzept über die Umdeutung aus der Alltagsvorstellung Wärme gewonnen. Beim energetisch-akalorischen Konzept wird das Wort Wärme nicht verwendet.[8]

---

7 Sie soll hier nicht weiter ausgeführt werden. Ein bekanntes Beispiel zur Illustration der Problematik: Führt man einem Gas in einem Gefäß mit beweglichem Kolben Wärme oder thermische Energie zu, so verrichtet der Kolben an der Atmosphäre Arbeit oder thermische Energie wird in mechanische Energie umgewandelt – die zugeführte thermische Energie steckt also nicht mehr vollständig im Kolben. Die Größe Entropie bringt diese Schwierigkeiten nicht mit sich. Sie erfordert jedoch an anderer Stelle didaktische Zugeständnisse: Da bei irreversiblen Prozessen Entropie erzeugt wird, ist die Entropie bei Temperaturausgleichsprozessen nur näherungsweise als Erhaltungsgröße anzusehen.

8 Eine Inkonsistenz tritt in Teil (d) Wärmepumpe auf. Hier wird die Alltagsbezeichnung allerdings nur im Titel benutzt. Im Text selbst wird verkürzend aber im Kontext eindeutig zur thermischen Energie zuordenbar von der Energiepumpe gesprochen (vgl. Tab. 1).

Hat die physikalische Sachstruktur einen Einfluss auf das Lernen von Physik? 229

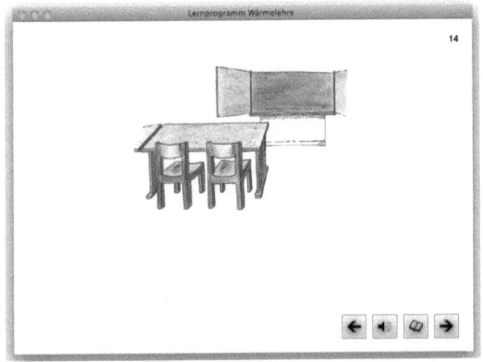
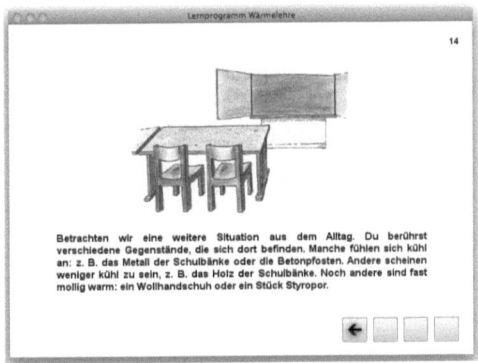

Abb. 3a (im Original farbig)   *Abb. 3b (im Original farbig)*

Damit werden Ergebnisse der Schülervorstellungsforschung aufgegriffen: Lernende haben Schwierigkeiten zwischen der intensiven Größe Temperatur und einer weiteren extensiven Größe zu unterscheiden (Duit, 1986a). Zur physikalischen Beschreibung der „Warmheit" eines Körpers sind zwei physikalische Größen notwendig: Die Temperatur als Größe, die sich bei der Zusammensetzung eines Systems nicht ändert, und eine weitere mengenartige Größe, die Entropie oder die quasiextensive thermische Energie, deren Werte sich bei einer Systemzusammensetzung addieren. In der Alltagssprache – und damit auch im Alltagsdenken – sind sowohl der intensive Aspekt der Wärme (heiß/kalt) als auch der der extensive (viel/wenig Wärme) angelegt. Die ‚Wärme' wird im Alltag ebenfalls mit energetischen Aspekten in Verbindung gebracht, sodass eine Umdeutung sowohl in die entropische als auch die energetische Richtung möglich ist. Im nächsten Abschnitt wird diskutiert, ob die Umdeutungen unterschiedliche Wirkungen haben können.

Die unterrichtlichen Sachstrukturen für die Themen (b, c, d, e, g) unterscheiden sich wenig; Unterschiede bestehen nur im physikalisch-begrifflichen Aspekt. Die unterrichtlichen Sachstrukturen bei der Einführung in die Wärmelehre (a) unterscheiden sich hingegen stark, da beim energetisch-akalorischen Konzept die thermische Energie als Spezialfall des allgemeinen Energiebegriffs eingeführt wird. Die Energie kommt beim entropischen Konzept der einfachen Wärmelehre nicht vor.

Der Energiebegriff knüpft beim energetisch-akalorischen Konzept an die Schülervorstellung der Energie als universellen Treibstoff an (Duit, 1986b). Thema (a) folgt einem aktuellen Physiklehrbuch mit energetisch-akalorischem Ansatz (Muckenfuß & Nordmeier, 2006). Das Thema (f) über die ‚Wärmeerzeugung und die irreversiblen Prozesse' unterscheidet sich aus physikalischen Gründen ebenfalls in der unterrichtlichen Sachstruktur. Beim entropischen Konzept wird bei einer Verbrennung (chemische Reaktion), durch mechanische Reibung oder in einem Draht, durch den ein elektrischer Strom fließt, Entropie erzeugt. Beim energetisch-akalorischen Konzept wird Energie dissipiert.

Wie erscheinen diese Unterschiede den Lernenden im Lernprogramm? Die Lernenden sehen aufeinander folgende Bildtexte (vgl. Beispiele in Abb. 3a, b). Die Bilder in den

Bildtexten sind in beiden Konzepten für beide Lerngruppen – bis auf die Einführung in die energetisch-akalorische Wärmelehre – gleich. Die Unterschiede finden sich in den Texten. Tabelle 2 zeigt ein typisches Beispiel.

Der Vergleich in Tabelle 2 zeigt zwei wesentliche Merkmale: 1) In den ‚identischen' Textpassagen stehen in der Regel an der Stelle des Wortes ‚Entropie' die Wörter ‚thermische Energie'. Dies trifft für die überwiegende Zahl der Sätze zu. 2) Aus didaktischen Gründen wird der Text mit dem Terminus ‚thermische Energie' an einigen Stellen ergänzt. Im gewählten Beispiel scheint der Hinweis, dass eine Energiepumpe zum Pumpen zusätzliche Energie braucht, im Energiekonzept angebracht, um den Eindruck eines Perpetuum Mobiles zu vermeiden: Eine Energiepumpe, die einfach thermische Energie aus dem Kühlschrank herauspumpt, könnte als unerschöpfliche Energiequelle angesehen werden. Zwar benötigt die Entropiepumpe auch Energie, dies wird aber an dieser Stelle nicht thematisiert, da von der Energie im Lernprogramm mit dem entropischen Konzept nicht die Rede ist.

Textbeispiel: Version im entropischen Konzept	Textbeispiel: Version im energetisch-akalorischen Konzept
Fassen wir das Wichtigste noch einmal zusammen. Du solltest wissen,	Fassen wir das Wichtigste noch einmal zusammen. Du solltest wissen,
1. dass Entropie auch von Stellen niedriger zu Stellen höherer Temperatur strömen kann. Allerdings nicht von selbst.	1. dass thermische Energie auch von Stellen niedriger zu Stellen höherer Temperatur strömen kann. Allerdings nicht von selbst.
2. dass man dazu eine Wärmepumpe braucht. Beispiele dafür findest du im Alltag: z. B. der Kühlschrank oder die Klimaanlage.	2. dass man dazu eine Energiepumpe braucht. Beispiele dafür findest du im Alltag: z. B. der Kühlschrank oder die Klimaanlage.
	3. um die Energiepumpe zu betreiben, braucht man zusätzliche Energie.

Tab. 2

Warum sollen unterschiedliche physikalisch-begriffliche Erklärungen zu unterschiedlichen Lernergebnissen führen? Die beiden physikalisch-begrifflichen Aspekte der unterrichtlichen Sachstruktur, die sich aus der Wahl der physikalischen Größen – und damit aus der physikalischen Sachstruktur – ergeben und mit denen die Basisphänomene der Wärmelehre bei flüssigen oder festen Körpern beschrieben werden können, wurden dargelegt. In beiden Fällen[9] treten eine extensive physikalische Größe – die Entropie oder die thermische Energie – und die Temperatur auf. Aus dieser Wahl ergeben sich aus sachlogischen Gründen Unterschiede in der unterrichtlichen Sachstruktur: So ist die Energie eine Erhaltungsgröße, der Wert der Entropie kann hingegen auch zunehmen und tut dies in der Regel. Die Beschreibung irreversibler Vorgänge mit der thermischen Energie unterscheidet sich damit von der Beschreibung mit der Entropie.

---

9 Die Einschränkung wurde weiter oben diskutiert.

Die Umdeutung des in der Alltagssprache vorkommenden extensiven Aspektes der ‚Wärme' zu ‚Entropie' bzw. ‚thermischer Energie' ist sowohl unter assoziativer Perspektive als auch beim nachfolgenden Sprachgebrauch im entropischen und im energetisch-akalorischen Konzept unterschiedlich. Beim entropischen Konzept wird das Alltagswort ‚Wärme' durch das den Lernenden unbekannte Fachwort ‚Entropie' ersetzt, der Sprachgebrauch mit der Entropie geübt und den Lernenden der Hinweis gegeben, dass sich der Fachterminus ‚Entropie' sprachlich wie das Alltagswort ‚Wärme' gebrauchen lässt. Bei der Umdeutung der ‚Wärme' zur thermischen Energie wird das Wort ‚Wärme' hingegen in die Alltagssprache verwiesen und als physikalischer Terminus vermieden. Es werden – nach einer allgemeinen Einführung in die Energie – ausschließlich die Wörter ‚Temperatur' und ‚thermische Energie' benutzt und, analog zu Temperatur und Entropie, deren Gebrauch gezeigt.

Die unterschiedlichen Assoziationsmechanismen könnten die Ursache für einen besseren Wissenserwerb mit der Entropie sein. Bei einer Umdeutung des Alltagsbegriffes Wärme in Entropie oder in thermische Energie führen die Wörter ‚thermische Energie' zu einer Reihe von nicht intendierten Assoziationen, da das Wort Energie einen weiten semantischen Bedeutungshof hat. Das Wort ‚Entropie' ist hingegen so gut wie unbesetzt, da es unbekannt ist. Dies konnte in einer Voruntersuchung gezeigt werden. Die Umdeutung könnte deshalb störungsfreier gelingen. In der angelsächsischen Physikdidaktik berichten Untersuchungen, dass Fachwörter mit weiten semantischen Bedeutungshöfen den Wissenserwerb erschweren (zsf. Wellington & Osborne, 2001, Ch. 2).

Gestaltung des Lernprogramms

Die Instruktion erfolgt in der Studie über ein – den Themen (a)-(g) gemäß – siebenteiliges, computergestütztes Lernprogramm. Es besteht aus Texten, die mit Bildern illustriert sind, die schon genannten Bildtexte. Jede Seite folgt dem Multimediaprinzip (Mayer, 2001). Auf jeder Seite des Lernprogramms hören die Lernenden zuerst den gesprochenen Text zu einem Bild (vgl. Abb. 3a). Dabei wird der Modalitätseffekt genutzt (Mayer, 2001). Mit zwei Tasten kann der Text wiederholt angehört oder nachgelesen werden (vgl. Abb. 3b).

Jeder Programmteil hat eine Länge von 15–20 Minuten und besteht aus ca. dreißig Seiten. Das Programm ist linear aufgebaut und erlaubt die Selbststeuerung des Lernprozesses. Die Bilder gehören zur Klasse der gegenständlichen, realitätsnahen Abbildungen und erfüllen eine Zeigefunktion. Sie sind, Weidenmann (2002, S. 90) folgend, überwiegend – es kommen auch einige Fotografien vor – als kolorierte Handzeichnungen gestaltet. Die Zeichnungen weisen einen niedrigen Komplexitätsgrad auf (Ballstaedt, 1997, S. 227f.), Text und Bild sind kongruent (Ballstaedt, 1997, S. 251f.), Farben und Formen als Darstellungscodes sind für alle Bilder konsistent gestaltet.

Merkmale des computergestützten Lehr-Lern-Arrangements der Untersuchung

Die sieben Teile des Lernprogramms lassen sich in drei Blöcke gruppieren, sodass die Untersuchung an drei Versuchstagen durchgeführt werden kann. Die Programmblöcke werden ohne zeitliche Limitierung bearbeitet. Im Anschluss an jeden Block können die Lernenden dem Versuchsleiter Fragen stellen, die dieser schriftlich festhält. Die Fragen werden entweder bis zur nächsten Sitzung beantwortet, oder es werden standardisierte Antworten gegeben, die bei den Vorstudien entwickelt wurden. Damit wird die Konstanz der Antworten bei den unterschiedlichen Lerngruppen gewährleistet. Nach dieser potenziellen Fragerunde finden standardisierte Übungen statt. Die Übungsaufgaben und – nach der Bearbeitung durch die Lernenden – deren Lösungen werden auf dem OH-Projektor gezeigt, sodass die Lernenden ihre Lösungen mit den Musterlösungen vergleichen können. Fragen werden auch hier standardisiert oder zeitversetzt beantwortet.

Textoberflächenmerkmale und Textverständlichkeit

Wie die Textbeispiele aus Tabelle 1 zeigen, sind die verwendeten Texte syntaktisch und semantisch bis auf die Verwendung der Wörter ‚Entropie' und ‚thermische Energie' in weiten Teilen identisch. Alle Texte[10] gleichen sich nach den Kriterien einer einfachen Analyse der Textoberflächenmerkmale: Mittlere Satzlänge, mittlerer Anteil der drei- und mehrsilbigen Worte, mittlerer Anteil der Fachwörter, Grad der persönlichen Ansprache, sowie Grad der lokalen und globalen substantivischen Textkohärenz. Diese Textoberflächenmerkmale beeinflussen zum Einen die kognitive Textverarbeitung (Schnotz, 1994). Zum Zweiten werden Bildtexte, die nach diesen Kriterien gestaltet werden, von den Lernenden als verständlich eingeschätzt (Starauschek, 2006).

Wissenstest zur einfachen Wärmelehre

Der Wissenserwerb wird mit einem Fragebogen über einen Pre-Post-Vergleich gemessen. Seine Items stammen aus drei Quellen: Items zur Erhebung von Schülervorstellungen in der Wärmelehre (Starauschek, 2002), Aufgaben zur Irreversibilität (Kesidou, 1990) sowie Items aus einem Fragebogen von Einhaus (2007). Zusätzlich wurden einige Items selbst konstruiert. Nach den ersten Vorstudien konnte ein Fragebogen pilotiert werden, der aus dreißig Items besteht, die inhaltlich valide sind. Aus diesem Fragebogen wurde bislang eine reliable Skala aus 7 Items und damit ein Summenscore von maximal 7 Punkten konstruiert ($\alpha = .722$ im Post-Test, im Pre-Test war Cronbachs Alpha zwar nicht befriedigend, mit einem Wert von $\alpha = .582$ aber ausreichend). Die Skala bildet die groben Lehrziele des Lernprogramms zumindest mit einem Item ab. Abbildung 4 zeigt ein typisches Beispiel.

Mit einer siebenstufigen Skala lassen sich nicht alle Inhalte des Lernprogramms erfassen. Bei einigen Themen lagen die Lösungswahrscheinlichkeiten im Post-Test in allen Versuchsgruppen bei allen Items aber über 0.9. Aus den 30 Items, die das inhaltliche Spektrum abdecken, ergibt sich ebenfalls eine reliable Skala, deren Trennschärfen allerdings unbefriedigend sind. Die Rechnungen mit dieser Skala bestätigen die Ergebnisse mit der Skala aus den 7 Items.

---

10 Die Ausnahme ist die sehr kurze Einleitung zur entropischen Wärmelehre, die aus drei Bildtexten und weniger als zehn Sätzen besteht – der Text ist für eine aussagekräftige sprachstatistische Analyse zu kurz.

> Stell Dir vor es ist Winter. Draußen herrscht Frost und das Thermometer zeigt –10 °C an. Eisstücke werden aus einem Tiefkühlfach entnommen, in dem eine Temperatur von –5 °C gemessen wird. Die Eisstücke werden schnell nach draußen gebracht.
>
> a) Wie wird sich draußen die Temperatur der Eisstücke verändern? Kreuze an:
> ( ) Die Temperatur sinkt.
> ( ) Die Temperatur bleibt gleich, bei –5 °C.
> ( ) Die Temperatur steigt.
>
> b) Wie erklärst Du Dir das? (Offene Frage)

Abb. 4: Beispielitem aus dem Wissenstest zur einfachen Wärmelehre

Insgesamt ist es bei heterogenen Wissenstests schwierig, Skalen zu konstruieren, die den klassischen psychometrischen Gütemaßen genügen. Ein Beispiel hierfür ist die Diskussion um das FCI (Schecker & Gerdes, 1999; Huffman & Heller, 1995).

Um für die entropische und die energetisch-akalorische Version der Wärmelehre einen gemeinsamen Pre-Test verwenden zu können, wurden bei der Testentwicklung zwei Methoden eingesetzt: 1. Die Verwendung – soweit praktikabel – offener Anwortformate, die in den Fragestellungen die Bezeichnungen thermische Energie oder Entropie nicht benötigen. 2. Bei einigen MC-Items wurde im Pre-Test das Wort ‚Wärme' verwendet, im Post-Test das Wort ‚Wärme' durch ‚Entropie' oder ‚thermische Energie' ersetzt. Da es um die Umdeutung des Alltagswortes ‚Wärme' geht, ist dieses Verfahren im Sinne der Forschungsfrage vertretbar.

Kontrollvariablen

Die intrinsische Motivation und das situative Interesse wurden nach jeder Sitzung als state-Variable mit den Kurzskalen von Berger & Hänze (2004), die durch eigene Items ergänzt wurden, gemessen. Als weitere personenbezogene Kontrollvariablen dienen das fachspezifische Selbstkonzept (Helmke, 1992), die fachspezifischen Selbstwirksamkeitserwartungen (Jerusalem & Satow, 1999) und die kognitiven Fähigkeiten, die mit je einer verbalen und nonverbalen Subskala des KFT-4-12+R Intelligenztests (Heller & Perleth, 2000) gemessen werden, sowie die Mathematik- und Deutschnote, das Geschlecht und das Alter. Die individuelle Bearbeitungszeit lässt sich mit Logfile-Dateien bestimmen.

Stichprobe

Die Stichprobe der Pilotstudie umfasst insgesamt N = 81 Schülerinnen und Schüler (Zellenbesetzungen $N_{entropisch, hoch}$ = 18, $N_{entropisch, niedrig}$ = 22, $N_{energetisch, hoch}$ = 14, $N_{energetisch, niedrig}$ = 27). Die Probanden besuchen alle das Gymnasium in Baden-Württemberg, überwiegend in Klasse 9. In den Zellen für die entropische Wärmelehre befinden sich jeweils fünf ältere Schülerinnen und Schüler der Klassenstufe 8. Etwas problematisch ist die Tatsache, dass die Zellen bis auf die beschriebene Beimischung durch Schülerinnen und Schüler einer Klasse besetzt sind. Gemildert wird dieses Manko durch die Werte der Kontrollvariablen. Die Zellen weisen – mit einer Ausnahme bei zwei Variablen – in den Kontrollvariablen statistisch gleiche Mittelwerte und Varianzen auf. Lediglich in der Zelle der Versuchsgruppe entropische Wärmelehre mit hohem Vorwissen zeigen die Jungen überdurchschnittliche Werte in der Intelligenz – und damit auch bei Deutsch- und Mathematiknote – und im Vorwissen. Die Lernenden hatten nach Auskunft der Lehrpersonen noch keinen Unterricht in der Wärmelehre erhalten, keiner der Lernenden – bis auf einen Schüler – kannte das Wort ‚Entropie'.

Erste Ergebnisse der Pilotstudie

Die Untersuchung wurde am Ende des Schuljahres 2008/09 an drei Versuchstagen durchgeführt. Die Versuchsdauer betrug insgesamt zwischen drei und vier Zeitstunden. Abbildung 5 zeigt die absoluten Ergebnisse des Wissenstests und die Wissenszuwächse für die beiden Vergleichsgruppen ohne eine Differenzierung nach dem Vorwissen. Auf dieser aggregierten Ebene zeigen sich keine statistisch signifikanten Mittelwertunterschiede zwischen der entropischen und der energetisch-akalorischen Wärmelehre. Auffällig sind die hohen Werte in Pre- und Post-Test. Insgesamt zeigen die Daten auch, dass das reduzierte Lehr-Lern-Arrangement, zumindest in der Ausnahmesituation der Untersuchung, ‚funktioniert'.

Die state-Variable Interesse weist bei keinem Messzeitpunkt signifikante Unterschiede zwischen den Versuchsgruppen auf. Bei der state-Variable Motivation findet sich beim zweiten Versuchstag bei den Lernern mit der entropischen Wärmelehre ein signifikanter Abfall im Vergleich zur Gruppe der Lerner mit der energetisch-akalorischen Wärmelehre. Die Werte beider Variablen fallen über die drei Versuchstage signifikant ab.

In Abbildung 6 sind die Lernzuwächse nach einem *split-half* der Pre-Test-Ergebnisse für die Gruppen mit hohem und niedrigem Vorwissen dargestellt. Es treten Effekte auf. Etwas überraschend erscheint bei Betrachtung der numerischen Werte ein Interaktionseffekt zu sein. Die Probanden erzielen in Abhängigkeit vom Vorwissen gegenläufige Lernzuwächse. Insbesondere Lerner mit hohem Vorwissen lernen mit der energetisch-akalorischen Wärmelehre besser. Dass es sich hier um einen Deckeneffekt bei hohem Vorwissensniveau handelt, zeigt ein Blick auf die absoluten Werte. Lernende mit hohem Vorwissen verfügen in der Versuchsgruppe entropische Wärmelehre über einen Pre-Test-Wert von 5.04 Punkten und erreichen im Post-Test 6.39 Punkte. In der Versuchsgruppe der energetisch-akalorischen Wärmelehre gehen die Lernenden mit hohem Vorwissen von 4.53 Punkten aus und erreichen im Post-Test 6.48 Punkte. Bei einer Skala, auf der maximal 7 Punkte erreicht werden können, ist der Lernzuwachs ausgeschöpft. Der Unterschied ist nicht signifikant. Das hohe Ausgangsniveau in der Versuchsgruppe entropische Wärmelehre mit hohem Vorwissen lässt sich durch den oben beschriebenen Klasseneffekt erklären: In dieser Versuchsgruppe hat sich eine Gruppe von Jungen gesammelt, die bei überdurchschnittlicher Intelligenz auch über ein überdurchschnittliches Vorwissen zur Wärmelehre verfügen. In den Versuchsgruppen mit niedrigem Vorwissen zeigen sich folgende Werte: energetisch-akalorische Gruppe, Pre-Test: 2.00, Post-Test: 4.37; entropische Gruppe, Pre-Test: 2.56, Post-Test: 5.94. Die Varianzen sind in beiden Gruppen homogen. Insgesamt zeigt sich der Einfluss des Vorwissens: Lerner mit hohem Vorwissen erreichen die höheren absoluten Ergebnisse.

Hat die physikalische Sachstruktur einen Einfluss auf das Lernen von Physik? 235

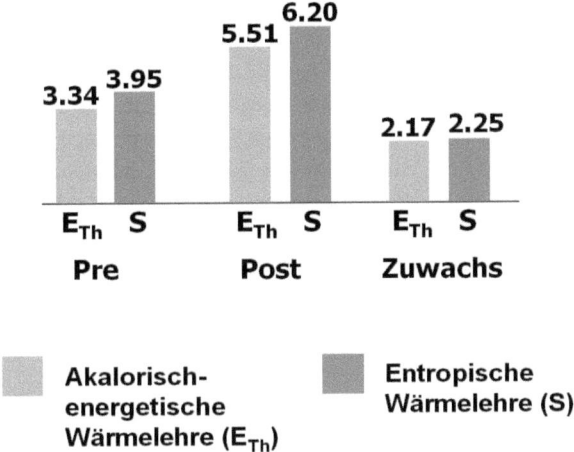

Abb. 5: Ergebnisse des Tests zur Wärmelehre, siebenstufige Skala.

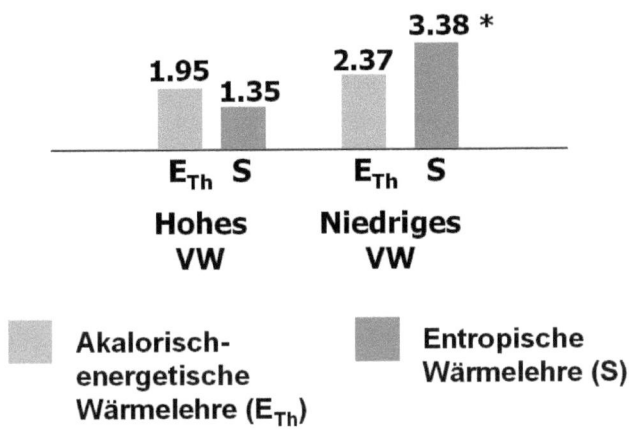

Abb. 6: Wissenszuwächse in der Wärmelehre differenziert nach dem Vorwissen

Da sich messtechnisch nur die Ergebnisse für die Versuchsgruppen mit niedrigem Vorwissen sinnvoll vergleichen lassen, wurde zum Vergleich dieser beiden Gruppen eine univariate Varianzanalyse durchgeführt. Es zeigt sich ein signifikanter Unterschied auf dem 5%-Niveau (p = .020) mit einer Aufklärung von 15% der Varianz (η^2 = .151): Lernende erzielen mit der Wärmelehre, in welcher der entropische physikalisch-begriffliche Aspekt der Sachstruktur dominiert, einen größeren Lernzuwachs als mit der Wärmelehre, die vom energetisch-akalorischen physikalisch-begrifflichen Aspekt der Sachstruktur bestimmt ist. Der Effekt ist nicht zu vernachlässigen.

Diskussion

Es zeigt sich ein erster Hinweis für den förderlichen Einfluss einer Wärmelehre mit einem entropischen physikalisch-begrifflichen Aspekt der Sachstruktur auf den Wissenserwerb. Zumindest dann, wenn das Vorwissen der Lernenden nicht zu ausgeprägt ist. Dieser Effekt zeigt sich bislang im Post-Test. Die Frage, ob er auch im Follow-Up-Test auftreten wird, bleibt offen. Bei der Verwendung von Messinstrumenten, die über eine größere Spanne messen, oder bei einem niedrigerem Ausgangsniveau in den Versuchsgruppen mit dem höheren Vorwissen, kann sich in der Hauptstudie, mit einer größeren Probandenzahl und einer sorgfältigeren Balancierung der Versuchsgruppen, durchaus noch ein Haupteffekt zeigen. Die Ergebnisse der Pilotstudie lassen mit allen genannten Einschränkungen den Schluss zu, dass die physikalische Sachstruktur einen Einfluss auf den Wissenserwerb hat.

Ist es tatsächlich der Unterschied im physikalisch-begrifflichen Aspekt, der mit den vorgestellten Methoden gemessen wird? Die Bildtexte unterscheiden sich, von den Variationen der unterrichtlichen Sachstruktur in der Sachlogik abgesehen, die dem jeweiligen physikalisch-begrifflichen Aspekt geschuldet sind, wenig. Die Bildtexte folgen weitgehend der gleichen unterrichtlichen Sachstruktur, die Bilder sind weitgehend gleich, die Textoberflächenmerkmale und zu großen Teilen die Texte gleichen sich.

Wird die bisherige enge Definition des physikalisch-begrifflichen Aspekts der Sachstruktur, die auf der Wahl der physikalischen Größen basiert, erweitert und, die damit verbundenen unterschiedlichen Assoziationsmechanismen beim Anknüpfen an die Schülervorstellungen, dem damit verbundenen unterschiedlichen Sprachgebrauch und den damit beschriebenen sachlogischen Variationen hinzugefügt, so lässt sich die Forschungsfrage vorsichtig mit einem vorläufigen Ja beantworten. Damit wären die Assoziationsmechanismen unterschiedlich wirkmächtig. Die Hauptstudie bleibt abzuwarten.

Die Messmethode als solche wäre dann ebenfalls erfolgversprechend. Insbesondere spräche das Ergebnis für die kognitive Steuerung von mentalen Repräsentationen im Sinne eines Angebot-Nutzen-Paradigmas über die Formulierung von Texten.

Das Ergebnis, der Vorteil für die entropische Wärmelehre, stimmt mit den Ergebnissen einer Evaluation von Schulunterricht überein (Starauschek, 2002); das Ergebnis der experimentellen Untersuchung wäre damit auch extern valide. Allerdings ist die Frage offen, ob die energetisch-akalorische Wärmelehre nicht mit einer anderen unterrichtlichen Sachstruktur zu Ergebnissen führt, die mit denen der entropischen Wärmelehre vergleichbar sind. Offen ist auch die Frage, ob der Einfluss der physikalischen Sachstruktur auf den Wissenserwerb auch in anderen Bereichen der Physik (Mechanik, Akustik, Optik ...) sichtbar wird.

Insgesamt zeigt sich eine erhebliche Effizienz dieser direkten Instruktion über ein Lernprogramm. Hohe Lernzuwächse bei qualitativen physikalischen Konzepten werden in sehr kurzer Lernzeit in allen Versuchsgruppen erreicht. Das vorgestellte Lehr-Lern- oder auch Versuchsarrangement ermöglicht durch die Computernutzung ein hoch individualisiertes Lernen. Ein Lerner kann seine Lernzeit effektiv nutzen. Dies spricht – auch wenn es nicht den gängigen normativen Zielen des Physikunterrichts entspricht – zumindest dann, wenn es erforderlich ist, für ein strukturiertes Konzeptlernen.

Mein besonderer Dank gilt dem Projektmitarbeiter Herrn Antony Crossley, der die Untersuchung durchgeführt hat. Das Projekt wird von der DFG (Sta595/2-1), von der Job-Stiftung und der Forschungsförderung der PH Ludwigsburg finanziert.

Literatur

Abell, S. K. & Lederman, N. G. (Hrsg.) (2007): Handbook of research on science education. Mahwah, NJ: Lawrence Erlbaum Associates.

Bader, M. (2001): Vergleichende Untersuchung eines neuen Lehrganges: Einführung in die mechanische Energie und Wärmelehre, Dissertation, LMU München.

Ballstaedt. S.-P. (1997): Wissensvermittlung – Die Gestaltung von Lernmaterial. Weinheim: Beltz.

Barrow, G. M. (1988): Thermodynamic Should Be Built on Energy – Not on Heat and Work. In: J. Chem. Educ. 65, S. 122.

Berger, R. & Hänze, M. (2004): Das Gruppenpuzzle im Physikunterricht der Sekundarstufe II – Einfluss auf Motivation, Lernen und Leistung. In: Zeitschrift für Didaktik der Naturwissenschaften 10, S. 205–219.

Budde, M. (2004): Lernwirkungen in der Quanten-Atom-Physik. Fallstudien über Resonanzen zwischen Lernangeboten und SchülerInnen-Vorstellungen. Berlin: Logos.

diSessa, A. (1980): Momentum flow as an alternative perspective in elementary mechanics. In: American Journal of Physics 48, 5, S. 365–369.

Duit, R. (1986a): Wärmevorstellungen. In: Naturwissenschaften im Unterricht – Physik/Chemie 34, 13, S. 30–33.

Duit, R. (1986b): Energievorstellungen. In: Naturwissenschaften im Unterricht – Physik/Chemie 34, 13, S. 7–9.

Duit, R. (1995): Zur Rolle der konstruktivistischen Sichtweise in der naturwissenschaftsdidaktischen Lehr- und Lernforschung. In: Zeitschrift für Pädagogik 41, 6, S. 905–923.

Duit, R. (2004): Didaktische Rekonstruktion – Piko-Brief Nr. 2. Kiel: IPN. URL: http://www.uni-kiel.de/piko/?topic=15 (29.11.2009).

Duit, R. (2006): Quellen für physikdidaktische Forschung. In: Physik und Didaktik in Schule und Hochschule 1, 5, S. 1–8.

Einhaus, E. (2007): Schülerkompetenzen im Bereich Wärmelehre – Entwicklung eines Testinstruments zur Überprüfung und Weiterentwicklung eines normativen Modells fachbezogener Kompetenzen. Berlin: Logos.

Eshach, H. (2006): Science literacy in Primary Schools and Preschools. Dordrecht: Springer.

Falk, G. & Herrmann, F. (1982): Klassische Mechanik in moderner Darstellung. Konzepte eines zeitgemäßen Physikunterrichts, Heft 5. Hannover: Schrödel.

Fischer, H. E.; Klemm, K.; Leutner, D.; Sumfleth, E.; Tiemann, R. & Wirth, J. (2003): Naturwissenschaftsdidaktische Lehr-Lernforschung: Defizite und Desiderata. In: Zeitschrift für Didaktik der Naturwissenschaften 9, S. 179–209.

Fraser, B. J. & Tobin, Kenneth (Hrsg.) (1998): International Handbook of Science Education. New York: Springer.

Geller, C.; Olszewski, J.; Neumann, K. & Fischer, H. E. (2007): Unterrichtsqualität in Finnland, Deutschland und der Schweiz: Merkmale der Tiefenstruktur von Physikunterricht und der Zusammenhang zur Leistung. In: Höttecke, D. (Hrsg.): Kompetenzen, Kompetenzmodelle, Kompetenzentwicklung. Münster: LIT.

Gleixner, Ch. (1998): Einleuchtende Elektrizitätslehre mit Potential – Untersuchungen zu Lernprozessen in der elementaren Elektrizitätslehre, Dissertation, LMU München.

Hattie, J. E. (2003): Teachers Make a Difference: What is the research evidence? URL: http://www.visionschools.co.nz/assets/documents/john_hattie.PDF (21.10.2009).

Heller, K. A. & Perleth, Ch. (2000): Kognitiver Fähigkeitstest für 4.-12. Klassen, Revision (KFT 4-12+R). Göttingen: Hogrefe.

Helmke, A. (1992): Determinanten der Schulleistung: Forschungsstand und Forschungsdefizit. In: Nold, G. (Hrsg.): Lernbedingungen und Lernstrategien. Tübingen: Narr, S. 23–34.

Helmke, A. (2003): Unterrichtsqualität. Seelze: Kallmeyer.

Herdt, D. (1990): Einführung in die elementare Optik – Vergleichende Untersuchung eines neuen Lehrgangs. Essen: Westarp.

Herrmann, F. (1998): Der Karlsruher Physikkurs. Köln: Aulis.

Hofstein, A. & Lunetta, V. N. (1982): The role of the laboratory in science teaching: Neglected aspects of research. In: Review of Educational Research 52, 2, S. 201–217.

Hofstein A. & Lunetta V. N., (2004): The laboratory in science education: foundation for the 21st century. In: Science Education 88, S. 28–54.

Hugener, I.; Rakoczy, K.; Pauli, C. & Reusser, K. (2006): Videobasierte Unterrichtsforschung: Integration verschiedener Methoden der Videoanalyse für eine differenzierte Sicht auf Lehr- und Lernprozesse. In: Rahm, S.; Mammes, I. & Schratz, M. (Hrsg.): Schulpädagogische Forschung: Unterrichtsforschung – Perspektiven innovativer Ansätze (Band 1). Innsbruck: Studienverlag, S. 41–53.

Huffman, D. & Heller, P. (1995): What does the force concept inventory actually measure? In: The Physics Teacher 33, S. 138–143.

Jerusalem, M. & Satow, L. (1999): Schulbezogene Selbstwirksamkeitserwartungen. In: Schwarzer, R. & Jerusalem, M. (Hrsg.): Skalen zur Erfassung von Lehrer- und Schülermerkmalen, Dokumentation der psychometrischen Verfahren im Rahmen der wissenschaftlichen Begleitung des Modellversuches ,Selbstwirksame Schulen'. Berlin: FU Berlin, S. 15–16.

Job, G. (1972): Neudarstellung der Wärmelehre – die Entropie als Wärme. Frankfurt am Main: Akademische Verlagsgesellschaft.

Kattmann, U.; Duit, R.; Gropengießer, H. & Komorek, M. (1997): Das Modell der didaktischen Rekonstruktion – Ein theoretischer Rahmen für naturwissenschaftsdidaktische Forschung und Entwicklung. In: Zeitschrift für Didaktik der Naturwissenschaften 3, 3, S. 3–18.

Kesidou, S. (1990): Schülervorstellungen zur Irreversibilität. Kiel, IPN.

Labudde, P. et al. (2009): Schwerpunkttagung „Kompetenzmodelle und Bildungsstandards: Aufgaben für die naturwissenschaftsdidaktische Forschung". In: Zeitschrift für Didaktik der Naturwissenschaften, 15. URL: http://www.ipn.uni-kiel.de/zfdn/jg15.html (21.10.2009)

Mayer, R. E. (2001): Multimedia Learning. Cambridge: Cambridge University Press.

Merzyn, G. (2008): Naturwissenschaften, Mathematik, Technik – immer unbeliebter? Schorndorf: Schneider.

Möller, K. (2007): Primary Science – eine internationaler Überblick. In: Hoettecke, D. (Hrsg.): Naturwissenschaftlicher Unterricht im internationalen Vergleich. LIT: Münster, S. 98–121.

Muckenfuß, H. & Nordmeier, V. (Hrsg.) (2006): Physik Interaktiv. Berlin: Cornelsen.

Müller, C. T. & Duit, R. (2004): Die unterrichtliche Sachstruktur als Indikator für Lernerfolg – Analyse von Sachstrukturdiagrammen und ihr Bezug zu Leistungsergebnissen im Physikunterricht. In: Zeitschrift für Didaktik der Naturwissenschaften 10, S. 147–161.

Pauli, C. & Reusser, K. (2006): Von international vergleichenden Video Surveys zur videobasierten Unterrichtsforschung und -entwicklung. In: Zeitschrift für Pädagogik 52, H.6, S. 774–797.

Petri, J. & Niedderer, H. (2001): Kognitive Schichtenstrukturen nach einer UE Atomphysik (Sek II). In: Zeitschrift für Didaktik der Naturwissenschaften 7, S. 53–68.

Rang, O. (1970): Versuch einer didaktischen Analyse zur Unterrichtseinheit Wärmemenge. In: Der Physikunterricht 1.

Rang, O. (1981): Physikalische Interpretationen des Wortes Wärme. In: physica didactica 1, S. 13–28.

Roon, P. H. van; Sprang, H. F. van & Verdonk, A. H. (1994): 'Work' and 'heat': on the road towards thermodynamics. In: Int. J. Sci. Educ. 16, S. 131–144.

Schecker, H. & Gerdes, J. (1999): Messung der Konzeptualisierungsfähigkeit in der Mechanik – Zur Aussagekraft des FCI. In: Zeitschrift für Didaktik der Naturwissenschaften 5, 1, S. 75–89.

Schnotz, W. (1994): Aufbau von Wissensstrukturen – Untersuchungen zur Kohärenzbildung beim Wissenserwerb von Texten. Weinheim: Beltz.

Starauschek, E. (2002): Wärmelehre nach dem Karlsruher Physikkurs. In: Physik und Didaktik in Schule und Hochschule 1, 1, S. 12–18.

Starauschek, E. (2006): Der Einfluss von Textkohäsion und gegenständlichen externen piktoralen Repräsentationen auf die Verständlichkeit von Texten zum Physiklernen. In: Zeitschrift für Didaktik der Naturwissenschaften 12, S. 127–157.

Sumfleth, E. & Fischer, H. E. (2005): Naturwissenschaftsdidaktische Forschung – Quo Vadis? In: Wellensiek, A.; Welzel, M. & Nohl, T. (Hrsg.): Didaktik der Naturwissenschaften – Quo Vadis? Berlin: Logos, S. 27–29.

Trendel, G.; Wackermann, R. & Fischer, H. E. (2007): Lernprozessorientierte Lehrerfortbildung in Physik. In: Zeitschrift für Didaktik der Naturwissenschaften 12, S. 9–31.

Weber, T. (2003): Kumulatives Lernen im Physikunterricht. Eine vergleichende Untersuchung in Unterrichtsgängen zur geometrischen Optik. Berlin: Logos.

Weidenmann, B. (2002): Abbilder in Multimediaanwendungen. In: Issing, L. J. & Klimsa, P. (Hrsg.): Information und Lernen mit Multimedia und Internet. Weinheim: Beltz, S. 83–96.

Weinert, F. E. & Helmke, A. (1996): Der gute Lehrer: Person, Funktion oder Fiktion? Beiheft der Zeitschrift für Pädagogik 34, S. 223–233.

Wellington, J. & Osborne, J. (2001): Language and Literacy in Science Education. Buckingham: Open University Press.

Wiesner, H. (1995): Physikunterricht – an Schülervorstellungen und Lernschwierigkeiten orientiert. In: Unterrichtswissenschaft. Zeitschrift für Lernforschung 2, S. 127–144.

Wiesner, H. (2006): Schülervorstellungen – eine vergangene Modeströmung? In: Girwidz, R.; Gläser-Zikuda, M.;Laukenmann, M. & Rubitzko, T. (Hrsg.): Lernen im Physikunterricht. Hamburg: Dr. Kovač.

Wilhelm, T. et al. (im Druck). Der Einfluss der Sachstruktur im Mechanikunterricht – quantitative Ergebnisse zur Verständnis- und Interessenentwicklung. Tagungsband DPG-Tagung 2009.

Ewald Terhart *(Westfälische Wilhelms-Universität Münster)*

Zur Situation der Fachdidaktiken aus der Sicht der Erziehungswissenschaft: konzeptionelle Probleme, institutionelle Bedingungen, notwendige Perspektiven[1]

Mein Vortrag ist im Programmheft als Festvortrag angekündigt. Beim Wort „Festvortrag" denkt man schnell an große Worte, große Garderobe, große Oper. Mit einem solchen Rahmen kann heute nicht gedient werden und ich möchte auch keine großen Worte machen. Es geht im Rahmen dieser Tagung schließlich um Sachprobleme. Das Tagungsprogramm weist anhand der Titel der Referate und Arbeitsgruppen die Probleme ebenso nüchtern wie differenziert aus. Die Erziehungswissenschaft und die Fachdidaktiken sind gegenwärtig daran interessiert, diese Sachprobleme eben sachlich zu erörtern.

Nach Festvortrag ist mir auch deshalb nicht zumute, weil das Thema, um das es geht, aus meiner Sicht allzu viel Festliches im Sinne von Erbauung und Erhabenheit nicht her gibt, auch nicht in deren schlichterer Variante eines allgemeinen Schulterklopfens und der Verbreitung von Zuversicht und Gemütlichkeit. Das Verhältnis zwischen Erziehungswissenschaft und Fachdidaktiken war nämlich in der Vergangenheit gelegentlich durch Missverständnisse, wechselseitige Vorwürfe und stolze Nicht-zur-Kenntnisnahme, durch institutionelle Konkurrenz und Ähnliches geprägt – und hier und da spürt man das heute noch. Allerdings gab und gibt es natürlich auch Beispiele für gelungene personenbezogene und auch institutionelle Zusammenarbeit.

Wenn es um das Verhältnis von Erziehungswissenschaft und Fachdidaktik geht, so muss man zunächst einmal davon ausgehen, dass sich hier keine monolithischen Blöcke gegenüber stehen. Genauso wie innerhalb der Erziehungswissenschaft, so existieren auch innerhalb der Fachdidaktik insgesamt und den verschiedenen Fachdidaktiken im Einzelnen sehr unterschiedliche Auffassungen über die Art der Zuordnung und Abgrenzung dieser beiden Wissens- und Wissenschaftsbereiche. Hinzu kommt, dass solche Positionierungen und Verhältnisbestimmungen in der Vergangenheit anders aussahen als heute und sich in Zukunft erneut wandeln können. Und schließlich: Es geht bei dem Ganzen natürlich und richtigerweise zwar zuerst und im Kern um systematische, inhaltliche Probleme und deren sinnvolle Bearbeitung. Zugleich darf nicht verkannt werden, dass die Frage der Zuordnung und Abgrenzung von Erziehungswissenschaft und Fachdidaktik immer auch den institutionellen Kontext der Lehrerbildung und damit schließlich auch die Verteilung von Ressourcen betreffen. Insofern geht es am Ende – machen wir uns nichts vor – um Geld und Stellen, um die man angesichts eines begrenzten Rahmens innerhalb der Universitäten generell sowie dort im Lehrebildungskontext speziell konkurriert. Aus diesen miteinander verwobenen Gründen ist es – und das wollte ich mit diesen Bemerkungen deutlich machen – sehr schwierig, vielleicht sogar riskant und schon gar nicht „festlich", ein ein-

---

[1] Manuskript des Eröffnungsvortrags zur Tagung der Gesellschaft für Fachdidaktik (GFD) „Empirische Fundierung der Fachdidaktiken", Berlin, 31.08.2009. Die Vortragsform wurde beibehalten.

heitliches, zusammenhängendes Bild des aktuellen Standes der Beziehungen zwischen Erziehungswissenschaft und Fachdidaktik(en) zu zeichnen und in diesem Bereich Positionierungen vorzunehmen.

Wie werde ich das Thema nun bearbeiten? Ich möchte zunächst (1) kurz auf die Entwicklung der Fachdidaktik eingehen, soweit diese in Verbindung zur Erziehungswissenschaft zu sehen ist. Dies ist auch als eine Art Erinnerung an frühere Diskussionen und Stadien gedacht, so dass auf diese Weise auch die Hintergründe der aktuellen Situation deutlich werden. Danach (2) möchte ich mich der Verhältnisbestimmung zwischen Erziehungswissenschaft und Fachdidaktiken zuwenden und dies in drei Schritten vollziehen. Es geht zunächst um konzeptionelle Probleme (2.1), dann um institutionelle Verortungen (2.2) und drittens dann um einige notwendige Perspektiven (2.3). In diesem Kontext möchte ich eine Modellvorstellung darlegen, die die Verhältnisse – so wie ich sie sehe – verdeutlichen soll. Im dritten Teil (3) gehe ich näher auf die aktuelle Situation in der Lehrerbildung ein, denn aufgrund der verschiedenen inhaltlichen und institutionellen Reformprozesse in diesem Bereich ist auch die Situation der Erziehungswissenschaft und der Fachdidaktiken – manchmal zu Bildungswissenschaften zusammengefasst – mit betroffen. Insbesondere die Situation nach dem neuen Lehrerausbildungsgesetz in Nordrhein-Westfalen bringt eine neue Lage, da dort ab 2011 für alle Lehrämter ein einheitlich langes Studium von 10 Semestern vorgesehen ist; insofern handelt es sich angesichts der Geschichte der Lehrerbildung in Deutschland um eine historische Zäsur.

1. Die Entwicklung der Fachdidaktiken

Der Ursprung der Fachdidaktiken ist in den Lehrerseminaren des 19. Jahrhunderts und in den Pädagogischen Hochschulen des 20. Jahrhunderts zu sehen. Die Ausbildung angehender Volksschullehrer war geprägt durch ein Studium, dass in seinen fachbezogenen Teilen immer am späteren Arbeitsfeld Schule ausgerichtet war. Eine spezielle und ausschließliche Vertiefung im Fachlichen war dort ursprünglich nur wahlbezogen und exemplarisch vorgesehen. In dem Maße, wie man jedoch von einer Breitbandausbildung der Volksschullehrer wegkam, setzte sich auch hier verstärkt Fachorientierung als Fachdidaktik durch, die sich aus heutiger Sicht stark fachmethodisch orientierte. Die Ausbildung der Gymnasiallehrer war demgegenüber ursprünglich von einer beinahe ausschließlichen Fachlichkeit geprägt; erst allmählich wurden „begleitend" philosophische und pädagogische Elemente und – sehr vorsichtig – fachbezogene unterrichtliche, also: fachdidaktische Elemente eingeführt. Die seit dem ausgehenden 19. Jahrhundert bestehende 2. Phase der Gymnasiallehrerbildung in Studienseminaren, die erst nach 1945 auch in die Volksschullehrerbildung eingeführt wurde, wies ebenfalls gewisse fachdidaktische Elemente auf, allerdings dem institutionellen Zweck gemäß eher im Sinne einer erfahrungsfundierten praxisorientierten Methodik des jeweiligen Fachunterrichts.

Einen ersten wichtigen Veränderungsschub erfuhren die Fachdidaktik und damit auch das Verhältnis von Fachdidaktik und Erziehungswissenschaft durch die im Zuge der Bildungsreform und Bildungsexpansion seit Mitte der 1960er Jahre anwachsenden Studierendenzahlen in der Lehrerbildung, und zwar – zunächst getrennt – sowohl an Pädagogischen Hochschulen wie an Universitäten. Dieser Prozess führte nicht nur zu einem *Wachstum* der entsprechenden Stellen, sondern auch zu einer *Intensivierung* der Diskussion zwischen Erziehungswissenschaft, Fachdidaktiken und den Fächern. Mit der Intensivierung brach allerdings keinesfalls Harmonie aus, denn nun hatte man viel mehr Gelegenheiten für Kontroversen, institutionelle Abgrenzungsbemühungen und disziplinäre Übergriffe – sofern Zeitzeugen hier sind, werden sie sich erinnern.

Den Höhepunkt dieser Entwicklung bildete die Integration der Pädagogischen Hochschulen in die Universitäten – und dieser Höhepunkt bereitete dann auch gleich den dann folgenden *Abschwung* mit vor, unterstützt durch die beiden äußere Faktoren der zurückgehenden Schülerzahlen und der daraus resultierenden, in den 1980er Jahren sehr hohen Lehrerarbeitslosigkeit. Die gerade stark angewachsenen und institutionell aufgewerteten Fachdidaktiken sowie auch und stärker noch die Erziehungswissenschaft durchlebten einen Schrumpfungsprozess. In den Universitäten absorbierten die jeweiligen Bezugsdisziplinen häufig die dazugekommenen fachdidaktischen Stellen für rein fachwissenschaftliche Belange – sofern Fachdidaktiken dies selbst betrieben, wird dieser Vorgang in den Literatur als „Funktionsflucht" bezeichnet. Insofern haben sich in dieser Phase die an die Integration in die Universität geknüpften ausbildungs- und auch forschungsbezogenen Hoffnungen in den Fachdidaktiken bzw. hinsichtlich der Kooperation von Fachdidaktik und Erziehungswissenschaft nicht verwirklichen lassen.

Nach dieser Schrumpfungsphase erlebte die Fachdidaktik etwa seit Mitte der 1990er Jahre eine *inhaltliche Neuausrichtung sowie eine erneute, allmähliche Bedeutungssteigerung* vornehmlich durch zwei Entwicklungen: Zum einen (1) setzte sich zunächst in der Mathematik- und Naturwissenschaftdidaktik eine stärker Verknüpfung mit der fachbezogenen psychologischen Unterrichtsforschung durch; und zweitens (2) wurde durch die neu aufgeflammte Debatte um den Zustand und die Weiterentwicklung der Lehrerbildung die Bedeutung der Fachdidaktik massiv unterstrichen. Beides führte in manchen Bereichen zu einem sehr langsamen und immer noch unsteten Wiederanwachsen der Stellenzahl, obwohl bei weitem noch nicht der Ausbaustand der 1970er Jahre erreicht ist. (Zwei Zahlen: 1978 gab es in NRW insgesamt 579 fachdidaktische Professuren; 1997 waren es 308). Diese inhaltliche Neuausrichtung wurde durch eine entsprechend gezielte, wissenschaftspolitisch abgestützte Forschungsförderung zunächst im Bereich der Didaktik der Naturwissenschaften vorangetrieben. Parallel hierzu wurde in der Lehrerbildungsdebatte die Bedeutung einer forschenden Fachdidaktik, die auch über eine entsprechende personelle Ausstattung verfügen muss, herausgestellt. Auf diese Weise ist es zu einer *Intensivierung* der fachdidaktischen Forschung generell und zugleich allmählich zu einer spezifischen, immer stärker werdenden empirisch-psychologischen Ausrichtung der fachdidaktischen Forschung gekommen – mit allen Konsequenzen, die dies innerhalb des Forschungs- und Lehrbetriebs der Universität hat. Als dritter, förderlicher Faktor, der aber selbst schon aus der neueren fachdidaktischen Forschung resultiert, ist (3) die Tatsache zu bewerten, dass die breite Bewegung zur Formulierung von Bildungsstandards bislang ebenfalls strikt fachbezogen ist bzw. Kompetenzen immer fachbezogen präzisiert werden – erneut ein Forschungs- und Gestaltungsfeld für Fachdidaktiken.

Diese Entwicklung, die durch die Mehrzahl der entsprechenden Fachverbände mit eingeleitet, abgestützt, verteidigt, nach vorne getrieben wurde, ist – wenn ich es richtig weiß – innerhalb des Gesamtverbandes aller Fachdidaktiken nicht unumstritten; manche haben dies auch als eine Entwertung früherer Wissenschaftlergenerationen bzw. der bisherigen eigenen Arbeit erlebt. Die Fachdidaktiken in den naturwissenschaftlichen Fächern konnten diesen Entwicklung schneller mit vollziehen, da sie sich an internationale Vorbilder anschließen konnten, und weil – nicht zu vergessen – in diesen Fächern aufgrund der (leider) geringeren Studierendenzahlen in der Lehrerbildung die Lehrbelastung ebenfalls geringer ist als in den traditionell sehr stark nachgefragten sprachlich-kulturwissenschaftlichen Fächern. Ebenso ist diese Neuausrichtung und Bedeutungssteigerung nicht ohne Rückschläge geblieben – mal soll das Gehalts-Niveau der zukünftig zu besetzenden Fachdidaktik-Professuren pauschal gesenkt werden (Bayern), mal wird unter Hinweis auf fehlenden fachdidaktischem Nachwuchs überhaupt nicht oder dann eben doch wieder mit einem reinen Fachwissenschaftler besetzt. Aus der Sicht der Erziehungswissenschaft stellt sich die Entwicklung der Fachdidaktiken in den letzten Jahren jedoch als eine insgesamt positive Wachstums- und Erfolgsgeschichte dar – für manche Erziehungswissenschaftler in einer durchaus beängstigenden Weise. Dies einmal *inhaltlich*, denn irgendwann wird die Frage immer drängender, ob man angesichts prosperierender Fachdidaktiken die Allgemeine Didaktik überhaupt noch braucht. Zweitens auch *institutionell*, den eine Phalanx von Fachdidaktiken, die forschend unterwegs ist, die ihre inner- und außeruniversitär Sichtbarkeit steigert und ihre Dinge auch in die Ausbildung der Lehrer einzubringen versteht, bildet am Ende eine starke Konkurrenz bei der Definitionshoheit über Lehrerbildung und bei der Verteilung ihrer Ressourcen. In diesem Zusammenhang muss man sehen, dass die empirische Bildungsforschung mittlerweile national wie international vor allem für den Mathematiklehrer, aber auch in naturwissenschaftlichen Fächern belegen können, dass eine angemessene Fach- und Fachdidaktikausbildung angehender Lehrer nachweislich und auf breiter Front in diesen Fächern zu besseren Lernergebnissen der Schüler führt. Entsprechende Wirkungsnachweise haben sich bislang für andere Fachdidaktiken, vor allem aber für die erziehungswissenschaftlichen Studienelemente in vergleichbarer Form eben nicht erbringen lassen.

Nun ist eine solche produktionistische Denkweise nach dem Motto „Sinnvoll ist und bezahlt wird nur, was nachweislich wirkt und etwas bringt!" – nicht die bestimmende Denkweise in Bildungskontexten. In diesem Feld sind klare, eindeutige Wirkungsnachweise aufgrund der Komplexität der Verhältnisse nur sehr schwer zu bekommen. Würde man dieses Denken auf das gesamte System staatlicher bzw. öffentlicher Investitionen und Daseinsvorsorge und Kulturentwicklung beziehen und für jede ‚Investition' einen empirischen, ja sich am besten noch monetär auszahlenden Wirkungsnachweis verlangen wollen, müsste man die Finanzierung nicht nur großer Teile des Bildungs- und Erziehungssystems, sondern letztendlich riesiger Bereiche des öffentlichen Lebens generell streichen. Schule aber ist Teil des Öffentlichen Lebens, sie ist Teil der kulturellen Zone – hier kann die produktionistische Denkweise nicht die alles beherrschende oder gar alleinige sein.

Zur Situation der Fachdidaktiken aus der Sicht der Erziehungswissenschaft

Obwohl die Diagnosen und Bewertungen zur Situation der Fachdidaktik aus den letzten Jahren keineswegs einhellig sind, möchte ich am Schluss meiner kurzen Erinnerung an die bisherige Entwicklung der Fachdidaktik folgende These stellen:

> Die Fachdidaktiken entwickeln sich derzeit von schulpraxisbezogenen Anhängen der Fachstudien allmählich zu einem inhaltlich, institutionell und personell eigenständigen Element von Bildungsforschung und forschungsbasierter Lehrerbildung. Hierfür war und ist die Verknüpfung von Fachdidaktik und empirischer Unterrichtsforschung entscheidend.

2. Erziehungswissenschaft und Fachdidaktik

Das Verhältnis von Erziehungswissenschaft und Fachdidaktiken war in der Vergangenheit recht wechselhaft und inhomogen. Ich lasse im Folgenden die Didaktik der Erwachsenenbildung, der Hochschuldidaktik oder der betrieblichen Weiterbildungen beiseite – dies erfordert eine gesonderte Anstrengung, so dass ich mich auf die Fragen des Verhältnisses zwischen Erziehungswissenschaft und den Fachdidaktiken der Unterrichtsfächer und unterrichtlichen Lernfelder konzentrieren kann. Nicht nur, aber auch bedingt durch die institutionell in aller Regel getrennte Platzierung von Erziehungswissenschaft und Fachdidaktik bestand bislang – wenn ich es richtig sehe – insgesamt wenig Kommunikation oder gar Kooperation. Dies hing sicherlich und hängt ebenfalls mit der Tatsache zusammen, dass in den Universitäten der quantitative und qualitative Ausbaustand der Fachdidaktiken vielfach sehr eingeschränkt war. Kennzeichnend in diesem Kontext ist vielleicht auch, dass die Fachdidaktiken auch untereinander häufig selten Beziehungen aufbauten.

Es sei an dieser Stelle im Sinne einer *Zwischenbemerkung* angemerkt, dass die Erziehungswissenschaft als Disziplin *ihre eigene* Fachdidaktik bislang eigentlich eher vernachlässigt hat. Dies dementiert – so muss ich selbstkritisch sagen – alle wohlfeilen Aussagen der Erziehungswissenschaft zur großen Bedeutung von Fachdidaktiken generell. Wie sie wissen, gibt es das Fach Erziehungswissenschaft in NRW als Fach der Gymnasialen Oberstufe sowie in allen Bundesländern in der beruflichen Bildung bei der Fachschulausbildung von Erzieherinnen; auch in der Sekundarstufe I existiert es hier und im Wahlbereich unter der Bezeichnung „Erziehungslehre". Die Fachdidaktik Erziehungswissenschaft ist jedoch äußerst schmal ausgebaut, obwohl es bundesweit bei der Erzieherinnenausbildung ein Fach ist, zumindest in NRW Erziehungswissenschaft in der Oberstufe ein großes, häufig gewähltes ist, und der entsprechende fachdidaktische Verband der Pädagogik-Lehrer recht rege ist. Weil aber dieses Schulfach als gymnasiales Fach nur in einzelnen Bundesländern in nennenswerter Breite existiert, sind Ausbaustand und Karrieremöglichkeiten sehr gering. Insofern hat die Erziehungswissenschaft mit Blick auf ihre eigene Fachdidaktik durchaus noch Hausaufgaben zu erledigen.

2.1 Erziehungswissenschaft und Fachdidaktiken – konzeptionell

Ich erwähnte eben die gering ausgeprägte Kommunikation zwischen Erziehungswissenschaft und Fachdidaktiken. Das war nicht immer so, denn in den 1960er Jahren, in der Zeit der noch bestehenden Pädagogischen Hochschulen, existierte ein intensiver Dialog zwischen den Erziehungswissenschaftlern vornehmlich in Gestalt der Schulpädagogik und Fachdidaktikern; dies bezog sich auch auf die Kommunikation zwischen der universitär platzierten Pädagogik und den allgemeinen und Fachdidaktikern an den Pädagogischen Hochschulen. Das starke Wachstum und die institutionelle Zusammenführung hat die Kommunikation möglicherweise sogar erschwert, da innerhalb der nun einen Institution sowohl die Erziehungswissenschaft als auch die Fachdidaktiken im Chor der universitären Fächer und Mächte um Anerkennung ringen mussten, wobei eben hier und da man sich auch durch Herabsetzung des Anderen meinte profilieren zu können – eine sehr kurzsichtige Strategie.

Inhaltlich und konzeptionell betrachtet ist die Phase der Diskussion darüber, ob denn nun die Fachdidaktik der Allgemeinen Didaktik nachgeordnet ist, ob sie ihr neben geordnet, oder ob die Gesamtheit aller Fachdidaktiken der Allgemeinen Didaktik übergeordnet wäre, vorbei. Solche Vorstellungen irgendeines Primats oder irgendeiner Abhängigkeit entsprechen nicht mehr den aktuellen Problemlagen und Üblichkeiten im wissenschaftlichen Diskurs. Die Fachdidaktik ist das verbindende Glied zwischen den Unterrichtsfächern sowie den ihnen mehr oder weniger korrespondierenden wissenschaftlichen Disziplinen einerseits und dem fachbezogenen Lehrern und Lernen innerhalb dieser Domänen. Dabei geht es nicht um die Übersetzung und Konkretisierung von fachlichen Wissenselementen unter Zuhilfenahme von ggf. vorhandenen allgemeindidaktischen und unterrichtspsychologischen Erkenntnissen (Abbild- oder Ableitungsdidaktik, Schmiermitteldidaktik), sondern um die eigenständige Erforschung und Gestaltung fachbezogenen Ler-

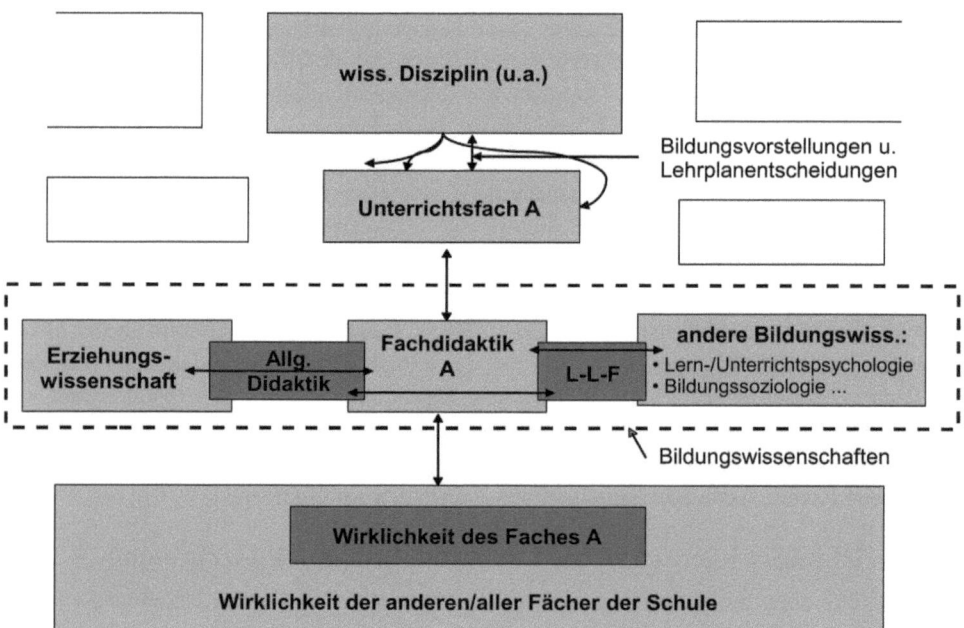

Abb. 1

nens. Fachdidaktik ist *nicht* Fachmethodik und mit dem eigentümlichen label „Vermittlungswissenschaft" teils überambitioniert, teils allzu reduziert bezeichnet. Die Position des Zwischen – zwischen Fachbezug und pädagogisch-didaktischem Auftrag – ist für sie konstitutiv, unausweichlich und letztlich auch nicht ungewöhnlich, denn viele Disziplinen oder Teildisziplinen stehen ‚zwischen' konkurrierenden Bezügen. Dieses ‚Zwischen' ist eigentlich ziemlich klar und letztlich auch nicht weiter präzisierungsbedürftig; und institutionell bietet es gelegentlich auch Vorteile.

Die Abbildung 1 verdeutlicht die Position der Fachdidaktik: In vertikaler Hinsicht wird der Zusammenhang von wissenschaftlicher Disziplin (bzw. Disziplinen), Unterrichtsfach (z. T. Lernbereiche), Fachdidaktik, Fachunterricht dargestellt; in horizontaler Hinsicht die Position der Fachdidaktik innerhalb der anderen an der Lehrerbildung beteiligten Wissenschaften bzw. Teildisziplinen. Jede Fachdidaktik muss dabei berücksichtigen, dass sie bzw. ‚ihr' Fach nur *eines* von vielen Segmenten innerhalb des schulischen Fächerkanons ist.

Diese Ausrichtung auf fachliches Lernen ist einerseits die *differentia specifica*, die eigentliche Stärke des Unternehmens Fachdidaktik – zugleich liegt darin natürlich auch eine bestimmte Grenze, denn Fragen des Über- und Außerfachlichen, Fragen hinsichtlich der Grundstruktur und Auswahl von Fachlichkeit in der Schule *allgemein*, Fragen hinsichtlich des *übergreifenden* Zwecks und Auftrag von Schule überschreiten den Themenkreis sowohl jeder einzelne Fachdidaktik wie auch den Fachdidaktiken insgesamt. Natürlich ist jeder Unterricht an Gegenständlichkeit gebunden – es geht im Unterricht immer um Etwas –, und diese Gegenständlichkeit materialisiert sich in unserem Schulen in den allermeisten Fällen als Fachlichkeit. Zugleich aber lassen sich auch generische, d. h. fachunabhängige, genuine Kennzeichen von Unterricht und unterrichtlichem Handeln ausmachen, erforschen, gestalten. Und ebenso ist Fachlichkeit selbst ja sowohl eine historisch gewordene Tatsache wie zugleich ein Abstraktum, dessen Reflexion eben eine abstrahierende Loslösung von einem je spezifischen fachlichen Feld verlangt.

Aus diesen Gründen, d. h. wenn es um allgemeine Fragen des schulischen Fächerkanons, der Fächerstrukturierung und -verteilung, der allgemeinen, in jedem Unterricht wichtigen und zentralen Fragen, Probleme und Forschungsthemen geht, wird der Kontext einer Fachdidaktik, aber auch derjenige aller Fachdidaktiken zusammen, überschritten. Hier beginnt dann gewissermaßen das Terrain der Allgemeinen Didaktik, der Lehrplan-, Kanon- und Curriculumdiskussion, der Debatte um die allgemeine Gestalt von Bildungsstandards und Kompetenzanforderungen. Die entsprechenden Grundfragen sind ebenso schlicht wir fundamental: Was sollen Schüler in der Schule lernen – und was nicht? Welche Elemente des Kultur- und Wissensbestandes unserer Gesellschaft wollen wir schulisch verbindlich machen – und welche nicht? Was sind die leitenden Gesichtspunkte bei der Beantwortung dieser Fragen? Bei dieser allgemeinen Debatte um allgemeine Bildung und schulischen Kanon – und dasjenige, was wir nicht dazurechnen wollen, muss natürlich *immer wieder Rückbezug auf die Fachlichkeit*, auf inhaltliche Bereiche, auf die Domänen des schulischen Lernens genommen werden. Und ebenso st zu berücksichtigen, dass aus dem Kontext von Fachlichkeit und Fachdidaktik wichtige Inspirationen für die Betrachtung von Unterricht ‚an sich' sowie für die Aufgabenbeschreibung und -begrenzung von Schule resultieren können. Wenn man die Aufgabenbereiche in dieser Weise markiert und zuordnet, kann es von hier ausgehend eigentlich kein Abgrenzungs- und Suprematie-Debatten mehr geben – die gemeinsame Forschungs- und Gestaltungsaufgabe müsste eher verbinden als dass sie trennt.

Dabei erlebt die fachdidaktische, aber auch die auf Unterricht generell bezogene empirische Unterrichtsforschung seit einiger Zeit ein starkes Wachstum. Dementsprechend werden in manchen Bereichen recht hohe Forschungsgelder bewegt, kommen Ergebnisse und Anwendungen zustande etc. Ich halte das für begrüßenswert – auch die allgemeine Didaktik profitiert davon. Zugleich aber meine ich, dass das Paradigma der domänenspezifischen oder -unspezifischen empirischen Lehr-Lern-Forschung (L-L-F) seine *Grenzen* hat, die letztendlich mit dem zugrunde liegenden Angebots-Nutzungsmodell von Unterricht zusammenhängen sowie mit der unterschwellig immer noch vorhandenen produktionistischen Denkweise, die eben alles auf Wirkungsnachweis und Effektkontrolle ausrichtet. Ich will die entsprechenden Forschungsleistungen nicht schmälern – aber zugleich daran erinnern, dass derzeit zumindest die Grenzen des Paradigmas dort liegen, wo viele interessante bildungstheoretische, schulpädagogische und schulorganisatorische Fragen allererst einsetzen. Schule ist selbstverständlich mehr als die Summe der angebotenen Unterrichtsstunden – und ihre Wirkung im Leben von Schülern (und Eltern) geht über Fachlichkeit sachlich und zeitlich weit, sehr weit hinaus. Dies betrifft dann die Forschung zur Sozialisation in der Schule, aber auch Fragen der Gestaltung dieses schulischen Sozialisationsfeldes, also desjenigen, was man mit von Hentigs Begriff von „Schule als Erfahrungsraum" bezeichnen kann. Auch hieraus muss das Augenmerk der Schulforschung gerichtet sein – eben gerade deshalb, weil diese komplexen Felder nur sehr schwer in die kleinteilige psychometrische Forschungsmethodik hineinzubringen sind. Sie deshalb als weniger wichtig oder gar inexistent zu betrachten hieße, durch methodische Imperative die Blickperspektive ohne Not und fahrlässig allzu eng zu führen.

Ich möchte auf eine zweite Grenze – oder vielleicht besser: potentielle Problematik – des Paradigmas fachbezogener empirischer Lehr-Lern-Forschung aufmerksam machen. Man weiß es ja aus anderen Bereichen der Kultur- und Wissenschaftsentwicklung: Die Verfeinerung und Intensivierung der wissenschaftlichen Forschung zu Bereichen und Handlungsformen, die traditionell lebensweltlich oder handwerklich oder durch Berufswissen geregelt waren, führt zwar zu neuen Erkenntnissen, zugleich aber auch zu einer immer tiefer gehenden Zergliederung des Handlungsbereichs sowie zu einer Spezialisierung des hierauf bezogenen Expertenwissens. Dies gilt in gewisser Weise auch für die durch Berufs- und Ausbildungstraditionen geregelte Arbeit des Lehrers einerseits und die sich kontinuierlich weiter entwickelnde und spezialisierende Erforschung von Unterricht und Lehrerhandeln andererseits. Durch spezialisierte wissenschaftliche Forschung kann es tendenziell immer schwieriger werden, die gewonnenen Erkenntnisse in den praktischen Handlungskontext zurück zu vermitteln. Anders formuliert: Die Zunahme an wissenschaftlicher Erkenntnis befördert ja keineswegs die Handlungs- und Entscheidungssicherheit, sondern kann sie streng genommen sogar verunsichern, einschränken.

Die Konsequenz kann nur heißen: Gerade die am weitesten entwickelten Zweige empirsch-fachdidaktischer Forschung sollte demonstrieren, dass die in spezifischen wissenschaftlichen Forschungskontexten gewonnenen Einsichten auch im außerwissenschaftlichen Kontext, in der Schule, in der freien Wildbahn gewissermaßen, noch stabil sind, also externe Validität aufweisen. Denn sicherlich ist es schön, wenn ein Forschungszweig wächst, blüht und gedeiht, aber es geht in diesen Kontexten letztendlich nicht um den Aufbau und die Pflege eines Zier-, sondern eines Nutzgartens. Damit ich nicht missverstanden werde: Ich will damit keine quälende „Relevanz" – Debatte starten und auch nicht selbst dem eben kritisierten Produktionismus anheim fallen. Die notwendige Differenz zwischen den verschiedenen Wissens- und Forschungsformen ist mir ebenfalls sehr wohl vertraut. Aber man sollte eben nicht vergessen, dass es am Ende auch um Fragen der Gestaltung von Lernprozessen geht, die in einen größeren Kontext eingeordnet sind. Deshalb der Hinweis auf den Unterschied zwischen Zier- und Nutzgarten.

Aber sei es nun ein Zier- oder Nutzgarten, irgendetwas dazwischen oder ein agrarwissenschaftliches Forschungslabor hinter diesen Gärten: Alle diese Einrichtungen müssen auch dann noch gepflegt werden, wenn die wissenschaftlichen Interessen wechseln und Fördergelder einmal ausbleiben bzw. in andere Beereiche fließen. Wenn ich die Zeichen richtig deute, dann werden derzeit die Fragen Geld gebender politischer Instanzen nach im Schulsystem erkennbaren Effekten der ja seit einigen Jahren recht großzügigen Förderung empirischer Bildungsforschung drängender und drängender. Die in Zukunft aus den bekannten Gründen immer enger werdende Haushaltslage wird die Finanzierungsbereitschaft auf natürliche Weise eingrenzen – vor allem, wenn eben nicht „geliefert" wird, wie es dann bezeichnender Weise heißt. Insofern ist es wie in allen Boomzeiten klug, sich auch jetzt schon Gedanken dazu zu machen, was man *nach der Orgie* eigentlich tut ...

Trotz dieser kritischen Hinweise sehe ich, diesen Abschnitt zusammenfassend, konzeptionell die Zukunftsperspektive Fachdidaktiken darin, sich einerseits als eigenständige forschende Einheiten zu betrachten, die eigenständige Fragestellungen verfolgen, an denen in dieser Weise anderswo eben gar nicht gearbeitet wird. Dies aber schließt nun keineswegs aus, dass man sich andererseits doch auch als Teil der Bildungswissenschaften versteht und sich eben auch aus deren Theorie- und Methodenspektrum bedient, wobei natürlich die eigenen Fragen themenspezifisch moduliert werden können und müssen. Aber auch dann ist Fachdidaktik immer noch Teil des breiten Bandes bildungswissenschaftlicher Forschung.

2.2 Erziehungswissenschaft und Fachdidaktiken – institutionell

Sofern man den Entwicklungsprozess der Fachdidaktiken, wie ich ihn eingangs kurz skizziert habe, inhaltlich als eine positive Entwicklung bewertet, so scheint sich – aus der Sicht der Erziehungswissenschaft betrachtet – die institutionelle Platzierung der Fachdidaktiken bei den jeweiligen wissenschaftlichen Bezugsdisziplinen alles in allem als berechtigt und vorteilhaft erwiesen zu haben. Wenn die Bezugnahme auf ‚das Fach' das Proprium von Fachdidaktik ist, dann muss dies auch institutionell und in der direkten Kommunikation mit dem Fach seinen Widerhall finden. Dies ist eine Bemerkung auf grundsätzlicher Ebene – die noch nichts darüber besagt, wie dann das tatsächliche, alltägliche Verhältnis zwischen Fachdidaktikern und den Kollegen des jeweiligen Bezugsfaches aussieht und ausgestaltet ist. Das ist – wie Sie selber besser wissen als ich – ein weites Feld, das ich nur erwähnen will. Wie auch immer es im Einzelnen aussehen mag: die institutionelle Anbindung an die Bezugsdisziplin oder die Bezugsdisziplinen scheint mir insgesamt die richtige Lösung zu sein; Alternativlösungen blieben Einzelfälle oder aber wurden wieder abgeschafft im Sinne der Fachanbindung.

Mittlerweile haben sich durch gezielte Forschungsförderung und durch bestimmte Reformimpulse aus der Lehrerbildung heraus an vielen Universitäten unter verschiedenen Bezeichnungen im Einzelnen *Zentren für Lehrerbildung und Bildungsforschung* etabliert. Solche Zentren fassen administrative, curriculare und forschungsbezogene Kompetenzen im Bereich von Lehrerbildung und Schulforschung zusammen. In allen diesen Einrichtungen sind in mehr oder weniger vollständiger Form auch die Fachdidaktiken des jeweiligen Standortes mit integriert, wobei die Zuordnung in Gestalt von Doppelmitgliedschaften zustande kommt. Solche Zentren bilden den institutionellen Kern einer Kooperation der beteiligten Wissenschaftler, die ihre fachliche Heimat – seien es nun Fachdidaktiker, Erziehungswissenschaftler oder Unterrichtspsychologen – aber weiterhin in ihrer jeweiligen Disziplin haben. Ich halte eine solche Lösung für sinnvoll, weil sie die Fachanbindung aufrecht erhält und zugleich problem-, projekt- und aufgabenbezogene Kooperation ermöglicht, ja manchmal sogar erzwingt. Innerhalb des inneruniversitären Kampfes um Aufmerksamkeit wird dadurch jedenfalls die Sichtbarkeit der Lehrerbildung sowie der schulbezogenen Forschung verbessert.

Eine Verdichtung dieser institutionellen Entwicklung in Richtung auf eine *eigenständige* Fakultät, in der alle an der Lehrerbildung beteiligten Disziplinen und Teildisziplinen vollständig und ohne verbleibende Reste in den Bezugsdisziplinen zusammengezogen werden, halte ich dagegen eher für einen Akt der Desintegration. (Dabei nehme ich die *school of education*, die an der TU München etabliert wird, heraus; bei diesem interessanten Experiment handelt es sich m. E. von seinem Rahmen und seiner Ausstattung her um einen Sonderfall. Die Bedingungen die dort gegeben sind, sind gewissermaßen einmalig – und niemand sollte auf die Idee kommen, so etwas mit den üblicherweise zur Verfügung stehenden, beschränkten Bordmitteln aufbauen zu wollen.) Nein, meine Vorbehalte richten sich auf die pauschale Fakultätslösung: Die Idee einer Konzentration – Isolation – *aller* personellen und finanziellen Ressourcen für Lehrerbildung in einer Fakultät halte ich nicht für weiterführend. Die Lehrerbildung wie auch die schul- und unterrichtsbezogene Forschung ist eine Queraufgabe der Universitäten, deren strukturelles Element. Natürlich müssen hierfür institutionelle Verankerungen geschaffen werden, aber eben immer als eine Art Balance zwischen einer machtlosen Koordinierungsstelle (der eine schlechte Fall) und einer sich mächtig dünkenden Lehrerbildungsfakultät, in die hinein die eine oder andere Universität meint ihre Lehrerbildung entsorgen zu können (der entgegen gesetzte, aber ebenso schlechte Fall).

Viel wichtiger für die institutionelle Situation der Fachdidaktiken als diese Zentrenfrage ist es jedoch, *Fach für Fach ihren Ausbau in Richtung auf forschungsfähige Einheiten*

Zur Situation der Fachdidaktiken aus der Sicht der Erziehungswissenschaft 251

voranzutreiben. Dies hat eine quantitative und qualitative Dimension: Es muss eine hinreichende Zahl von Personen geben, und diese Gruppe muss Professuren einschließen, damit insgesamt Forschung und Lehre in den Fachdidaktiken im nötigen Umfang durchgeführt werden können. Eine wissenschaftliche Disziplin kann als „Fach" eigentlich nicht an der Lehrerbildung partizipieren, wenn sie nicht in diesem Sinne ihre Fachdidaktik gestaltet. Dies sollte im Interesse der Fächer liegen – gegebenenfalls sollten Hochschulleitungen bei der Freigabe zur Wiederbesetzung von Stellen eine entsprechende Erinnerungshilfe geben und notfalls Bedingungen definieren.

Diese forschenden Fachdidaktiken können – wie eben erwähnt – zugleich in der Forschung in den erwähnten Zentren mit den anderen Bildungswissenschaften kooperieren. So etwas ist an vielen Universitätsstandorten bereits vorhanden bzw. auf dem Wege. Die Fachdidaktiken selbst bewegen sich dabei in einer unterschiedlichen Geschwindigkeit. Wie Sie alle wissen, ist diese Entwicklung zur empirisch forschenden Fachdidaktik im Verbund mit anderen Bildungswissenschaften in den MINT-Fächern aufgrund vielerlei äußerer und innerer Faktoren weiter vorangeschritten als in den spachlich-kulturwissenschaftlichen Fächern. Dies ist Ausdruck eines gewissen Methodenpluralismus, der für die Bildungswissenschaften insgesamt ja kennzeichnend ist. Ich würde es jedenfalls nicht für richtig halten, wenn fachdidaktische Forschung ausschließlich nach den konzeptionellen und methodischen Prinzipien der psychologischen, quantitativ-psychometrischen Lehr-Lern-Forschung betrieben würde – dies ist übrigens auch in den MINT-Fächern nicht durchweg der Fall. Entscheidend ist, das fachbezogene Lehr- und Lernprozesse in ihren Abläufen, Ergebnissen, Deutungen und Gestaltbarkeit empirisch und am besten *live*, also in Klassenzimmern etc. untersucht werden. Dadurch wird klar, wie Schülerinnen und Schüler in fachlichen Gebieten lernen, womit sie Schwierigkeiten haben, welche Wirkungen auftreten, wie Lehrer und Schüler das Lerngeschehen deuten, wie Lehrer fachliches Lernen gestalten können usw.

2.3 Erziehungswissenschaft und Fachdidaktiken – perspektivisch

Welche Perspektiven hat das Verhältnis von Erziehungswissenschaft und Fachdidaktik, wenn man in die Zukunft schaut? Welche Theorie- und Forschungsprobleme sind weiterführend? Was sollte bearbeitet werden?

Zunächst einmal scheint es mir notwendig zu sein, den Zusammenhang von fachdidaktischer Forschung, allgemeiner Unterrichts- und Schulforschung sowie auf Schulsysteme bezogene Forschung deutlicher herauszuarbeiten. Schulbezogene Bildungsforschung umfasst eben die Makroebene des Systems, die Meso-Ebene der Organisation und die Mikroebene der Interaktions- und Lernprozesse, die nur personen- und situationsgebunden zu erforschen ist. In diesen größeren Kontext sind dann eben auch Studien zu fachbezogenem Lernen eingeordnet – und auf diese Weise wird deutlich, dass die Fachdidaktiken in einem größeren Kontext der Bildungswissenschaften stehen. Die Bezugnahme auf Mehrebenenmodelle bei der Analyse von Daten macht diese Gesamtarchitektur deutlich, bezieht sich jedoch lediglich auf die Zusammenhänge zwischen Datenebenen sowie die Partialisierung von Unterschieden und Effekten sowie deren der Zuordnung zu bestimmten Ebenen. Das Ganze bedarf auch der theoretisch-konzeptionellen Durchdringung, die dann nicht nur die Schichten übereinander legt und Ergebnisse zuordnet, sondern die eben auch und gerade die Zusammenhänge deutlich macht.

Ich hatte es schon angedeutet, möchte es aber an dieser Stelle noch einmal gesondert aufnehmen: Fachdidaktisches Argumentieren und Forschen und Entwickeln muss in einen größeren thematischen Kontext gestellt und hiermit verknüpft werden – ein Kontext, der durch die begriffe Lehrplantheorie, Bildungstheorie, Schultheorie beschrieben wird. Denn die Architektonik der schulischen Fächerstruktur, das hierin Eingeschlossene, das hieraus Ausgeschlossene, die Art der Gewichtung und sachlich-zeitlichen Verteilung, die Verknüpfung mit anderen gesellschaftlichen Bereichen wie dem Berufssystem, dem Wissenschaftssystem, dem Kultursystem etc. – dies alles ist nicht mehr innerhalb des Rahmens einzelner Fächer oder Lernbereiche zu debattieren. Natürlich haben die verschiedenen schulisch repräsentierten Kanonsegmente dabei – nicht zuletzt in Gestalt ihrer Fachdidaktiken – den Stellenwert dieser oder jener Wissens- und Kompetenzbereiche zu verdeutlichen. Das Jeweilige muss aber letztendlich in ein Ganzes eingeordnet werden. Für diese Perspektiven sollte sich die Fachdidaktik stärker öffnen und Kooperation suchen.

Drittens schließlich ist eine Zukunftsperspektive von Fachdidaktik verstärkt im außerschulischen und informellen Lernfeldern zu suchen: Ich meine damit die Darstellung und Vermittlung von Wissenschaften in der Öffentlichkeit, in Museen, in autonomen Lernzentren, via Lernplattformen und Wissenschaftsparks, in Schülerlaboren etc. Dies hat sehr viel mit der Verbreitung eines öffentlichen Verständnisses von Wissenschaft zu tun, mit Dingen übrigens, die traditionell eigentlich in den Kontext von „Bildung" bzw. „allgemeiner Bildung" gehören, und die man früher auch schon mal Wissenschaftsdidaktik genannt hat. Die Vermittlung ihrer selbst in ihre verschiedenen Umwelten hinein gehört eigentlich zu den genuinen, inneren Aufgaben von Disziplinen und sollte eigentlich nicht erst als dann vielleicht sogar ungeliebte Fachdidaktik hinzuaddiert werden müssen. Und diese Selbsterklärungs- und Vermittlungsaufgabe wirkt umgekehrt in gewisser Weise sogar auf die Binnenstruktur und Binnenkommunikation von Disziplinen zurück. Ich halte dies für eine immer noch spannenden, Konventionen verlassendes und die herkömmliche „Fachdidaktik" in ein neues Licht rückende Entwicklung.

In der Rückschau auf das Gesagte möchte ich folgende Thesen formulieren:

1. Die Erziehungswissenschaft sollte in inhaltlicher Hinsicht keine Kooperationsprobleme mit modernen Fachdidaktiken haben. Dies gilt umgekehrt genau so.
2. Die Allgemeine Didaktik und Fachdidaktik können wechselseitig und zum Vorteil der Unterrichtsforschung voneinander profitieren.
3. Allgemeine Didaktik und Bildungstheorie haben weiterhin ihre Aufgaben, da über Unterricht und sowie schulisches Lernen insgesamt auch fachunabhängig zu argumentieren, zu forschen und zu entscheiden ist.
4. Schulforschung, Allgemeine Didaktik, Curriculumforschung und Fachdidaktiken u. a. sind Elemente der Bildungswissenschaften

3. Fachdidaktiken in der Lehrerbildung

Der institutionelle Ort der Fachdidaktiken in Forschung und Lehre ist die Lehrerbildung. Gäbe es keine universitäre Lehrerbildung, so gäbe es vermutlich keinen Ort und auch keinen Bedarf an wissenschaftlicher Forschung und Lehre zu fachbezogenem Lehren und Lernen. In allen Reformpapieren, in allen Reformansätzen zur Lehrerbildung aus den letzten 10 Jahren wird die Bedeutung der Fachdidaktik – und zwar einer forschenden Fachdidaktik – sehr klar herausgestellt. Soweit besteht Einigkeit. Uneins sind sich die Experten innerhalb und außerhalb der Fachdidaktiken über den Entwicklungsstand der Forschung, insbesondere der empirischen, lernprozessbezogenen Forschung in den Fachdidaktiken. Hier gibt es in der Tat, wie schon erwähnt, große Entwicklungsunterschiede. Dies wird in einer gewissen Weise auch so bleiben; vollständigen Entwicklungsgleichklang anzunehmen, ist illusorisch und geht an den Realitäten des Wissenschaftssystems vorbei.

Eine solche Forderung nach forschender Fachdidaktik ist schnell erhoben – in der Wirklichkeit der Lehrerbildung allerdings schwer umzusetzen. Unabhängig von der wissenschaftlichen Überzeugungskraft der entsprechenden Argumente ist es von besonderer Bedeutung, in den Studienordnungen für die Lehramtsstudiengängen den Anteil der fachdidaktischen Studien präzise zu benennen und bei der Akkreditierung von Lehramtsstudiengängen darauf zu achten, dass in den Studienprogrammen dieser Anteil auch tatsächlich ausgewiesen, realisierbar und studierbar ist. In der Vergangenheit waren – wenn überhaupt – die Fachdidaktikanteile an den Fachstudien häufig eher vage ausgewiesen. Hier bieten in der Tat Modularisierung und Akkreditierung eine Chance, die Fachdidaktik in entsprechender Weise zu verankern und dann auch personell abzusichern. In den verabschiedeten Plänen für die Neugestaltung der Lehrerbildung in NRW wird dieser Anteil klar benannt. Allerdings paust sich hier die bekannte traditionelle Vorstellung zu den Differenzen zwischen einem Studium des Grundschullehramtes und des Gymnasiallehramtes weiterhin durch: Lehrer für kleine Kinder brauchen sehr viel Fachdidaktik; Lehrer für Gymnasiasten brauchen am wenigsten Fachdidaktik.

Zukunft der Fachdidaktiken in NRW (ab 2011)

- **Grundschullehramt:** 27% FD im Studium *eines* der (drei) Fächer; 15% des gesamten Studiums (+ Beteiligung am Praxissemester)
- **Haupt- und Realschullehramt:** 25% FD im Studium *eines* Faches; 13,3 % des gesamten Studium (+ Beteiligung am Praxissemester)
- **Gymnasiales Lehramt:** 15% FD im Studium *eines* Faches; 10% des gesamten Studiums (+ Beteiligung am Praxissemester)

Abb. 2

Übrigens sind die Anteile für die bildungswissenschaftliche Studien (das traditionelle „Begleitstudium") analog zu dieser Auffassung verteilt worden: Alle Lehramtsstudiengänge sind zwar gleichlang und umfassen 300 Leistungspunkte. Für das gymnasiale und berufliche Lehramt verbleiben allerdings nur 41 Punkte für Bildungswissenschaften; für das Lehramt an Hauptschule und Realschule sind es 81 LP, für das Lehramt Grundschule 64 LP. Dies bedeutet eine sehr starke Steigerung bildungswissenschaftlicher Elemente insbesondere beim Haupt- und Realschulstudiengang, aber auch bei Grundschullehrerausbildung – und deren sehr deutliche Reduktion beim gymnasialen sowie beim auf das Berufskolleg bezogenen Studiengang; in diesen Studiengängen sind die Bildungswissenschaften in NRW faktisch Restwissenschaften geworden. Dies steht einer lehramtsübergreifenden Ausgestaltung der bildungswissenschaftlichen Studien entgegen, die inhaltlich und aus kapazitären Gründen geboten wäre und verlangt letztendlich eine Verlagerung von Lehrkapazität in den Bildungswissenschaften vom gymnasialen Studiengang weg in Richtung auf Haupt-, Real und Grundschule. Aber dies betrifft – wie gesagt – nur die Bildungswissenschaften; die Fachdidaktiken werden mit ihren vorhin genannten Leistungspunkten bei den Fächern rubriziert.

Wenn die Fachdidaktiken ihre Position absichern und gar ausbauen wollen, die Zahl der insgesamt zur Verfügung stehenden Leistungspunkte, der zu verteilende Kuchen also, gleich bleibt, so kann dies logischerweise entweder in Richtung auf die Anteile der Fachstudien oder aber auch in Richtung der bildungswissenschaftlichen Studien geschehen. Bei den nicht-gymnasialen Studiengängen liegen entsprechende Chancen möglicherweise eher in Richtung auf die Fachstudien; beim zum Gymnasium und zum Berufskolleg führenden Studiengang bliebe vermutlich nur übrig, zu Lasten der Bildungswissenschaften zu expandieren, da in diesem Studiengängen die Verteidigung eines konstant hohen fachwissenschaftlichen Anteils sehr massiv ist. Allerdings ist es auch möglich, dass bei dem üblichen Kampf um Anteile innerhalb der Lehrerbildung die Differenz zwischen Bildungswissenschaften und Fachdidaktiken womöglich keine Rolle mehr spielt: Ich weiß, dass dies bei Ihnen umstritten ist, aber aus meiner Sicht zählt die Fachdidaktik systematisch (nicht institutionell) zu den Bildungswissenschaften – einfach deshalb, weil ihr Gegenstand fachbezogene Lern- und Bildungsprozesse sind. Der Begriff „Bildungswissenschaften" ist ja eine Art Sammelbezeichnung für diejenigen Disziplinen oder Teilen von Disziplinen, die sich mit Bildung i. w. S., also mit Lernen als Prozess, mit seiner institutionellen Rahmung, mit seiner professionellen Gestaltung etc. beschäftigen. Insofern gehören die Fachdidaktiken in diese Gruppe. Ich kann mir auch ehrlich gesagt keine Wissenschaftsgruppe vorstellen, in die sie ansonsten gehörten. Welche sollte das sein?

In ähnlicher Weise würde ich auch die Frage der Zusammenführung von verschiedenen, thematisch aber benachbarten Fachdidaktiken grundsätzlich und im Prinzip für unproblematisch halten; ich erinnere an die Möglichkeit, thematisch eng zusammen liegende Fachdidaktiken zu entsprechenden Instituten zusammenzufassen. Gerade dort, wo Disziplinen sich berühren bzw. zusammenarbeiten, befinden sich häufig die interessantesten Zonen; in der englischsprachigen Welt gibt es eben auch *science education*, und auch in der Schule sollte aus den Fächern heraus eben auch fachverbindend und Fächergrenzen überschrei-

Zur Situation der Fachdidaktiken aus der Sicht der Erziehungswissenschaft

tend unterrichtet werden. Was also spricht gegen die Zusammenarbeit benachbarter Fachdidaktiken? Es ist sehr gut denkbar, dass auf diese Weise Forschungsverbünde entstehen, die der Entwicklung der Fachdidaktik eher dienen als wenn man umgekehrt zunächst ganz viele kleine Einheiten schafft, sie sorgfältig voneinander abgrenzt – und dann jede kleine Einheit sich um Wachstum bemüht. Das erinnert eher an interne Expansionskämpfe in Kleingartenvereinen als an eine sinnvolle Strategie der Konsolidierung eines wichtigen Forschungs- und Lehrbereichs.

Solche Fragen der Grenzziehung, der Nomenklatur, des Garten- und Kleingartenbaus sind aber letztendlich doch nicht so spannend und lenken von der eigentlichen Notwendigkeit ab: Dass nämlich möglichst alle fachdidaktischen Einheiten in einer entsprechenden Größe und Ausrichtung etabliert werden, dass dann auch entsprechende Forschung betrieben wird, die in Richtung auf die institutionellen Standards der Forschungsförderung, aber auch in Richtung auf ihre Bedeutung für Lehrerbildung und Schulpraxis auf der Höhe der Zeit ist. *Das* ist das entscheidende Problem – nicht inneruniversitäre Arbeit des Schanzens und der Landnahme.

Und übrigens: Wenn es schon Vorbehalte gegen die Zusammenarbeit mit nahe liegenden anderen Fachdidaktiken gibt – wie soll es dann eigentlich möglich werden, bei der Betreuung von Schulpraktika z. B. mit Vertretern aus den Bildungswissenschaften (Schulpädagogik und Unterrichtspsychologie etc.) zusammen zu arbeiten. In dem erwähnten neuen Lehrerbildung in NRW ist im Masterstudium ein Praxissemester vorgesehen, das von den Fächern *und* den Bildungswissenschaften vorbereitet, begleitet und ausgewertet werden soll; ebenso ist die Mitwirkung von Personal aus der II. Phase vorgesehen. Am Ende dieses Praxissemesters stehen ein Beratungsgespräch und eine Prüfung. Hier kommt es mithin zu Kooperationen zwischen bisher eher isoliert nebeneinander her arbeitenden Personengruppen bzw. Institutionen. Ein genaues Modell hierfür liegt noch nicht vor; und die großen Universitäten des Landes werden allein schon aufgrund der Zahl der Studierenden immense logistische Probleme bekommen. Das Praxissemester ist sicherlich schwierig zu organisieren – aber es provoziert, ja erzwingt gewissermaßen die Kooperation zwischen den erwähnten beteiligten Gruppen. Hier wird sich dann – in den interdisziplinären Betreuergruppen – zu zeigen haben, wie Fachdidaktiker mit Erziehungswissenschaftlern und Pädagogischen Psychologen ins Gespräch kommen und eine sinnvolle Bildungs- und Ausbildungserfahrung für Lehramtsstudierende organisieren können. – So weit ein paar Bemerkungen zur Situation von Fachdidaktik und Erziehungswissenschaft in der Lehrerbildung.

Schluss

Meine Damen und Herren, ich komme zum Schlusswort, das – wie es sich gehört – ganz kurz und schmerzlos ist. Ich habe in meinem Vortrag versucht, aus der Sicht eines Erziehungswissenschaftlers – eines Schulpädagogen – die Situation und die Perspektiven der Fachdidaktiken zu beleuchten. Thematisch und von den Aufgaben in Forschung und Lehre her liegen die Schulpädagogik, Allgemeine Didaktik, Unterrichtsforschung und Fachdidaktik sehr eng zusammen – ihr Gegenstandsfeld ist das Lehren und Lernen in der

Schule, z. T. auch außerhalb dieser. Hinsichtlich der Forschungsmethodik sind alle diese wissenschaftlichen Teildisziplinen dem human- und sozialwissenschaftlichen Forschungstypus zuzurechnen, der empirisch quantitative und -qualitative, hermeneutische und natürlich auch historisch-systematische Methodik kennt und nutzt. Ausgangspunkt und Blickrichtung und Akzentsetzung hinsichtlich des Gegenstandes sind in Teilen different. Dies muss man als Chance begreifen. Natürlich sind die Fachdidaktiken aufgrund ihrer Balance-Position zwischen dem Bezug auf die korrespondierende Fachlichkeit einerseits und den Blick auf das pädagogisch-didaktische Geschehen andererseits in einer etwas komplizierten Lage. Genau hierin liegt aber auch ihr spezifischer Auftrag, ihre spezifische Legitimation. Wenn es sie nicht gäbe, müsste man sie sofort und eben genau auf dieser Zwischenposition erfinden. Glücklicherweise ist das aber nicht nötig – denn es gibt sie ja schon!

Rüdiger Tiemann *(Humboldt-Universität zu Berlin)*
Jenny Koppelt *(Humboldt-Universität zu Berlin)*
Andreas Nehring *(Humboldt-Universität zu Berlin)*

Empirische Fundierung chemiedidaktischer Forschung – ein Beitrag zum kompetenztheoretischen Ansatz der Problemlöseforschung

Einleitung

Eine der „großen Herausforderungen" der letzten Jahre, der sich empirisch forschende Didaktiken in Deutschland gegenübergestellt sehen, ist die der Modellierung und Erhebung von Kompetenzen. Kaum ein Begriff wird häufiger und vielfältiger verwendet, und ob jedes Mal zuvor eine theoriegeleitete und fundierte Operationalisierung des Konstrukts zugrunde liegt, bleibt zumindest zu bezweifeln. Es ist die ausgeprägte Kontextabhängigkeit, die den empirischen Zugang zu Kompetenzen erheblich erschwert. Diese Abhängigkeit macht es erforderlich, bei der Modellierung von Kompetenzen sowohl situationsspezifische als auch personenspezifische Einflussfaktoren zu berücksichtigen. Neben der diagnostischen kommt der fachdidaktischen Expertise im Sinne einer curricular validen Abbildung von schulrelevanten Kontexten und der fachspezifischen Einschätzung von Schülerfähigkeiten eine besondere Relevanz zu. Im Folgenden soll am Beispiel eines Projekts zur Modellierung von Problemlösekompetenz für chemische Kontexte die Entwicklung und Evaluation eines entsprechenden Struktur- und Niveaumodells beschrieben werden.

Kompetenz als Leitbegriff von Entwicklungen im Bildungssystem

Eine erste Bedeutung für die Diagnose von Schülerfähigkeiten gewann der Kompetenzbegriff im US-amerikanischen Bildungswesen der 1970er Jahre. Gerade im Zusammenhang mit der damaligen Zunahme von standardisierten Leistungstests wurde stärker nach Konzepten gesucht, welche die Leistungserfassung insbesondere von der Intelligenz abheben. Hier war es in besonderem Maße der amerikanische Psychologe McClelland (1973), der mit der Forderung nach Kompetenzerfassung eine stärkere Berücksichtigung des situationsspezifischen Einflusses auf die Leistungen von Schülerinnen und Schülern in den Blickpunkt rückte. Während Intelligenz in weitgehend dekontextualisierten Umgebungen erfasst wurde, versprach eine kompetenzorientierte Diagnostik eine Verbesserung der Prognosefähigkeit der Tests insbesondere im Hinblick auf das leistungsorientierte Verhalten in Situationen, die dem realen Leben entstammen. Auch wenn McClelland keine explizite Definition von Kompetenz vorlegte, wurde bereits lange vor den aktuellen Diskussionen deutlich, dass hierbei die erfolgreiche Umsetzung von Handlungen in bestimmten Situationen im Zentrum stand. Mag an dieser Stelle eine Nähe zu dem heute unter dem Namen „Handlungskompetenz" bekannten Konzept zu sehen sein, und blieb die damalige Auffassung eher unscharf und weit gefächert, so ist hier jedoch ein wesentliches Elemente bereits erkennbar: nach McClelland war jede Personeneigenschaft Teil von Kompetenz, solange sie die Vorhersage von Erfolg in einer konkreten Handlungssituation erlaubte (Klieme, Hartig & Rauch, 2008).

In Deutschland war der Kompetenzbegriff in den vergangenen Jahren Gegenstand intensiver Diskussionen, insbesondere in den Bildungswissenschaften, und etablierte sich als Leitbegriff für die Erfassung von Schülerfähigkeiten, für die Optimierung von Bildungsprozessen und letztlich für die Weiterentwicklung des Bildungswesens (Klieme & Leutner, 2006). Gerade die seit den 1950er Jahren zunehmende Erkenntnis, dass eine fachsystematisch begründete Tradierung von Bildungsinhalten nicht mehr ausreicht, um die nachwachsende Generation auf die Herausforderungen der Zukunft vorzubereiten, und die damit verbundene stärkere Orientierung auf formale Bildungsziele leisteten dem Bedeutungsgewinn des Kompetenzbegriffs Vorschub (Klieme, 2004). Dieser wurde mit der kompetenzbasierten Fokussierung auf den „Schüler-output" weiter verstärkt. Die Formulierung Nationaler Bildungsstandards (z. B. KMK, 2004) auf der Basis des Kompetenzbegriffs stellt einen weiteren Schritt in diese Richtung dar.

In den naturwissenschaftlichen Unterrichtsfächern wird über die Fachgrenzen hinweg zwischen den Kompetenzbereichen Fachwissen, Erkenntnisgewinnung, Bewertung und Kommunikation unterschieden. Bei näherer Betrachtung der vier Bereiche ist dabei eine Abnahme der „Konstruktschärfe" vom Bereich Fachwissen bis zum Bereich Kommunikation zu beobachten. Dennoch ist es ein Hauptanliegen der Bildungsstandards, Ziele des Fachunterrichts so zu formulieren, dass sowohl auf individueller Ebene als auch auf Systemebene ein empirischer Zugang möglich ist. Dies ist aufgrund der eher zugänglichen Operationalisierbarkeit beim Kompetenzbereich Fachwissen den Fachdidaktiken weitgehend gelungen. Bei den übrigen sind zurzeit eher noch Entwicklungsarbeiten nötig, bevor validierte und akzeptierte Modelle vorliegen.

Vor diesem Hintergrund wird von den empirisch forschenden Teilen der Bildungswissenschaften erwartet, entsprechende Modelle und Messverfahren zu entwickeln, um fundierte Erkenntnisse für die Evaluation von pädagogischen Maßnahmen, für Förder- und Auswahlentscheidungen und letztlich die Einschätzung der Effektivität des Bildungssystems bereitstellen zu können. Im Bereich der Kompetenzdiagnostik gehört dazu die theoretische und empirisch fundierte Beschreibung der Binnenstruktur von Kompetenzen ebenso wie die Abbildung und Differenzierung einzelner Niveaustufen. Zudem sollen zeitliche Veränderungen im Lernprozess darstellbar werden (Klieme & Leutner, 2006). Damit sehen sich die Fachdidaktiken der Herausforderung gegenüber, psychometrischen Standards zu genügen sowie eine Vermittlung zwischen Messoperationen und Kompetenzmodellen herzustellen und somit letztlich Messergebnisse im Hinblick auf ein Kompetenzmodell fachdidaktisch zu interpretieren.

In Bezug auf den Begriff „Messen" formuliert Orth (1974): „Messen erfolgt durch eine Zuordnung von numerischen Größen (Zahlen, Vektoren) zu Dingen, die Träger der zu messenden Eigenschaft sind. Messen beruht auf einer homomorphen Abbildung eines empirischen Relativs durch ein numerisches Relativ bzw. auf einer Repräsentation eines empirischen Relativs durch ein numerisches Relativ. Die Existenz einer derartigen homomorphen Abbildung ist das Kriterium dafür, ob eine Zuordnung von Zahlen zu Dingen als ‚Messen' zu betrachten ist, d. h. ob eine Eigenschaft messbar ist" (Orth, 1974, S. 18). Insbesondere der letzte Satz verdeutlicht, wie wichtig eine genauere Bestimmung des Kompetenzbegriffs für eine empirische Erhebung von Kompetenzen ist. Eine solche Begriffsbestimmung stellt sich gerade im Hinblick auf die alltagssprachliche Bedeutung und den geradezu inflationären Gebrauch (Weinert, 2001a) als nicht trivial dar. Hartig und Klieme (2006) schlagen eine Arbeitsdefinition vor, wonach Kompetenzen auf kognitive Dispositionen beschränkt werden, die zum erfolgreichen Handeln in domänenspezifischen Situationen notwendig sind. Damit nehmen sie eine Abgrenzung zu Definitionen vor, die motivationale oder affektive Aspekte einschließen (z. B. Weinert, 2001b). Mit dem Merkmal der Domänenspezifität stellt die Arbeitsdefinition einen funktionalen Bezug auf einen begrenzten Bereich von Kontexten und Situationen her. Damit ist jedoch eine Generalisierbarkeit streng genommen in gewissem Maße nur da möglich, wo eine Ähnlichkeit zwischen den spezifischen Situationen herrscht. Aus dem Hinzunehmen von situationsspezifischen Merkmalen in eine Definition des Kompetenzbegriffes folgt, dass erst der Umgang mit Anforderungen in unterschiedlichen Situationen letztlich zum Erwerb von Kompetenzen führt.

Kompetenzdiagnostik

Eine theoriegeleitete Kompetenzdiagnostik basiert in einem ersten Schritt auf der Modellierung von Kompetenzen. Dem Fokus einer diagnostischen Vorgehensweise entsprechend wird zwischen Struktur-, Niveau- und Entwicklungsmodellen unterschieden (z. B. Schecker & Parchmann, 2006). Während Strukturmodelle die Dimensionalität von Kompetenzen beschreiben, befassen sich Niveaumodelle mit den Anforderungen, die ein Proband mit hoher bzw. niedriger Kompetenzausprägung bewältigt oder nicht. Hierbei dominieren in der Regel quantitative Verfahren. Eine mittlerweile gängige Methode, Schwierigkeiten von Aufgaben auf einer Skala zu verorten und damit für die Beschreibung von Kompetenzniveaus nutzbar zu machen, besteht in der Verwendung von Modellen der Item-Response-Theorie (z. B. Rost, 2004; Moosbrugger, 2007). Abbildung 1 zeigt exemplarisch den Verlauf der Lösungswahrscheinlichkeit, den man bei diesem Verfahren als Funktion von Personen- und Aufgabenschwierigkeit erhält. Das Grundprinzip dieser Modelle besteht darin, die Schwierigkeiten der verwendeten Aufgaben und die Fähigkeiten der Probanden auf einer gemeinsamen Skala darzustellen und diese in Beziehung zu setzen mit der Lösungswahrscheinlichkeit der verwendeten Testaufgaben.

Im Sinne einer qualitativen Beschreibung der Kompetenzausprägungen ist es sinnvoll, die quantitativen Leistungswerte kriteriumsorientiert zu interpretieren. Eine Möglichkeit hierzu besteht in der Definition von Kompetenzstufen oder -niveaus. Damit verbunden ist die Frage nach der Festlegung von Grenzen zwischen diesen Niveaus. Neben ihrer willkürlichen Festlegung, besteht die Möglichkeit einer Post-hoc-Analyse. Hierbei werden die verwendeten Aufgaben nach der Bestimmung ihrer Lösungswahrscheinlichkeiten inhaltlich beschrieben, um sich damit den gestellten kognitiven Anforderungen zu nähern. Teilweise ist auch eine vorherige Zuordnung der Aufgaben zu den einzelnen Niveaus möglich (Rauch & Hartig, 2007). Ein anderer Weg wurde in der DESI-Studie beschritten.

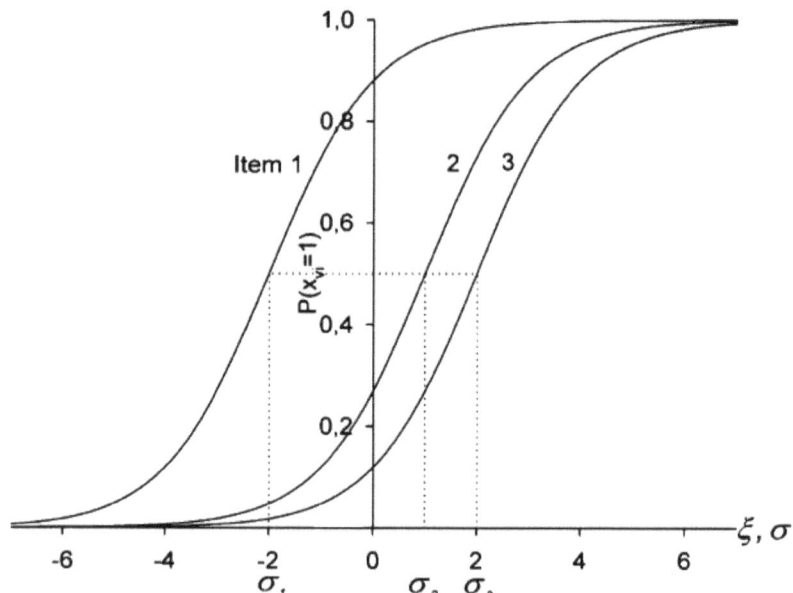

Abb. 1: Item-Response-Theorie: Lösungswahrscheinlichkeit dreier Raschhomogener-Items als Funktion der Personenparameter und Aufgabenschwierigkeiten (Moosbrugger, 2007)

Hier wurden die Aufgaben hinsichtlich ihrer Anforderungen so beschrieben, dass die Schwierigkeiten der Aufgaben vorhergesagt werden konnten. Nach der Bestimmung der Lösungswahrscheinlichkeiten und der Aufgabenschwierigkeiten konnte regressionsanalytisch festgestellt werden, welche Anforderungen die größte prädiktive Kraft der Schwierigkeiten haben. Die vorhergesagten Schwierigkeiten konnten nun dazu genutzt werden, um Abschnitte der Kompetenzskala festzulegen.

Problemlösekompetenz als fächerübergreifende Kompetenz

Die psychologisch Forschung zu Problemlöseprozessen reicht bis in den Beginn des 20. Jahrhunderts zurück (Funke, 2003). Dabei lässt sich Problemlösen definieren als „zielorientiertes Denken und Handeln in Situationen, für deren Bewältigung keine routinierten Vorgehensweisen verfügbar sind" (Klieme, Artelt & Stanat, 2001, S. 185). Diese Definition verdeutlicht die Abgrenzung zur alltagssprachlichen Verwendung des Begriffs, bei der es eher um die Lösung von emotional gefärbten, sozialen Konfliktsituationen zwischen Personen geht. Auch wenn soziale und motivationale Aspekte beim Problemlösen eine Rolle spielen, zielt das psychologische Verständnis des Begriffs auf Denkprozesse, die das Verstehen und erfolgreiche Bearbeiten eines Problems ermöglichen. Dabei sollen Lücken in einem Handlungsplan, dessen Einsatz nicht routiniert abläuft, gefüllt und Repräsentationen, die den Weg von Ausgangs- zu Zielzustand überbrücken, aufgebaut werden (Funke, 2003; Tiemann, 1999). Auf Dörner (1976) geht dabei die Metapher zurück, wonach beim Problemlösen eine Barriere zwischen Ausgangs- und Zielzustand gedanklich zu überwinden ist. Bei mehrmaliger Bearbeitung eines Problems erniedrigt sich diese Barriere nach und nach durch den Aufbau von Routine, so dass sich ein bestimmtes Problem zu einer leicht bewältigbaren Aufgabe wandelt. Bereits in den 1940er Jahren des vergangenen Jahrhunderts gab Pólya (1945) wichtige Impulse für die empirische Erforschung des Problemlöseprozesses, indem er eine Gliederung vorlegte, nach der auf die Erkennung der Problemstellung die Suche von relevanten Informationen und Bedingungen für eine Lösung erfolgt. Alternative Lösungswege werden generiert und ein Lösungsweg ausgewählt und angewendet. Schließlich wird die Problemlösung reflektiert und das Ergebnis mitgeteilt. Für die Didaktik der Chemie finden sich curriculare Umsetzungen dieses Konzepts z. B. bei Sumfleth (1988) oder diagnostische z. B. bei Tiemann (1999, 2001).

Eine in der Psychologie intensiv diskutierte Fragestellung ist, inwiefern Problemlösefähigkeit von Intelligenz beeinflusst wird oder ob es nicht sinnvoller wäre, beide Konstrukte gleichzusetzen. Auch wenn aus einigen bisherigen Forschungsergebnissen deutlich wurde, dass Aufgaben in Problemlösetests trotz partieller Gemeinsamkeiten in der Regel komplexer waren als die von Intelligenztests, und auch komplexere, metakognitiv-strategische Fähigkeiten für ihre Lösungen erforderlich waren, ist die empirische Befundlage nach zahlreichen Studien insgesamt inkonsistent. Je nach Variation bestimmter Variablen wie der Komplexität oder der Transparenz der Aufgabenstellungen ließen sich stärkere oder schwächere statistische Zusammenhänge nachweisen (Süß, 2001). Leutner (2002) berichtet unter Bezug auf die Arbeiten von Elshout (1987) und Raaheim (1988) von einem umgekehrt U-förmigen Verlauf des Zusammenhangs zwischen Intelligenz und Problemlöseerfolg. Intelligenz spielt für den Problemlöseprozess immer dann eine große Rolle, wenn das für die Problemstellung relevante Wissen ein mittleres Ausmaß einnimmt. Dem entsprechend zeigen sich hier die stärksten Korrelationen. Bei zu geringem Wissen führt die Intelligenz nicht zur Problemlösung; bei zu hohem Wissen ist sie dafür nicht von Bedeutung.

PISA 2003 und die Erhebung allgemeiner Problemlösekompetenz

Ein wichtiger Forschungsimpuls für die Erfassung der Problemlösekompetenz im pädagogischen Bereich ging von den PISA-Studien aus. Neben mathematischer Kompetenz wurde Problemlösekompetenz 2003 besonders berücksichtigt. Hintergrund dafür ist die Einschätzung seitens der OECD, dass es sich beim Problemlösen um eine Kompetenz handelt, die einen deutlichen Bezug zu Anforderungen des Lebens außerhalb der Schule hat. Besonders in anspruchsvollen beruflichen Kontexten wird die Fähigkeit verlangt, fachlich nicht eindeutig zuzuordnende Sachverhalte gedanklich zu analysieren, um Handlungsmöglichkeiten vor dem Hintergrund des vorhandenen Wissens zu generieren, umzusetzen und letztlich zu reflektieren. Daher wurde die Problemlösekompetenz im Rahmen der PISA-Studien im Sinne einer fächerübergreifenden Kompetenz definiert als die Fähigkeit, „kognitive Prozesse zu nutzen, um sich mit solchen realen, fächerübergreifenden Problemstellungen auseinanderzusetzen und sie zu lösen, bei denen der Lösungsweg nicht unmittelbar erkennbar ist und die zur Lösung nutzbaren Wissensbereiche nicht einem einzelnen Fachgebiet der Mathematik, der Naturwissenschaften oder des Lesens entstammen" (Leutner, Klieme, Meyer & Wirth, 2004, S. 148).

Während im internationalen Test das analytische Problemlösen auf der Basis eines Papier-und-Bleistift-Tests erfasst wurde, nutzte die nationale Ergänzungsstudie computerbasierte Verfahren, um die dynamischen Aspekte der Problemlösekompetenz zu erheben. Situationen, in denen analytisches Problemlösen gefordert ist, zeichnen sich dadurch aus, dass alle Informationen von Beginn an entweder explizit dargelegt sind oder schlussfolgernd abgeleitet werden können (Klieme et al., 2001). Der Problemlöseprozess wird vor allem durch die Analyse der gegebenen oder abgeleiteten Informationen und dem Entwickeln der Lösung bestimmt. Damit sind die Ausgangssituation und das Ziel ersichtlich und wohl definiert. Für den Proband kommt es vor allem darauf an, zu erfassen, was das Problem ausmacht und welches Wissen für eine Lösung relevant ist. Damit wird Problemlösen zu einem großen Teil Anwendung von Wissen (Leutner, Klieme, Meyer & Wirth, 2005). Die in PISA verwendeten Problemstellungen lassen sich den Konzepten Entscheidungen treffen („decision making"), Systeme analysieren und entwerfen („system analysis") und Fehler suchen („trouble shouting") zuordnen. Hierbei ist zu erwähnen, dass „decision making" in diesem Zusammenhang nicht dem fachdidaktischen etablierten Konzept entspricht, sondern lediglich eine reduzierte Bezeichnung einer Handlungsbeschreibung darstellt.

Bei dynamischen Problemstellungen sind dagegen weder alle zur Lösung nötigen Informationen vorgegeben, noch lassen sie sich durch Schlussfolgern erschließen. Vielmehr geht es darum, aktiv in die Problemsituation einzugreifen und daraus resultierende Veränderungen wahrzunehmen. Der Proband kann damit Wissen über den Einfluss von Eingriffen auf die Problemsituation generieren, das zusammen mit dem Vorwissen die Basis für die Entwicklung und Bewertung von Problemlöseprozessen bildet (Wirth & Klieme, 2003). Der Problemlöseprozess wird hierbei durch selbstreguliertes und feed-back gesteuertes Lernen in einer Situation unterstützt, die Veränderungen eigendynamisch oder als Reaktion auf Handlungen von Außen vornimmt (Leutner et al., 2004). Häufig charakterisieren sich diese Situationen durch Vernetztheit, Intransparenz und vielfache Zielvorgaben, die in konkurrierenden Verhältnissen zueinander stehen (Polytelie). Diese Arten von dynamischen Problemlöseprozessen werden unter dem Begriff des komplexen Problemlösens zusammengefasst (Frensch & Funke, 1995). Sie werden in der Regel durch computerbasierte Verfahren (computer based assessments (CBA) bzw. technological based assessments (TBA)) erhoben.

Für das analytische Problemlösen lassen sich aus der umfangreichen Forschungsliteratur sechs Prozesse ableiten, welche diese Kompetenz beschreiben und die auch in PISA 2003 zugrunde gelegt wurden. Nach der OECD (2004) durchlaufen die Schülerinnen und Schüler beim Lösen dieser Probleme die folgenden Teilschritte: „Problem verstehen", „Problem charakterisieren", „Problem repräsentieren", „Problem lösen", „Lösung reflektieren" und „Lösung kommunizieren". Die drei Kompetenzstufen, auf denen diese Schritte durchlaufen werden konnten, wurden inhaltlich über den Grad der Kombination von Informationen aus verschiedenen Informationsquellen und der mehr oder weniger komplexen Verknüpfung mehrerer Komponenten bzw. Bedingungen, denen eine Lösung genügen muss, beschrieben (Leutner et al., 2004).

Die nationale Ergänzungsstudie lieferte für die deutsche Stichprobe Hinweise auf die Beziehung der erhobenen Konstrukte. So zeigte sich anhand der gewonnenen Daten, dass die Korrelation zwischen analytischem Problemlösen und mathematischer Kompetenz am höchsten ist (r = 0.90), gefolgt von naturwissenschaftlicher Kompetenz (r = 0.85) und der Lesekompetenz (r = 0.81). Die Zusammenhänge zwischen der dynamischen Problemlösekompetenz und den in PISA erfassten Kompetenzen im Vergleich ist deutlich geringer und bewegen sich im Bereich von 0.6 bis 0.7. Bei statistischer Kontrolle der kognitiven Grundfähigkeit reduzieren sich die Werte beim analytischen Problemlösen um im Mittel 0.13; beim dynamischen Problemlösen um 0.22. Kontrolliert man dazu noch die Lesekompetenz verringern sich die Korrelationen um im Mittel 0.27 bzw. 0.15.

Diese Befunde stellen einen deutlichen Hinweis dafür dar, dass die Problemlösekompetenz keineswegs mit der kognitiven Grundfertigkeit identisch ist. Gleichzeitig gestaltet sich der Einfluss des KFT-Werts auf die analytischen und dynamischen Teile des Problemlösens unterschiedlich. Es wird deutlich, dass die Lesekompetenz stärker auf das Zustandekommen der Werte des durch Papier-und-Bleistift-Tests erhobenen analytischen Problemlösens wirkt als die kognitive Grundfertigkeit. Beim dynamischen Problemlösen kehrt sich dieser Befund um. Hier ist der Einfluss der kognitiven Grundfähigkeiten größer als der der Lesekompetenz.

Modellbasierte Erhebung komplexer Problemlösekompetenz im Chemieunterricht

Wie bereits aufgeführt wird Problemlösekompetenz häufig als fächerübergreifende Kompetenz beschrieben. Dennoch enthält die Definition von Kompetenz wie oben beschrieben situationsspezifische Einflüsse und beruft sich darauf, dass Kompetenz nur über eine Reihe von spezifischen Situationen generalisierbar ist, die sich durch Ähnlichkeit auszeichnen. Zudem kann ihr Erwerb nicht losgelöst von Inhalten erfolgen (Friege & Lind, 2003). Gerade bei naturwissenschaftlichen Fragestellungen spielen domänenspezifische Fähigkeiten und Fertigkeiten für die Problemlösung eine Rolle. Forschungen zum Problemlösen in chemischen Kontexten nutzten in der Regel jedoch oftmals nur Problemstellungen, die eher mathematische oder deduktive Fähigkeiten erforderten. Studien, die den Umgang mit umfassenden oder komplexen Problemstellungen untersuchten, sind vergleichsweise rar (Gabel & Bunce, 1994). Die Untersuchung von Problemlöseprozessen im Chemieunterricht stellt mit der Berücksichtigung der personen- und situationsspezifischen Charakteristika ein fachdidaktisches Forschungsdesiderat dar und bildet somit den Fokus der nachfolgend vorgestellten Studie.

Modellentwicklung

Ziel der Studie ist die Entwicklung und die Evaluation eines Kompetenzmodells, welches die Schritte eines Problemlöseprozesses auf verschiedenen Niveaus (bzw. Anforderungsbereichen) beschreibt. Dazu dienen als Grundlage die vielfältig beschriebenen und für die PISA-Studie 2003 zusammenfassend dargestellten Schritte eines Problemlöseprozesses („Problem verstehen", „Problem charakterisieren", „Problem repräsentieren", „Problem lösen", „Lösung reflektieren" und „Lösung kommunizieren"). Diese einzelnen Schritte müssen trennscharf voneinander beschrieben werden können. Dazu erfolgt eine allgemeine Operationalisierung der Problemlöseschritte, auf deren Grundlage ein Fragebogen konstruiert und eingesetzt wird. Es zeigt sich, dass die Teilprozesse „Problem verstehen" und „Problem charakterisieren" nur kaum von einander zu unterscheiden sind. Daher werden sie zu einem Schritt „Problem verstehen und charakterisieren" (PVC) zusammengefasst, wie auch die Schritte „Lösung reflektieren" und „Lösung kommunizieren" entsprechend zu „Lösung reflektieren und kommunizieren" (LRK) zusammengelegt werden. Die von der PISA Studie propagierten sechs Schritte eines Problemlöseprozesses ließen sich so nicht reproduzieren, jedoch können die nun weiterhin in das Modell integrierten vier Schritte deutlich voneinander unterschieden werden. Damit besteht die erste Dimension des Kompetenzmodell aus den vier Komponenten „Problem verstehen und charakterisieren", „Problem trepräsentieren", „Problem lösen" und „Lösung reflektieren und kommunizieren". Im Anschluss werden diese vier Problemlöseschritte für die Domäne Chemie konkretisiert und beschrieben. Um diese Operationalisierung empirisch abzusichern wird ein weiterer Fragebogen konstruiert, mit dessen Hilfe Berliner Chemielehrer (n = 20) einschätzen können, inwiefern ein beschriebener Aspekt zu einem der Teilprozesse gehört oder nicht. Hierbei können sie Graduierungen auf einer vierstufigen Likert-Skala vornehmen. Es zeigen sich folgende Resultate (vgl. Tab. 1).

In einem letzten Schritt erfolgt in Anlehnung an das Kompetenzmodell der PISA-Studie 2003 die Beschreibung von drei Anforderungsbereichen, welche ebenfalls mit Hilfe eines Fragebogens evaluiert werden (Koppelt & Tiemann, 2008). Mit der Unterscheidung von drei Anforderungsbereichen ergibt sich ein zweidimensionales Kompetenzmodell, das in Abbildung 2 dargestellt ist.

Modellevaluation

Zur Evaluation des Modells und zur Erhebung komplexen Problemstellungen wird ein computerbasiertes Verfahren entwickelt, da damit wird eine Interaktion des Problemlösers mit der Problemstellung zugelassen wird. Zudem ermöglichen computerbasierte Verfahren durch den „ökonomischen" Umgang mit großen Datenmengen den Zugriff auf größere Stichproben, und damit letztlich das Treffen generalisierbarerer Aussagen (z. B. van der Linden, 2005; Wirth, 2004). In der Studie wurde ein virtuelles Labor konstruiert, in dem die einzelnen Schritte des Modells mit entsprechenden Aufgaben besetzt sind (vgl. Abb. 3).

Wie bei anderen computerbasierten Tests bearbeiten die Schülerinnen und Schüler zunächst eine Reihe von explorierenden Aufgaben, um sich mit der Umgebung vertraut zu machen. In einem zweiten Schritt werden sie dann mit der eigentlichen Problemstellung konfrontiert. Die Schülerinnen und Schüler werden aufgefordert einen Ester zu synthetisieren. Dabei müssen sie darauf achten, dass das Syntheseprodukt bestimmten Stoffeigenschaften entspricht (z. B. Löslichkeit, Geruch) und in einer bestimmten Ausbeute vorliegt. Die Aufgabenkonstruktion wurde so vorgenommen, dass eine Lösung unabhängig voneinander und auf jedem Anforderungsbereich möglich ist. Eine Schülerin oder ein

Schüler kann somit prinzipiell bei jedem Problemlöseschritt einen unterschiedlichen Anforderungsbereich erreichen. Damit wird ein „Weg" durch den Problemlöseprozess beschrieben, der individuelle Stärken und Schwächen einzelner Schülerinnen bzw. Schüler aufzeigt und somit eine Grundlage für spätere gezielte Unterstützung zur Förderung der Problemlösekompetenz ermöglicht.

Problemlöseschritt	Reliabilität	Anzahl Items
PVC	0,91	10
PR	0,82	5
PL	0,88	6
LRK	0,89	10

Tab. 1: Ergebnisse zur Untersuchung der chemiespezifischen Beschreibung der Problemlöseschritte

	Prozess			
	PCV	PR	PL	LRK
Niveau 3				
Niveau 2				
Niveau 1				
Niveau < 1				

Abb. 2: Kompetenzmodell zum Problemlösen in chemiespezifischen Inhaltsbereichen

Abb. 3: Eingangsoberfläche zum virtuellen Labor

Insgesamt hatten die Schülerinnen und Schüler 45 Minuten Zeit, um sich mit der Problemstellung auseinanderzusetzen. Als Kontrollvariablen wurden Interesse und Motivation, die kognitive Grundfähigkeit, das themenspezifische Vorwissen und Hintergrunddaten erhoben (vgl. Tab. 2). Die Studie wurde an verschiedenen Berliner Gymnasien durchgeführt. Es nahmen 451 Schülerinnen und Schüler der 10. Jahrgangsstufe teil.

Auf Basis der Schülerrohdaten wird für die Analyse der Schülerleistungen zunächst ein eindimensionales Partial Credit Modell zur Ermittlung der allgemeinen Problemlösekompetenz und zum anderen ein vierdimensionales Partial Credit Modell zur Bestimmung der Schülerleistungen auf den einzelnen Problemlöseschritten berechnet.

Instrument	Konstrukt
Fragebögen (Multiple Choice/Kurzaufgaben)	• Interesse • Motivation • Hintergrunddaten • Computervertrautheit • kognitive Grundfähigkeit • themenspezifisches Vorwissen
Computerbasierte Umgebung	• Problemlösekompetenz

Tab. 2: *Übersicht der Instrumente und Methoden*

Modellevaluation

Die Überprüfung des Modells erfolgt in zwei Schritten. Zunächst wird eine Absicherung der vier Problemlöseschrittet vorgenommen, indem das eindimensionale mit dem vierdimensionalen Partial Credit Modell verglichen wird. Dazu werden die Kriterien zur Modellüberprüfung nach Einhaus (2007) herangezogen, wie die Modellpassung (BIC Index, latente Interkorrelationen der Dimensionen), die Passung der Itemparameter (Zusammenhänge zwischen Itemschwierigkeit und Dimensionszugehörigkeit, Unterschiede von Items innerhalb einer Dimension) und die Passung der Personenparameter (Vergleich der Varianzaufklärung durch eindimensionale und mehrdimensionale Modelle, Korrelationen zwischen den Dimensionen). Es zeigt sich, dass das vierdimensionale Partial Credit Modell die Daten besser beschreibt als das eindimensionale Modell. Weiterhin zeigen die Analysen, dass es sich bei den einzelnen Problemlöseschritten um qualitativ unterschiedliche Fähigkeiten handelt.

In einem 2. Schritt werden die Anforderungsbereiche, welche die zweite Dimension des Kompetenzmodells bilden, einer post-hoc-Analyse unterzogen. Es wird geprüft, inwiefern die Anforderungen der Aufgaben post hoc den theoretisch zugrunde liegenden Anforderungsbereichen zugeordnet werden können. Die Übereinstimmung zwischen dem theoretischen Modell und den post hoc zugeordneten Anforderungen ist mit 85% zufriedenstellend. Jedoch ergeben sich insbesondere beim „Problem repräsentieren" und bei „Lösung reflektieren und kommunizieren" Abweichungen. Diese Ergebnisse wurden in eine Überarbeitung des Modells einbezogen (Koppelt & Tiemann, 2009a).

Ergebnisse der Schülerleistungen

Die Ergebnisse des Vorwissenstests zeigen, dass die Schülerinnen und Schüler auf den für die Problembearbeitung relevanten Gebieten (Ester und chemisches Gleichgewicht) über geringes Vorwissen verfügen. Dieses Ergebnis stützt die Annahme, dass es sich bei den gestellten Aufgaben tatsächlich um eine Problemsituation handelt. Es ist daher nicht davon auszugehen, dass die Schülerinnen und Schüler bei deren Bearbeitung auf routinierte Verfahren zurückgreifen können.

Ausgehend von einem eindimensionalen Partial Credit Modell zeigt sich, dass knapp ein Viertel der Schülerinnen und Schüler den höchsten Anforderungsbereich erzielen. Tabelle 3 zeigt die prozentuale Verteilung der Schülerinnen und Schüler auf den einzelnen Anforderungsbereichen für die allgemeine Problemlösefähigkeit (Tiemann & Koppelt, 2009b).

Anhand dieser Daten wird auch deutlich, dass ca. ein Drittel der Schülerinnen und Schüler den zweiten Anforderungsbereich nicht erreichen und damit zur Risikogruppe gezählt werden müssen – ein Ergebnis, das mit den Befunden der PISA-Studie 2003 konform ist. Insgesamt gelingt es nur fünf Prozent der Schülerinnen und Schüler, die Problemstellung vollständig korrekt zu lösen. Dieses Ergebnis zeigt den Bedarf einer genaueren Analyse des Problemlöseprozesses und verdeutlicht, dass eine einfache Untersuchung von allgemeiner Problemlösekompetenz häufig unzureichend ist. Unter Verwendung des entwickelten Kompetenzmodells zum Problemlösen ist es nun möglich, die Leistungen der Schülerinnen und Schüler in den einzelnen Problemschritten genauer zu betrachten. Tabelle 4 stellt die gemittelten Personenparameter und deren Streuung dar.

Niveaustufe	Verteilung
3	7,3 %
2	49,7 %
1	31,6 %
unter 1	11,4 %

Tab. 3: Prozentuale Verteilung der Schülerinnen und Schüler auf die Anforderungsbereiche für allgemeine Problemlösekompetenz (eindimensionales Partial Credit Modell)

	PVC	PR	PL	LRK
Mittelwert	-0,45	0,12	-0,47	0,60
SD	1,11	1,51	1,70	0,95

Tab. 4: Mittelwerte und Standardabweichungen der Personenparameter für die einzelnen Problemlöseschritte

Hierbei wird ersichtlich, dass die Schülerinnen und Schüler vor allem bei den Schritten „Problem verstehen und charakterisieren" (PVC) und „Problem lösen" (PL) Schwierigkeiten aufweisen, während sie bei den Schritten „Problem repräsentieren" (PR) und „Lösung reflektieren und kommunizieren" (LRK) vergleichsweise bessere Leistungen zeigen. Das gute Abschneiden der Schülerinnen und Schüler im Bereich „Problem repräsentieren" (PR) ist überraschend, stellt dieser Schritt der Literatur zu Folge (z. B. Bodner & Domin, 2000) doch den wichtigsten in einem Problemlöseprozess dar. In Kongruenz mit den Befunden der Literatur zeigt sich jedoch, dass sich Schülerinnen und Schüler mit hoher allgemeiner Problemlösekompetenz durch strukturierte Repräsentationen der gegebenen Informationen auszeichnen. Zusätzlich weisen die hohen Standardabweichungen bei den Problemlöseschritten PCV und PL auf vergleichsweise große Leistungsunterschiede zwischen den Schülern hin. Diese Befunde spiegeln sich auch in der Verteilung der Schülerinnen und Schülern auf die entsprechenden Anforderungsbereiche (vgl. Abb. 4).

Es ist davon auszugehen, dass Schülerinnen und Schüler, die sich beim ersten Schritt (PVC) auf einem niedrigen Anforderungsbereich bewegen, bei einer globalen Erhebung, in der keine getrennte Untersuchung der Problemschritte erfolgt, als schlechtere Problemlöser eingestuft würden. Die vorliegenden Daten deuten daher darauf hin, dass eine pauschale Identifizierung des „guten" oder „schlechten" Problemlösers nicht möglich ist. Hier ist eine weitere Analyse der individuellen Problemlöseprozesse vorgesehen. Mit Hilfe einer Clusteranalyse können bspw. charakteristische „Wege" durch den Problemlöseprozess identifiziert werden.

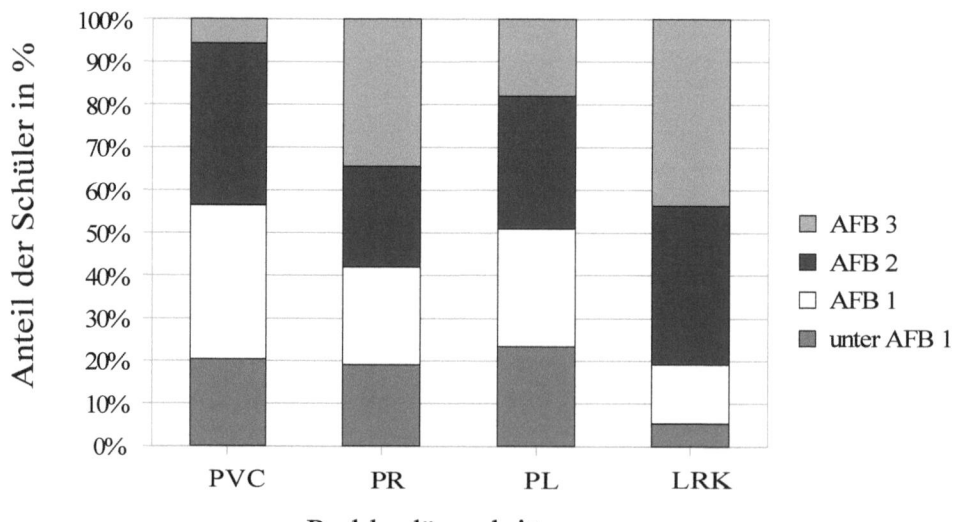

Abb. 4: Verteilung der Schülerinnen und Schüler auf die Anforderungsbereiche (AFB) in den einzelnen Problemlöseschritten (Koppelt & Tiemann, 2010)

Empirische Fundierung chemiedidaktischer Forschung – Problemlöseforschung 269

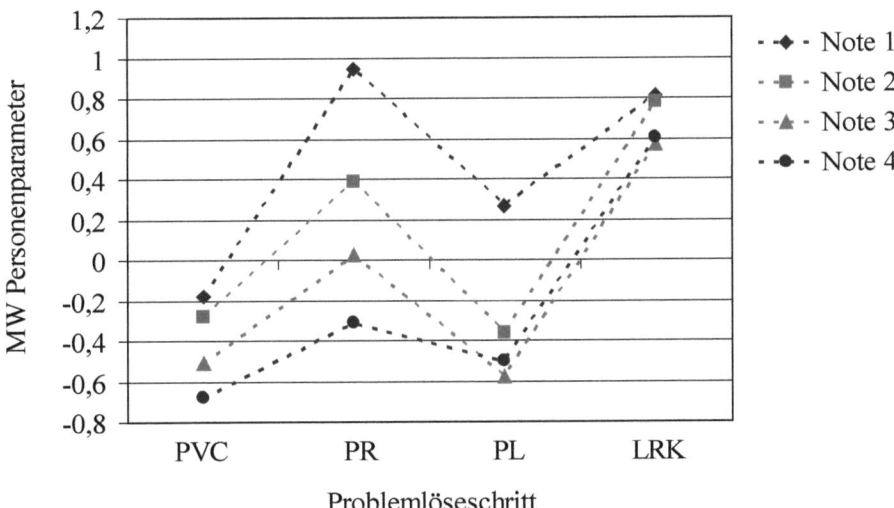

Abb. 5: Zusammenhang zwischen den Problemlöseschritten und der Chemienote (Koppelt & Tiemann, 2009b)

Auf der Ebene der Kontrollvariablen zeigten die Befunde einen signifikanten Effekt zwischen der Problemlöseleistung und der Muttersprache. Schülerinnen und Schüler, deren Muttersprache nicht Deutsch ist, schnitten im Allgemeinen schlechter ab als deutsche Muttersprachler. Bei einer genaueren Untersuchung wurde deutlich, dass dieser Effekt insbesondere beim Problemschritt „Problem verstehen und charakterisieren" (PVC) auftritt, was vermutlich aber eher dem Einfluss der Lesekompetenz zuzuschreiben ist als einem Einfluss der anderen Konstrukten.

Abbildung 5 verdeutlicht die Zusammenhänge zwischen der Chemienote und den Leistungen in den einzelnen Problemlöseschritten. Dabei wird ersichtlich, dass Schülerinnen und Schüler mit der Schulnote 1 überall, insbesondere aber bei der Repräsentation der Problemstellung (PR) besser abschneiden als Schülerinnen und Schüler mit einer schlechteren Note. Die geringsten Unterschiede zwischen den Schülern mit verschiedenen Noten zeichnen sich jedoch in den Leistungen für den Schritt „Lösung reflektieren und kommunizieren" (LRK) ab. Dies und die im Vergleich geringe Streuung der Ergebnisse deuten an, dass für diesen Bereich weiterführende Untersuchungen notwendig sind, insbesondere, da Kommunikation einer der Kompetenzbereiche der nationalen Bildungsstandards darstellt. Zusammenhänge mit der Intelligenz, dem Allgemeinwissen, dem Vorwissen, der Motivation und dem Interesse wurden nicht nachgewiesen.

Ausblick – Kompetenzentwicklung

Das hier vorgestellte Modell liefert zusammen mit seiner Umsetzung in einer computerbasierten Umgebung wertvolle Hinweise darüber, welche Struktur das Konstrukt Problemlösen aufweist und welche spezifischen Fähigkeiten bei welcher Kompetenzausprägung erwartet werden dürfen. In diesem Sinne kommt es der Forderung nach struktur- und niveaubezogener Modellierung von Kompetenzen nach. Die Erhebung und Analyse von Kompetenzentwicklungsverläufen stellt jedoch ein weiteres Forschungsdesiderat dar. In diesem Sinne soll eine Nachfolgestudie („EnKoPro"-Studie) empirische Hinweise darüber liefern, wie sich die komplexe Problemlösekompetenz im Chemieunterricht entwickelt (Scherer & Tiemann, 2010). Dazu soll die computerbasierte Problemlöseumgebung so weiterentwickelt werden, dass ein Quasi-Längsschnitt-Design in den Jahrgangsstufen 8, 10 und 12 (Grundkurs) ermöglicht wird.

Aufgrund der curricularen und niveaubezogenen Unterschiede zwischen den einzelnen Jahrgangsstufen wird es nicht möglich sein, ein und dasselbe Instrument in den Klassen 8, 10 und 12 einzusetzen. Daher ist eine Adaption der computerbasierten Umgebungen notwendig, die auf der einen Seite die curriculare Validität der Testumgebungen gewährleistet und zum anderen eine Vergleichbarkeit zwischen den einzelnen Erhebungspunkten derart herstellt, dass Aussagen über die Verläufe der Kompetenzentwicklung möglich sind. Diese Anforderungen werden über eine Verknüpfung der Aufgaben in den einzelnen Testmodulen erfüllt. Ein solches Common-Item-Design, schematisch dargestellt in Abbildung 6, ermöglicht die Transformation der Personenfähigkeitswerte auf eine gemeinsame Skala (z. B. Kolen & Brennan, 2004). Über eine solche gemeinsame Skalierung werden die Kompetenzausprägungen der Schülerinnen und Schüler miteinander vergleichbar. Die Wahl der Aufgaben erfolgt auf der Basis des Berliner Rahmenlehrplans. Zu möglichen Themen, die auch über mehrere Jahrgansstufen vernetzbar sind, gehören Polyester und funktionale Kunststoffe, Metalle und Metalloxide, Kohlenstoffnanoröhren sowie Salze.

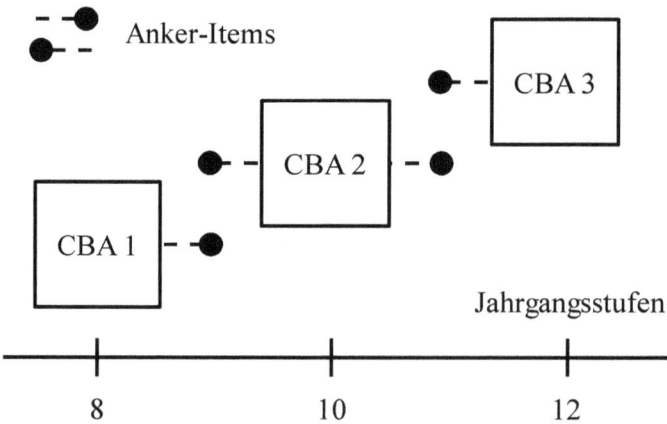

Abb. 6: Common-Item-Design der computerbasierten Problemlöseumgebungen (Scherer & Tiemann, 2010, eingereicht)

Literatur

Bodner, G. & Domin, D. (2000): The role of representations in problem solving in chemistry. University Chemistry Education, 4(1), S. 24–30.

Dörner, J. (1976): Problemlösen als Informationsverarbeitung. Stuttgart: Kohlhammer.

Einhaus, Erik (2007): Schülerkompetenzen im Bereich Wärmelehre – Entwicklung eines Testinstruments zur Überprüfung und Weiterentwicklung eines normativen Modells fachbezogener Kompetenzen. Berlin: Logos.

Elshout, J. J. (1987): Problem solving and education. In: Corte, E. de; Lodewijks, H.: Paramentier, R. & Span, P. (Hrsg.): Learning and instruction. Oxford: Pergamon Press, S. 259–273.

Friege, G. & Lind, G. (2003): Allgemeine und fachspezifische Problemlösekompetenz. In: Zeitschrift für Didaktik der Naturwissenschaften, 9, S. 63–74.

Frensch, P. A. & Funke, J. (1995): Complex problem solving. The European perspective. Hillsdale, NJ: Erlbaum.

Funke, J. (2003): Problemlösendes Denken. Stuttgart: Kohlhammer.

Gabel, D. & Bunce, D. M. (1994): Research on Chemistry Problem Solving. In: Gabel, D. (Hrsg.): Handbook of Research on Teaching and Learning Science. MacMillan Publisher.

Hartig, J. & Klieme, E. (2006): Kompetenz und Kompetenzdiagnostik. In: Schweizer, K. (Hrsg.): Leistung und Leistungsdiagnostik. Heidelberg: Springer Medizin.

Hartig, J.; Klieme, E. & Leutner, D. (2008): Assessment of Competencies in Educational Contexts. Göttingen: Hogrefe.

Klieme, Eckhard (2004): Was sind Kompetenzen und wie lassen sie sich messen? In: Standardsicherung konkret, Pädagogik, 56, 6, S. 10–13.

Klieme, E.; Artelt, C. & Stanat, P. (2001): Fächerübergreifende Kompetenzen: Konzepte und Indikatoren. In: Weinert, F. E. (Hrsg.): Leistungsmessungen in Schulen. Weinheim: Beltz, S. 203–218.

Klieme, E.; Funke, J.; Leutner, D.; Reinmann, P. & Wirth, J. (2001): Problemlösen als fächerübergreifende Kompetenz? Konzeption und erste Resultate einer Schulleistungsstudie. Zeitschrift für Pädagogik, 47, S. 179–200.

Klieme, E.; Hartig, J. & Rauch, D. (2008): The Concept of Competence in Educational Context. In: Hartig, J.; Klieme, E.; Leutner, D. (Hrsg.): Assessment of Competences in Educational Contexts. Cambrigde: Hogrefe.

Klieme, Eckhard & Leutner, Detlev (2006): Kompetenzmodelle zur Erfassung individueller Lernergebnisse und zur Bilanzierung von Bildungsprozessen. In: Zeitschrift für Pädagogik, 52, 6, S. 876–903.

KMK (2004): Bildungsstandards der Kultusministerkonferenz – Erläuterungen zur Konzeption und Entwicklung. URL: http://www.kmk.org/fileadmin/veroeffentlichungen_beschluesse/2004/2004_12_16-Bildungsstandards-Konzeption-Entwicklung.pdf (07.12.2010).

Koeppen, K.; Hartig, J.; Klieme, E. & Leutner, D. (2008): Current Issues in Competence Modeling and Assessment. In: Zeitschrift für Psychologie/Journal of Psychology, 216 (2), S. 61–73.

Kolen, M. J. & Brennan, R. L. (2004): Test equating, scaling, and linking. 2nd ed. New York: Springer Science+Business Media.

Koppelt, J. & Tiemann, R. (2010): Modellbasierte Analyse von Problemlösekompetenz im Chemieunterricht. In: Höttecke, D. (Hrsg.): Entwicklung naturwissenschaftlichen Denkens zwischen Phänomenen und Systematik. Münster: LIT Verlag. (eingereicht)

Koppelt, J. & Tiemann, R. (2009a): Computerbasierte Erfassung dynamischer Problemlösekompetenz. In: Höttecke, D. (Hrsg.): Chemie- und Physikdidaktik für die Lehramtsausbildung. Münster: LIT Verlag, S. 265–267.

Koppelt, J. & Tiemann, R. (2009b): Problem Solving Competencies in Chemistry. Paper presented at NARST 2009 (Garden Grove, USA).

Koppelt, J. & Tiemann, R. (2008): Modellierung dynamischer Problemlösekompetenz im Chemieunterricht. In: Höttecke, D. (Hrsg.): Kompetenzen, Kompetenzstrukturen, Kompetenzentwicklung. Berlin: LIT Verlag, S. 362–364.

Leutner, D. (2002): The fuzzy relationship of intelligence and problemsolving in computer simulations. Computers in Human Behavior, 18, S. 685–697.

Leutner, D.; Klieme, E.; Meyer, K. & Wirth, J. (2004): Problemlösen. In: Prenzel, M.; Baumert, J.; Blum, W.; Lehmann, R.; Leutner, D.; Neubrand, M.; Pekrun, R.; Rolff, HG.-H.; Rost, J. & Schiefele, U. (Hrsg.): PISA 2003. Der Bildungsstand der Jugendlichen in Deutschland. Ergebnisse des zweiten internationalen Vergleichs. Münster u. a.: Waxmann, S. 147–175.

Leutner, D.; Klieme, E.; Meyer, K. & Wirth, J. (2005): Die Problemlösekompetenz in der Ländern der Bundesrepublik Deutschland. In: Prenzel, M.; Baumert, J.; Blum, W.; Lehmann, R.; Leutner, D.; Neubrand, M.; Rost, J. & Schiefele, U. (Hrsg.): PISA 2003. Der zweite Vergleich der Länder in Deutschland – Was wissen und können Jugendliche?, Münster u. a.: Waxmann, S. 125–146.

Linden, W. van der (2005): A comparison of item-selection methods for adaptive tests with content constraints. In: Journal of Educational Measurement, 42, S. 283–302.

McClelland, D. C. (1973): Testing for competence rather than for intelligence. In: American Psychologist. 28. S. 1–14.

Moosbrugger, H. (2007): Item-Response-Theorie. In: Moosbrugger, H. & Kelava, A. (Hrsg.): Testtheorie und Fragebogenkonstruktion. Springer: Berlin, S. 215–260.

OECD (2004): Problem solving for tomorrow's world – First measures of cross-curricular skills from PISA 2003. Paris: OECD Publication.

Orth, Bernhard (1974): Einführung in die Theorie des Messens. Stuttgart: Kohlhammer.

Pólya, G. (1945): How to solve it. Princeton, NJ: Princeton University Press.

Prenzel, M.; Walter, O. & Frey, A. (2006): PISA misst Kompetenzen. Eine Replik auf Rindermann (2006): Was messen internationale Schulleistungsstudien? In: Psychologische Rundschau, 58 (2).

Raaheim, K. (1988): Intelligence and task novelty. In: Sternberg, R. J. (Hrsg.): Advances in the psychology of human mind (Vol. 4). Hillsdale, NJ: Erlbaum, S. 73–97.

Rauch, D. & Hartig, J. (2007): Interpretation von Testwerten in der IRT. In: Moosbrugger, H. & Kelava, A. (Hrsg.): Testtheorie und Fragebogenkonstruktion. Berlin: Springer, S. 240–250.

Rost, J. (2004): Lehrbuch Testtheorie – Testkonstruktion. Göttingen: Verlag Hans Huber.

Schecker, H. & Parchmann, I. (2006): Modellierung naturwissenschaftlicher Kompetenz. In: Zeitschrift für Didaktik der Naturwissenschaften, Jg. 12, S. 45–66.

Scherer, R. & Tiemann, R. (2010): Die Entwicklung komplexer Problemlösekompetenz im Chemieunterricht (EnkoPro-Studie). In: Höttecke, D. (Hrsg.): Entwicklung naturwissenschaftlichen Denkens zwischen Phänomenen und Systematik. Münster: LIT Verlag. (eingereicht)

Sumfleth, E. (1988): Lehr- und Lernprozesse im Chemieunterricht: Das Vorwissen des Schülers in einer kognitionspsychologisch fundierten Unterrichtskonzeption. Frankfurt: Peter Lang.

Süß, H.-M. (2001): Die Rolle von Intelligenz und Wissen für erfolgreiches Handeln in komplexen Problemsituationen. In: Franke, G. (Hrsg.): Komplexität und Kompetenz: Ausgewählte Fragen der Kompetenzforschung. Bielefeld: Bertelsmann, S. 249–275.

Süß, H.-M. (1999): Intelligenz und komplexes Problemlösen. Perspektiven für eine Kooperation zwischen differential-psychometrischer und kognitionspsychologischer Forschung. In: Psychologische Rundschau, 50, S. 220–228.

Tiemann, R. (1999): Analyse individueller Wissensstrukturen im Kontext Chemie mit Hilfe eines neuen Mapping Verfahrens. In: Naturwissenschaft und Technik – Didaktik im Gespräch 31, Münster: LIT.

Tiemann, R. (2001): Visualisierung von Problemlöseverhalten. In: Brechel, R. (Hrsg.): Zur Didaktik der Chemie und Physik. Albach: Leuchtturm Verlag, S. 128–220.

Weinert, F. E. (Hrsg.) (2001): Leistungsmessung in Schulen. 2. Aufl. Weinheim: Beltz.

Weinert, F. E. (2001a): Concept of competence: a conceptual clarification. In: Rychen, D. S. & Saganik, L. H. (Hrsg.): Defining and selecting key competencies. Seattle: Hogrefe & Huber.

Weinert, F. E. (2001b): Vergleichende Leistungsmessung in Schulen – eine umstrittene Selbstverständlichkeit. In: Weinert, F. E. (Hrsg.): Leistungsmessung in Schulen. 2. Aufl. Weinheim: Beltz, S. 17–32.

Wirth, J. (2004): Selbstregulation von Lernprozessen. Münster: Waxmann.

Wirth, J. & Klieme, E. (2003): Computer-based assessment of problem solving performances. In: Assessment in Education: Principles, Policy & Practise, 10, S. 329–345.

Verzeichnis der Autorinnen und Autoren

Prof. Dr. Sigrid Blömeke
Humboldt-Universität zu Berlin
Philosophische Fakultät IV, Abt. Systematische Didaktik und Unterrichtsforschung
Unter den Linden 6, 10099 Berlin
Tel.: +49 (0) 30 / 2093-1911
Fax: +49 (0) 30 / 2093-1828
Mail: silvia.eichler@cms.hu-berlin.de

Prof. Dr. Regina Bruder
Technische Universität Darmstadt
Fachbereich Mathematik, AG 22
Schloßgartenstraße 7, 64289 Darmstadt
Tel.: +49 (0) 6151 / 16-3688
Fax: +49 (0) 6151 / 16-2587
Mail: bruder@mathematik.tu-darmstadt.de

Dr. rer. nat. Christina Collet
Technische Universität Darmstadt
Fachbereich Mathematik, AG 22
Schloßgartenstraße 7, 64289 Darmstadt
Tel.: +49 (0) 6151 / 16-4323
Mail: collet.mathematik@gmx.de

Shamsi Dehghani
Humboldt-Universität zu Berlin
Philosophische Fakultät IV, Abteilung Empirische Bildungsforschung
Unter den Linden 6, 10099 Berlin

Prof. Dr. Rudolf Englert
Universität Duisburg-Essen
Katholische Theologie, Praktische Theologie
Universitätsstr. 12, 45117 Essen
Tel.: +49 (0) 201 / 183 3493
Mail: rudolf.englert@uni-due.de

Prof. Dr. Volker Frederking
Friedrich-Alexander Universität Erlangen-Nürnberg
Lehrstuhl für Didaktik der deutschen Sprache und Literatur
Regensburger Str. 160, 90478 Nürnberg
Tel.: +49 (0) 911 / 5302-558
Fax: +49 (0) 911 / 5302-714
Mail: Volker.Frederking@t-online.de

Dr. Kerstin Göbel
Bergische Universität Wuppertal
Institut für Bildungsforschung in der School of Education
Gaußstr. 20, 42119 Wuppertal
Tel.: +49 (0) 202 / 439-2326
Fax: +49 (0) 202 / 439-3681
Mail: kgoebel@uni-wuppertal.de

Dr. rer. nat. Jörg Großschedl
Leibniz-Institut für die Pädagogik der Naturwissenschaften und Mathematik
(IPN) an der Universität Kiel, Abteilung Didaktik der Biologie
Olshausenstraße 62, 24098 Kiel
Tel.: +49 (0) 431 / 880-3151
Fax: +49 (0) 431 / 880-2633
Mail: grossschedl@ipn.uni-kiel.de

Dr. Patricia Grygier
Universität Augsburg
Lehrstuhl für Grundschulpädagogik und Grundschuldidaktik
Universitätsstraße 10, 86135 Augsburg
Tel.: +49 (0) 821 / 598-55 82
Fax: +49 (0) 821 / 598-26 15
Mail: patricia.grygier@phil.uni-augsburg.de

Prof. Dr. rer. nat. Ute Harms
Leibniz-Institut für die Pädagogik der Naturwissenschaften und Mathematik
(IPN) an der Universität Kiel, Abteilung Didaktik der Biologie
Olshausenstraße 62, 24098 Kiel
Tel.: +49 (0) 431 / 880-3129
Fax: +49 (0) 431 / 880-2633
Mail: harms@ipn.uni-kiel.de

Prof. Dr. Gabriele Kaiser
Universität Hamburg
Fakultät EPB: Erziehungswissenschaft, Psychologie und Bewegungswissenschaft
Fachbereich Erziehungswissenschaft 5, Arbeitsbereich Mathematikdidaktik
Von-Melle-Park 8, 20146 Hamburg
Tel.: +49 (0) 40 / 428 38-53 20
Fax: +49 (0) 40 / 428 38-44 59
Mail: gabriele.kaiser@uni-hamburg.de

Dipl.-Nat. Jenny Koppelt
Interdisziplinäres Zentrum für Bildungsforschung
an der Humboldt-Universität zu Berlin
Invalidenstr. 42, 10115 Berlin
Tel.: +49 (0) 30 / 2093-8808
Mail: jenny.koppelt@cms.hu-berlin.de

Verzeichnis der Autorinnen und Autoren

Bertold Kujath
Universität Potsdam
Didaktik der Informatik
August-Bebel-Straße 89, 14482 Potsdam
Tel.: +49 (0) 331 / 977-3081
Fax: +49 (0) 331 / 977-3122
Mail: kujath@uni-potsdam.de

Prof. Dr. theol. Dr. phil. Dr. h. c. Rainer Lehmann
Humboldt-Universität zu Berlin
Philosophische Fakultät IV, Institut für Erziehungswissenschaften
Abteilung Empirische Bildungsforschung und Methodenlehre
Unter den Linden 6, 10099 Berlin
Tel.: +49 (0) 30 / 2093-4132
Fax: +49 (0) 30 / 2093-4153
Mail: rlehmann@educat.hu-berlin.de

Andreas Nehring
Humboldt-Universität zu Berlin, Mathematisch-Naturwissenschaftliche-Fakultät I
Institut für Chemie, Didaktik der Chemie
Brook-Taylor-Str. 2, 12489 Berlin
Tel.: +49 (0) 30 / 2093-7398
Fax: +49 (0) 30 / 2093-6985
Mail: andreas.nehring@chemie.hu-berlin.de

Dr. Roumiana Nikolova
Landesinstitut für Lehrerbildung und Schulentwicklung Hamburg
Felix-Dahn-Straße 3, 20357 Hamburg
Tel.: +49 (0) 40 / 428 842-241
Mail: roumiana.nikolova@googlemail.com

Prof. Dr. Andreas Petrik
Martin-Luther-Universität Halle-Wittenberg
Institut für Politikwissenschaft und Japanologie, Didaktik der Sozialkunde
Emil-Abderhalden-Straße 07, 06099 Halle (Saale)
Tel.: +49 (0) 345 / 5524230
Mail: andreas.petrik@politik.uni-halle.de

Prof. Dr. Annegret Reese-Schnitker
Universität Kassel
Institut für Katholische Theologie, Religionspädagogik
Diagonale 9, 34127 Kassel
Tel.: +49 (0) 561 / 804-3485 (Sek.) -3493
Fax: +49 (0) 561 / 804-3541
Mail: annegret.reese-schnitker@uni-kassel.de

Dr. Thorsten Roick
Freie Universität Berlin
Empirische Bildungsforschung
Habelschwerdter Allee 45, Berlin 14195
Tel.: +49 (0) 30 / 838-540 86
Fax: +49 (0) 30 / 838-559 86
Mail: thorsten.roick@fu-berlin.de

Henning Rossa
Institut für Anglistik und Amerikanistik an der Universität Paderborn
Warburger Straße 100, 33098 Paderborn
Tel.: +49 (0) 5251 / 60-2861
Mail: henning.rossa@uni-paderborn.de

Joanna Scharrel
Humboldt-Universität zu Berlin
Theologische Fakultät
Unter den Linden 6, 10099 Berlin
Tel.: +49 (0) 30 / 2093-5919

Prof. Dr. Henning Schluß
Institut für Bildungswissenschaft
Sensengasse 3a, A-1090 Wien
Tel.:+43 (0) 1 / 4-277 46721
Mail: kontakt@henning-schluss.de

Dr. Dipl.-Ökol. Johanna Schockemöhle
Universität Vechta, ISPA
Postfach 1553, 49364 Vechta
Tel.: +49 (0) 4441 / 15-433
Fax: +49 (0) 4441 / 15-445
Mail: jschockemoehle@ispa.uni-vechta.de

Prof. Dr. Andreas Schwill
Universität Potsdam
Didaktik der Informatik
August-Bebel-Str. 89, 14482 Potsdam
Tel.: +49 (0) 331 / 977-3100
Fax: +49 (0) 331 / 977-3122
Mail: schwill@cs.uni-potsdam.de

Prof. Dr. Erich Starauschek
Pädagogische Hochschule Ludwigsburg
Physik und ihre Didaktik
Reuteallee 46, 71634 Ludwigsburg
Tel.: +49 (0) 7141 / 140-823
Fax: +49 (0) 7141 / 140-710
Mail: starauschek@ph-ludwigsburg.de

Dr. Lydia Steinhauer
Friedrich-Alexander Universität Erlangen-Nürnberg
Lehrstuhl für Didaktik der deutschen Sprache und Literatur
Regensburger Str. 160, 90478 Nürnberg
Tel.: +49 (0) 911 / 5302-558
Fax: +49 (0) 911 / 5302-714
Mail: lydia.steinhauer@googlemail.com

Prof. Dr. Ewald Terhart
Westfälische Wilhelms-Universität Münster
Institut für Erziehungswissenschaften
Bispinghof 5/6, 48143 Münster
Tel.: +49 (0) 251 / 83-29265
Fax: +49 (0) 251 / 83-29268
Mail: ewald.terhart@uni-muenster.de

Prof. Dr. Rüdiger Tiemann
Humboldt-Universität zu Berlin, Mathematisch-Naturwissenschaftliche-Fakultät I
Institut für Chemie, Didaktik der Chemie
Brook-Taylor-Str. 2, 12489 Berlin
Tel.: +49 (0) 30 / 2093-7510
Fax: +49 (0) 30 / 2093-6985
Mail: ruediger.tiemann@chemie.hu-berlin.de

Dr. Thomas Weiß
Evangelisch-Theologische Fakultät der Universität Wien
Institut für Religionspädagogik
Schenkenstraße 8–10 (5. OG), 1010 Wien, Österreich
Tel.: +43 (0) 1 / 4277-32908
Mail: t.weiss@univie.ac.at